忘 掉 地 平 线

上

# 皇宫日落

平成退位

与

天皇

家

秘辛

姜建强 著

社会科学文献出版社
SOCIAL SCIENCES ACADEMIC PRESS (CHINA)

图书策划人　　视觉设计师

联合创立

## 上　册

## 下　册

## 序言　老天皇的退位与新天皇的诞生

### 1　天皇退位，究竟谁不高兴？

2016年7月13日晚上，一条刷屏的新闻是：日本明仁天皇表示了"生前退位"的意向。这条毫无征兆的新闻，在日本社会引起了轩然大波。其源头看似来自天皇家，是天皇自己向宫内厅表示了这个意向。但问题并非如此简单，宫内厅次长山本信一当天夜晚对记者表示天皇并没有生前退位的想法，对该报道作了全面否定。

这就奇怪了。最具权威、最有发言权的宫内厅为什么要否定这条新闻？日本放送协会（NHK）为什么要在这个时段抢先播报这条新闻？它的消息源又是哪里？是谁授意NHK发布这条消息的？这里面有乌龙吗？如果有，那是谁家？

毫无疑问，从一开始这条"生前退位"的新闻就悄悄绑架了日本政府和日本政治。无怪乎第二天早上记者在羽田机场采访即将去蒙古国出席亚欧峰会的首相安倍晋三时，我们可以从电视画面看到安倍表露出了一股怨气和怒气，只说了一句"对此事不发表评论"便转身上了飞机。

安倍为什么一脸不高兴呢？原因很明显，7月11日参议院大选刚刚落下帷幕，执政的自民党再次获得大胜，修宪派也超过了三分之二。借着大选胜利的节奏，原本升值的日元也开始按照安倍的期望大幅贬值，股票也在狂升。何谓春风得意？应该就是这个时点上的安倍政权了。

但就在这个节骨眼上杀出个程咬金。一向儒雅绅士的明仁天皇，突然间表示了"生前退位"的意向。如果说这个意向是多年前就有的，那么为什么要在7月13日的晚间发布这条消息？发布后宫内厅为什么又要急于否定？怎么看都是奇怪的，怎么分析都只能指向一点：这是一次看不见的政治摊牌。向谁摊牌？向安倍政权摊牌。

可以这样说，天皇"生前退位"意向给人们带来的震撼是空前的。这个震撼首先来自于人们的常识：日本天皇的在位时间会到去世为止，因此也可以算作终身制。这是近代200年以来一直延续的惯例，没有哪一个天皇破例过。二战结束后不久，日本人确实在水面下尝试操作过昭和天皇的退位，但最后还是坚守了终身制。

这回明仁天皇将自己的意向用这种方式表示了出来，也就是要破日本天皇的终身制，破明治天皇以来的皇室传统。这个震撼当然是巨大的。这个震撼的另一个方面就是对安倍政权构成了在道义和政治层面上的打击。天皇要退位，从表面看当然有年事已高、健康不佳（确实动过两次手术，一次是2003年的前列腺癌，一次是2011年的心脏搭桥，最近又有耳背的疾患）等因素，但身体真的是主因吗？

石原慎太郎，这位当时83岁的前东京都知事，在得知天皇退位意向后，连夜接受富士电视台的采访，称这件事太吃惊、太意外了。他说，慰问灾害地，向太平洋战争牺牲者慰灵，我们知道天皇确实很累。但我比天皇陛下还大一岁，还在努力干，陛下也应该更努力才是。历史上有多种摄政的形态，陛下作为日本的象征，必须作为天皇存在。如果生前退位，这就涉及宪法问题，就会引起日本社会极大混乱。无疑，石原是政治家，他从政治家的敏感出发，发现这里有问题。

不仅是作为政治家的石原看出了问题，就连普通的日本网民，也看出了问题。他们在网上这样留言道：

①这是天皇给予安倍修宪政变者们的一个宣战布告。②听说天皇对自民党的修宪非常嫌弃。这个举动或许是来自天皇的精心抵抗。③现今日

本最大的护宪派就是天皇。这是个事实。④这个时点表明退位，是对修宪势力超过三分之二、修宪迫在眉睫的最大抗议。

确实我们也想起天皇说过这样一句话：为了让象征天皇能更好地发挥作用，将在数年内让位给年轻人。在笔者看来，这句话含蓄地包含了双重意思：一个是高举"元首天皇"的旗帜压制自民党的修宪，另一个是告诫首相要在任期内维持象征天皇制。首相与天皇，政府与皇室，一个表征权力，一个表征权威，这就是所谓权力与权威的二重构造。天皇似乎在告诫首相：这不是日本人创生①的最得意的意识形态吗？

但就在 7 月 14 日的晚上，日本多家电视台又速报了"政府关系者"的一条消息：天皇生前退位"無理"（无法做到），因为与《宪法》第 4 条不符。"政府关系者"指谁？没有明言。与《宪法》第 4 条有什么抵触？没有明言。最后还用了"無理"这个不太优雅的用语。这一切又似乎表明了现政权与皇室间紧张的二元关系，表明了安倍政府对"生前退位"这个政治摊牌的反击。

而 7 月 15 日一大早，日本共同社又发表独家报道称：鉴于日本天皇有意生前退位，政府准备最早在

---

① 　为保持作者文风，本书保留了创生、古层、前卫、国民心情等日语表述，特此说明。

明年的例行国会上对包括《皇室典范》在内的相关法律进行修订，现已进入协调阶段。目前考虑的是在2016年12月23日天皇生日前后，汇总出台修订大纲。报道还披露日本政府内部早在6月就成立了由官房副长官杉田和博为首的秘密专项小组，启动了探讨工作。

如何解读共同社的这条消息？天皇主动退位这个结果是因为政府在逼天皇退位？是"逼"在先，天皇的意向在后？如果这条解读能成立，那么一个关键的问题是政府为什么要逼天皇退位？是因为天皇是和平宪法的拥护者？是因为安倍没有能与天皇建立起私交（有一种说法认为天皇从未在皇宫宴请过安倍夫妇，表明天皇不想在私人范围内与安倍结友）而心中不顺？如是这样，政府与皇室的激烈攻防还将持续。石原说的日本将大乱并非空穴来风。

## 2 天皇制就是愿望的富士山？

2016年8月8日下午3点，明仁天皇通过事先录制的视频向国民表述心情。从而使得从7月13日晚上开始发酵的扑朔迷离的天皇生前退位问题，有了一个较为清晰的逻辑上的展开。象征天皇也要履行象征的公务以及各种不可或缺的宫中祭祀，因为年事已高这些活动难以维系，这是明仁天皇心情表述的核心内容。因为现行宪法规定天皇没有政治权限，故天皇的通篇讲话中没有出现"生前退位"这个词语，但作为象征天皇表示其对公务的想法，实际上就是一种变相的退位声明。从天皇直面国民述说心情来看，现在再谈论天皇为什么要生前退位似乎意义不大了，因为退位的理由已经变得清晰且能让日本人接受了。所以现在要谈论的是生前退位将会给日本带来什么问题，也就是说天皇制和日本皇室是否会因此走向衰亡？这才是看点。

日本宗教学者山折哲雄曾在2015年发表题为《皇太子殿下请退位》的文章，要皇太子退位。文章说皇室面临危机，皇太子妃雅子养病已经十年至今没有治愈的迹象。如果皇太子即位，如何与皇后一起完成象征天皇的任务？让位给皇弟秋筱宫，自己选择京都为第二人生场所如何？提皇太子退位而不提天皇退位，这位宗教学者的初衷显然是尊王。他说他思考的问题是：在新形势下如何维系天皇制？皇室在其最终意义上如何才能万世一系？虽然日本人对天皇怀有绝对崇拜的时代，随着昭和天皇的去世已经终焉。现在日本人用轻松的口吻谈论着天皇家，这表明在万物都处于相对化的当代日本社会，明治时代所确立的天皇一语所具有的威严性和绝对性，已经失去了力量。这次日本天皇的生前退位，在日本国民中没有掀起大的风浪，相反有85%的民众认为理解天皇的生前退位，表明天皇神圣已经不再。尽管神圣不再、崇拜不再，天皇制、皇室在东京最好地段的雾雾霭霭，还是日本人血脉中潜在的 DNA。但这一切都因明仁天皇在战后的第二次（第一次是 2011 年 3 月 11 日的东日本大地震）"玉音"播放而有终焉的危险。

确实，随着日本天皇的生前退位，日本的天皇制也走到了拐点。天皇制是什么？在普通日本人的眼里，天皇制就是你出门久远了，想回家了，高空中看到富士山就心定了。从这个意义上说天皇制就是富士山。当然在普通日本人的眼里，天皇制还是每年樱花季节，蜂拥至皇宫的"乾大道"观赏樱花。日本有学者在多少年前就说过，看到这番情景就想起一大帮土人在嬉戏，自己仿佛置身于土人的国家。从这一意义上来说天皇制就是土人的草根制。但天皇若能生前退位，就会同时出现两个象征、两个时代。那么带来的一个直觉就是：看到富士山，你想到的是哪个"象征"的存在？而一帮土人们在"乾大道"为哪个"时代"而土上一把？二战前天皇被称为"上御一人"，表明他是独一无二的绝对存在。如果前任天皇存在于同时代，则将有两位绝对存在，前任和现任天皇的权威都有可能下降。

这里，如果天皇制就是富士山就是土人草根，那么由国民统合的象征走向使国民统合分裂的诱因，也不是没有可能。这也是天皇生前退位的一个最大问题。在天皇有统合权的年代，生前退位隐居幕后垂帘听政，还有个上皇的正式身份。但现在是绝对不可能了。因为天皇仅剩权威，而且这个权威还被局限在文化领域。所以三岛由纪夫当年提出"文化天皇"的概念，就是要理顺从神到人的逻辑通路。既然成人了，那你就在文化上成人吧。他写《英灵之声》的小说，就是想诛杀天皇的肉体身体，尊崇天皇的神格身体。因尊王而杀王，杀王是为了使尊王思想更纯粹。于是日本的天皇都能作歌作诗。以前皇宫还开设《源氏物语》的讲座。讲什么呢？真的是非常的尴尬，因为《源氏物语》整本都在讲述乱脉的皇统系谱。臣籍下降的光源氏与父桐壶帝的皇妃藤壶犯下情事，其情事怀胎的皇子冷泉却作为桐壶帝的亲生儿子即位，表明皇统系谱可以人为操作。皇室开设这一讲座也是在探讨皇室怎样才能再开放一点的问题。

### 3 皇宫会搬迁至京都吗？

　　天皇应该穿西服还是应该穿和服？前两年去世的日本文化名人永六辅建言天皇应该穿和服。但穿和服的天皇却没有基本的人权。战后日本宪法剥夺了天皇家基本人权：没有选举权和被选举权，没有信教自由，没有结社自由，没有职业选举自由，甚至连户籍和护照都没有。这乍一看是对现代民主的嘲弄，但"现人神"的天皇虽然没有人权，却拥有皇室特权。有日本人说天皇家与用非法手段获取最低生活保障者属于同罪。这一说法主要源于维护天皇制的成本其实是非常高的。每年的维持费用超过 200 亿日元，够 2 万贫困人口一年的生活保障费。战后为保留天皇制换来日美同盟，驻日美军军事基地等费用，一年是 2000 亿日元。而对于皇族没有皇位继承权的女性，只要年过 20 岁，每年就能得到 900 万日元。日本的动漫每年在世界上能养成 10 万粉丝，但天皇家的海外粉丝每年 5 人还不到。

从这个角度出发有日本人在网上留言说应该让象征天皇制"安乐死"，因为它是日本的一个负担。现在天皇家自己提出退位问题，在迎合民意上可能会得分，但在实实在在地维护及推进天皇制的问题上，可能会失分。从大正以来的天皇家血与灵的双系统继承，到这里可能会出现转折点。天皇家的衰落也可能会从这里开始显现。在《古事记》和《日本书纪》的"记纪"神话里，以天照大神为开端的"天上王权"和以神武天皇为开端的"地上王权"被观念性地注上的血的继承和灵的继承，与这皇统继承的双系统相对应，天皇的即位礼仪也有双系统：即位式和大尝祭。但天皇的退位，可能会使大尝祭这个"装置"失效。而一旦灵的继承变得没有可能的话，天皇灵的亘古不变，天皇的正统性和恒久性，就难以得到维系。

昭和是 64 年，平成是 31 年。随着天皇生前退位得以实现，那么，酝酿已久的皇宫搬迁恐怕也会提上日程。既然生前都能退位，那么皇宫为什么不能再搬迁至千年古都的京都呢？天皇家将在更静谧的空间，将以更幽玄的时间，打造一个更日本式的文化形态。

西日本是文化中心，东日本是政治中心。两个中心，权威与权力，用一种隔空对开的形态，将天皇制再度弱化，从而使天皇家从皇子出生到皇权诞生变得问题重重。更有曾担任过内阁总理大臣辅佐官的民主党议员元清美在两年前这样建言：废除天皇制后，在天皇所在地的皇宫兴建亚洲和平纪念馆。这也是拥有38000 多名会员、16 名内阁成员的"日本会议"这个右翼团体要猛烈反对的一个理由。他们明言生前退位是对国体的一个破坏，是对宪法的一个破坏。

日本天皇家的上次退位是在 1817 年，光格天皇让位给惠仁亲王。时隔 200 年，皇室又上演退位大戏。退位是带来天皇制的终焉还是天皇制的延续？依笔者的判断是前者而不是后者。因为唯一才有国民心情。一旦唯一变身成双料，长久岁月积淀下来的国民心情也将不复存在。而一旦国民心情不再，本质上的天皇制，或者事实上的天皇制将会终焉，尽管形式上或许还能存在。但"不是神但比神更伟大和更神圣"这个概念，将会随着天皇的退位而死去。你看，天皇家目前的皇位第二即位者，秋筱宫家的长男悠仁亲王，在2019 年 3 月小学毕业后进入御茶水女子大学附属中学读书。战后，皇族在学习院之外的中学上学，悠仁亲王是第一位。这固然可以解读为皇室在走向开放性，但天皇家的圣性受到进一步的削弱，也是不争的事实。

## 4 新天皇即位为什么不立皇太子？

围绕天皇的退位，安倍首相曾组织了一个由16名学者和专家组成的"有识者会议"，分三次听取了他们的意见。16人中的半数对天皇退位表示了反对。这其中有日本中世史专家今谷明教授，比较文化史专家平川祐弘教授，宪法专家八木秀次等人。表示赞同天皇退位的有写昭和史的作家保阪正康，日本法制文化史专家所功，皇室记者岩井克己等人。但反对者也好，赞同者也罢，他们都无法想象一个棘手的问题：天皇家的后继将会如何？

德仁皇太子即位成为令和天皇，意味着皇位继承第一顺位的"皇太子"不存在。新天皇有一个女儿，即爱子内亲王，没有儿子（亲王）。依据《皇室典范》第1条规定，皇位由属于皇统的男系男子继承，所以，在没有儿子出生的情况下，"男系男子"的孙子（皇太孙）当然也不存在。

原本的皇太子即位成了新天皇。在这个时点上，皇位第一继承人就是令和天皇的弟弟秋筱宫。但是，秋筱宫不是新天皇的子女，所以不能成为皇太子。历史上的记录是"皇太弟"。另外，令和天皇在位期间，悠仁亲王长大成人，但他也不是皇位继承第一顺位的皇太子，而是"皇太甥"。

2016 年 10 月 27 日去世的三笠宫，天寿 100 岁。这位军人出身的昭和天皇的亲弟弟，是一位生前退位和女性天皇的大胆论者。但即便如此，女性／女系天皇目前仍然是日本天皇家最为敏感的话题。这回令和天皇即位不立皇太子，是否就暗含了一种可能性，一种爱子先于悠仁立太子的可能性。女性也能立太子吗？有先例吗？对这个问题的回答是女性也能立太子，日本天皇家史上也是有先例的。如日本第 46 代的称德天皇（女帝）就是先立皇太子然后再即位的。历史是否再重演？令人兴味盎然。

其实，是否皇太子，还涉及天皇家从"内廷费"支出金额的问题。根据 2016 年的计算，天皇、皇后和皇太子一家可支出的内廷费是 3.24 亿日元。而作为五人家族的秋筱宫家来说，皇族费只有 6710 万日元。为什么会差这么多呢？就在于其角色是否皇太子。原来，如果是皇太子，其待遇依据《宫内厅法》第 6 条规定：围绕皇太子的事务，有个"东宫职"机构。这个机构人数在 50 人左右。此外还有厨师和司机等职员。是否立为皇太子，其待遇是非常不同的。从这个角度来看，今后是否会上演皇太子争抢战？日本的周刊杂志就有这样的发问。其实，这也是一个充满趣味的问题。

总之，老天皇退位，新天皇诞生，是一个时代的开启。

对日本来说，这意味着什么呢？

对世界来说，又意味着什么呢？

## 前言　雪漫漫／满大地　大地满／漫漫雪

### 1

日本的天皇家，是个谜一样的存在。

中国有皇帝。日本有天皇。

中国的皇帝在百年前已经死去。日本的天皇则还活在国民的心情之中。

他们取《易经》"圣人南面而听天下，向明而治"的文言，为明治的年号；他们取《易经》"大亨以正，天之道也"的文言，为大正的年号；他们取《尧典》"百姓昭明，协和万邦"的文言，为昭和的年号；他们取《史记·五帝本纪》"父义，母慈，兄友，弟恭，子孝，内平外成"的文言，为平成的年号。诞生出这些文言的文明大国的帝制寿终正寝了，而取而为之的"文明小国"的天皇制还搏跳着生命体征。本能的反应是什么？就是好奇怪。

象征中国皇帝权威的信物是什么？是龙。是五爪的龙。但同样是龙，在韩国是四爪，在日本是三爪。但恰恰是龙只有三爪的日本，天皇还在。这又是为什么？1989年6月21日，《朝日新闻》晚刊刊登了一位英国学者的发言：每个国家都有历史学家难以解明的历史事实。如美国的人种问题、德国的大屠杀、日本的天皇制。

这里，天皇制被列入人类三大谜史之一。在历史的盛宴里显现出的虚幻，竟能成为全人类的谜史，这让日本人兴奋不已。

属于一神教的犹太教与基督教有个基本观念：每个文明体系的时间概念都一样。但多神教文明却发现：每个文明各有自己的时钟。为此日本人激动地说：远东的天皇制就是我们的文明时钟。

像欧洲历史样态式的宗教、道德和政治，在日本不存在。但是日本有从它风土里养育出来的宗教、道德和政治。尼采说他相信"艺术渴望生命"这句话。那日本天皇制这门"艺术"的诞生，是否就是日本人对生命渴望的结果？

皇室的兴衰与历史有关，与文化有关。这当然是一般通论。但皇室的兴衰能左右历史的走向，能定格文化的内涵的国家，恐怕就只有日本了。在日本，述说天皇的历史，就等于在述说日本的历史，就等于在述说日本的文化。或者说：一部日本天皇史，就是一部日本史，一部日本文化史。

如果设问：日本文明有哪些要素？或者说：怎样捕捉日本文明的基本概念？在我看来这三要素是无法脱离视野的：天皇、多神、怨灵。正是这三要素，构成了日本不同于其他文明的独特体系。理解这个体系当然有难度，而难度最大的就是天皇这个要素。

天皇何以能构成一个国家的文明要素？这是个谜，是个很深很玄的谜。

## 2

日本的天皇家，是个奇迹的存在。

第一次世界大战的时候，起来革命的俄国人杀死了沙皇。而输掉战争的德国皇帝则亡命荷兰。同样是战败国的奥地利，干脆废除了皇帝制。

第二次世界大战的时候，罗马尼亚和意大利的君主制不见了。但是输掉战争的日本，天皇依旧在皇室里卧养。德国人对此很感慨，他们的末代皇帝是威廉二世，一战战败后，这位末代皇帝逃往荷兰。由于当时没有对战争罪犯的审判，威廉二世没有被送上断头台。但如果继续滞留在国内，他就会被革命势力高涨的德国人杀死。对德国人来说，第一次世界大战死了那么多人，而皇帝自己则逃跑了。这当然是不愉快的记忆，也当然是不可谅解的举动。为此德国人说，日本人是忠实的国民，他们对自己的天皇有忠诚心。但德国人对自己的皇帝没有忠诚心，所以威廉二世也只有逃跑一条路。现在的英国王室，祖始是 1714 年从德意志过来的。日本皇室历史显然要比他们长久得多。

在日本，天皇直接上前线指挥军队的做法很少。即便有也只限于古代大和时期的天皇。按照日本前首相中曾根康弘的说法，历史上天皇手握军刀君临前线的，只有初代神武天皇到第 12 代景行天皇。英国国王理查一世有"狮心王"的称号，表明其勇猛。但他在十字军东征的归途中，被奥地利公爵抓获。法国国王让二世在百年战争中被英军俘虏，最后死于英国。国王在前线被俘，这样的例子在日本没有发生过。日本人无法想象天皇在前线被抓是个什么场景。

法国大革命时期被处死的路易十六，这位国王从 1775~1789 年打猎的次数为：猎猪 104 回，猎母鹿 134 回，猎鹿 266 回，猎犬 33 回。总打猎天数为 1562 日，平均三天一次。法国大革命爆发日是 1789 年 7 月 14 日。在这一天日记里，这位国王说自己什么也没有干。国王的这种行为模式，在日本的 126 代天皇中难以寻觅。①

日本天皇家是奇迹的存在还表现在：日本历史上也充满了战争和纷争，政治阴谋和权力博弈也时刻都在进行。然而让人惊讶的是，日本天皇家却始终没有换过其他的皇族。这里，日本的天皇代表国体，但国

---

① 2019 年 5 月 1 日即位的令和天皇是第 126 代日本天皇。

体却被幕府遮蔽。幕府非国体，却代表国家利益。幕府与皇体，当然格格不入。于是倒幕风潮骤起，推动皇体转化为国体，神话走向国家权力。这也就是说日本最终走向王道和霸道分离的文明体系。天皇是王道，征夷大将军是霸道。这个思想早在1200年前的律令制中就已含有了。在这个文明体系中的两个异质文明体（天皇与将军），竟然没有发生大的冲突，面子上还算过得去，这也是日本的奇迹，更是世界的奇迹。西方历史学家对日本最为好奇的一点，就是这个奇迹为什么能在日本发生？

那么，为什么呢？

### 3

日本的天皇家，是个不可思议的存在。

日本有一位被称为"月亮歌人"的和尚叫明惠上人。他写有像纳豆一样黏糊糊的扯不断、像青苔一样湿漉漉的干不透的月亮诗：

明明的

明明明的

明明的

明明明的

明明的月

这位和尚当然也是个可善之人，水桶里有条小虫也要给予放生的可善之人。但就是这样的可善之人，说出了如此的惊人之语：日本这个国家所有的东西，都是天皇的私有财产。天皇即便随意地夺取臣下的财物，OK。天皇即便是暴君，也 OK。反过来臣下即便有怎样的理由，也不能拒绝天皇的掠夺，也不能拒绝天皇的暴力。

很难想象，这出自一个不杀生的和尚之口。除了不可思议，还不可思议。仔细想来，这番话既不在佛教理论的范围之内，也不在儒教理论的范围之内。稍作深入思考，一个意外的发现是这番话竟然在近代绝对主义理论的范围之内。在绝对的君主国家，决断是非善恶的人是谁？是主权者。真理也好，正义也好，都在主权者的手里。

近代绝对主义理论的背后，是什么理论？是基督教理论，是犹太教理论。这是种怎样的理论呢？是非善恶由神来决定的理论。神并不决定事物的正确与否。神本身就是正确的尺度。不错，神创造了天地万物。但更为重要的是神创造了神本身就是正确的尺度。

真是无心插柳柳成荫。这位月亮歌人，一不小心倒是说出了 500 年后英国哲学家霍布斯的近代帝王学构想。一不小心说出了天皇家的一条绝对原理。

这是条什么原理呢？依据神敕的正统性，抵抗天皇是不可以的。天皇无论做什么还是不做什么，都是正确的。天皇不是在下正确的命令，而是天皇的命令本身就是正确的。

这里，天皇具有了基督教式的神格，同时又有了近代绝对君主式的人格。看似荒唐。看似不可思议。但这就是天皇意识形态的生命，天皇存活的生命。如果这个生命断绝了，天皇也就死了。若用这个绝对原理来衡量，日本天皇家的天皇确实死过一次。这就是1221年的承久之乱——北条政子向皇室开刀。

承久之乱之后，古代天皇的意识形态宣告死亡。天皇神格主义的一面被武家政权击得满地碎片。取而代之的是善政主义，孟子的善政主义。

向天皇亮刀，在当时是被绝对禁止的。武士集团里的武士有非常恐惧的心理。恐惧什么呢？就怕轮到自己向天皇亮刀。武士集团是这样想。当时幕府的中心人物如北条泰时，也是这样想。但是，承久之乱的本质就是向天皇亮刀。北条政子虽然没能拿下天皇的首级，但肉体的流放，使天皇感受到的是精神的死。

7世纪后半，白村江海战日本完败。天智天皇死。大海人皇子和大友皇子争夺皇位，爆发壬申之乱。取胜的是大海人皇子，他确立了天武朝的霸权。胜利者天武天皇被歌人肉麻地吹捧为"大君，你就是神"。也就是说，那个时候的日本天皇就是神。"我本楚狂人，凤歌笑孔丘。"

但是自承久之乱以来，天皇这位大神一直处在精神死的状态，难以复苏。能做的就是持笏奉仕皇大神宫，用作为宗教性象征的那么一点权威来统合日本。

这个局面一直持续到 19 世纪后半。美国人佩里驾驶的黑船，傲慢地硬闯了进来。日本处在开国与萨英战争的强力外压之下。屈服于这种外压的德川幕府放弃了政权，取胜的明治天皇达到了辉煌的顶点。天皇的"神圣"被写入宪法。同时，作为统帅的总揽者天皇，开始统率陆海军，掌握实权。天皇从死到生的复活，就像基督的死与再生一样。

这是不可思议的。这不可思议的秘密究竟又何在?

4

日本的天皇家，首先是个孤独的存在。

日本人为天皇的诞生，设定了两个世界。一个是天上的世界；一个是地上的世界。天上世界的神叫天神；地上世界的神叫国神。天神在高天原出没，是不死之神。国神降临地上，死后在地上埋葬。

琼琼杵尊以后的天孙降临一族都是死后被埋葬的神。最后作为后裔的神武天皇登场。神人一体的生死观得以确立。人死后成祖灵（祖先灵），神死后成神灵。人与神的等价关系在这个生死之地得以连接。这一连接的意义就在于天皇被赋予了两个不同的身体：人的身体与神的身体。同时拥有人的魂与神的灵。而不灭永生的正是神灵。这就巧妙暗示了天皇灵威也具有不灭性。

初代的神武天皇出自于天照大神的子孙，这就在逻辑上先验地决定了代代天皇具有"现人神"的特性。天皇的诞生不需要像选总统一样进行选举。他的存在本身就是"国民总意志"的表现，所以国民不必投票。只要接续了天皇家的血脉，就达成了天皇即位的必要条件。这也是退位的明仁天皇在前几年动心脏手术时用自己的血输血的一个原因。在观念上不能有外人的血流入天皇的体内。天皇的血脉必须保持与万世一系有关联的纯洁性。而这个万世一系的系谱之源，就发端于《古事记》高天原的神话。

这一套程序当然属于演技。属于天皇家的演技。这套演技必然决定了天皇难逃孤独的本质。

日本皇室藏身于神话与巫术背后，其神秘无人可及。它不仅是全世界存在时间最久的皇室，也是上演各种"皮影戏"的绝好舞台。护城河的另一端，是跨越时空的另一个"国度"。30万棵古木的森林，虚幻着模糊的景象。毫无疑问，皇宫背负着天皇家沉重的难以诉说的历史。夜晚时分，圣女祭司在暗昏迷幻的皇宫深处，主持着不为外人所知的古老的祭典。和着轻轻的喃喃的模模糊糊的咏经声，黄卷青灯，美人迟暮，千古一辙。明治时期的俳人尾崎放哉，有俳句云：

纵然咳嗽也是一人。

尾崎放哉舍弃家人，过着放浪的生活，患了结核病，死在四国的小豆岛。孤独一人是他人生的全部。知道这一切的同时代俳人种田山头火，和了这样一句：

听乌鸦鸣叫，我也是一人。

他也是从家庭脱走漂泊列岛的俳人。他倒是发自内心地对尾崎放哉说，我来陪伴你吧。最后在四国的松山草庵里，孤独的死去。

其实，天皇也是孤独的，皇室也是孤独的。天皇的咳嗽，有谁来相伴？护城河那端的灯火，有谁来欣赏？看似品酒赏菊的闲适，看似登城朝拜的古雅，但难以逃脱的仍然是孤独，本质上的孤独。从第40代天武天皇开始，到第112代灵元天皇为止，天皇家先后共有40位天皇退位后削发为僧尼，与古寺青灯相伴。醍醐、朱雀、冷泉、圆融、花山、桃园、灵元，从这些天皇的谥号似乎就可以读出他们内心的萧索孤独与万念俱灰。后白河上皇1169年出家入道，42岁成为法皇。这位法皇对人生发出如此的感慨：听到游戏小孩的喊叫声，我的身子才能转动。看来，深锁皇宫与古寺，每天只能与小孩的喊叫声为伴，难熬的仍然是孤独。第109代的明正女帝，身份虽高贵，但没人能娶她，只能在宫中静静地孤独终老，葬在京都的月轮陵，与作古的先帝们为伴倒也生出快乐。虽然

"鹦鹉声犹在，琵琶事已非"，但对日本天皇家来说，难逃的仍然是千年孤独。而这个孤独，就其本质而言不是文学的而是哲学的。它凸显的一个深层问题是：孤独与什么有关？

是啊。天皇的孤独与什么有关呢？是否与万世一系有关？与天壤无穷有关？因为孤独，所以长寿。因果律能如此简单地演绎天皇家的长寿吗？

这也是个谜。

## 5

2011 年 3 月 11 日，东日本发生千年不遇的地震与海啸。随之而来的核辐射使半个日本遭受了毁灭性的打击。日本人陷入了空前的恐慌。

3 月 16 日，77 岁的明仁天皇发表告全国国民书。明仁天皇说："苦难的日子也许还会很长，但我们不要放弃希望。希望大家保重身体，为了明天好好活着。"战后天皇发表全国电视讲话这是第一次。国家不到危急关头，国民不到死生关头，天皇是不会公开发表讲话的。

显然，电视里露面的天皇，已经不是神，也不是现人神。电视机传出的肉声，已经不是"玉音"，也不是"神音"。"为了明天好好活着。"这是人话而不是神话。

但是天皇究竟是应该以人存在为好还是以神存在为好？这个争执持续了相当长的时间。作家三岛由纪夫就说过"如果天皇不是一个神，神风敢死队的飞行员之死岂不是毫无意义？"在他看来，如果天皇失去了神性，那么日本必将失去它的精神。但同样是作家的三宅孝太郎则这样说，天皇是日本人的肚脐。这是个非常俗的比喻，但表达了圣性。看上去是个多余物，但实际上很重要。

这里的问题是，天皇还能代表日本的精神吗？如果结论是天皇再也不能代表日本的精神了，那么在国难当头时为什么还需要天皇出面讲话？如果结论是天皇还能代表日本的精神，或者，天皇代表日本的精神这点根本没有动摇过，那么皇宫里天皇家的一举一动为什么又总是处在国民的眼光之下？如前几年雅子妃的精神状况问题，如前几年爱子内亲王不登校的问题，如皇太子兄弟二人面和心不和的问题等。这些问题为什么又能成为媒体的炒作对象？一个国家的精神领袖有这样被揶揄的吗？日本人对天皇的国民心情还存在吗？这确实是理解上的难点。

德国哲学家海德格尔说过："不是尼采，而是黑格尔第一个指出：涌动在现代宗教情感下面的是这样一种情感——上帝死了。"那么，日本人是否也在涌动着这样一种情感？这就是天皇家最顶级的谜了。

所以从这个意义上说，我们可以不先读日本史，也可以不先读日本文化史，只要先读读日本天皇家谜史，就是半个日本通了。

**中国皇帝说：众生必死。死必归土。**

**日本天皇说：众生必死。死必归天。**

以天子自居的皇帝，最后失守了天。以人神自居的天皇，最后守住了天。完全不同的思考，完全不同的路径，从这点来说，日本天皇制又成了一种范型。一种伸缩有余、张弛有度的世界文明的范型。

### 6

日本曹洞宗开祖道元，是个非常著名的僧侣思想家。他作有这样的诗句：

**雪漫漫，满大地。**

**大地满，漫漫雪。**

大地，只有雪一色，其他皆无。天地也消失，雪就是天地。据说后醍醐天皇很喜欢这首诗透出的意境：静谧、孤独、无常、幽玄。

这是否就是日本天皇家的精神现象学？

## 1 日本天皇家诞生之谜

### ——天皇是个好心情的王权体系

### 1 日本人是如何设定他们的初代天皇的？

神武天皇是日本的初代天皇。

"神武"是汉风谥号。这是在奈良时代快要结束的时候（729~796），由日本汉学家淡海三船选定的谥号。这是天皇死后才有的谥号。"神日本磐余彦尊"，这是《日本书纪》里的和风谥号。《古事记》中则名为"神倭伊波礼毗古命"。它的日语假名为"かむやまといわれひこ"（发音为 kamuyamatoiwarehiko）。意为"在大和国磐余地方，住着一位高贵的男性"。

诞生日为：公元前 711 年一月一日。[①] 也就是说，距今天近 2730 年。驾崩日为：公元前 585 年三

---

① 本书粗以明治元年（1868）为月份和日期的分界，此前用汉字表示阴历纪年，此后用阿拉伯数字表达阳历纪年，特此说明。

月十一日。也就是说，活了127岁（一说是137岁）。如此高寿？是真的吗？不要忘记了，这是日本人在为天皇家作程序上的设定。

神武天皇陵，在畝傍山。正好处在冬至日落的方位上。从三轮山看畝傍山，是太阳日照活动最弱的冬至，日落的方位。也就是说，是"日死"的方位。从畝傍山看三轮山，是太阳日照活动最强的夏至，日出的方位。也就是说，是"日生"的方位。那为什么神武天皇不直接葬在"日生"的三轮山，偏偏选择了"日死"的畝傍山呢？原来，日本的帝王没有永生的概念，他们只有轮回的概念。如果你永生不死，那后面的人怎么活？

所以，日本神话里有天皇的寿命与挑选姐妹的传说。天孙琼琼杵尊在求婚的时候，山神为了讨好天孙，献上了两位女儿。姐姐叫磐长姬，妹妹叫木花开耶姬。姐姐硬朗如磐石，定能长寿，但就是很丑；妹妹如花似玉，长得很美，但就是短命。最后，琼琼杵尊还是挑选了如花木美丽的妹妹作为自己的妻子。磐石是不死的，花木是要谢的。宁要凋零的花木，不要永生的磐石。据说这就是日本天皇短命的起源。暗示了日本天皇就像樱花一样，开得快，谢得也快。古层（指历史时代中的古代阶层）里有一种物哀。

所以，秦始皇寻求不老不死的仙药，在日本的帝王中是找不到先例的。只有第11代垂仁天皇在临死前，派人去常世国寻求不老不死的灵药。但是人还没有出发，天皇就死去了。为什么要去常世国呢？这是因为常世国在古代日本人看来，就是海的彼岸，就是不老不死的丰饶的理想之乡。日本历史上虽然也有源义经家臣们吃富士山火山爆发后的岩浆，以求不老不死，但他们不是帝王。

死去的神武天皇葬在畝傍山。从畝傍山的他界，向三轮山祈望再生。从"日死"到"日生"，也就是从死到再生。也就是说，躺在这座山，望着那座山，逝者就能再生，生死的循环就能得以完成。所以，自神武天皇之后，二代绥靖天皇，三代安宁天皇，四代恣德天皇的陵墓均选定在这里。富士山，虽然是日本的不死山，但那里并没有日本天皇的陵墓。为什么？因为如果葬在富士山，反而得不到再生的机会了。

日落与天皇陵有关，日出与天皇陵反而没有关系。中国帝王考虑的是如何不死，日本帝王考虑的是如何再生，不同的帝王学导出了不同的历史路径。

那么，这位神武天皇的家族系统又是如何构成的呢？这就和天孙降临的神话有关。

## 2 姐姐天照大神与弟弟的私密

如果要问日本神话一个最显著的特点是什么，就是初期登场的诸神都没有"性"。不是"中性"，就是"无性"。何以为证？

有日本神话经典之称的《古事记》，这样描述道："天地初发之际，在高天原诞生了三神：天之御中主神、高御产巢日神、神产巢日神。"这三神共同的特点是什么呢？都是"独神"。"独神"是什么意思呢？就是没有另一半。也就是说，这些神属于无性之神。至于这里不写"独身"，而写"独神"，是古代日本人才有的思维。

从独神时代进入到阴阳二神的时代，当然需要时间，但这仅仅是时间跨度的问题。

终于，日本最初的夫妇神诞生了。伊邪那岐和伊邪那美。但是有了阴阳身，却不懂交合术。这时飞来一对鹡鸰，摇着首尾。二神才恍然大悟，得以顺利交合。这是日本历史上首对结婚之人。具有相当重要的意义。

二神生出岛屿，生出山川草木。在具备了天地万物之后，开始造人——诞生了天照大神和她的两个弟弟：月读命和须佐之男命。但是这里要注意的是，这"三贵子"并非交媾而得，而是男神伊邪那岐从眼睛和鼻子里生出的。这位天照大神，就是后来高天原的最高君临者，是神中之神。

而天照大神的诞生过程又暗示什么呢？原来，日本历史上第二对结婚之人与她有关。但是，虽然做个一生不嫁的独身女，也是可以设想的，可在传说中这位女神还是生育了：五男三女。人们自然会问，她的另一半是谁呢？

　　这么一个朴素的问题，日后却成了日本神话研究的禁忌……当然，还是有细心的日本学者发现了秘密：姐姐天照大神与弟弟须佐之男命，曾在天边的安河原有秘密的"誓约"。誓约的内容是两人互相生孩子。如果谁生出男孩，则证明心地纯净；如果谁生出女孩，则证明心怀恶意。

　　于是，天照大神首先拿到了弟弟的十握剑，折为三折在水中洗涤，并咬住吐气，在气中生出了田心姬等三女。之后，弟弟须佐之男命拿到天照大神的八尺琼玉，用水洗涤，然后咬住吐气，生出了天忍穗耳命等五男。由此，姐弟二人共生出了五男三女。作为交换，姐姐所生的三位女神送给了弟弟；弟弟所生的五位男神送给了姐姐。

　　这个神话具有相当日本化的暧昧特征。其实从情节发展来看，弟弟须佐之男命是突然闯进姐姐居住的高天原。天照大神怕弟弟对她不轨，便二人协商，订立誓约。而且姐姐把玉送给弟弟，弟弟把剑送给姐姐，这已等于婚前的信物交换。在读日本神话故事时，需读出它的隐语，方可解其意。

　　其实，天照大神自身隐含了两个互为矛盾的问题：一个是女神应该具有的独身形象——处女神。日本的元正女帝和称德女帝，都是独身。元正女帝肯定是处女身保持到了最终，而称德就与和尚道镜的风流传说，为这个问题画上了问号。

### 3 天照大神何以成了天皇家的祖先？

这里，就生出一个问题：天皇家的祖先，为什么是天照大神呢？或者说，破身者何以成了天皇家的祖先？

原来，天照大神最初的名字叫大日霎贵。"霎"字也可以写成巫女，即"大日巫女贵"。这样看来，天照大神原本是仕奉太阳的巫女。而巫女的形象必须清新、神圣、无垢，因此必须是处女。

但如果是处女，就不能被称为祖神。因为祖神必须要有后代。要有后代，就必须要生殖。要生殖就必须要交媾。但是天照大神在观念上又必须是处女。这实在是个两难的问题。同时，天照大神还必须是皇室的祖先。如何解决这个看似无解的问题呢？

日本人的智慧在这里得以显现。于是就有了前已述及的"誓约"。这是相当暧昧且聪明的构造。这一构造为各种想象和说法提供了可能……

祖神和日神在这里得以同一，并处在同一视线上来观照万物。祖先是天照大神，一族之长的家系是天日嗣，自己则是这个天孙族的子孙，这个意识开始萌生。这对日本天皇家来说，是极为重要的意识。

稻作大丰收要感谢太阳，就是对天照大神的尊崇。这个信仰，与祈祷农作的各种各样的仪礼咒术结合在一起。太阳神同时就是谷灵神。用这种信仰结成的农耕社会，作为首领一族的斋王女神主司祭祀和咒术。男王则主司政治和军事。圣俗二重体制在这里得以确立。

从这个角度来说，天照大神的起源，没有稻作和镜子这些外来文化，是无法构想的。稻作与金属器的传来，以及渡来人传来的新知识，给日本带来激荡和变化。就像古代埃及的国际化是从阿美那神作为至高无上的神开始的一样，天照大神也是在日本首次经历的国际化过程中创成的。

这就决定了天照大神其实是个很独特的神。这主要表现在以下两方面：① **她是在多神教的风土里诞生的唯一神，具有超越性。**② **她所引发出来的神道，既没有教义也没有教规。**神在——天照大神；神社也在——伊势神宫；神体也在——镜子。但是就是没有教义，这是世界上少见的宗教。宗教的形态具备了，但是中心是空洞的。本来是斋王女神的场所，佛教闯了进来。从这个意义上说，天照大神之所以能成为天皇家的祖先，就在于没有神的存在，罪过也不存在。否定罪过的话，神也就消失了。

天照大神在边远荒凉、古木参天的伊势神宫被后人祭祀，远离政治的中心。古希腊的处女神雅典娜则在雅典这座政治之都，被后人祭祀。但恰恰是远离政治的天照大神，成了皇室的祖先。日本学者山本七平认为，"在东亚只有日本是这样的"。① 他认为，仅在这一点上如果说日本是个不可思议的国家，确实是可以成立的。任何一个国家的历史，都曾有过神话。如在《山海经》和《楚辞》的《天问》篇里，可以见到中国神话的一些片段。但问题是神话与当下的现实世界是有关联的，与生活着的现代人有关联的，恐怕就只有日本神话了。这就应了国学者本居宣长的一个说法：日本的神不同于外国的佛和圣人，不能拿世间常理对日本之神加以臆测，不能拿常人之心来窥视神之御心，妄加善恶判断。

姐姐天照大神最后成了日本天皇家的祖先。弟弟须佐之男命到了出云就是建国英雄。没有道理可言，没有是非可辩。但也没有自命圣贤、盛气凌人。这或许就是日本人所信奉的神道之精髓。

## 4 为什么要与山神和海神结婚？

天照大神共有五个儿子。长男叫天忍穗耳尊。

这位长男与天照大神同级别的神高皇产灵尊的女儿栲幡千千姬结婚，生下天津日高彦呼火琼琼杵尊。

母亲天照大神本来派这位长男降临地上界，但临时改变主意，指派孙子天津日高彦呼火琼琼杵尊降临地上界。天津日高彦呼火琼琼杵尊，这是《日本书

---

① 〔日〕山本七平：《何为日本人》，PHP，1989。

纪》里的叫法；而《古事记》里的叫法为：天迩歧志国迩歧天津日高子番能迩迩艺命。真是长长的怪怪的名字。因此，以简略计可以叫这位天孙为"琼琼杵尊"。也可以叫这位天孙为"迩迩艺命"。而日本人喜欢用前者的汉字表记。

一般而言，在名字后面带"尊"字的出自《日本书纪》，在名字后面带"命"字的出自《古事记》。"尊"字源于古代中国的道教。隋唐时代道教的最高神是"元始天尊"。记述中国北周（557~581）的历史书《周书》里，有"佛像及天尊像"的记载。天尊像就是道教的神像。

"命"字源于古代中国夏商官吏等级。据《周礼》等文献资料，官自一命至九命，命数多者为高，如天子三公八命，下士一命。从这里引申出的意义就是，在神的名字后面带"命"字，表示尊称。

《日本书纪》在日本人的眼里是正史。因为它是第40代天武天皇牵头的国家工程。《古事记》在日本人眼里是野史。因为它是依据一个叫稗田阿礼的人靠自己的记忆力，背诵《帝纪》和《旧辞》，由他人笔录而成的。

从史料价值来看，前者胜于后者。从历史意识来看，后者高于前者。日本人出于研究和引用的方便，常把这两本书统称为"记纪"。

有一天，这位琼琼杵尊接到了祖母天照大神的指令："去吧。孩子。去统治苇原中国（日本国土的总称），那里有富饶的国家。"于是，这为天孙不敢怠慢，急降于九州日向高千穗山峰（今宫崎县南部和鹿儿岛北部一带）。来到地上界的琼琼杵尊，不久与一位山神的女儿木花开耶姬相会，并与这位美女发生一夜情。但就是这一夜情，竟然使其怀孕。

"你怀的是我的孩子吗？"琼琼杵尊感到疑惑，便问道。"当然是你的孩子"。木花开耶姬不悦地答道。"这不可能，怀的是国神（当地原住民）的孩子吧？"琼琼杵尊还在怀疑。"没有这样的事。这肯定是你的孩子。"木花开耶姬急了。为了证明这件事，木花开耶姬建造了一间没有门窗的产屋。也就是说，进去就出不来。她对琼琼杵尊说："我在产屋里生产，点上火。如果出生的孩子被烧死了，就表明他们是国神的种。如果他们都活了下来，就表明是你的种。如何？"说着，便在火中生产。

最初生出的长男叫火照命，接着是二男火须势理命，最后是三男火远理命。三个男孩都在火中出生，且都没有烧死。这一具有现代人意识的神话插曲，想说明什么呢？它想说明的是：血缘（婚姻）对天皇家来说是个相当重要的问题。而天神和国神的关系，讲到底就是贯通整个日本史的权力构造的关系。

三男火远理命在《日本书纪》中叫彦火火出见尊。这位彦火火出见尊长大后与海神的女儿丰玉姬结婚，生下彦波瀲武鸬鹚草茸不合尊。这位彦波瀲武鸬鹚草茸不合尊又与母亲的妹妹玉依姬结婚，生下四个儿子，即五濑命、稻冰命、御毛沼命和若御毛沼命。其中最小的儿子若御毛沼命就是后来的神武天皇。

加以归纳即：神武天皇的父亲就是彦波瀲武鸬鹚草茸不合尊，母亲就是玉依姬；祖父是彦火火出见尊，祖母是丰玉姬；曾祖父是琼琼杵尊，曾祖母是木花开耶姬；高祖父是天忍穗耳尊，高祖母是栲幡千千姬。因为天忍穗耳尊的母亲是天照大神，所以神武天皇就是天照大神的五世孙。

这样，从血统上来看，从伊邪那岐到神武天皇的顺序是：

> 伊邪那岐→天照大神→天忍穗耳尊→琼琼杵尊→彦火火出见尊（火远理命）→彦波瀲武鸬鹚草茸不合尊→若御毛沼命（神武天皇）。

而从皇统上来看，顺序是：

> 皇祖——天照大神。
> 皇孙——琼琼杵尊。
> 皇宗——神武天皇。

延绵两千多年的日本天皇家的第一代，就这样诞生了。

这里，有一个值得注意的问题。即皇孙琼琼杵尊为什么要与山神的女儿结婚？皇孙的儿子彦火火出见尊为什么要与海神的女儿结婚生下第一代天皇？实际上，这是一种暗示。暗示了天皇统治天下的正当性。因为从理论上说，一个能掌控高山大海的人，也就是能掌控天下的人。而能掌控天下的人，也就是这个国土的当然统治者。

因此如果要问，日本列岛的当然统治者是谁的话，答案便是天照大神和她的子孙们。

### 5 神武为什么要从日向出发东征？

天孙琼琼杵尊从高天原降临至日向高千穗，这个地方，属于古代南九州的范围。

当时的南九州与北九州，在文明程度上有着天壤之别。在日本古代史研究中有一级史料之称的中国史书《魏志·倭人传》，几乎记载了当时日本国内的所有地方，但就是南九州在其视野之外。当时南九州给人的印象就是流放之地。如奈良末期的和气清麻吕，就被称德天皇流放至属于南九州的大隅（现鹿儿岛县）。天孙降临之所以选择后进的南九州而放弃先进的北九州，恐怕是因为荒芜比富饶更具历史演进的意味，一个新时代的开端必然从荒芜开始。拓荒，才是统治者的抱负和野望。从这点来看，天孙降临神话的

高皇产灵尊 —— 栲幡千千姬

须佐之男命（弟）

天照天神（姐）

天忍穗耳尊

琼琼杵尊（天孙降临）

木花开耶姬

彦火火出见尊

丰玉姬

彦波潋武鸬鹚草茸不合尊

玉依姬（母亲的妹妹）

若御毛沼命（神武天皇）

设计师们还是有历史感的。

　　天神们在南九州的日向，一住就是 179 万多年。这是《古事记》里的语言。这当然是夸张，但也表明天神们降临到地上的世界，对时间的感觉发生了变化。从宇宙的时间到地球的时间，这是从天神到地神的时间跨度，也是从神代到人代的时间跨度。古代人就是这样笼统地直感时间的。

　　设计师们把神武定格为第一代天皇，同时也就认可了他的伟大。但伟大不能是空乏的。于是，日本人又开始为他设定伟大的事业。那么，神武的伟大事业是什么呢？一言以蔽之，就是"神武东征"。

这里有几个问题。第一，神武为什么要东征？照《日本书纪》的说法，是为了不辜负皇祖神的重托，统治苇原中国即当时的大和国（今奈良县一带）。但这里的谜在于，既然要统治大和国，那么在命令天孙降临的时候，为什么不直接降临至大和地区，而要降临到日向地区呢？而日向与大和，当时在距离上又是那么的遥远。而如果直接降临到大和，大和建国不就成立了吗？东征还有必要吗？这就引出了第二个问题：神武东征为什么要以日向为起点呢？也就是说，神武为什么要从日向出发呢？从接点上来看，日向是天照大神的诞生地。男神伊邪那岐从黄泉国逃脱后，来到了筑紫的日向，在橘小门的阿波岐原的河边，开始洗涤从黄泉国带来的污秽。洗左眼，诞生了掌管太阳的天照大神；洗右眼，诞生了掌管月亮的月读命；洗鼻子，诞生了掌管海原的须佐之男命。这也就是说，日本神话史上的"三贵子"都诞生于日向。特别是天照大神的诞生，更是把日向染上了神秘的色彩。这样看来，天孙降临之所以选择作为圣地的日向，表明了一种神韵的传承。

再从日向的地理位置来看，它在南九州的东端。而整个九州岛正好处于太阳的最佳直射位置。而"日向"的字源意义，也就是面向太阳的意思。但是仅仅这样理解，也有问题。因为日本列岛面向太阳的场所有很多，为什么一定要是日向呢？原来南九州的日向，是整个日本列岛面向太阳最佳的场所。

这就引出了第三个问题：为什么一定要面向太阳呢？就不能面向月亮吗？这就和天皇的皇祖神天照大神有关。原来天照大神一开始就被设定为既是天神又是日神（太阳神），高天原（天上）和苇原中国（地上）的光明，都掌管在她的手中。而神武天皇是天神的五世孙，自然也就是日神的五世孙，因此他有义务完成阳光普照的大业。这就和《日本书纪》里的说法相一致："彼地必当，足以恢弘大业，光宅天下。"

何谓"光宅天下"？就是要像阳光洒满每个角落那样去统治天下。这种"光天下"的说法，与《古事记》的说法相异。《古事记》说神武东征的动机是为了"坐何地者，平闻者天下之政"。明白无误地表现出天皇的作用是"天下之政"，即"治天下"。治天下要用权力，光天下要有权威。

其实，《日本书纪》倒是用春秋笔法，曲折地表露了日本天皇的基本格调。这也是日本人把《日本书纪》当作正史的一个原因。当然，日本的国粹派们则更喜欢《古事记》，他们欣赏"治天下"的说法，认为它充满了"和意"。如江户时期的国粹派代表人物本居宣长就痛批《日本书纪》是伪史，充满"汉意"。

而《古事记》则闪烁着"和意",即"大和魂"。

之所以要选定东征而没有选定南征和北征,还与自古以来日本人所具有的东面神圣的思想有关。从日本王权的中枢神经奈良盆地来看,在古代有两条东西线的配置。

北横大路线从西出发途经法隆寺再向东,处在最东端的就是和尔下神社(现在属于天理市栎本町)。

南横大路线从西出发途经耳成山再向东,处在最东端的就是忍坂山(现樱井市外镰山),这是座祭祀诸神的神圣之山。

这两条东西线的设计,表明了古代日本从宇宙论出发生成的东方信仰是相当强烈且很自觉的。

## 6 一个虚幻王朝的诞生

《日本书纪》里描画的东征线路图是:公元前665年,45岁的神武带领他的一族兄弟和军队,从南九州的日向出发。神武一行人马首先向筑紫国的菟狭(现大分县宇佐市)、筑紫国的冈山门(今福冈县远贺郡)进发。十二月末到达安艺国的埃宫(今广岛县安艺郡府中町)。

第二年的三月,东征军到达吉备国(今冈山市),并在这里建高岛宫,作为兵船和兵粮的中转站。

三年后的二月,神武的军队正式开始东进,成功在难波登陆。三月,到达河内国的草香邑(今东大阪市日下町）。四月，神武军徒步抵达龙田（今奈良县北葛城郡王寺町附近），翻越胆驹山，开始进入奈良盆地。

就在这里，神武的军队遇到了当地势力长髓彦的顽强抵抗。神武的长兄五濑命被飞箭穿心而死。不得已，全军从草香津退却。稍事休整后，神武又取熊野出发北上的路线再次进入奈良盆地，肃清抵抗势力，最终逼近了长髓彦的势力圈。

这位长髓彦是何许人也？原来在奈良盆地，有一个当地的土豪族。土豪的君主就是这位土生土长的长髓彦。但是在不久前，也就是在神武东征之前，有天津神的儿子乘天磐船从天降至大和，名叫饶速日命。他来干什么呢？也是要征服大和王朝自己做君主。长髓彦打出怀柔策，把自己的妹妹三炊屋姬嫁给他，倒也相安无事。

但这次，又碰上了自称是天津神的人物来找麻烦，而且还非要致长髓彦于死地不可。为此，长髓彦决定亲自与神武谈判。

长髓彦对欲想征服大和的神武说："你也打出天津神的名义。但在我的身边，有一个也称自己乘天磐船而来的天津神，他叫饶速日命，你们两位究竟谁是正宗的天津神？"纯朴无邪的长髓彦感到为难，继续说道："我把我的妹妹嫁给他，生出一子叫可美真手命。我也依据君主饶速日命的命令侍奉这位幼子。我不明白的是，为什么天神之子会有不同人物出现？为什么都要以天神之子的名义抢夺他人的国土呢？"

神武对此回答道："天神之子确实很多。你的那位君主，如果是真天神之子的话，一定会有神宝之类的东西随身携带。你能出示你那位君主的神宝吗？"

神武的话，提醒了长髓彦，他拿出饶速日命的象征物——天羽羽衣和矢剑给神武看。并说："我能拿得出饶速日命的神宝作为证据，你有什么证据吗？"

神武看了一眼，认可了天羽羽衣和矢剑是真货。然后他也不慌不忙地拿出同样的天羽羽衣和矢剑给长髓彦看。

长髓彦知道自己遇上了真正的麻烦。但是他没有撤军归顺的意思。他想抵抗下去。但是，饶速日命，这位抢夺了他人国土的王者，看到长髓彦大势已去，便做了大和王朝的叛徒，自己亲手杀死了长髓彦，并把王权禅让给了神武。神武对饶速日命的忠诚表示了赞赏。有趣的是，这位饶速日命日后成了日本历史上物部氏的始祖，与天皇家结成了既仇又亲、既恨又爱的关系。

从日向出发，东征六年，历经千难万险，神武终于君临大和，完成了建国大业。

神武在日向的时候，与吾平津媛已经生有二子。但在征服了大和之后，又与三轮的大物主神的女儿媛蹈备五十铃媛命结婚。娶当地豪族的女儿为妻，这也是确立支配权的一种做法。

再来看看《古事记》里描绘的东征路线：

① 日向出发→② 筑紫→③ 宇沙→④ 筑紫之冈田宫→⑤ 阿岐国之多崎理宫→⑥ 吉备之高岛→⑦ 速吸之门→⑧ 浪速之渡→⑨ 青云之白肩津→⑩ 血沼海→⑪ 纪国男之水门→⑫ 熊野村→⑬ 吉野→⑭ 宇陀之穿→⑮ 宇陀之血原→⑯ 忍坂大室→⑰ 橿原宫即位。

这里，⑨ 的地方相当于今日的大阪府。神武的哥哥五濑命中箭负伤退却，在 ⑪ 的地方死去。这里还必须注意的是从 ⑩ 到 ⑬ 的地方，相当于现在从大阪经过和歌山再经过吉野。这条路线包含了很多谜。负伤的五濑命曾经说过这样奇怪的话：自己是日神之子，不应该朝着太阳开战。从现在开始必须背着太阳作战，由于改变了进军路线，攻占大阪就变得不可能，为此期望再战。但是为什么会出现在吉野呢？为什么会顺便攻打吉野呢？这是个很大的谜。

看来，较为接近谜底的说法是，东征之所以包括了吉野，与其说是军事上的理由还不如说是祭祀或是宗教上的理由。为了使国神（原住民）能在精神上屈服，就必须掌控占领国的魂灵。况且吉野的国神都是相当顺从的神，几乎没有遇到任何的抵抗。

这里，实际上是一种暗示。暗示了皇室与吉野在宗教上具有某些神秘的心照不宣的关联。这也是日本历史上落难的天皇都到吉野避难的一个原因。其源头就是在神武东征时形成的。

《古事记》的神武东征，用了16年的时间。这样看来，神武东征的意义，至少有以下三点。第一，从天孙降临到神武东征，日本天皇家完成了从神代到人代的逻辑演进。这就为"现人神"——日本天皇——的本质定下基调。

第二，从神武东征来看，天皇一开始就是权力和权威的化身。具有很强的攻击性和征服欲。但到后来，这其中的部分功能让给了幕府的将军。自己成为只有权威没有权力的象征。

第三，天皇一开始就不是完人，他也会犯错误，也会失败。如第一次东征的失败，如兄弟的战死等。悲情，永远是日本天皇的基本情调。

辛酉年（公元前660）正月，神武在橿原的山麓下建宫即位，日本第一代天皇诞生。天皇被称为"始驭天下之天皇"，意指最初统治日本的天皇。

日本人的建国纪念日2月11日，就是从这里开始的。一个虚幻王朝的纪念日。

## 7 文明的三件套：武力、智力和混血

绳文人——自然人。日本的原住民。

弥生人——文明人。渡来的文明人。

文明对野蛮。野蛮被文明征服。这没有脱离黑格尔的历史视野，更是在马克思所构架的文明革命之内。

绳文人的生活是在山林狩猎，在原野采集，在大海捕捞。他们散集在从冲绳到北海道的地域里。绳文人的思想，就是森林的思想。这是历史哲学家梅原猛的见解。他是全力为绳文人唱赞歌的学者。当然这也是回头重新检视人类文明代价的结果。

公元前数百年，从东亚大陆和扬子江南部地带，有一批人渡海而来。随着季风和海流，从杭州湾到九州，这是超过想象的速度，也是超过想象的玩命。他们被统称为弥生人。他们带来稻作、带来金属、带来技术，他们善于航海，也懂天文知地理，所以是文明人。

最终，弥生人征服和支配了绳文人。他们靠什么去征服与支配？文明的利器又是什么？简略而言就是三件套：武力、智力和混血。

日本人类学者埴原和郎运用人口增殖模式演算方法，推导出从公元前300~公元600年（从弥生时代开始到古坟时代结束），从大陆来的渡来人从40万增加到150万，平均每年增加1000人左右。这在当时属于超前卫的文明人。他们成了大和朝廷势力中心的指导者，其子孙也在其后参与创造了日本的历史。这就是震撼日本史学界的"埴原百万移民说"。

天孙降临只统治了九州地域。所以，45岁的神武开始东征，企图拓展版图，平定天下。他凭什么东征？靠的也是文明的三件套：武力、智力和混血。

这里有个历史的细节值得回味。神武从日向出发，通过速吸之门（丰予海峡）时，有一位渔师泛舟而至，说道："我是国津神，名叫珍彦。我看你是天津神，故特意来迎接你并为你做向导。"

这里，天津神和国津神各指什么？原来，天津神是指从高天原天降而来的外来神，而国津神是指当地的土神。那么，土神为什么要欢迎外来神呢？原来，进入大和的神武，并没有征服者的王道霸气。虽然用了武力，但没有杀人无数，也没有残暴至极的行为。居住的地方是宫而不是城。而且，天皇定居的宫殿，只限定一代。日本天皇家自己拥有硕大无边的"城"，是从明治时代开始的。日本历史上，神武以后的第二次天皇东征，其结果就是占领江户城。从第一次东征到第二次东征，间隔了两千多年。

与原住民们共立，王与王之间谈合。这是日本帝王常用的政治手段。如《魏志·倭人传》里记载，3世纪的倭国王卑弥呼，就是被诸国的首长选出共立的典型。日本人很喜欢这种共立的政治学。

所以，即便是征服了大和的神武天皇，也必须与国津神们（土神）共立。考古学发现，神武执政后几乎没有发生过暴力镇压。当地的绳文人用一种十分柔软的思考方式，接受了外来人带来的文化和技术。对文明没有恐惧的抵抗，这是绳文人的一大特点。也是国津神能站出来欢迎神武的一个原因。这就令人想起麦克阿瑟带领美军占领东京时，东京人也没有反抗。没有发生如伊拉克、阿富汗一般的自杀式袭击。这种历史性与民族性的一脉相承，在日本可以追溯至神话时代。

北九州在日本历史上是个文明之地。2003 年日本国立历史民俗博物馆（千叶县佐仓市）用放射性碳元素年代测定法，检测了北九州弥生时代遗物的年代。结果是：日本弥生时代的开始，比之前断定的时间早了 500 年。北九州在公元前 10 世纪就已经开始了水稻耕作。中国殷周革命的激荡，给北九州的水稻耕作带来了机会。渡来人从这里出发，神武就是其首领，他带领文明的集团军东征。据《古事记》和《日本书纪》的记载，神武天皇是稻作民的首长，长髓彦是绳文系的首长。神武东征的传说，本质地反映了弥生人和绳文人相会的事实。如用二元文化论来看，是弥生人同化了绳文人，还是绳文人同化了弥生人？一下子还真的不好说。

作家三岛由纪夫说过，不能写的东西在创造历史。绳文人没有文字，但有神。是神，创造了日本历史？

## 8 问题的复杂性在哪里？

神武东征进入大和时，为什么会出现上文所说的遭遇饶速日命的细节？为什么杀死大和之王长髓彦的不是神武，而是饶速日命呢？这里面隐含了一个很大的谜。

上文已述，在神武东征之前，饶速日命作为征服者已经征服了大和，并娶当地之王长髓彦的妹妹为妻。饶速日命向后到的征服者神武降伏。饶速日命的儿子叫可美真手命。他的子孙就是后来的物部氏。而饶速日命为什么要向后来的征服者投降呢？就是因为他看到神武的神宝——天羽羽衣和矢剑——与他是一样的。也就是说，他看到了同氏族的记号。

这里，出现了一个深层次的疑问：神武天皇和饶速日命是同氏族之人？即物部氏的同族？如果是同氏族之人，那神武也是物部氏出身？这就涉及了日本天皇家祖先的问题，涉及了日本天皇家从哪里来的问题。

而在《先代旧事本纪》这本史料里，恰恰就有物部氏东征的详细记载："饶速日命，遵天神御祖的诏令，乘天磐船天降至河内国的河上哮峰。一起降临的还有同氏族的族群们。"这里，河内国的哮峰，就是现在大阪府奈良县境内的生驹山的一角。而生驹山麓的日下（草香）之地，就是古代物部氏的根据地。

这就得出一个结论：从九州日向往大和东征的是以物部氏族为中心的人马。天皇的祖先也是物部氏族的人。这个结论颠覆了天照大神的血统说。而这个问题恰恰是日本天皇家的核心问题。日本世世代代的文人学者，就是在这个问题上为日本天皇家效力辩护，至今也不承认天皇家与天照大神之间，早已断了观念上的血统关系。

那么，《先代旧事本纪》这本书可信吗？这本书是7世纪在苏我马子的敕命下编撰的，分《神代本纪》、《天神本纪》和《地祇本纪》共十卷。体裁上比《日本书纪》更精密，到中世为止，深得读书人的喜爱，但在江户时期被认作伪书。问题是有日本正史之称的《日本书纪》，也被江户人视为伪书。在江户人的眼里，没有东西是真的。

还有一点至关重要的是，物部氏集团是技术型的，木工、金匠等技术者很多，如跟随饶速日命一起东征的天津麻良就是个锻工。这在《古事记》"天石户条"也有所提及。这批先进文明的传播者来到落后的大和地区扎根，也就符合了文明征服野蛮的历史逻辑。一般认为，物部氏也有咒术的宗教，也就是说他们有他们的意识形态，且能文能武。

物部氏与天皇家的关联是广泛而深刻的。如饶速日命的第7代伊香色雄命的妹妹伊香色迷命，她既是第8代的孝元天皇的皇后，也是第9代的开化天皇的妃。一个女人扮演父子二人后妃的角色，体现了同祖同源的观念。另外，开化天皇的母亲内色许卖也是物部氏的女儿。这样，在日本历史上，最早成为天皇家外戚的并不是藤原氏，而是物部氏。可能为此，在5~6世纪的大和王朝，赐给了物部氏"大连"这个日本皇室最高的家格。这表明，物部氏成了天皇家最大的一股势力。

这里又生出一个问题。从日本史书上来看，从第2代绥靖天皇到第7代孝灵天皇，这六代天皇的后妃都是矶城县主的女儿。如第3代安宁天皇的和风谥号就是"矶城津彦玉手看"。而矶城这个地方就在奈良盆地的中央东侧一带。这个地方的豪族叫矶城县主。县主就是地方长官的意思。这样说，这六代天皇与物部氏就没有关联了吗？

不是的，需要转换角度看这个问题。日本史料《新撰姓氏录》里记载，在9世纪的时候，有一个叫"志纪"的氏族，这个氏族的祖先是志纪县主。史料中同时还记载了饶速日命八世孙大卖希命。这里，在记载志纪氏族的同时为什么要记载饶速日命？

再看《先代旧事本纪》。这里也有非常明确的表述：志纪氏与物部氏是同族，这是从饶速日命七世孙建新川命开始的。另外还必须注意的是，"矶城"与"志纪"在日语里都发音为"しき"（siki）。是同一个地方的不同汉字表述。

这样来看的话，日本古代所谓"欠史八代"的天皇，都与物部氏的女儿有婚姻关系。这些天皇们一边祭祀着天照大神，一边在物部氏的地盘上，在奈良的土地上，实施着政治权力。他们显然剥离了来自天照大神的胎记。

### 9 物部氏来自朝鲜南部？

这里，又出现一个疑问：物部氏是从哪里来的呢？知道了物部氏是从哪里来的，是不是就知道了日本天皇家是从哪里来的呢？

其实，日本天孙降临的神话，与蒙古神话非常相近，与朝鲜南部的神话也非常雷同。高天原在哪里？其实这是个集合概念，可以理解为"天上诸神的场所"。

但"天上诸神的场所"又是个道教的概念。日本神话又与中国的道教有关系？不可否认的是，在 7 世纪编撰"记纪"神话时，日本人已经能熟练地运用道教的一些技巧性的东西了。如天武天皇的和风谥号，甚至天皇这个概念都与道教有关联。

《古事记》说过，天孙降临的地方正巧面向韩国。"这是洒满朝辉之国，是夕阳普照之国，故此地甚是好地。"

面向南部朝鲜，且朝日满天、夕阳辉映之国，从当时的情况来看，不是今天的福冈县就是今天的佐贺县。在福冈县的丝岛郡前原町，有高祖山；在佐贺县的佐贺郡，有龟旨峰。

1977 年 12 月 15 日，《朝日新闻》以《日本的国号就是加耶》为题，发表了东京大学名誉教授江上波夫的新说。他说，日本的国号就是原来在朝鲜南部的加耶国号。这位江上波夫，就是在日本轰动一时的"骑马民族说"的提倡者。他认为日本天皇的始祖是从南部朝鲜过来的。

1982 年 3 月 21 日，《朝日新闻》又发表《骑马民族的有力证据》一文。文章说，古代马战用的马套和马鞍，在韩国的釜山福泉洞古坟首次出土。古坟里大量的马具和大王级别的人才拥有的宝冠被发掘出土。这些出土文物复原了当时骑兵大军团作战的样式。这与在日本和歌山大谷古坟出土的马鞍和马套有惊人的相似之处。

这两篇文章想说什么呢？想说南部朝鲜的加耶，与日本神话代和古坟代有很深的接点。

从历史上看，新罗、百济被吞并之前的加耶诸国，就存在于南部朝鲜的中央及东南部一带。南加耶（金官加耶）就包括现在的釜山市。

很显然，这里逻辑上的接点在于：以现在韩国南部的釜山为中心的庆尚南道一带，在古代的时候就叫加耶（也叫驾洛）。而在《魏志·韩传》里则称"弁韩"。在考古学上，绳文时代的南部朝鲜的东南部（南加耶）和北九州的西北部（佐贺县）处在同一文化圈内。从亲缘关系来看，韩人与倭人没有太大的区别。

据东洋史学者三品彰英说，日本天孙降临的开国神话与朝鲜（指现在的朝鲜）的开国神话（檀君神话）和古代朝鲜（指现在的韩国）的开国神话（六加耶之祖天降龟旨峰的神话），属于同一个系统。这位学者把《三国遗事·驾洛国记》所载的六加耶国的开国神话与日本"记纪"里的开国神话进行了比较，得出了"两个开国完全一致"的结论。大和朝廷的天皇家的祖先们，从南部朝鲜渡海来到北九州，建立最初的据点。而这些外来民族，多少代都在畿内进出。神武东征的传说就是源于此。《魏志·倭人传》里所说的"伊都国"，就是现在的福冈县线岛郡前原町。这里属于九州的范围，并有加耶人进出的记载。加耶最终在562年灭亡。但是在这之前，加耶经常侵犯与西为邻的百济和与东为邻的新罗。这说明它本身也有一个吐故纳新的过程。

《古事记》说天孙降临的地方 面向"韩国"。这里的"韩国"发音为"からくに"（karakuni）。而"加耶"的发音也是"から"（kara）。面向"韩国"，也就是面向"加耶"的意思，这里才是日本天神的故乡。其实，天孙降临神话真正想要说的是这一事实，日本天皇家的始祖，从南部朝鲜的加耶诸国来到北九州的可能性很大。

另据在日朝鲜人学者金达寿在《古代日本与朝鲜文化》[①]一书里说，"龟旨"在朝鲜语的发音为

---

① 〔朝〕金达寿：《古代日本与朝鲜文化》，筑摩书房，1984。

"kuji"。《古事记》里有"久土布流多气"一说。这里的"久土"的发音就是"kuji"。《日本书纪》里的"扎触峰"其开首的发音也是"kuji"。《三国遗事·驾洛国记》里记载，南部朝鲜的始祖大王首露王，他降临的山就是龟旨峰。《古事记》里的"久土布流多气"，《日本书纪》里的"扎触峰"，可能就是龟旨峰。而这座龟旨峰就在佐贺县的佐贺郡，海拔740米。虽然不到千米，但其意义重大不亚于富士山。

可能也是这个缘故，日本人基本不宣传这座山。好多日本人也不知道这座山。照理说，天孙降临的山峰，其意义要远远超过富士山。但是日本人似乎心照不宣，知道降临在这座山峰的天孙们，可能是从南部朝鲜来的外来民族，故隐而不宣。

这样看来，天孙的本籍地在南部朝鲜的加耶国的可能性很大。而南部朝鲜的加耶国，恰恰就是物部氏祖先的故乡。中国史书《魏书·东夷传》里也说，南部朝鲜的倭，是不是就是加耶诸国的物部氏祖先呢？显然是意识到了这个问题。

这也验证了在2001年12月23日明仁天皇的一个发言。这一天是明仁天皇的生日。有韩国记者提问：对历史和地理最为接近的韩国，陛下有何感想？明仁天皇回答道：对《续日本纪》桓武天皇的生母是百济武宁王的子孙这一记载，我深感与韩国的"由缘"。这里，天皇用了"由缘"一词。"由缘"与中文"血亲"比较接近，英语可以译成"kinship"。这是一个颇有感情色彩的词。虽然这一观点是承袭了京都大学教授上田正昭在 1965 年出版的《归化人》一书中提出的学术见解，但这样的话语出自天皇之口，还是引起了轰动。

天皇家和韩国的祖先有关。天皇的祖先是渡来人。而点破这一层秘密的则是天皇自己。无怪乎当时的金大中总统不无惊讶地评论道：日本天皇的这一发言，表明了对历史的正确认识。

日本天皇家的祖先就是韩国人吗？或者，神武天皇就是韩国人吗？

### 10 神武天皇就是中国的徐福？

那么，在日本天皇家祖先的问题上，或者说，在神武天皇究竟是谁的问题上，中国方面有什么影响呢？

江户时代德川家康的御用文人林罗山在《本朝通鉴》里，对《古事记》和《日本书纪》所收入的神话进行了批判。对天皇家祖先降临日向的所谓天孙降临、初代神武天皇进入大和地区等事抱有不信的眼光。他认为神武也是地方豪族的一个人，很有可能是从中国的吴过来的亡命者。这一论调虽然被当时日本国学领袖人物本居宣长直斥为"狂人之言"，但这个从吴过来的中国人是谁？还是引起了人们的猜测。

这位从吴过来的中国人是谁呢？是徐福？徐福就是日本天皇家的祖先？或者说，徐福就是神武天皇？这是中国制造的话题。之所以能成为话题，其最大的看点恐怕在于：

①徐福东渡日本的时期，是日本从绳文晚期进入弥生前期的时期，正好与神武东征的时间大体吻合。

②北纬35度线的徐福村（今江苏省连云港市赣榆区北部的金山镇附近）与日本南部正好是一条直线。

③徐福听命于秦始皇，寻找不死不老的仙药。世上当然无此仙药，但徐福还是去了。问题在于他为什么要领童男童女3000人，还有百工巧匠、军事人员等5000多人，船只70余艘？哥伦布发现美洲新大陆的规模也只有3艘船90余人。这么大规模的行动仅仅是为了寻找仙药？其东渡是不是与征服的军事行动有关？

④徐福确实来到了日本的九州地区。这有许多历史文献支撑，但来到九州是最终目的吗？显然不是。

⑤于是有了东征的话题。从徐福东渡到神武东征。这之间的理念接点在于：徐福东渡的目的是不是为了东征？神武天皇是不是就是徐福？从

徐福东渡到徐福东征，是否就是日本天皇史上的第一页？

⑥而且徐福一去不复返，显然有违秦始皇之令，犯了当时要杀头的罪。于是自己干脆另立山头，形成大陆有秦始皇帝，岛国有神武天皇的格局。

从以上分析可见，徐福与日本皇室的关系并非空穴来风。

但是，在笔者看来，"徐福说"面临的最大的挑战在于：如果徐福就是日本天皇家祖先，怎样与物部氏接轨？

从徐福的故里考证来看，历史上的江苏省赣榆区金山镇徐阜村似乎与物部氏没有关联。即便按照流传的另一种说法，认为徐福故里为今山东省龙口市，也与物部氏构不成联系。至少在目前能看到的历史文献里，没有这方面的记载。

如果找不到与物部氏的接点，"徐福为日本天皇家的祖先之说"就难以成立。因为日本天皇家的祖先首先是物部氏，这点现在看来支撑的史料很多。因此，尽管昭和天皇的弟弟崇仁亲王（三笠宫）曾经发表过谈话，赞同"徐福就是神武天皇"的说法；尽管九州岛佐贺县于1980年4月在"天皇诞生日"之际，举行过隆重的"徐福大祭祀"；尽管日本前首相羽田孜公开承认他是秦始皇的后裔，称自己是率领 3000 名童男童女从中国到日本的徐福随员的后代。但这些仅仅是一种观念上的发酵，一种意志的驱使，或是为了现实政治的需要（如日中友好等），仍然缺乏强有力的史料支撑。

确实，徐福文化在日本也牵动了不少日本人。据学者考证，日本各地与徐福姓名有关的墓、寺、碑、宫、庙、神社等遗址遗迹有 50 余处，传说的徐福登陆地有 20 余处，传说故事有 30 余种。甚至有日本学者考证认为徐福活到了 70 岁才去世。鬼神小说家京极夏彦在作品《涂佛之宴》里，也有徐福研究会的详细情况以及"徐福遗体"下落的出色描写。

但问题在于秦始皇时代中国的航海技术能东渡日本吗？那个时候连帆船也没有，靠人力划船，再载上 3000 名童男童女，真的能顺利到达最短的直线距离也有 400 多海里的日本吗？我们只记得历史书上曾记载，秦始皇过后的 400 年，三国时期的东吴卫温将军，也才到了只有 90 海里的台湾。又过了 300 年的盛唐，那个时候的航海技术要比秦时代先进多了，但鉴真和尚 6 次东渡才成功抵达日本，而且用了几十年的时间。

徐福出海，《史记》虽有记载，但司马迁也没最终说明他去了哪里。而水户藩藩主德川光圀（国）编撰的《大日本史》，在记录孝灵天皇时提及徐福，说得很明确："帝之七十二年，秦人徐福求而来长生不死之药，而秦始皇帝《五帝三王之书》赠大日本帝也。"这也表明徐福即便是来过日本，也与日本的天皇家没有任何关系。"大日本帝"早已先于徐福存在。而江户时期的儒医兼早期国学学者松下见林，则指徐福是作为政治难民而非文化传播者来到日本的。因为是难民，所以各地到处流窜，所以各地至今都留有徐福的传说。

其实，历史与文化有时就是以传说和神话的形态，在异国土地上生根并展示其姿态的。这固然是历史与文化的一个特性，但更多的是被传播国因其自身的需要，把比自己先进的文化拿来作一些超乎想象的再编辑与再传播。历史与文化就在再编辑和再传播中显现了一脉相承的特性。再比如，日本也有"杨贵妃之墓"。你能相信贵妃娘娘不是死在陕西兴平而是死在了日本吗？我们中国人普遍对"杨贵妃之墓"之说没有当真过，但为什么对徐福东渡又深信不疑呢？这是否与如果承认了徐福的真实性就等于承认了日本天皇家的祖先是中国人有关？如果承认日本天皇家的祖先是中国人，那么我们是否就在大义名分上战胜了日本人？如果这一推理的逻辑能成立，那我们只能说上这么一句话：原来如此。

在日本也有源义经这位悲剧英雄美男子没有死，逃去蒙古了，后来成了伟大的"成吉思汗"的说法。如果说源义经就是成吉思汗或成吉思汗就是源义经，你会相信吗？

## 11 日本建国的另一种模式

天照大神在高天原的一端，看到了日本的另一端——出云国——便起了邪念：我要命令我的天孙们，去统治那个国家。

天照大神说的那个国家，情况又如何呢？那里，已经有原住民在那里生活得很久了。在神话的世界，他们叫国津神，而统治他们的是一位叫大国主命的神，他就是这块土地上的国王。

这位国王把古代出云国掌握手中之后，便进军伯耆和因幡（现在的鸟取县），再进军播磨（现在的兵库县），再进军越国（现在的北陆地区），再进军信浓（现在的长野县），成了名副其实的"大国之主"。

但是，天照大神要收回他们的这一切，便按照自己的设想，派使者前去传令道：请把这个国家让给我的孙子。

仔细想想的话，这是多么强盗的逻辑。就像你圈地盖了房子，开始了安稳的生活。突然有一天跑进来一个陌生人对你说："我看中这个地方，请把这个房子让给我孙子住，你自己找地方搬家。""好。我立即就搬走。"这样回答的人，肯定没有。这在个人之间要发生殴斗，这在国家之间要发生战争。

有祖祖辈辈原住民居住的地方，突然之间有大量异民族入侵，一定会爆发战争。意大利人哥伦布发现美洲新大陆，读过历史的人都知道。什么叫新大陆？是没有人居住的空旷大地吗？不是。

哥伦布到达新大陆是在 1492 年。这个时候的原住民（印第安人）的人数是多少？历史学家有几种说法：1.1 亿人、7000 万人、4000 万人。而西班牙征服中南美原住民的印第安人，百年累积的牺牲者为：加勒比地区 38 万人，阿兹特克地区 2400 万人，印加地区 820 万人，总数约 3300 万人。而印加帝国完全毁灭是在 1570 年，人口顿减 1000 万人。历史表明欧洲的繁荣就是建筑在大量印第安人被屠杀的基础上的。所以从印第安人的立场来看，哥伦布是极恶的罪人，是恶魔中的恶魔。

你的东西让我来占有，只有抢夺了你的东西，我才能活下来。这是狩猎游牧民族生存竞争的逻辑。是罗马帝国支配理论的集约，也是基督教思想的根基。欧洲中世纪的十字军东征，从 1096～1270 年共有 7 回。第一回的东征，耶路撒冷落入十字军的手里，开始了骇人听闻的大屠杀大掠夺。到处都在活烧异教徒，耶路撒冷成了血海。但是，在日本的神话世界，却没有爆发如此规模的战争。

首先，天照大神并没有即刻派军队攻占，而是派出使节与大国主命进行交涉。这是和平的方法。当然，也有最后通牒的意味，就看对方领悟的程度了。

对此，大国主命的态度令人感兴趣。他没有坚决地拒绝，而是说："我要和我的儿子商谈一下。"

这也是令人看不懂的地方。"大国主"是什么意思呢？就是这个国家的国王，就是这个国家的最高掌权者。任何一个国家的国王或掌权者，如果遇到国家存亡的大事，肯定是自己作出决断，而不会首先与自己的儿子商谈。但大国主命还是这样做了。

大国主命有两个儿子。一个叫八重言代主，一个叫建御名方。这两位年轻人在听了父亲的述说之后，勃然大怒，断然拒绝了这一无理的抢夺要求。交涉决裂就意味着开战。

天照大神首先派了擅长武力的武瓮槌神。这个力大无比的力士使八重言代主感到害怕，他马上同意将出云国让给天照大神，自己跳海自杀。而另一个儿子建御名方则提议与武瓮槌神比力气决胜负，但不敌。他边逃边抵抗，武瓮槌神在后边紧追。一直追到信浓国（现长野县）的诹访。武瓮槌神就把建御名方封死在里面。现在的诹访大社就是祭祀建御名方的。

失去两个儿子的大国主命，终于决定出让出云国。但是他提出了一个条件：用最粗的木柱，用最长的木条，建造一座最气派的宫殿，让我和皇孙们居住。

天照大神对此作了两点回答：第一，你统治的显露（现世）之事，有我的天孙们来干，你只管幽事（祭祀）就可以了。第二，你想住的日隅宫，就建造在出云国的多艺志小河前面。

大国主命遵命道：好。我退出显露世界，专管幽事。便交出了自己打江山用的兵器——广矛。之后，参与交接出云国的天照大神，向她的子孙们宣示了"天壤无穷的神敕"：由我的子孙作为天皇家来统治这个国家。这个真理，永远不变。

这个"永远不变"的依据是什么呢？不通过战争，不通过屠杀，只是通过和谈，就能收拾旧河山。而这点，只有我们天皇家能做到。天皇家支配日本的依据就在这里。

这是个冠冕堂皇的理论，在逻辑上通，在法理上也能成立。但是，这个皇统理论的致命缺点就是与史实不符。这是个美化后的"正当化"理论。

天照大神确实是按照大国主命的要求，建造了神殿。大国主命便永久地隐藏了起来。神话当然说得较为含蓄，用了"长隐"的字眼。但实际上大国主命是被天照大神给杀害了，或者是自杀。总之，大国主命永远消失了。

最终，由于大国主命的决断，避免了一场战争。这也就是说，日本这个国家，就是依据协商与商谈才得以成立。但是如果说，日本的历史没有战争只有协商，没有屠杀只有商谈，这也是没人相信的。一个国家的成立，怎么可能没有战争和屠杀呢？

1985 年 10 月，在出云大社不远的地方——岛根县簸川郡神庭西谷，即阴气转向阳气的极限之地，发现了大量的铜剑和铜矛。这个遗迹就被命名为"荒神谷遗迹"。被发现的铜剑数量是 358 件，此外还有 6 个铜铃、16 根铜矛。这是破天荒的数字。在这之前，弥生时代的铜剑日本全国只发掘出 300 件。荒神谷遗迹的发现，超过了以往的总和。

受著名历史学家津田左右吉理论的影响，日本的历史学者此前都认为出云是虚构的，主要的依据就是没有实物的支撑。而 1985 年的大发现，又让出云处在了风口浪尖上，再次表明出云的独自性是难以撼动的。

日本考古学者森浩一通过研究发现，荒神谷 358 件铜剑正好与出云国神社数字相一致。遗迹里被埋的铜剑呈四列排列。第二排是 111 件，与此对应，岛根、秋鹿、楯缝三郡有 113 座神社；第三排是 120 件，与此对应，出云郡有 120 座神社；第四排是 93 件，与此对应，神门、饭石、仁多、大原四郡有 97 座神社；第一排是 34 件，据森浩一的推论，是隐岐岛神社的数字。①

这是不可思议的。这个发现意味着什么？意味着这里发生过战争，而且是规模不小的战争。谁和谁发生战争？高天原（大和朝廷）与出云国的战争。前者曾四次派军队攻打后者。激烈的战斗持续了十年的时

① 〔日〕森浩一:《日本神话的考古学》，朝日新闻社，1993。

间。此外还有大国主命在出云与其他氏族的战争。征服与被征服的战争。死去的持剑战士是征服者也好，是被征服者也好，他们的怨灵最后都在出云的神社里得到祭祀。

所以，出云这个地方有那么多的神社，而且与铜剑位置相对应。所以，出云这个地方有古坟540座，其中110座是方坟，17座是前方后圆坟。这是日本全国方坟最多的地域。出云，由此打上了神秘和神圣的光环。

## 12 天皇家难以治愈的心病

大国主命看似向天照大神拱手出让国土，交出政权，但这是相当无奈之举。自己打下的天下，没有任何正当的理由，就被他人抢夺了。自己被逼到死路上，心中的怨恨是无法排遣的。而这种看不见的怨恨是天皇家所惧怕的，也是大和朝廷所不愿意看到的。

死者肯定要作祟，怨灵肯定会显现。由此，为了祭祀日本最大的怨灵，就必须建造日本最大的神殿。日本的三大建筑是——云太、和二、京三，即岛根出云大社、奈良东大寺、京都大极殿。

根据日本最大的土木建设公司之一的大林组在1989年的试算，出云大社的工期需要6年。总人工数至少126700人。总费用至少121.86亿日元。木材总量8533立方米。这显然是大和朝廷的国家项目，个人或某个宗派无法完成。

天照大神不但建造了最大的神殿，而且她还专门派了自己的二男天穗日命担任出云大社的最高神官（也叫出云国造），专门为大国主命祭祀。这就令人想起江户时代的德川家康，自己亲手灭了丰臣秀吉家，但又为丰臣家建造神社，祭祀怨灵，并派自己的二男担任神社的神官。二者如同一辙。看来家康还是读懂了天皇家的历史。

为被征服的对象隆重祭祀，为败者建造巨大的建筑物，天皇家的这一构想，表明大国主命并不好对付。因为从血统上来看，大国主命与天皇家有关联。按照"记纪"的叙述，天照大神的弟弟须佐之男命由于常有乱暴之举被赶出高天原。他降临在吉备和出云中央地带的山峰上。降临后遇上可怕的八岐大蛇。在美丽的姑娘奇稻田姬的帮助下，他斩杀了大蛇，并从大蛇的尾巴处取出一把剑。这就是草薙剑，天皇家三种神器之一。须佐之男命与这位姬结婚，生出一子就是大己贵神，也叫大国主命、大物主神。原来，大国主命也属于天皇家的贵种。这样来看，他的这种怨恨，就更有深度了，破坏力就更强了。

天皇家似乎也看出了这一点。所以在出云大社本殿内部的配置上动了点手脚。在大社的本殿里，大国主命的神座朝西。参拜者只能从侧面拜见。大国主命朝西看，看什么呢？西面是日本海，与天皇家谈判之地稻佐之滨，也是那个方向。大国主命是要永远看着究竟是谁抢夺了他的国土？他是永远不忘那个谈判的伤心之地？

客座有五神：天之御中主神、高御产巢日神、神产巢日神、宇麻志阿斯词备比古迟神和天之常立神。他们是天皇家最重要的五神，被放置在大社的本殿中央。而现在东京的皇宫里，也只放置二神：神产巢日神和高御产巢日神。

为什么出云大社的正殿要放置五神？而且朝左边对着大国主命的"御神座"？是想永远地监视他？是因为他的能量实在巨大，怕他再对天皇家有不轨之举？日本学者中就有持这种观点的。①

灵魂的复仇就是作祟，发生的机制就是怨念。因此为了防止怨念的发生，一切不争论，用"和"来解决问题。后来圣德太子"以和为贵"的宪法十七条精神就来自于"出云让国"。之所以有这个认识，其直接的原因就是大国主命的死。抱有怨念的死，是最令天皇家恐惧的。②

从神武到绥靖再到安宁，三代天皇的正妃都是事代神主的女儿。事代神主是谁？是出云氏族的人。为什么大和朝廷黎明期的三代天皇都娶"出云的女人"？其根本原因就是为了延续皇祖神的做法，防止大国主

---

① 〔日〕太平裕:《日本古代史正解》,讲谈社,2009。
② 姜建国:《另类日本史》,上海交通大学出版社,2011。

命的怨灵作祟。

即使到现在，出云与天皇家还有剪不断理还乱的关系。2002年9月5日，承袭了第84代出云国造的出云大社宫司千家尊佑，拜见日本现任的第125代明仁天皇，同时向天皇奉献《出云国造神贺词》和"美保岐玉"。长长的神贺词，可集约成三点内容。

① 以出云国熊野大社和大国主命二柱为中心，代表186社的诸神总意，祈祷天皇长久安泰。

② 出云国造（神官）的祖先天穗日命，受命于天照大神平定出云。在此之际，大国主命认可了全国的统治权在大和朝廷。大和朝廷为大国主命建造出云大社，再把他的魂灵迎接至大和三轮山。

③ 一并奉献神宝，祝福天皇之世。

这份《出云国造神贺词》在724年（神龟元年）首次出现在《续日本纪》里。只要出云国造的人选发生了变化，新的出云国造就必须入朝，向天皇奏上《出云国造神贺词》和"美保岐玉"，并代表出云的诸神，宣读同样内容的神贺词。这是日本最古的家系——天皇家，与日本第二古的家系——出云国造家之间，持续了超过1300年的仪式。这在世界上也算稀有。

但是如果要追问这个"稀有"的背后原因，还在于天皇家的心病——对出云有一种神秘的恐惧。这个心病也一直延续了千年以上。

从表面看，这份神贺词再现了对天皇的尊崇，并宣誓出云神将成为天皇家的守护神。但同时这份神贺词又是在向天皇复述仇恨，表明我们出云人永志不忘这个亡国毁家之恨。因为天皇家不会忘记大国主命最后时刻的话：我住的地方，要像你们居住的宫殿一样；我死后的待遇，要和你们的一样。如果不是这样的话，后果自负。

一看就明白，这是恐吓和威胁的话语。其字里行间还暗示，你们（天皇家）是问心有愧的。因为从顺序上说，天照大神先派自己的二男天穗日命征服出云，但三年没有任何信息，也不见向高天原汇报，有被出云同化的可能。天照大神只好再派第二位使者天稚彦前往。令人啼笑皆非的是，这位身负重任的使者竟然与大国主命的女儿下照姬通婚。两次派遣都失败，说明天照大神的正统性发生了短路，同时也表明出云族大国主命权力的正当性和人格魅力。由此，天皇家怎能没有心病呢？出云族和天皇家的对峙，将继续下去。

在日本，贵族的资格是五位以上。但是出云最高位阶始终定格在外从六位。这也就是说，在出云没有一个贵族，也诞生不了贵族。出云在屈服于大和之后，为什么会遭到如此的冷遇？

当然，这与天皇家对出云族相当不悦有关。问题在于不悦归不悦，为了融合，为了少有事端，表面文章还是要做。2014年10月5日，明仁天皇的侄孙女，高圆宫宪仁亲王的次女典子（26岁）与出云大社的权宫司千家国麿（41岁）在出云大社举行结婚典礼。千家一族历代担任出云大社的神职人员，千家国麿未来可望世袭宫司职位。这次联姻虽是一种偶合，但也是天皇家与出云族跨越千余年历史的又一次的阳与阴的结合，显界与幽界的结合。

在日本旧历的十月，本属于"神无月"。诸神都各自出走。但在出云，则是"神在月"。这是什么意思呢？原来在日本的所有大小诸神，在这个月都集中去了出云。去出云干什么呢？原来这些诸神认可大国主命为最大，而不是所谓的天照大神。这一逻辑的颠倒，令天皇家诚惶诚恐，不得安宁。这也是天皇家特别重视出云的一个深层原因。

### 13 为什么会有两个建国一号人物？

这样，如果要问日本初代天皇是谁，就是从北九州的日向出发，一路向东征服了大和的神武天皇。神武是他的汉风谥号。和风谥号为：神日本磐余彦尊。不过，他比后来的天皇又多了一个尊号："始驭天下之天皇"。意指最初开始治理天下的天皇，也就是建国一号人物。

日本第10代崇神天皇，他的和风谥号为：御间城入彦五十琼殖尊。这是《日本书纪》的表述。《古事记》的表述是：御真木入日子印惠命。但是他也有一个其他天皇所没有的尊号："御肇国天皇"。所谓"御肇国"就是最初治理国家，也就是初期国家的君王之意。

这里，"始驭天下之天皇"和"御肇国天皇"虽然汉字表述各异，但日本语的发音则是一致的："はつくにしらすすめらみこと"（hatukunisirasusumeramikoto）。这就令人生疑，为什么日本有两个建国一号人物？对这个问题，战后日本史学界的一般通说是：包括初代的神武天皇以及之后的"欠史八代"，都是架空的人物，即不曾存在。而第10代崇神天皇才是最初的实实在在的天皇。

这是从因果律出发得出的结论，也不无道理。但是缺乏令人信服的史料。当然，还有一种观点认为，崇神在执政期间，向北陆、东海、丹波、西国派遣四道将军（大彦命去北陆道，武渟名川别命去东海道，丹波道主命去丹波，吉备津彦命去西国），以期扩展疆土，平定全国。他还实施男女有别的课税，着手经济改革。所以，他才是国家的最初治理者。

这些固然可圈可点，但是问题似乎也不在这里。这里先来看看崇神天皇的一个梦，一个奇怪的梦。崇神治世的时候，瘟疫流行，死者无数，政权不稳。崇神头疼不已。为了摆脱困境他开始祭祀天皇家的皇祖神——天照大神。但是怎样祭祀就是不出效果。

这是个很重要的细节。之所以很重要就在于如果祭祀皇祖神都没有效果的话，说明皇室正统的意识形态出了问题。这当然是个天大的问题。

一天夜晚，忧愁的崇神梦见一位贵人，自称是三轮山的大物主神。他对崇神说："今世疫病泛滥，黎民百姓苦难深重。这都是我的意志。是我要求这样做的。"崇神慌忙问道："我如何做才能收拾局面呢？"大物主神道："也很简单。只要让大田田根子（也叫意富多多泥古）来祭祀我——大物主神，便可天下太平。"

崇神虽感奇怪，但也不敢怠慢。遂诏告天下，寻找大田田根子其人。不久在茅渟县的陶邑果真找到此人。崇神立即幸驾神浅茅原，亲自询问大田田根子："你的父亲是谁？"大田田根子回答："父亲是大物主神，母亲是活玉依媛。"恍然大悟的崇神立即作出决定，把大田田根子当作神主在三轮山祭祀，并让大田田根子来祭祀大物主神。这一招果真见效。不久，瘟疫平息，五谷丰收，黎民百姓又过上了好日子。

这真是第一次，天皇在自己执政的大和王朝，隆重地祭祀自己的敌人——异国的被征服者。再说得明白点，就是坐落在奈良县樱井市的大神神社，其神主是大田田根子，被祭祀的对象则是大物主神——出云的"大国主命"。而落实这一构想的就是崇神天皇。

不能不说崇神的宗教感觉是一流的。他可能是日本最为出色的宗教领袖。

在大和三轮山祭祀大物主神，是从崇神开始的；三轮山成为古代日本人必须仰望的神山，是从崇神开始的；大物主神是蛇、是火、是水、是古代日本人的理想神，也是从崇神开始的。

这里，崇神的这一做法，是不是在寻找一种如何对付战败者或缴械投降者的宗教哲学？或者干脆在被征服者的民族中，寻找一种可以再生的宗教哲学，作为征服者民族的国家宗教哲学？

应该说，把被征服者当神来祭祀，这不是崇神的发明。在这之前，天照大神已做得很好。但是，崇神的创新在于，或者说崇神的新思路在于：把出云的怨念之神拿到执政的大和王朝来祭祀。这个做法，又比天照大神进了一步。天照大神当然也是在聪明地寻求平衡点，但她只是在被征服地为被征服者建造了日本第一规模的神社——出云大社。而这在崇神看来，天照大神的这一做法还不足以解决天皇家永久性的问题。如何在观念上、在形态上同化更多的敌对情绪，镇其怨灵，这才是最重要的。

于是，崇神作出了重大决定：用被征服的出云族的宗教，作为日本国家的宗教；决定让自称是大物主神之子的大田田根子，在三轮山祭祀自己的先祖；决定把自己的皇宫瑞离宫也搬迁至三轮山（今奈良县樱井市金屋附近）。这就令人联想到历史上日耳曼人的君王，为了统治罗马而信奉基督教；中华大地的胡族君王，为了统治中原而学习儒教。

对此，宗教哲学家梅原猛在《诸神流窜》①里精辟地说：神武帝是用武力统一日本的"始驭天下之天皇"。而与此相对应，崇神帝是确立了日本的宗教和意识形态的"御肇国天皇"。仅凭武力统一，还不可能完成日本的统一。只有确立了支配日本国家基本的宗教，才能确立日本国家的基础。

这样看来，因为崇神天皇的宗教改革意义实在重大，所以给了他一个建国第一人的称号。这在逻辑上是通的。这也是为什么会有两个建国一号人物的真正原因。

从"记纪"以外的史料来看，崇神天皇确实是个实在的人物。特别是近年来的考古发现，为崇神天皇的存在提供了更强有力的支撑。

看来，"记纪"的编撰者还是懂历史的。至少比现在的一些日本史学家懂得日本的历史。

## 14 三位天皇为什么都带有"神"字？

在历代 126 代天皇中，汉风谥号上冠有"神"字的，只有三位：第 1 代神武天皇，第 10 代崇神天皇，

---

① 〔日〕梅原猛：《诸神流窜》，集英社，1981。

第 15 代应神天皇。这是为什么？

先看神武天皇。随着东征的推进，踏破熊野山，在即将进入大和的地方，神武遭遇了强敌的布阵。怎样突破敌阵？他苦恼无策。这时下来一个神谕，教了他一招：挖来天香山的土，制造天平瓮和严瓮，诅咒你的敌人，他们就会投降。这招还真灵。这样，神武成了"诅咒王"。而诅咒，当然与神有关联。

再来看崇神天皇。如上文所述他被出云国大物主神的作祟搞得心神不宁，最后只得在自己的土地上祭祀仇敌的神。仅这点而言，说他"崇神"一点也不过分。

而应神天皇的情况又是如何呢？应神天皇出生在博多（今福冈县）。他想回到大和过平静的生活。但在大和的异母兄弟们怕他回来继承皇位，便在他进出之处布阵伏击他。这时应神天皇的母亲神功皇后想出绝招，把船改装成丧船，并让应神钻进船舱。船头上还挂有字条：我的儿子已死。这样做的成算是什么？成算就是我的儿子已死，成了作祟恐惧的王。而"无主幽灵船"给布阵者一个心灵打击，以期达到出其不意的效果。后来，神功皇后的名字上也冠上一个"神"字，说明这个女人，也是相当会作祟的女神。现在奈良市的药师寺八幡宫，就是祭祀作祟的神功皇后的。

现在可以回答这三位天皇为什么要冠以一个

"神"字的原因了吧。因为这三位天皇都怕作祟的鬼。为什么怕作祟的鬼？原来，这里有一个"神＝鬼"的原理，有一个作祟与诅咒的原理。天皇和鬼，看上去是对立的关系，实际上是表和里的关系。

神武天皇东征经历了败战，然后在天香山诅咒，确信自己变成了不死身。崇神天皇惧怕出云之神——大物主神作祟。为了镇其魂、压其祟，干脆把"神之子"招至大和。应神天皇用"丧船的诅咒"来威胁阻止他进入大和的敌人。为此即便是在平安时代，应神天皇也被视为作祟的鬼。

这绝不是迷信的世界，对古代人来说，是相当现实的世界。神与鬼，鬼与神在这里得到了奇妙的组合。绳文人的宗教观是万物有灵，泛灵论由此产生。依据这个原始的宗教观，创造诸神的目的就是为了让诸神寄宿于万物之中。"那里肯定有神存在"成了一种信念。一种不证自明的信念。所以在日本有了八百万神的登场，有了从泛神论到多神教的构想。

一神教世界里的神，与多神教世界里的神，具有完全不同的性格。前者所说的神，是唯一的绝对的正义的存在；后者所说的神，则不要求一贯正确。有时会作恶，有时会暴举。如神话中的须佐之男命最大的罪过就是在高天原乱暴狼藉。但他降临地上界后，发生了人格变化，反倒在出云建国上立了大功。

为什么日本的神没有明确的正义感？因为在日本人看来，神就是大自然自身，是大地的万物，所以有时会暴乱，使人受苦受难。但只要真诚地祭祀，恶神就会成为恩惠之神、丰饶之神。为此，多神教的神，既有恐怖的一面，也有招来福气的一面，带有两面性，属于双重人格。而日本人恰恰就属双重人格。

比如说雷神，落雷会死人，所以在远古的时候，雷属于"崇惧"，属于鬼的象征。但是，雷光即闪电，闪电的日语是"稲妻"（いなずま /inazuma）。这里，何以为稲，又何以为妻呢？原来，在遭遇落雷之时，就是稲穗结成之际。这个信仰，在日本很早就生根了。雷精与稲穗连接，雷精也就成了稲穗的妻子。"稲妻"这个词的构成就源于这里。所以，雷神既是崇惧之鬼，又是丰饶之客，两面性分明。

这样来看，多神教世界的神，绝不是什么正义的化身。恰恰相反，在日本人看来，神基本都属于崇惧者。所以要认真地加以祭祀，使其变身惠神。由此发端出"神一样的天皇"这一类日本式概念。值得注意的是，这一概念所要表明的，绝不是像"神一样正义的天皇"，而是"崇惧之王"的意思。

"鬼"的日语发音为"おに"（oni）。但在太古的时候不是这个发音，而是"もの"（mono）。而"もの"的汉字就是"物"。依此推断，鬼＝もの＝物？

是的。在古代日本人看来，"物"不仅仅是单纯的"物质"，也包含灵的属性。"物"里有灵有神有鬼。神与鬼，一个现象的表与里。鬼，给人崇惧的感觉。但绝不是邪险的存在。由此发端，日本学者大和岩雄在《鬼与天皇》[1]中说，从神与鬼，再到天皇与鬼，乍一看是个对立的关系，其实是一种互为依存的关系。鬼在夜半露脸，白天隐身。天皇也是在夜半举行神事，白昼基本不见身姿。与神接近，是鬼与天皇的共通之处。鬼是天皇的影法师，天皇是鬼的魔法师。天皇等于鬼，这个原理如果不明白的话，天皇的本质也就无法理解。

但是到了8世纪，日本人在编撰"记纪"史书的时候，神与鬼开始有了明确的分别。鬼成了"邪"的标签。而且到了平安时代，鬼的发音也被修正了过来。"もの"转换成了"おに"。这是为什么？

原来，在7世纪以后，藤原氏开始掌控实权。作为意识形态作战的一环，藤原氏把神与鬼加以分离，其目的就是剥离天皇的权力和权威。当神与鬼不再是表与里的关系之后，神就不再是崇惧和诅咒的对象。而当神不再是崇惧和诅咒的对象之后，神的神圣性也就消失了。所以在这以后历代天皇的谥号中，没有再冠以"神"字的天皇了。因为即便是被冠了，也没有任何引申或实际的意义了。

---

① 〔日〕大和岩雄：《鬼与天皇》，白水社，1992。

这是日本史中的基本之基本，也是日本天皇家的基本之基本。

## 15 日本天皇家的古层

从历史上看，绳文人首先在这片岛国的土地上生存。他们基本上是狩猎一族，所以对屠杀动物并不感到厌恶。

但是有一天，弥生人从东亚大陆过来了。他们带着农耕技术和冶金技术。狩猎民族和农耕民族，当然要发生争斗。但是没有发现大规模战争的迹象，考古学可以证实这一点。弥生人的东渡，分为两个阶段。第一阶段为带着青铜器的人，进入日本列岛，建筑了日本文明的基础，这就是出云族。又过了很久，第二阶段的弥生人从大陆来到日本。与第一批弥生人的一个很大的不同是这次弥生人带着铁器而不是青铜器。这波东渡的弥生人构成了天皇家的祖先。

铜与铁，孰优孰劣？恐怕不好说。但从物理性上说，铜不能永久是个常识。最终，铁的出现替代了铜的地位。弥生前期，大陆铜制品占主流。铜可以多次熔化，可以制作不同的新产品。所以，在古代中国，青铜制品看不起铁制品，人们认为青铜文化才是文明人的文化。铁是野蛮人、未开化人使用的东西。日本在弥生中期开始使用铁。作为武器的铜与铁，孰更优？这个结论好下。铜制武器怎样也干不过铁制武器，战场提供了这方面的事例。在中国，开始感觉到这个问题的是隋炀帝。因此在增筑秦始皇时代的万里长城时，使用了比铜更坚硬的铁。铁文化替代了铜文化。

可以这样说，天照大神是属于绳文人的系谱，神武天皇是属于弥生人的系谱；天照大神维系着观念中的万世一系，神武天皇扮演着神话中的开国君主。为了构思宏大叙事诗的场面，要把这个国家的历史向更久远的年代上推，于是设计出了诞生于公元前711年的神武天皇。他即位于公元前660年，在位76年，寿命137岁。会有人相信神武天皇是历史的存在吗？没有人相信，但这不要紧，日本人要的就是这么一种感觉：一种虚幻中有真实，神话中有历史的感觉。

而为什么要有"欠史八代"呢？也就是说为什么从第2代到第9代的天皇也要虚构呢？这是为了填补巨大的时间差。这是多大跨度的时间差呢？从绥靖天皇到开化天皇，他们的在位时间加起来一共是483年。如果加上神武天皇的76年，就是559年。如果再从第10代崇神天皇往后推至第20代安康天皇，这段时间是480。480年加上前面的559年，就是1039年。这也就是说，日本人把他们的天皇史虚构了至少千年。这其中在位最长的是第11代垂仁天皇，为期99年。

从严格的史料学（如埼玉县稻荷山古坟出土的铁

剑上的铭文"获加多支卤／ワカタケル",就是表明大王之意)意义上说,从第21代雄略天皇开始,日本天皇家才开始说真正意义上的人话。这样来看,号称有2000多年的天皇史,有近一半是处在朦胧神话的恣意之中的。

很显然,日本人在打历史与神话的擦边球。但是日本人在打擦边球的同时,却将神话视为一种圣典,与当下有着剪不断的连续性。神代与人代的转合非常巧妙且自然。用神话证明天皇的正统性,用历史证明天皇的正当性,是日本人的杰作。这与中国完全不同。中国虽然有神话经典,但中国的神话与统治者之间没有实质性的关联。如"女娲补天",如"大禹治水",虽然有名,但与君王们有什么逻辑关联呢?

象征大和朝廷的前方后圆墓,因为巨大,被视为大和政权启动之际的一种强权的表现。但是其实际的意义正好完全相反。前方后圆墓是东西日本埋葬文化的折中调和。它恰恰是个妥协的产物。靠一个独裁王,靠一个征服王,是不可能建立大和政权的。天皇必须弱小,这是大和朝廷的一个原则。8世纪完成的律令制,又把这种弱小天皇的原则法制化了。天皇的大印,由国家最高决议机关太政官管理。天皇的任务就是对太政官奏上的文案加以追认。天皇好像就是为了这个而存在的。

对日本人来说，天皇是个善于妥协的好心情的王权体系。在其体质上，很难生长一神教和独裁者的细胞。这就应了古代朝鲜三国（高句丽、新罗、百济）之一的新罗君王的一句话："吾闻。东有神国。谓日本。亦有圣王。谓天皇。"

这，或许就是日本天皇家的古层。

## 2 天武弑杀二君之谜

——日本天皇家的一个巨大阴谋

### 1 一个巨大的阴谋

日本第 38 代天皇是天智天皇，这位天智在即位前叫中大兄皇子。日本第 40 代天皇是天武天皇，这位天武在即位前叫大海人皇子。天智天皇是天武天皇的亲哥哥，天武天皇是天智天皇的亲弟弟。他们共同的母亲是宝皇女（即后来的皇极天皇，也称齐明天皇）。他们共同的父亲是舒明天皇（即原来的田村皇子）。这是日本历史的常识。更是日本天皇家的常识。没有人怀疑，更没有人质疑。但恰恰是在常识的袈裟下，隐藏了日本天皇家的一个巨大阴谋。同时也隐藏了日本古代史的一个巨大阴谋。

### 2 天智天皇的两种死法

按《日本书纪》记载，天智是病死的。在死前，他召来亲弟弟大海人皇子，在床榻吩咐后事。这是最省心也最能迷惑人的一般说法。历史书里，如果要隐藏什么，一般都用这个手法。

《日本书纪》的记载表明：671年十月十七日，病入膏肓的天智天皇，对来到他病床前的大海人皇子说："我已经来日无多，后事就拜托你了。"这是个圈套，想让大海人钻？还是真心想将皇位让给大海人？大海人是答应好呢还是不答应好呢？这确实需要政治智慧。

"不。我已决定出家去吉野，皇位还是让给大友皇子为好。"天智本想大海人会满口答应继承皇位，就可以用"篡位"和"谋反"的罪名杀死大海人。这一天，天智也确实下令在宫城的周围布置了士兵。但是，大海人皇子事前已经得到情报。所以他没有接天智伸出的橄榄枝。反而表现出对皇位继承没有一点兴趣，这出乎天智的意料。

天智天皇干脆一不做二不休，随即赠送袈裟于大海人。这表明大海人皇子出家的请求被许可了。疑神疑鬼的天智总算有了点安慰。皇位总算可以名正言顺地让给自己的儿子大友皇子了。

放弃了在大津宫生活的大海人，剃发出家、隐栖于吉野。这个地方现在是欣赏樱花的名所，但在当时则是荒凉的流放之地。但狡猾的天智还是感觉到，大海人即便出家远走高飞，潜在的威胁并没有消除，自己的儿子根本不是他的对手。为此，天智决定用另外的招数除掉大海人。

其实，天智在即位天皇之后，就指名（犹指定）大海人为皇太子。但是《日本书纪》里把皇太子记述为"大皇弟"，没有写出实名。这说明天智对大海人并不信任。此外，《藤原家传》里还记载了这样的细节：有一次在酒宴上，大海人皇子用长枪刺穿地板。被激怒的天智要斩杀他，但被中臣镰足劝住。据说这是为了抢夺一位共同喜欢的美人——十市皇女——引发了兄弟间的反目。

现存日本最古的汉诗集《怀风藻》里，留有一个说法。从中国的唐朝派遣过来的一个叫刘德高的人，做了一个噩梦。噩梦说：天智天皇的儿子大友皇子，可能继承天子之位，但是这其中一定有横刀夺爱的人出现。之后，听了这噩梦的中臣镰足这样说："确实是这样。天智天皇一旦驾崩，一定会有恶者出现，阻扰大友皇子即位。"这时，在一旁的天智问道："你所说的恶者是谁呢？"中臣镰足答："不就是那位大海人皇子吗！"

正史说天智是病死。但是在平安时代，有一位和尚叫皇圆，写了本叫《扶桑略记》的书。这里面记述了天智天皇的另一种死法：

十二月三日，天皇崩。同月五日，大友皇太

子即帝位。生年二十五。一云：驾马幸山阶乡，
更无还御，永交山林，不知崩所。只以履沓落处
为其山陵。以往诸皇不知因果，恒事杀害。山陵
山城国宇治郡山科乡北山。

这里说天智天皇跑进了山科之乡不知去向，当然
更不见归来。后来人只好以他的落鞋之处当其死地，
并修建陵墓。这个地方就是现在的山城国宇治郡山科
乡（京都府山科区）。《扶桑略记》里好像吐露出了
一些令人迷惑的黑幕，并且出现了"杀害"的字样。
是被绑架了？还是被暗杀了？这里的关键是《扶桑略
记》里的"一云"二字。

"一云"为何意呢？也就是有这么一种说法的意
思。一种什么说法呢？原来天智天皇是骑着马去山阶
乡的。之后就没有回来过，在山林的什么地方死去
了。由于具体方位不明，只得以履沓落处为其山陵。
这也就是说山林里失落了天智的一只鞋，就只得以这
只落鞋处作为山陵。

天皇骑马去山阶，表明天皇在死前根本没有患
病，更没有死在病床上，而是骑马去了很远的地方，
一个相当荒凉的山林。天智天皇为什么要一个人骑马
去山林？而且是一处很远的地方？这是个谜。如果相
信《扶桑略记》里的说法，结果只有一种可能性：就
是天智天皇被绑架至山林处遭杀害。连尸体都找不

到。而现在的山科之地，确实有天智天皇的陵墓，通称"沓冢"。

### 3《扶桑略记》这本书可信吗？

首先，从年代上看，有日本一级史料之称的《日本书纪》成书于720年，也就是在8世纪前半。《扶桑略记》则成书于1100年，也就是在12世纪前夕，比《日本书纪》晚400年左右。对历史研究来说，时间上越久远的史料其可信赖度也就越高，这是治史的一个原则。所以与有400年之差的《扶桑略记》相比，理论上应该是《日本书纪》更具有可信度，但这仅是一般的通说而已。

其次，从作者来看，《日本书纪》是国家项目，是天武天皇下令召集当时的一流学者，经过严密的程序集体编著的。而《扶桑略记》则是一本个人的著作。作者是比叡山天台宗的一个僧侣，名叫皇圆。他是净土宗开祖法然的弟子，这在当时属于一级知识分子。比叡山的僧侣们与皇室的关系一般都很密切。况且死去的天智天皇在平安时代被视为皇室中兴之祖，是打倒苏我氏守卫天皇家的英雄，人们尊敬他、崇拜他。这样想来，作为平安时期的僧侣皇圆，在写天智天皇的死的时候，他能没有根没有叶地乱写吗？这个可能性几乎为零。如果没有确实的材料在手，或者没有独家的线索，他为什么要逆当时崇敬天智天皇的世风呢？再说，已经过去 400 年了，天智也好，天武也好，都与当下僧侣们的生活没有一点直接的关联。作者反倒可以站在一个更加公正更加超然的立场上审视过去的历史。这也是有不少日本学者认定《扶桑略记》比《日本书纪》更具可信度的一个原因。

再次，从地理位置上看。比叡山上的三井寺，就在京都府的外围，即今天的滋贺县大津市，而大津就是天智天皇的家乡。667 年天智向大津迁都，诞生了大津京。当时在大津京发生的事情，生活在大津的三井寺的僧侣们，很可能顺手记录并传承了下来。而属于天台宗的和尚皇圆，日后当然有机会能接触到这些记录。而且三井寺的建造人就是壬申之乱后被杀的大友皇子的身边人。这也是认定《扶桑略记》较为真实的一个原因。

另外，国家项目的集体事业，就一定比个人的可信度要来得高吗？不一定。在第二次世界大战中，日本和美国的冲绳决战，明明是日本失败了，但是来自国家"大本营的发表"还拼命高喊日本胜利了。当时的报纸也一个劲鼓吹日本陆军和海军是如何势如破竹的。如果时间过去数百年甚至上千年，那时的历史研究者发掘到当时的报纸并信以为真，或许真的能得出日本是胜利者的结论。

据日本史的一般通说，681 年这一年，天武天皇发出敕令，准备《帝纪》和《旧辞》。所谓《帝纪》

就是皇帝的系谱。所谓《旧辞》就是从古至今的传言。把坏的东西去掉，把好的东西留下，是敕令的基本精神。天武为什么要启动这一宏大的工程呢？其一是为了表明胜利者的姿态。天武干掉前天皇弘文（即大友皇子），自己登基为天皇。这是日本天皇史上从未有过的"易姓革命"。所谓历史就是胜者的历史，其意义也在这里。其二是恶人先告状。天武知道自己的手不干净，为了防止后人写他的坏事和丑事，自己要先正身。也就是说我大海人皇子所干的一切，在历史上都是正确的。他要留下一本框住后人思想的史书。

这样来看的话，《扶桑略记》的信用度要比《日本书纪》来得高。特别是涉及壬申之乱前后的那段历史，前者要比后者可信得多。

况且，在日本历史上，凡由天皇下敕令集体编撰的史书，信用度都成问题。如在《日本书纪》之后，还有一本叫《续日本纪》的史书。这本书是谁下令编撰的呢？桓武天皇。他开启了平安京，在天皇家算是一代英主。但是这位天皇在史书里隐藏了什么呢？隐藏了史上有名的藤原种继被暗杀事件。为什么要隐藏？因为桓武天皇认定自己的亲弟弟早良亲王是暗杀事件的黑手。被冤枉的早良亲王因而激愤地绝食自杀。死后怨灵作祟，搅得桓武天皇心神不安。所以在《续日本纪》中，删除了早良亲王的有关内容。

但是在桓武之后即位的是其皇太子安殿亲王，

即第51代平城天皇。这位天皇有一位非常宠爱的皇妃叫藤原药子。她是被暗杀的藤原种继的女儿。她不满自己的父亲在史书中被任意阉割，要求恢复历史的本来面目。于是，这位唯药子上的平城天皇，便在史书里复活了被自己的父亲桓武天皇削除的部分。但不久后发生了"药子之乱"，天皇和皇妃双双失势下台。此后即位的嵯峨天皇，为了尊重桓武天皇的遗愿，又再次删除了藤原种继的史料。当然现在流传的《续日本纪》里依然写有这段史料。这是后人又把它添加进去了。

可见，权力者只要握有权力，就可以把对自己不利的某个历史事件或人物，送入黑暗中永远埋葬。

### 4《万叶集》支撑了天智被暗杀的说法

《扶桑略记》里天智天皇的暗杀说，在与《日本书纪》同时代的另一部重要著作里也有支撑，这就是《万叶集》。

日本历史上，除史书之外，文学类的书籍也有在天皇的敕令下编撰的，如《古今和歌集》就是在醍醐天皇的敕令下编撰的。而下令编撰《新古今和歌集》的则是后鸟羽上皇，他有"天生的歌人"之称。但是日本的《万叶集》是个例外，它既不是国家工程，也不抱有为特定的伟人歌功颂德的目的。它只是把古代人的诗歌，不分贵贱上下加以汇总，故被形象地比喻为"万叶"。这本诗集中，既有天智天皇自己的诗歌，也有死后别人歌咏他的诗歌。

如《万叶集》卷二第147、148和149首，就是天智天皇死去时，他的妃倭皇后所歌咏的。其中第148首这样歌咏道：

> 青旗的木幡地，
>
> 有个魂灵在徘徊。
>
> 依稀虽能相见，
>
> 却总不能相逢。

这首诗，日本万叶学者樱井满的解释是，在山科的木幡山上，有一个魂灵在游荡。能感到其存在，但最终不能相见。这实际上是指天智天皇的魂灵出窍，所以最终是无法看见的。

在这荒凉的木幡山上，能感觉到天皇魂灵的存在？又何以能感觉到？这里关键的是"木幡"一词。木幡是个地名，现在属于京都府宇治郡。当时这个地方的北面就是山科的区域。天智天皇去木幡干什么？他的魂灵何以在木幡（山科）游荡？是死了以后葬在了木幡？还是另有原因？

从天智的生涯来看，他出生在飞鸟，生长在难波，最后在大津定都，好像与木幡没有任何的关系。而且在他之前和之后的天皇，也与木幡没有任何关系。日本另一位万叶学者山本藤枝在《万叶的爱与死》①中也考证道："青旗"是"木幡"的枕词。"木幡"在京都府宇治北部的地方，而山科陵和今天的木幡只有一公里的距离。

这就证实了《扶桑略记》所记录的是真实的。也就是说，天智确实被谁绑架至木幡（山科）后被杀害了。作为皇后的倭妃，当然能感觉到自己的丈夫可能出事了，而且大概知道出事的地点。所以在追悼天智的时候，写下了上述的诗句。想不到这几句诗倒成了破解天智天皇暗杀之谜的密码。

再看第151首额田王的一首诗，这是在天智天皇大殡之际所作的：

> 早知结局是这样，
>
> 在当初
>
> 大御船欲出港之时，
>
> 定将结绳而阻。

这是相当隐晦的春秋笔法，说白了就是：如果当初知道出门是这个结果，我一定设法阻止你外出。

问题是找不到任何天智在临死前乘船外出的记录。这里，额田王肯定是指骑马外出而未归。骑马，在这里"春秋"成了乘船。额田王是何许人？她是天智非常喜欢的情人，据说长得非常漂亮。《日本书纪》写天智是死在床上。但额田王的"出港"之说，很轻巧地揭穿了这个谎言。

《日本书纪》作为天皇家的正史，从初代的神武天皇一直写到第41代的持统天皇。这其中除去第39代的弘文天皇（《日本书纪》根本没有他的任何记载），对其余的38位天皇死后墓地所在都有所记载。这其中只有两位天皇没有墓地记载，一位是持统天皇，一位就是天智天皇。持统天皇是因为在编撰《日本书纪》的时候还健在，还作为上皇君临天下，当然无法确定墓地所在。但在稍后的平安时代成书的《续日本纪》里，就有持统天皇死后先火葬，然后合葬于丈夫天武天皇陵（今大阪府）的记载。这样来看，无法明确墓地所在的只有天智天皇。之所以无法明确，就是因为天智不是正常死亡，而是绑架后被暗杀。作为粉饰天皇家颜面的《日本书纪》，当然不能落笔，也不会落笔。

## 5 是谁，非杀天智天皇不可呢？

那么，是谁，又是为了什么非要杀天智天皇不可呢？问题又进入了一个新的层面。直接的实施犯恐怕是永远也不会知道了。但是，是谁下的命令？为何要下命令？在逻辑上还是有推演的可能。在理论上，杀人推理的一个基本点是：谁获利最大，谁的嫌疑也就最大。破案的线索往往就是从这里下手。

天智之后的即位者是谁？是大海人皇子（天武天皇）。那大海人皇子不就成了天智死后的最大获利者？以此推论，一个惊天的结论莫非是：犯人就是大海人皇子（天武天皇）？亲弟弟杀了亲哥哥？这似乎超出了想象，但好像又在意料之中。历史就是这样的有趣。

这里首先要解决的一个问题是：天武究竟是谁？他到底是不是天智的弟弟？在《日本书纪》里，关于天智天皇的年龄记载只有一行字：东宫开别皇子年十六。这是哪一年的"年十六"呢？原来是在第34代舒明天皇死去的641年（舒明十三年）十月这个条目里，记录了天智天皇这一年的年龄。这样推算的话，天智天皇应该是在626年（推古三十四年）出生，671年（天智十年）十二月三日死去，年近46岁。

天武天皇的情况如何？《日本书纪》里找不到他出生年月的记录，这很令人生疑。倒是在镰仓时代成书的《一代要记》和南北朝时代编撰的《本朝皇胤绍运录》里，均有这样记载：

> 天武天皇在推古三十一年出生，白凤二年十二月二十六日即位，朱鸟元年丙戌九月九日崩。年六十五。

按日本历史来推算，推古三十一年为 623 年，朱鸟元年为 686 年。这样算来，天武天皇的寿终应该是 63 岁。那个年代在记载和判定等方面，有个一到二年的误差是正常的。这样推算的话，哥哥天智死去时，弟弟天武已经 48 岁了。弟弟要比哥哥大 3 岁？问题就出在这里。

其实，在日本的任何历史事典里，天武天皇的死期都很明确，但是生年不明。在天智前后的天皇们，都有明确的出生年月的记载。为什么独天武的生年未载？

《日本书纪》在当时是个大工程，集中了最优秀的专家撰写了三十卷。光写天武天皇就用了卷二十八和卷二十九的巨大篇幅，可谓不惜笔墨。但是这其中竟然没有人知道天武哪一年出生。退一步说，即便是其他人不知情，自己的儿子总该知道吧。但担任总编撰人的舍人亲王，他也对自己父亲的生年不知情。这就难以想象了。

其实，谁是兄谁是弟还不是一个十分要紧的问题。问题的关键在于，为什么有正史之称的《日本书纪》，要隐瞒天武天皇的真实年龄？为什么天武就不能是天智的哥哥呢？为什么天智就不能是天武的弟弟呢？是不是因为天武的生母身份低下，或者干脆去向不明，所以他尽管是兄，也不能继承皇位？这是不是引起了天武的不满，进而引爆了壬申之乱呢？

因为在日本历史上就有过这样的事情发生。如战国时代的织田信长，父亲是织田信秀。信长的上面有哥哥叫织田信广。尽管信广为兄，信长为弟，但是由于哥哥的生母是个身份不高的侧室，所以继承家督的是正夫人的儿子信长。信广为此不快，并发展成嫌弃弟弟。所以在斋藤道三死后，信广与道三的儿子义龙联手讨伐信长。这在日本有一级史料之称的《信长公记》里，写得清清楚楚。这样来看，先前出生的男子如果是侧室所生，后面出生的男子如果是正夫人所生，继承权就给正夫人的儿子。也就是说，以正夫人之子为先是个原则。

这里，如果再往深处追究，一个不得不令人怀疑的问题就浮出了水面：天智和天武是兄弟吗？如果不是兄弟，就涉及皇室血统的问题；就涉及天武究竟从哪里来的问题；进而涉及一个更大的问题：日本天皇家血脉，是否到天智这里就断绝了？

还有一个问题，天智和天武如果真是亲兄弟的话，有哥哥生的四个女儿都先后嫁给弟弟的吗？因为从天武的婚姻状况来看，其皇后是鹈野赞良皇女（后来的持统天皇），是天智天皇的二女。妃子有大田皇女、大江皇女和新田部皇女。她们分别是天智天皇的长女、六女和十女。在古代的大和，近亲结婚确实并不稀有。但是大和的最高权力者把自己的四个女儿嫁给自己的亲弟弟，这一行为，即便是在古代，恐怕也难以实施。

日本南北朝时代的历史学家北畠亲房在《神皇正统记》里，把天智和天武记录成：同年同月同日同母生。双胞胎？这位学者神经错乱？其实，他一点都不错乱。非但不错乱，反而比常人更清醒。这位史学家实际上知道天武的年龄比天智大。但是他不能这样写。这样写了就是反皇统。他又不想违心地写上天智是兄，天武是弟。所以只能不偏不倚地设定了"四同"的神话。

北畠亲房的反论实际上等于宣布：在涉及天智和天武的历史常识方面，以往所说含有阴谋，皆是虚假的。

### 6 天武的亲父究竟是谁？

从《日本书纪》的记载来看，中大兄皇子（后来的天智天皇）和大海人皇子（后来的天武天皇）的母亲是宝皇女，父亲是舒明天皇，中大兄皇子为兄，大海人皇子为弟。两人属于亲兄弟。

不错，从记录上看，舒明天皇与宝皇女之间确实生有二男一女。即中大兄皇子、大海人皇子以及间人皇女。但是《日本书纪》在齐明天皇即位前，有一句信息含量很高的话：齐明天皇最初与橘丰日天皇（即用明天皇）的孙子高向王结婚，生下一个叫"汉皇子"的儿子。不久，齐明天皇又嫁给了息长足日广额天皇（即舒明天皇），产下二男一女。

这是否在说，宝皇女在嫁给舒明天皇之前与高向王有过婚史，并生有一子？

因此，从量上来看，宝皇女确实是生了二男一女。这二男就是常识中的中大兄皇子和大海人皇子。但问题在于，是不是会有这样的结局呢？舒明天皇与宝皇女只生了一男一女？或者二男一女是不是就包括了汉皇子在内？

再从齐明天皇的寿命是 68 岁来看。这样计算的话，生育长子中大兄的时候，宝皇女已经是 32 岁了。那时的 32 岁相当于今天的 60 多岁。才生头胎？令人生疑。

看来秘密在于宝皇女的前夫高向王。高向王为何许人也？《本朝皇胤绍运录》这样记载："高向王即用明天皇之孙也。《日本纪》，齐明天皇初适于橘丰日天皇之孙高向王而生汉皇子。可以见然高向王，父古书无所传，故从旧系。"什么意思呢？原来高向王是用明天皇的孙子。但是高向王的父亲却所传不见一个文字。

另外，在日本的其他典籍里，如《扶桑略记》《帝王编年纪》《历代天皇》《一代要记》《愚管抄》等，都有高向王是用明天皇孙子的记载。但就是没有高向王父亲的记载。是不是有这么一种可能：出身不明的汉皇子就是天武天皇呢？"汉皇子"这个名，是否就是天武即位前的"大海人"这个名字的汉字表示？"大海人"的和名读音为"おおあま"（ooama），而"汉"的原意为"大、天"，"海人"的和名发音为"あま"（ama），也就是说与日本语的"天"为同一发音。这仅仅是一种偶然？

关于汉皇子，《日本书纪》里没有记载，其他的史料也没有提及。作为齐明女帝的儿子，被这样冷漠和无视是也难以想象的。所以汉皇子一定是谁的变名或者是以其他的变名被记载的。

对此，日本古代史学者小林惠子这样论定：从天武效仿和喜欢汉高祖来看，汉皇子这个名与他很相配。那么，高向王究竟是何许人也？815年，在嵯峨天皇主持下完成的日本姓氏典籍《新撰姓氏录》，详细地收集了当时大和朝廷中的1182个姓氏。在《逸文·阿智王条》里有这么一段记述："誉田天皇（谥号应神）御世，避本国乱，卒母并妻子，母弟廷与德，七姓汉人等归化。七姓者，第一段是高向村主、高向史、高向调使……"

原来，高向姓属于七姓汉人中的一个姓。也就是说，齐明天皇的前夫，天武的亲父高向王是归化的汉人（中国人）。为什么要归化？是为了"避本国乱"。汉皇子（天武）是齐明再婚后带过来的儿子，而且要比天智大3岁。

再来看看宝皇女（齐明天皇）的出身。她的父亲为茅淳王，母亲为大渼王。而大渼王是百济的王女。首尔大学出版文定昌著的《日本上古史》，把宝皇女说成是百济的王女。对于这段记述，小林惠子这样解读：608年（推古十六年），作为留学生入唐，640年（舒明十二年）十月归国的高向汉人玄理，才是齐明天皇的前夫，天武的亲父。

这里的高向玄理，应该视为与高向王是同一人。作为留学生他最早跟随小野妹子去隋朝。宝皇女在成为皇极天皇的时候，提拔归国的玄理、自己的前夫为"国博士"。在政治中心从难波京又返回至飞鸟京之后不久，中大兄便任命高向玄理为遣唐押使（就是身份很高的大使）。这是为了庆贺唐朝第三代高宗皇帝即位而设立的。渡唐后的玄理，不久便死在了唐，死因不明。但是从中大兄任命他为押使来看，这其中是否隐含了不可告人的阴谋？玄理是齐明的先夫，是大海人（汉皇子）的父亲，他对中大兄来说，当然是个麻烦的存在。把大海人视为争夺皇位对手的中大兄，可能指使他人在唐暗杀了高向玄理。

齐明天皇于661年（齐明七年）七月二十四日，在出征最前线的筑紫朝仓宫里死去，年68岁。关于齐明的死，《日本书纪》在记述了中大兄皇子于八月一日将母亲的遗体移至磐濑宫后，写下了一句话，一句令日本史学家都无法理解的话："是夕，于朝仓山上有鬼，着大笠，临视丧仪。众皆嗟怪。"

这是相当不可解的一行字。你可以说它是神秘的鬼怪在作祟，也可以说它是非科学的迷信表现。但是，再三地仔细阅读，能感觉到披着大笠的鬼，站在朝仓山上的陵墓旁，好像在守护着什么。是谁呢？又在守护谁呢？这个鬼会不会就是宝皇女的前夫，在唐朝死去的高向玄理？他悄然隐身，孤独地在山上守护着自己最爱的妻子宝皇女。这个孤独男人是不是就是大海人皇子（天武天皇）的父亲？

这是个相当刺激的大谜底。无怪乎《日本书纪》要隐瞒天武天皇的出生日。无怪乎《日本书纪》在介绍中大兄皇子（天智天皇）的时候，写明其父亲是舒明，母亲是宝皇女，也就是说双亲都有交代。而在介绍大海人皇子（天武天皇）的时候，只写他是天智的同母弟，双亲根本没有提及。因为很显然，如果即位后的天武天皇就是汉皇子的话，日本的皇统从这个时候就转向了女系。而宝皇女恰恰又是百济的种，日本皇室至此注入了外血。

这里，如果说齐明的前夫就是归化的汉人，那么大海人皇子就是汉人之子——汉皇子。而大海人皇子崇尚汉高祖刘邦，在逻辑上就通了。问题是这里的"汉"为何意？当时从百济来到日本的渡来人，很多都自称自己为"汉人"。如跟随小野妹子去隋朝留学的人选中，就有南渊汉人请安、新汉人日文、志贺汉人慧隐、高向汉人玄理等。所谓汉人，当然是指汉民族的意思。这些人都是从大陆先去百济，然后再去倭国（日本），并在日本成为归化人的。当时的中国是世界上首屈一指的先进国，所以当时日本人在选拔留学生的时候，都优先选拔汉人。

再来看看天武天皇的谥号"天渟中原瀛真人"。所谓真人，在道教中是指开启最高觉悟的人。这一谥号的真意为：在大海的正当中，有三座神山，其中一座叫瀛洲山，而这位真人就是瀛洲山出生。这是相当具有道教和神仙思想的谥号。而道教的原乡在中国。这也能支持大海人皇子的亲父是中国来的归化人的说法。大海人皇子的身上流淌着中国人的血，这恐怕是个难以辩驳的历史事实。

母亲齐明模仿百济建造首都，天智喜欢录用在近江朝亡命的百济官人。他们都以百济为蓝本推进国家的建设。

与这两人不同，天武则以唐为蓝本。这与他的父亲高向玄理在唐留学 32 年的经历有关。父亲带回来的汉籍，汉皇子（大海人）肯定是阅读了。通过阅读开始喜欢中国的学问，并以《史记》《易经》为座右铭建设国家，如模仿长安建造新都，如律令制的制定，如货币的铸造，如国史的编撰等。他以此打造了一个以天皇为中心的中央集权国家。

### 7 "双皇"母亲的真面目

中大兄皇子的大刀，突然砍向苏我入鹿。苏我入鹿吓得滚向一边。对站立一旁的皇极女帝求情道："我可什么罪也没有犯。"女帝甚为惊讶，问中大兄皇子道："这究竟是为何事？我怎么什么也不知道。"这位皇子这样回答自己的母亲："你瞧不起自己的儿子，倒对入鹿着了迷。但是入鹿犯上，自己想做天皇。作为皇太子的我能饶过他吗？"

对于儿子的提问，作为母亲的女帝无法回答，便一言不发地进了里屋。之后，苏我入鹿的首级还是被砍下。这时，屋外雷电交加、大雨滂沱。苏我入鹿的尸体被迅速搬运出后宫。这是发生在645年的事情。日本历史称这一暗杀事件为"乙巳之变"。

和母亲通奸的男人被杀，使人想起了《哈姆雷特》的对白，也使人想起远久的古希腊经典剧《阿伽门农》。阿伽门农的妻子叫克吕泰涅斯特拉，她一直以来与丈夫的堂弟埃癸斯托斯通奸。她怕终有一天奸情败露，便与奸夫一起，杀死了刚回国的阿伽门农。克吕泰涅斯特拉杀夫成功后，便与新丈夫一起统治国家。她只宠爱自己的小儿子，折磨虐待阿伽门农的儿子俄瑞斯忒斯，妄图把他变成一个白痴。为父报仇的俄瑞斯忒斯最终杀死了母亲和其奸夫，又杀掉了他们养育出来的孽种，自己登基做了国王，从此过着幸福快乐的生活，带领全体官兵南征北战。

这里，中大兄皇子的弑杀行为与剧情稍有不同的是，他没有杀死母亲皇极女帝，只是杀死了与母亲通奸的苏我入鹿。但从扮演的角色来看，中大兄皇子就是俄瑞斯忒斯。而且二人的结局也相似，中大兄自己也当上了天皇。

杀死了入鹿，感到无趣的是皇极天皇。她仅在位三年便退位了。《日本书纪》皇极四年六月最后的一条是这样写的："让位于轻皇子。立中大兄为皇太子。"这位轻皇子是谁呢？他是皇极天皇的弟弟。他接替姐姐的皇位，成了孝德天皇。背叛丈夫和儿子，与入鹿通奸的皇极女帝又是怎样的情景呢？《日本书纪》送了她一个尊号：皇祖母尊。"皇祖母尊"的叫法，皇极女帝并不是首创。敏达天皇的女儿、舒明天皇的母亲、天智天皇的祖母糠手姬皇女，有"岛皇祖母命"的叫法。皇极天皇的母亲吉备姬王有"吉备岛皇祖母命"的叫法。"皇祖母"顾名思义就是国家级母亲的意思。后来的元明女帝也被称为"皇祖母"，她是圣武天皇的祖母。

这样来看，皇极天皇的运气要比克吕泰涅斯特拉好多了。非但没有被儿子杀死，反而受到了国家级的尊崇和爱戴。这里显现了日本自古以来母性原理主义的强盛。也就是这位天皇，退位后又复活，这是日本历史上从来没有过的。一朝失去的权力再度得手，这没有神力，没有超人之处是难以做到的。所以这位女帝能呼风唤雨，她既是人也是神，人神参半。日本天皇的气质在她的身上有很好的体现。

再度即位，成为齐明天皇，已经 62 岁了，她还能干什么？历史上写她征讨苏我虾夷；写她出兵新罗救助百济；写她奔赴筑紫，站立前线等等。但是这些都是在中大兄皇子和藤原镰足的构想下的行为，并不是她自己本人的意志。那么，能体现她本人意志的行为是什么呢？就是营造奇妙的宫殿。

齐明在飞鸟板盖宫即位。但就在即位这一年的年末，飞鸟板盖宫发生火灾。之后，齐明首先营造后飞鸟冈本宫，然后在多武峰的顶端建造高殿。此外，两规宫和天宫也是她的杰作。从这个角度看，她是个艺术家。

她最喜欢的孙子是建皇子。但是这位建皇子在 658 年（齐明四年）五月死去，年仅 8 岁。这位皇子先天就有缺陷，不太会说话。他的母亲是远智娘。远智娘是苏我仓上田石川麻吕的女儿，是天智天皇的妃。天智天皇杀死了苏我仓上田石川麻吕，受到惊吓和刺激的远智娘不久死去。因为母亲受到刺激，所以生出的建皇子就有缺陷？齐明天皇为此十分溺爱这位孙子。建皇子死去的时候，她下诏书对群臣说：自己死去的时候要与这位不幸的皇子合葬。即所谓的"万岁千秋之后，要合葬于朕陵"。并作诗悲哭："飞鸟川潮涨潮落，流水之间无思量。"

这里，令人生疑的是，齐明女帝为什么要对一个才 8 岁、说话也不灵巧的孩子这样动情呢？这显然不合常理。她是不是假借建皇子的死，哀悼和寄托她的相思？相思谁？苏我入鹿？无论怎么说，入鹿的突然被杀，是这位女帝最伤心之事。

那么，这位女帝与苏我入鹿究竟是一种什么关系呢？先看《日本书纪》里的一段记载："元年春正月，丁巳朔辛未，皇后即天皇位。以苏我臣虾夷为大臣如故。大臣儿入鹿，更名鞍作。自执国政，威胜于父。由是盗贼恐慑，路不拾遗。"这段记载表明了入鹿比他的大臣父亲苏我虾夷拥有更大的权力。

再看有一本叫《家传》的史料集记载曰："宠幸的近臣宗我鞍作（即苏我入鹿），权势倾朝。"这则史料写了入鹿的权势，更写了入鹿是皇极女帝"宠幸的近臣"。这里，宠幸的是女帝皇极，被宠幸的是男臣入鹿。宠幸和被宠幸，女帝和男臣，这是不是暗示了一种男女关系？汉语"宠幸"这个词原本就是指男女关系。日本道教研究家福永光司也认可这个说法。

那么这二人是从什么时候开始有这种关系的呢？是在舒明天皇死后？或者，舒明还健在之际？不得而知。但不管怎样说，皇极女帝是个多情多欲的人。这一点，日本史书上有公论。她初次即位的时候是49岁。49岁，即便是现在，青春也早已不再，但是女人情欲的最后高潮，也是在这样的年龄。何况她还是个巫女式的女帝。为解决干旱问题，大臣苏我虾夷用佛法唤雨，只能唤来小雨。但她不用任何宗教就能唤来大雨。百姓都称她为"至德天皇"。

"皇极"是死后追赠的汉风谥号。皇极就是北极星之意，属中国天皇大帝的称号。后来的"齐明"也是汉风谥号，表示北斗七星生辉。她的和风谥号是"天丰财重日姬天皇"。"天丰"是美称，"财"是她本名的宝，"重"就是具有灵力威严的大王之意。加起来的意思是，拥有即便是男帝也不可能拥有的超凡魅力的巫女。

这也就释解了一个谜：舒明天皇为什么要娶一个再婚的女人为妃？况且这个女人还带有一个儿子。因为她能呼风唤雨，就像古远的神；因为她能在近50岁的时候，再恋新人苏我入鹿，生命力极为旺盛。

### 8 为什么找不到天武系天皇的牌位？

为了解谜天武天皇的异常身份，有必要再来看看已故天皇们的牌位情况。

自从桓武天皇开创平安京以来，向天皇墓的神灵奉币（在神前献币）都是以第38代的天智天皇为肇始，并跳过后面的天武系的天皇们。这也就是说，从第38代的天智天皇一下子就跳到第49代的光仁天皇。作为祭祀的对象，天武系的8位天皇全部被排除在外。同样是向神灵奉币，为什么独缺天武系的天皇？

这还是神道式样的祭祀。在佛教式样的祭祀

中，问题更严重。日本的佛式祭祀，最有名的是京都泉涌寺。仁治三年（1242）正月，四条天皇年仅12岁就死去，葬在泉涌寺。以此为契机，历代天皇的牌位也开始在这里奉安。应安七年（1374）正月，后光严上皇在泉涌寺火葬，之后又有9代天皇在这里火葬。

因为是属于日本皇室私家的菩提寺，所以泉涌寺的寺格很高。从平安京的第一代桓武天皇，到其父光仁天皇再到其祖父天智天皇，这三大天皇作为古代天皇在灵明殿里被奉祀。唯独缺少的是天武天皇一系。天武、持统、文武、元明、元正、圣武、孝谦（称德）、淳仁，9代8位天皇的牌位在灵明殿里找不到。

而桓武—光仁（白璧王）—天智，确实是属于天智家直系的一条线。但再往深处思考的话，光仁的先帝，即前一代的称德天皇（女帝），为什么也不祭祀？这肯定也与天武有关。这样来看，天武是被后人有意识地从皇室祖先供养中排除掉了。日本皇室的万世一系，表面看从神武以来一直没有断过。但在天皇家看来，则把天武系统的天皇们看成了另类，一种不能贴近皇室的另类。听上去有如天方夜谭，但情况就是如此。天武系的天皇们成了无缘佛。这对日本皇室来说是个相当严重的问题。

天武天皇之后是持统天皇。她是天武的皇后，但她首先是天智天皇的女儿。尽管如此，持统也被排除在外。这表明后世天皇家执行的是一条非常严格的自家人路线。

天武系的天皇到独身女帝称德为止断绝。称德天皇的后面是天智系的光仁天皇。62 岁的光仁天皇身上一点都没有天武系的血统。把天智天皇作为远祖，把天武系的 9 代 8 位天皇排除在外。是谁在如此自觉地净化天皇家的血统图系？不是光仁天皇，也不是镰仓时代的四条天皇，是建造平安京的桓武天皇。父亲为光仁天皇的桓武在 45 岁的时候即位。他在位期间最大的事业就是从平城京迁都至平安京，其次就是任命坂上田村麻吕为征夷大将军，征讨虾夷。最令人感到吃惊的是，在好不容易确立了对东国的支配权后，桓武解散了自己的军队。作为古代霸者的桓武天皇，自己所属的军队突然之间蒸发了。这从霸权的世界历史来看，古今东西都难找。

放弃了霸权，桓武以后的天皇只能隐藏在帘子的后面，作为权威的象征存在。桓武出生在 737 年，是《日本书纪》完成的 17 年后。他知道《日本书纪》里对天皇的描述有真有假，不足为信。但他确信，这本书对天武天皇的描述羞羞答答，其背后是有谜底的。泉涌寺为何没有天武系的牌位？原因就在于后人发现了天武的出身有问题。也就是说，在他的身上根本没有皇室的血统。

而这一发现者，就是桓武天皇。

## 9 天武为什么对刘邦发生兴趣?

天武是公元 7 世纪的人。刘邦是公元前 2 世纪的人。天武为什么对汉朝的高祖刘邦发生兴趣? 日本史学界对这点提出了疑问。如天武非常崇尚赤色。壬申之乱的时候,他的军队挥舞的旗帜是赤旗。赤是荧惑星的颜色,在五行思想中属火属南。把日本最高位的色,从紫色改为赤色,这是喜欢赤色的天武的意志。天武在死之前,想用自己喜欢的颜色保住自己的命,于是有了朱鸟年。另外,天武陵曾一度被盗掘过。这个记录至今还保存在日本中世的史料中。史料说天武陵的棺木也涂有赤色。在棺内涂上朱色,这并不为奇,但在棺木外侧也涂满赤色,则非常罕见。

那么汉高祖刘邦呢? 他也好赤色,故有赤帝之称。全军的大旗都是红色的,兵士将领的衣着也用红色。而当时有赤帝子斩杀白帝子传说,表明汉当灭秦。

刘邦和天武,这二人的共通点在哪里? 刘邦出身于乡村的侠客,身份不高贵。与贵族出身的项羽相比,刘邦属下层农民。而恰恰是下层民表现出了高昂的革命意识,推翻了秦王朝,夺取了天下,做了汉朝开国皇帝。天武是否以刘邦来比照自己,所以对刘邦入了迷? 如果按照《日本书纪》所言,天武是天智的同胞弟的话,他身份绝对属于贵种中的贵种。天武还有必要仿照下层民刘邦的生存方式吗? 可能性几乎为零。还有，天武发动日本古代史上最大的内斗——壬申之乱——也表现出了高昂的革命意识，推翻了天智王朝（也叫近江朝），夺取了天下。这是否也是在效仿汉高祖，要做新王朝的帝王？

灭在刘邦手里的是秦二世（三世的子婴不是皇帝只是王）。灭在天武手里的是天智朝二代（第二代为大友皇子即弘文天皇）。革命的情节都是如此吻合。这里就生出一个唯一的可能性：天武和刘邦一样，同属于下层阶级。如果这个结论为真，天武的父亲就绝不是舒明天皇。如果不是舒明天皇，天武的血脉里就不可能有男性皇族的血。而没有男性皇族的血，天武就不是一个正统的皇位继承人。这也就意味着日本的天皇家，到天武这里就发生了血脉的断绝问题。

这里还有一个要注意的细节。在《日本书纪》里，大海人皇子是从什么时候才开始登场的呢？是他43岁的时候，即664年（天智三年）白村江战败的第二年。43岁前，大海人皇子在干什么？他有没有参加大中兄皇子的大化改新？有没有参加难波京和飞鸟京的迁都？有没有参加母亲齐明天皇的葬礼？没有人知道。是后来他成为天皇后，《日本书纪》才用了很大的篇幅写这位时代英雄。但是在这之前，他没有参与任何重大的事件，真是太奇怪了。

为什么43岁才让他登场呢？只有两个原因。一个是嫌他的身份不高，不能过早地在政治舞台上亮相。一个是大海人皇子本身就是一个架空的人物。而之所以要这个架空的人物，是为了使天武亮相的正当化。

还有一点也是引人注目的。天武在临死前，把位阶改为"明"。"明"是什么意思呢？就是律令制的最高位。这里的"明"就是"阳明"的明。而所谓阳明，就是南方的意思。日本道教研究专家福永光司在《道教与日本文化》①里是这样解释的："明"就是充满阳光的场所。人常居于中，生命才能复苏。福永说，"阳明洞"就是不老长生的仙道修行场所。天武的皇后，持统女帝知道自己丈夫的心情，常去道家的神仙乡——吉野。所以持统死后被葬在大内陵，其目的就是为了与天武一起享受道家的神圣。

这样看来，晚年的天武天皇，在精神状态上表现出的异化，与中国思想有着内在的关联：如中国的天文学思想和中国的五常五行思想。这就进一步证实了他的汉皇子身份为真，舒明天皇的皇子身份为假。

## 10 天武是黑手的另一条证据

朱鸟元年六月，天武天皇患病。《日本书纪》写下了这么两行字："戊寅，卜天皇病，祟草薙剑。即日，送置于尾张国热田社。"这两行字，至少隐含了

---

① 〔日〕福永光司：《道教与日本文化》，人文书院，1982。

这么几个秘密：天武天皇病了。为什么生病？通过占卜，原来是放在宫中的草薙剑在作祟。于是就在当日把剑送往尾张国（今爱知县）热田神宫。

这里，令人生疑的是，宝剑是象征皇位正统性的三种神器之一。怎么与作祟有关？又怎么会放在宫中呢？这究竟是怎么回事？

草薙剑的由来与日本武尊有关，他用这把剑打天下。所以日本武尊死后，草薙剑一直保管在尾张的热田神宫，并不在宫中。那么，是谁在什么时候把草薙剑取回并放置宫中的呢？

《日本书纪》天智七年条有这样一段记载："是岁，沙门道行盗草薙剑，逃向新罗。而中路风雨，芒迷而归。"天智七年是什么年份？正好是中大兄皇子结束长时间的称制（享有天皇的权力，但不即位），登基为天智天皇的年份。又正好在这一年，有一位叫道行的和尚，窃取了热田神宫的草薙剑，想逃往新罗。但途中遇风雨折回原地，暂时把宝剑存放于宫中。

这里的问题是，这位和尚为什么要在这一年盗走草薙剑呢？更令人困惑的是，为什么要逃往新罗呢？日本天皇家的一个常识是，新天皇即位的时候，三种神器缺一不可，否则的话就不能即位。即便勉强即位，其正统性也会遭到质疑，皇位也不稳。如果按照这一思路进行推断的话，道行和尚盗走草薙剑，是为了阻止天智的即位？如果这一推断能成立，那他为什么要阻止天智即位呢？原来从政治立场上来看，天智是个完完全全的亲百济派。白村江之役，是日本历史上最早的对外出兵，而且是无偿军事援助的典型。这场战役，天智不但参加了，还亲自担任总指挥。天智对百济的友好，超过了现在日本政府对美国的友好。从军事博弈上说，对百济友好，就对新罗是威胁。为了消灭这个威胁，唯一能做的就是阻止对手即位。所以，道行就是新罗派过来的杀手？当然《日本书纪》不能这样明写。但是日本其他的史料书，如《扶桑略记》《热田神宫传承》等，明言道行就是"新罗僧"。

再看看天武天皇的政治和外交立场。史料的结论是：天武是个亲新罗派。何以见得？这可从遣新罗使和来新罗使来看。天智即位后，遣新罗使共有 2 回，来新罗使共有 3 回。而天武即位后，遣新罗使共有 4 回，来新罗使共有 11 回。再放远来看，从大化改新到天智天皇死去共 26 年。这 26 年"遣与来"合起来共有 19 回。而从壬申之乱到天武死去，共有 14 年。这期间的"遣与来"合起来共有 14 回。这也就是说，天武是一年一回，天智是一年半一回。可见天武对新罗是充满期待的。

这样看来策划盗剑事件的黑手是不是就是天武本人呢？他想掌权后开拓对新罗的新局面，但由于盗窃草薙剑的失败，转而策划绑架暗杀的计划？

如果大海人皇子（天武）杀了天智天皇，作为皇子就犯了杀人罪和大逆罪。其本人和直系亲属都将遭受处罚。而且，在通常的情况下，天皇死后都有一段服丧的"殡"期，其儿子马上可以继承皇位。所以，即便天智是病死的，他的儿子大友皇子也应该成为天皇。如果杀了天智，再杀即位的弘文天皇，大海人皇子（天武）就犯了二重的大逆罪。

但是，《日本书纪》里写天智是病死的，写大友皇子最后还是皇子身份，写大海人皇子在皇位争夺战中最后取胜。这样来看二重大逆罪的嫌疑自然也就难以成立。这是不是就是《日本书纪》试图隐藏的最为巨大的秘密？

### 11 暗杀的总指挥、协助者及凶手

天智死去的那年，唐的使者郭务悰来到日本。这是671年十一月的事情。

郭率领使者和兵士600人，加之沙宅孙登率领的日本俘虏兵（白村江海战时俘获的日本兵）1400人，共2000人，浩浩荡荡，分乘47艘船，从百济来到日本。唐的使者自己带了600人还不算，为什么还要带回1400名日本俘虏兵呢？日本在这方面没有留下直接的史料，但当时朝鲜半岛的局势还是相当微妙的。

日本著名古代史专家吉田孝，在他的《大系日

本历史3：古代国家的步伐》①里，对这段历史是这样写的：

> 郭务悰来日本的前一年（670），高句丽的遗将对唐发动了反乱。新罗派遣大军镇压了反乱。新罗在灭掉高句丽和百济之后与唐结盟。但是唐没有把新罗放在眼里，只是作为属州来对待，强行支配。这招至新罗的不满，想乘这个反乱的机会，驱逐唐的势力。新罗计划先夺取在唐支配下的旧百济领地，于是在这年的秋天发动了对旧百济的进攻。第二年占领了百济的旧都泗沘城扶余。唐的支配体制迎来了重大的危机。郭务悰率2000人从唐来到日本，正是面临着这样的情势。

唐用1400名俘虏兵作为见面礼，想得到的回报是要日本出兵支援驻留朝鲜半岛的唐军。早在664和665年，郭务悰就作为唐的百济镇将两次来到日本。天智天皇对新罗应该怀有仇恨，白村江的噩梦让他不能忘怀。那时唐和新罗的联合军击败了百济和日本的联合军。现在反过来唐要和日本联手对抗新罗，天智感到这是难得的机会。他是个亲百济派。

---

① 〔日〕吉田孝：《大系日本历史》，小学馆，1983。

而在新罗看来，日本一旦和当时的超级大国唐结盟，其压力一定是前所未有的。新罗甚至有了亡国的危机感。就像新罗和唐联手灭掉百济一样，这回日本和唐联手，灭亡的命运可能就轮到了新罗。历史并非直线，而是螺旋上升的。

用什么手段才能阻止日本和唐的联手呢？只有把邻国的国王暗杀了，或许能阻止这种联手。这是最简单也是最有效的手段。这在世界史上屡见不鲜。从时间上说，天智知道唐使来日的意图是在 671 年的十一月。而天智的死期是在这一年的十二月。仅仅一个月的时间。天智连调整兵力都还来不及便死去。从常识来看绝不是偶然。暗杀的目的是为了阻止出兵。暗杀成功，出兵也就自然终止。

《日本书纪》当然没有写郭务棕来日本的目的。当然要写天智在死前的一个月就已经病倒在床上，政事也不能做，更不用说亲自出兵了。这种故作姿态的写法，反过来验证了天智的死是非正常的死。

这样看来，暗杀天智的总指挥是新罗。新罗把暗杀的意图透给了大海人皇子。大海人当然不会马上动手，而是把任务交给了栗隈王。这位栗隈王是谁？就是当时山城国栗隈乡（现在的京都府宇治市）领地的领主。过去的山科就属于宇治的地盘。也就是说天智被杀的现场，是他的管辖地。

那么，杀人犯就是栗隈王？不是。因为当时栗隈王并不在杀人现场。他当时正在九州的太宰府，在朝廷的派出机关中做长官。这是杀人案一般的排除法。那么，真正的凶手是谁呢？《日本书纪·天武纪》的开首部分，有一句常人不太注意的话，其实相当重要。这段话是这样写的："天渟中原瀛真人天皇，天命开别天皇同母弟也。幼曰大海人子。生而有岐嶷之态。及壮，雄拔神武，能天文遁甲。"

这里，天文是指占星术，遁甲是指忍术、隐身术。也就是说大海人皇子像个道士一样，神出鬼没，武艺高强。

结论恐怕是惊人的：暗杀天智天皇的计划，由新罗发起。天武在接到指令后，在栗隈王的协助下实施了暗杀，并取得了成功。

天皇已死，什么都免谈了。唐的特使郭务悰便在672年（天武元年）回国，这是《日本书纪》的说法。一说是673年（天武二年）回国，这是《扶桑略记》的记载。作为特使，他似乎没有能很好地完成任务。但是他收获到了一个意外的战利品：甲胄弓矢。即大量的武器。

这是怎么回事呢？原来在壬申之乱结束后，天武握有强权，彻底没收了流散在各地各家的武器。这令人想起战国时代丰臣秀吉的刀狩令。天武把收缴上来的武器交给了唐朝这边，好像以此宣誓：不再向大唐帝国亮第二次军刀。即不会再有第二次战争。

新罗暗杀天智天皇的目的就是想阻止日本与唐的

联手。而一待计划实施成功，天武又向唐这边示好。最终，天武还是在战略上丢弃了新罗。天武在外交上的圆滑，由此可见一斑。这是否即《日本书纪》所说的"能天文遁甲"的真正含义？

由此想到他"汉皇子"的名字。这样看来，这位天武确实有点难以割舍的中国情结。

### 12 大海人弑君效仿了谁？

中大兄皇子和贵族中臣镰足的组合，是日本古代史最为精彩的一章。在天智朝成立的前后，这对搭档干得非常出色。

苏我入鹿的被杀，是他们组合最为得意的杰作。儿子被杀，父亲苏我虾夷被迫自杀，苏我氏的势力被一网打尽。接着的苏我石川麻吕被杀，更是他俩成熟组合的表现。

中大兄当上了天皇后，镰足看准了他的政治前途，就把自己的女儿嫁给了天皇的儿子大友。但是在669年（天智八年），镰足在大津京的邸宅中病倒。按《日本书纪》的说法，这年的十月十日，天智专程去看望镰足。五天后，派大海人皇子授予他大织冠和大臣称号，并赐予藤原姓。就在第二天，镰足死去，年56岁。三天后的十九日，天智再访镰足的邸宅，并让苏我赤兄宣读恩诏，赠送金香炉一个。现在大阪的阿武山古坟就是镰足的墓地。

镰足真的是病死的吗？据日本学者牟多口章人在《复苏的古代木乃伊——藤原镰足》[1]中披露，1934年（昭和九年）在阿武萨山山顶附近发掘出的古坟中，发现一个老人的木乃伊。经 X 光拍摄检验，被葬尸体的三根胸骨断裂，有很明显的从高处摔落或从快马摔下来的硬伤，但不是立即死亡。这是一条很重要的线索。并带有非常明显的暗示。

再来看看镰足死之前的三个月发生了些什么。①秋九月五日，镰足的家遭落雷。②秋八月三日，天智天皇登高安岭（现大阪府八尾市境内），签下修理城郭的协议。③夏五月五日，天智天皇外出至山科野采集药类，大海人皇子、镰足以及群臣跟从。从上面的记录来看，镰足在五个月之前还能健康地外出采药，他是在这个时候落马致伤的？

再看落雷，这也是具有暗杀意味的一点。落雷，一般表明不吉利的事情发生。这是否在预告镰足十月份的死？或者，已经知道了镰足的身体在起变化而故意写上落雷的细节？

1989 年 12 月 22 日的《朝日新闻》发表了一篇轰动的文章。题为《藤原镰足：寻求不老长寿药？从头发里检出砒霜》。文章说：在藤原镰足的阿武山古坟里的被葬者的头发里检出砒霜。京都大学博物馆在

① 〔日〕牟多口章人：《复苏的古代木乃伊——藤原镰足》，小学馆，1981。

阿武山古坟 X 光写真研究会上报告了这一事例。这使人联想到历史上拿破仑的头发里也曾检出砒霜。镰足"被毒杀说"有了难以撼动的证据。但在当时，说镰足贵人被毒杀，文献上的认可是较为困难的。当时贵人热衷饮用不老长寿药，是否仙药里含有砒霜？想长寿反倒缩短了寿命？

用砒霜毒杀镰足，缺乏文献上的支撑。《朝日新闻》从而比较圆滑地避开了下结论。但没有结论是否也是一种结论呢？对五月五日采药落马的"事故"进行分析的话，不能说没有这种可能性。

逻辑上的推论可能是这样：为了治疗镰足落马受伤的身体，他开始服用带有砒霜的药物。那么，是谁让镰足服用砒霜的呢？《日本书纪》记载，五月五日这天，与镰足一起采药的还有天智天皇和大海人皇子。这二人可以被列入怀疑的对象。那么这二人当中，又是谁下手的？

《日本书纪》说，去镰足家看望的是天智天皇。这天是十月十日，距五月五日镰足骑马摔下躺在床上有五个月的时间。十月十五日，天智又派大海人皇子送上二美物：一个是大织冠。在日本大织冠被授予臣下，这是第一次。所谓大织冠就是表示冠位的帽子，上面带有水晶宝石等饰品，非常贵重。被认为是镰足墓地的阿武山古坟，发掘的时候就发现了这顶大织冠的残骸。另一个是赐予"藤原"的姓。这也是日本历史上藤原氏的开始。经过奈良和平安时代，藤原氏登上了权力顶端。

这就很奇怪了。莫非天智知道镰足必死无疑？而且还知道死期就在近日？否则的话，为什么要在一天里匆忙地授予两项荣誉桂冠呢？是不是想迷惑后人，强调镰足的死与他没有关系？也就是说，老道的天智在玩此地无银三百两的游戏？

那么，杀人的动机是什么？也就是说，天智有杀害镰足的动机吗？论动机就是一点，天智和镰足的组合，镰足是他的顾问。镰足知道的太多了，这令天智感到不安。想趁他一病不起的机会干掉他。从性质上说属于地痞流氓式的杀人灭口。

实际上正是天智谋杀镰足，启发了大海人皇子。哦。原来可以这样干。天智最后死在山科地带，就是大海人模仿天智的杰作。

### 13 大友皇子为什么不即位？

668年，中大兄（天智天皇）在大津京即位，时年42岁。671年十二月三日，天智天皇在大津京死去。在位只有三年多的时间。在临死之前，他向儿子大友皇子说道：依据庚午年籍（670年施行）在民众中征兵，就能打倒大海人。

672年六月二十三日，大海人皇子与他的正妻鸬野赞良皇女在吉野举兵，壬申之乱爆发。大海人皇子在美浓国（现岐阜县）的关原摆开战场。这个关原，也就是千年后德川家康和石田三成大决战的地方。历史，往往具有重复的性格。

七月二十三日，兵力占优的大友军敌不过大海人军。战败的大友在京都府的山崎自杀。其首级三天后送至大海人这边鉴定。大海人还杀死了近江朝廷的重臣中臣金等8人。

九月，大海人回飞鸟，建造净御原宫。第二年，即673年大海人皇子（第40代天武天皇）即位。从天智死到近江朝倒台，之间有7个月的时间。在这7个月期间，大友皇子为什么不即位？因为从常识来看，天皇死后都有一段服丧的"殡"期，其皇太子是马上可以即位的。其实，在这7个月的时间里，皇权的实际操纵者就是大友。即位仪式确实是没有举行过，而是以"称制"的形式来实行的。大友想等打倒了大海人后再举行即位式。

必须注意的是，《日本书纪》里没有弘文天皇卷。也就是说，编撰者们完全隐去了天智的儿子大友君临天下的短暂时代。直到平安时代的中期才有人敢说真话，揭破这种把戏，说当时有一个不幸的年轻人曾被指定为第39代天皇——他就是大友皇子，这在《西宫记》中有记录。《西宫记》开了这个头之后，《扶桑略记》《年中行事秘抄》《大镜》等历史书籍均有披露。如《扶桑略记》里的记载："（671年）十二月三日，天皇（指天智）崩。同月五日，大友皇子即为帝位。生年二十五。"

到了江户时代。更有一位不买账的大学者站出来肯定大友皇子即位说。并把它写进浩大的历史巨著《大日本史》里。他就是大名鼎鼎的水户光圀（1628~1701）。此外在江户时代还有一位专门研究壬申之乱的专家伴信友（1773~1846），他也竭力主张大友皇子即位说。①

可能就是基于水户学的研究结果，1870年（明治三年），明治政府认可了大友皇子即位说。明治天皇还为此赠予"弘文"的谥号，并把弘文天皇排列到历代天皇的序列中。

这里的问题是，如果明治政府的结论为真，那么《日本书纪》为什么要刻意隐瞒这一事实呢？为什么要故意留下7个月的空白期呢？在皇位争夺战中，皇子杀死竞争对手的皇子，这在历史上并不少见，也不奇怪。如中大兄皇子就把古人大兄皇子和有间皇子追杀到死路上。在还没有确立长子继承原则的那个年代，这样的做法并非罪过。所以，大友作为皇子，与大海人皇子是平等的竞争对手，这在逻辑上是能够成立的，也是很自然的。

问题的深层恐怕在于：如果大友皇子已经是即位

---

① 〔日〕森浩一、门胁祯二：《壬申之乱》，大巧社，1996。

的天皇，与大海人皇子的关系就是绝对的君主和臣下的关系了。如果越过了这条底线，就构成了大逆罪和篡夺罪。这是所有罪行中最严重的，也是最不能原谅的，一般都要判死刑。

在日本历史上，有被暗杀的天皇，有被追杀到死路上的天皇。但是明目张胆举起反旗，并公然验证被杀天皇的首级，这在日本是从没有过的事情。这种皇位篡夺的模式，欧洲有过，中国也有过。但在日本绝对是个例外。因此，如果认可大友皇子就是弘文天皇，大海人皇子就是杀死天皇的凶手，这就犯了大逆罪；如果认可大友皇子就是弘文天皇，壬申之乱就是宫廷政变，大海人皇子就犯了篡夺罪。总之，无论怎么说，只要大友皇子就是弘文天皇之说一旦成立，大海人皇子就是一个十恶不赦者。

所以，不是大友皇子没有即位，而是奈良时代的天皇们（他们都是天武的子孙）把大友皇子即位这一事实，故意抹去了。于是，日本历史上的壬申之乱，在他们的笔下就冠冕堂皇地被偷换成了两个皇子为争夺皇位的战争。最终大海人取胜，即位天武天皇。他成了天智天皇合法的继承者。这真是天皇家的弥天大谎。

从辈分上说，天智天皇的儿子大友皇子，与大海人皇子是义理父子的关系。为什么这样说？原来大友皇子的正妃是十市皇女。而十市皇女的母亲就是当时相当有名的万叶女歌人额田王。而十市皇女的父亲就是大海人皇子。《日本书纪》对这点倒说得明白："天武最初娶镜王的女儿额田姬王，生下十市皇女。"

额田王在年轻的时候，是中大兄皇子的妃。尽管如此，她与大海人皇子所生的十市皇女，却成了天智天皇儿子的妃。他们之间生有葛野王。因此，如果要问弘文天皇的皇后是谁的话，那就是十市皇后。当壬申之乱爆发，父亲起兵要打倒自己的丈夫，这位皇后的地位是如何的尴尬，可想而知。但是她还是倒向了父亲的一边，把近江朝廷的情报，藏于琵琶湖鲫鱼的腹部，送往父亲（大海人）处。战斗结束后，时任总大将的大海人皇子的长男高市皇子看中了十市皇女。只是没过几年，这位十市皇女就死去了。这真是一段不可思议的皇室秘闻。

其实，大友皇子对出家遁世的大海人皇子从一开始就不信任。他相信这位义父总有一天会反攻倒算。他在秘密作讨伐大海人皇子的准备。但最终没能敌过义父大海人皇子。看来，还是中国的思想和本领支撑了大海人皇子的不败。

### 14 天智和天武的谥号为何意？

在近代以前的日本，唯一对外国实施军事援助的天皇就是天智天皇。他指示派兵支援被新罗攻打的百济。"天智天皇"是后来的谥号。正确的日语发音

为"てんじてんのう"（tenjitenno）。从单个字眼来看，"智"字是个意思不坏的字。继承天智天皇的是天武天皇。"天智"也好，"天武"也好，都被认为是非常好的谥号。

但是，看了森鸥外的《帝谥考》①，才知道"天武"是好的谥号，"天智"是不好的谥号。既是小说家又是军医的森鸥外，是日本唯一的汉风谥号研究者。其他的文人学者都不能胜此任。因为要读《论语》和《庄子》，要读《春秋左氏传》和《盐铁论》。这没有相当好的汉文基础是不行的。

"天智"为何物？原来是中国历史上最恶之王的首饰之名。森鸥外的《帝谥考》记述了中国古代周王朝的由来：

> 周书，世俘，维四月（十三年）乙未日，武王成辟四万通殷命有国。商王纣于商郊，时甲子夕，商王纣取天智琰逄身厚以自焚。凡厥有庶告焚玉四千，五日武王乃俾于千人求之，四千庶则销，天智玉五在火中不销，半天天智武王则宝与同。注，天智玉之上天美者也。

这段话是什么意思呢？殷是中国历史上最古的王朝之

---

① 〔日〕森鸥外:《鸥外全集》，岩波书店，1973。

一。殷的后面是周，周的历史有《周书》。《周书》这样说，周的十三年，武王平定天下为君主。殷的纣王在周武王的追击下焚身自杀。在焚身自杀的时候，身上佩戴着叫作"天智玉"的项链。在古代中国，好的君主死后，臣下往往送上好的字眼，如文、武、景、烈、昭、穆、明、恒、贞、惠等，就像晋景公、齐景公。如果是暴君的话，则送上幽、灵、炀、厉等坏的字眼。

纣王是中国历史上的暴君，是最恶之王。而就是这样的暴君、最恶之王，脖子上佩戴的首饰叫"天智玉"。这样，"天智"实际上就成了恶的代名词。

这样对照的话，天智天皇也确实做了不少恶事。他是个无情残暴之人。645年（皇极四年），中大兄当着自己的母亲皇极天皇的面，斩杀苏我入鹿。之后把他的父亲苏我虾夷逼入死地。然后杀害古人大兄皇子。接着逼死原先暗杀苏我入鹿的同谋者苏我仓山田石川麻吕。最后逼死有间皇子。

中大兄用沾满血的手，残忍地把自己的对手一一排除掉。他是个残忍的霸者。天智暗杀孝德天皇坊间也有传说。可以这样说，在大和国内天智没有能令他头疼的对手。

这里留下一个问题：天智为什么不杀大海人皇子？他难道没有察觉到，最大威胁就来自身边的大海人吗？不是他没有察觉到，也不是他不想杀大海人，只是在找借口想杀他的时候，大海人比他更有察觉、更机灵而已。

天智的四个女儿，大田皇女、攒良皇女、大江皇女和新田部皇女都嫁给了大海人皇子。这一举措非常怪异。女儿们嫁给朝廷帝王，作为外戚掌控政治实权，这是从苏我氏开始的历史。完全模仿这个做法的是藤原不比等。这样的事例虽然很多，但是把四个女儿都嫁给还没有当上帝王的男人，这在日本历史上没有前者也没有后者。这就表明，天智用杀不了就用捧的手段打出人质牌，说我的四个女儿都嫁给你——大海人，看你还能上天入地？

从这个角度来看，后人用象征恶的"天智玉"来作为天智天皇的谥号，真是太有智慧了。

再看看天武天皇的谥号。灭掉殷朝的是周朝。武王是周王朝的首领。《周书》说，干掉残暴君主的是其臣下武。但是臣下讨伐君主就是反叛，就是恶。这是儒家教义的一条法则。问题是君主如果是恶主的话，臣下只好起身打倒他。臣下的行为就是有德的表现。所以，"武"是有德者、正义者。

在壬申之乱中取胜的是大海人皇子，他成了天皇。死后获赠"天武"的谥号。这里，必须注意的是这个"武"字。据森鸥外《帝谥考》考证，这个"天武"的谥号，就是从周武王那里来的。他写道："周书，大明武，畏严大武曰维四方畏威乃宁，天作武修戎兵以助义正违，又谥法，刚强直理曰武，威疆睿德曰武，克定祸乱曰武，刑民克服曰武，大志多穷曰武。"

这段话是什么意思呢？是在说《周书·大明武》一章里有这样的说法，天在备武备兵，助正义讨伐恶者。后人送天皇"天武"为谥号，是否就是在奖赏他像周武王讨伐纣王一样，去讨伐天智天皇呢？因为哥哥恶，所以弟弟杀了哥哥，夺取了天下。

这里生出的一个问题是：《日本书纪》里说天智天皇是病死的，弟弟大海人皇子没有直接与哥哥天智天皇争斗。只是与哥哥的儿子大友皇子争斗，是皇子与皇子的对决。天武没有直接和天智天皇争斗，这就与周武王和纣王不一样，因为周武王是亲自出征讨伐纣王的。

《日本书纪》是正史，正史就是官史。那么，《日本书纪》是谁指使编撰的？其实就是天武天皇自己。在灭杀了天智朝之后，天武天皇就下令编撰史书。被命令的对象是谁呢？原来就是天武天皇的皇子舍人亲王。

在这个时候，日本已经导入了律令制度，皇子都改叫"亲王"。亲王和儿子之间有什么区别呢？没有太大的区别，但有一点要注意的是，如果是天皇的儿子的话，基本上谁都是皇子。但不是所有天皇的儿子（皇子）都是亲王，这是有条件的。首先必须要有朝廷的认可，这叫"亲王宣下"。没有这个"宣下"，就不能成为亲王，不能成为亲王，即便是天皇的皇子，也仅仅是个"王"。

在日本，本来意义上的"王"，并不是唯我独大之意，而是天皇孙子以下辈分的意思。也就是说，天皇的儿子是亲王，孙子就是王。如在平安时期，追讨平家的"令旨"在历史上是非常有名的。而发出这一令旨的皇子，就是以仁王。天皇如果想追讨平家，其命令叫"敕"。天皇的父亲，即上皇在院的御所里发出的命令叫"院宣"。这里以仁王仅仅是王而已，所以这个命令就叫"令旨"。但即便是令旨，也是皇族的命令，所以也有相当的效用。

这里，以仁王为什么要发出攻打平家的令旨？原来，以仁王是后白河天皇的第三皇子。本来应该是亲王。但是，"亲王宣下"没有得到。这样他就丧失了作为天皇后继者的资格。而之所以没有得到"亲王宣下"，是因为平家从中作梗。

话题再回到天武天皇。天武的儿子舍人亲王从父亲那里接到命令"敕"：你就是总编，赶快召集有才的学者编写史书。舍人亲王当然从令。于是在《日本书纪》里这样写道：天智天皇病死后，展开皇位争夺战的是天武天皇的弟弟大海人皇子和天智天皇的儿子大友皇子。最终大海人皇子取胜。即位成天武天皇。

真的是这样的吗？其实，《日本书纪》编造了很多谎言。而最大的谎言有两个：天智天皇是病死的，以及大友皇子没有即位天皇。这样做的目的就是向世人昭示：大海人皇子绝对没有追杀天智天皇和弘文天皇这父子俩。

天武原以为自己掌控了编撰史书的大权，他弑杀二君王的弥天大罪就无人知晓了。但是，天武万万没有想到的是，后人赠予他的"天武"谥号，露出了弑君的玄机。

### 15 即位后为什么要匆匆改号？

壬申之乱的第二年，即 673 年二月，天武天皇在由齐明天皇营造，后加以扩建的后飞鸟冈本宫正式即位。该宫历史上的称呼为飞鸟净御原宫。

这里是舒明天皇、皇极天皇、齐明天皇之都。再加上天武，属四朝之都。面对天武的即位，宫廷歌人柿本人麻吕大唱颂歌："大王啊，您不就是神吗？"不要小看这句了无新意的歌词。它可是日本历史上天皇神格化的开端。从原来的大王（全称为"治天下大王"）改称为天皇，是从天武开始的。他是从哪里学来的？是从中国学来的。何以为证？原来，"天皇"是唐朝的第三代皇帝高宗在 674 年（上元八年）八月最先开始使用的。《旧唐书·高宗本纪》的咸亨五年八月壬辰条目里，这样记载："皇帝称天皇，皇后称天后。咸亨五年改为上元元年。举行大赦。"

唐高宗醉心于道教，他喜欢道教中的最高神格

"天皇"这个称号，并拿来加以运用。在道教看来，所谓天皇就是道教所企求的"不老不死的象征"。而同时把皇后改为天后的，则是武曌。

这里有一个疑问：天武为什么要把大王改为天皇？其动机是单纯的仿效大唐帝国吗？不是！

天智天皇的正统后继者弘文天皇（大友皇子）遭到逼杀。推翻这个政权的凶手是天武，其内心感到惧怕和不安是当然的。为了与大友皇子彻底划清界限，也为了使人们能够淡忘这位短命之帝，天武才把大王号改为天皇号。这是否就是他的主要动机呢？

"天皇"的日语训读为"すめらみこと"（sumeramikoto），强调没有一点污秽，是在这个世上属最清净的人。这样来看，汉语读音的天皇与日语训读读音的天皇，其本意是不同的。因为前者强调的是不老不死。

但是，如果再往深处思考的话，日本人思维里的"污秽"就是"气息枯绝"的意思，即生气勃勃的丧失和生命力的消失。从这一点上说，日语训读的"すめらみこと"，指代的是没有污秽。而没有污秽的人，也就是稀有的能永葆生命力的人。而这样的人与汉语的天皇之意——不老不死的象征——又有逻辑上的关联。

天武刚刚从壬申之乱的战场上走下来，应该说浑身充满了血的污秽。他要洗刷这些污秽，做一个清净之人，以永葆生命的活力，于是就效仿唐高宗采用了新的称号。同时也就遮掩了逼杀弘文天皇（大友皇子）的血的污秽。

如果不是为了隐瞒什么而匆匆改号的话，如果真是为了改革制度向大唐帝国学习的话，大王改天皇，皇后就应该改为天后。天武的正妻鸬野赞良皇后，在当初就应该改为鸬野赞良天后。但是天武没有相应地导入这个制度，这也是令人生疑的地方。显然他不是从改革制度着手引进中国的帝制，而是为了遮掩和切断什么而将天皇号为我所用。但是，唐高宗采用的天皇称号，从时间上来说只限于他这一代，也就是说，天皇在中国仅仅是只有一代使用的称号。从这点来看，天武也是个机会主义者。

天武执政的一大特点就是实行亲政。所谓亲政就是不设政府，不设大臣，万事由自己独裁。这在天武之前是没有过的现象。他为什么要这样做？在壬申之乱中倒向天武的贵族和豪族们，面对天武掌权后开始的独裁，竟然能保持沉默，这也相当不可思议。

唯一可解的是，天武用武力夺取了皇位。为了防止后人的效法，为了堵死篡位之路，他必须独裁亲政。这虽然破了日本皇室的一贯做法，但能确保天武朝不变色。

## 16 永远消失的还是天武王朝

天智天皇的嫡子弘文天皇（大友皇子），在壬申之乱中倒下。推翻近江朝的是大海人皇子。但是，历史给他的回报是，他的后裔都卷入了血腥的争斗中，一个个悲惨地死去。

天武朝在第48代称德天皇之后就断绝了。在天武死后，天智朝的后裔与藤原氏联手，暗地里以复仇的形式，杀死了这个壮绝的王朝。如天武家的大津皇子，就是被天智的女儿持统女帝和藤原镰足的儿子藤原不比等策划的阴谋所杀害。天武的另一个儿子高市皇子和女儿十市皇女，一般的通说是病死，但实际上也是被持统女帝和不比等暗杀的。连天武的孙子辈也没能逃脱谋反的罪名，没能逃脱追杀，如长屋王。

建立东大寺的是圣武天皇，他的女儿就是称德天皇。但这之后，天武系统的身姿，就在日本天皇家历史上消失了。再次在日本历史上抬头的是天智朝，这绝对不是没有意义的。

复活的天智朝，首先要做的事情就是把敌对的天武朝的首都——平城京——舍弃掉，重新营造平安京。这是天智系统的桓武天皇，急急忙忙所要做的事情。其次是对天武系统的天皇陵加以抹杀。如京都天皇家的菩提寺泉涌寺，就完全无视了天武系的皇家成员。

但不可思议的是，用来歌功天武朝的《日本书纪》，在平安朝以后非但没有被禁止、被焚烧，反而作为正史得到了前所未有的重视和传播。这是为什么？

原来在天武天皇强烈意志下编撰的《日本书纪》中，苏我氏是以恶者、败者的形象登场的。而杀死苏我氏的天智和镰足，反倒被视为英雄。平安朝的帝王们之所以不讨厌这本书，就是因为这本书写了天智朝，而且是朝好的方向去写的。而天武之所以要这样定基调，与他推翻天智朝有关。因为如果把杀死苏我氏的天智和镰足写成恶者，那么杀死天智父子的天武不也是恶者了吗？平安朝的帝王们当然是读出了其中的奥秘。之所以没有点破它，是因为他们需要天智这块敲门砖。

天武死后，皇位应该由天武与持统的独生子草壁皇子来继承。但是，病弱的草壁没有能实现母亲的期待就死去了，留下幼小的儿子轻皇子。天武系家族皇子人数众多，从程序上来说，首先应该提拔他们即位才是。但是持统一心想让孙子轻皇子即位。为了争取时间，她利用自己的皇后身份，使用了先下手为强的非常手段。由此，持统天皇诞生。但是这是个相当坏的暴举，因为持统是天智天皇的女儿。从表面看，持统为了继承天武的遗志不惜粉身碎骨；但另一方面，她与在壬申之乱中没落的藤原不比等联手。为此，她任意提拔了不比等，女帝的本心暴露无遗。持统考虑的还是怎样使自己的直系再繁荣的问题。

这个时候，不比等背着女帝，在朝廷暗地活动。收受过天智天皇和藤原镰足恩泽的不比等，一点也没有赞美天武天皇的心绪。如果有可能，夺取天武朝，复活天智朝，倒是他的野心。实际上，在称德天皇死去后，不比等的后裔，天智系的光仁、桓武等相继即位，也就在事实上击溃了天武朝。

770年十月，光仁天皇作为第49代天皇即位。他是天智系统的人（天智之孙白壁王）。他做梦也没有想到自己会成为天皇，以前还整天喝酒卖唱耍酒疯，总担心有一天自己会被杀掉。上了年纪的光仁，已经难成大事了。但是他的儿子，后来继位的桓武天皇，倒是一个人才。他舍弃飞鸟之都，在前所未闻的山背（京都）建都。"山背"改为"山城"，就从这里开始。

日本在明治以前的皇室，表面看皇统是一条直线。但在其背后，天武系统是被除外的。从第40代的天武天皇到第46代的称德天皇（孝谦天皇），天武系延续了8代102年。历史上的三十年河东，三十年河西之说，在日本天皇家也有所验证。

天武系的皇家，延续了一个世纪。比想象中的长。但在号称有2700年的天皇家历史中，还属长河一粟。

## 3　持统回归"血的原理"之谜

——日本天皇家最冷血的女人

### 1　祖父被杀的恐怖缠绕着她

她的一生是从灰暗和恐怖的记忆开始的。沉默寡言，就连走路也尽量不发出声音的母亲，眼睛里总是含着泪水。这引起了她的好奇。"妈妈，妈妈。"孩童娇嫩的声音阻止了母亲的脚步。"姥爷为什么总是不回家？""这、这，不能这样大声地说话。不能问姥爷的事。"边上的侍女听到她的发问，吓得慌忙止住她。妈妈过来抱着她，哄她开心，但还是流下了泪水。父亲也不常回来，她就整天与姐姐大田皇女一起玩耍。

"姥爷是被杀死的。听说还是被父亲杀死的。假的，假的，这一切都是假的。我相信父亲，他不会杀姥爷。"她想知道真相。这年，这位孩童刚刚5岁，她就是鸬野赞良皇女，日后日本历史上第41代持统天皇。

鸬野皇女的父亲是天智天皇（原中大兄皇子），母亲是远智娘。而远智娘的父亲是谁呢？就是苏我仓山田石川麻吕。对于苏我虾夷、苏我入鹿父子的荣华之极，内心感到不快的仓山田石川麻吕开始计算前程。是否要与中大兄联手？如果与他联手的话，就能打倒本家。我，仓山田石川麻吕就能成为苏我家的总帅。但如何才能讨好中大兄呢？他想到了两个女儿。送女儿给他，走政略婚姻之路。

先是送上长女。但是就在结婚之夜，这位新娘被一族的男子，相当于她的叔父的人抢走了。作为父亲的石川麻吕自然很是困惑，不知如何是好。就在这时，他的次女主动提出：把我送给皇子。这一招总算维护了父亲的面子。这位主动献身的女子就是远智娘，持统天皇的母亲。《日本书纪》把远智娘写成是"少女"，表明了她的年幼与纯洁，但她也具有相当的血性。

这是不可思议的一段插曲，被诱拐的远智娘的姐姐究竟到哪里去了呢？石川麻吕至少有三个女儿，长女叫乳娘。而诱拐这位乳娘的是叔父苏我日向。他诱拐的目的是什么？是送人。送给谁？他在中大兄的叔父轻皇子那里做事。这位轻皇子是皇极天皇的弟弟。皇极天皇退位后，由他来即位，就是孝德天皇。这位孝德天皇的身边有一位叫乳娘的妻子。她就是石川麻吕的长女，本来要嫁给中大兄皇子的，但被他横刀夺爱。

中大兄有很多妃子，但最喜欢的就是远智娘，结婚不久先生下大田皇女，紧接着一年不到又生下鸬野赞良皇女。没有积极的交媾是不可能有这个结果的，这也表明中大兄对她的喜爱。与远智娘结婚的时候，中大兄还只是 19 岁。

鸬野皇女在 645 年（大化元年）出生，正好是杀苏我氏的前一年。而祖父石川麻吕被冤罪杀死是在她5 岁的时候。5 岁，对一个孩童来说，是天真烂漫充满幻想的年岁。但是，在她的记忆里，有的只是恐怖和不安。

借苏我仓山田石川麻吕的手灭掉了苏我本家后，中大兄又用他的刀，砍向了苏我仓山田石川麻吕。仓山田石川麻吕仅仅是被利用的一个小小的棋子，中大兄的恐怖和冷血可见一斑。

到底还是自己的父亲杀死了外祖父。幼小的鸬野，心里则是半明半暗。她在祖父的家里度过了童年时代。虽然苏我家的中心人物都死去了，仓山田石川麻吕的家也瓦解了，好在妈妈始终陪伴在她的身边。但妈妈因为被冤死的父亲，也终日悲伤不已。当远智娘知道父亲的遗骸被用盐腌制，抛掷路边，被持有者千刀万剐后带回去食用时，立刻发狂而死。

当她还在 13 岁的时候，父亲天智把她嫁给了 33岁的大海人皇子。这位皇子，就是日后的天武天皇。

婚姻虽然不坏，日后她也当上了皇后，但是挥不去的还是恐怖和血腥。这对一个女孩的人格形成，能带来什么呢？除了冷酷，还是冷酷。

鸬野的体内，有着父亲天智的血。她有着父亲聪明的一面，但同时更多地继承了父亲恐怖的一面。

### 2 从吉野盟约到皇族会议

壬申之乱后，天武和鸬野皇后对"一族的不和"与"反乱"很是敏感，很是警戒。因为自己就是靠"反乱"和"革命"上台的。

所以在腥风血雨的七年后，天武带领皇子们来到吉野宣誓。为什么而宣誓？为不反乱而宣誓，为家族不内斗而宣誓。参加宣誓的有草壁、大津、高市、川岛、忍壁、芝基六人。前四人是天武的皇子，后二人是死去的大友皇子的异母弟。

这六位皇子有一个特点，他们的母亲各不相同。如草壁的母亲是鸬野皇后，大津的母亲是大田皇女，高市的母亲是尼子娘，忍壁的母亲是穴人谷媛，川岛的母亲是忍海小龙之女，芝基的母亲是越道君伊罗都卖。这些为将来的不和与争执，埋下了种子。

在天皇和皇后面前，六名皇子宣誓保证：今后将以天皇的圣旨行事，做到相扶无事。天武自己也立誓：我等男子，虽各异腹生，但要如同一母所生一般相待，决不偏心。我如有违约，即刻身败名裂。鸬野皇后也立下同样的誓言：让我们宣誓盟约，千年不为皇位而争斗。这个场景，在日本历史上就是有名的"吉野盟约"。这是 679 年的五月五日的事情。

这个宣誓对外释放的一个强烈信号是什么呢？就是这次来参加宣誓的皇子，都是天武天皇的后继者。也就是说，后天武时代的皇位，他们都有机会。而大家都有机会，等于大家都没有机会。大家都没有机会，反而会为了抢夺机会而争斗。

鸬野皇后在听到皇子们异口同声的宣誓后，心中涌动了一种微妙的感觉，一种你们都是我的儿子的感觉。而在这六名皇子中，她最爱的儿子草壁年龄为第三大。这就为草壁是第一继承人打下了基础。这年草壁皇子是 18 岁。

两年后，草壁皇子被立为太子。这年天武天皇是57 岁，鸬野皇后是 37 岁，草壁是 20 岁。672 年在飞鸟清御原宫即位的天武天皇，在 686 年九月死去，治世 14 年。最大问题立即浮出水面：谁来即位？当然从程序上说最有力的是草壁皇子。但问题是草壁皇子体弱多病，性格内向。没有等到即位的这一天就病死了，时年 25 岁。

草壁病死以后，最有力的皇位继承者是谁呢？就是比草壁大 8 岁的高市皇子。在草壁死去的那年，他已经 33 岁了。高市也是天武天皇的儿子。但是他的母亲是九州豪族的女儿胸形尼子，不属皇族出身。在壬申之乱的那年，高市正好 19 岁。他感到自己不是天皇的料，有点灰心。但是父亲天武一直在鼓励他，所以他总是冲在纷乱的最前线。

鸬野皇后即位天皇后，任命高市皇子为自己的辅佐，之后高市获得的最高位是太政大臣，这年他 27 岁。在日本，太政大臣的第一人是大友皇子。他的父亲天智专为他设立了这个官职，当然是为了接班当天皇的需要。高市是第二个获得该官职的人。因此给人的感觉，高市是草壁之后当然的皇位继承人，况且高市还是持统的"义理之子"，尽管高市只比持统小 9 岁。但这对持统来说当然是个误解，一个对她十分不利的误解。持统重用他，只是为了更好地利用他。

但是，这位高市皇子与草壁皇子一样，也属于短命人，他 43 岁时死去。高市死后，得了个"后皇子尊"的称号。这是个很奇怪的称号。持统为什么要送这样的称号？用意何在？想掩盖什么？让我们暂时先把这些问题放一放。现在的问题是，高市一死，新的皇位继承人又成了问题。为此，持统天皇专门开了一个会议来决定新的后继者。这个会议在日本皇族史上是个很重要的会议。但是《日本书纪》没有记载，倒是在奈良时代编辑的汉诗歌集《怀风藻》里，记录了会议的大致经过。会议的主题为：高市死后的皇位继承者的选定。在会议上，各人都推荐自己喜欢的候选人，吵成一片。但就在一片吵闹声中，有一人突然站立起来大声疾呼："我们的国家从过去神代开始，就有父传子的传统。兄弟继承最容易引起纠纷，所以必须放弃。"这个人就是葛野王。

葛野王是谁？他能这样大胆的说话？原来葛野王是天智天皇的孙子，是与大海人皇子决战的大友皇子的儿子。他站出来说这样的话，明显是为他的父亲鸣不平。

坐在一旁的持统是什么态度呢？她相当满意葛野王的表现。并重重奖赏了他的功劳。持统为什么要表示满意呢？很简单，如果兄弟继承被认可，皇位的继承权就属于高市皇子的异母弟们所有，皇权就移向了天武系的其他皇子。但是如果只认可父子继承，死去的草壁皇子的儿子就看到了希望。从父到子，从祖母到孙子，葛野王说出了持统想说但无法说的话。

会议上当然也有反对的声音。是谁？弓削皇子，天武的第九皇子，母亲是天智的第三女大江皇女。他没有参加"吉野盟约"，所以也没有向父亲宣誓过"我不反乱，我不背叛"。但是，他的声音没有压过葛野王，反而被葛野王训斥，弓削皇子也只好沉默不语了。

葛野王当然也有理由让他闭嘴：我的父亲就是在争斗中丧命的，所以我最有资格大声疾呼兄弟继承是绝对错误的。话语中的暗示是显然的：这个朝廷就是建立在我父亲的白骨之上的。葛野王说到这个份上，朝廷的反论当然也出不来了。

　　就在这次会议后不久，15 岁的轻皇子即位。他是草壁皇子的儿子。这天正好是高市皇子死去一周年的祭日。这就圆了持统的心愿：在我之后必须是草壁皇子的后裔。当时日本的成人年龄与现在一样是 20 岁，15 岁还是个孩子。但持统已经迫不及待了。她只有一个意识，快快让位给我的孙子。日本史学界有人认为，持统自己做天皇，是为了等待轻皇子长大成人。但是从历史的操作面来看，持统根本没有这个意识。

　　这里有一个假设：如果 43 岁的高市皇子不死的话，持统就不能让位于孙子轻皇子。况且，作为太政大臣的高市在最后时刻，还在强硬地反对立幼小的轻皇子为太子，持统感到是个麻烦。从这点来看的话，高市的死，就有疑点可圈：是自杀？是病死？还是毒杀？因为高市死后，得了个"后皇子尊"的称号。这是个很奇怪的称号。这里，所谓的"后皇子"就是草壁皇子之后的皇子之意，所谓的"尊"就是天皇或等同于天皇的称号。

　　持统为什么要送这样的称号给高市皇子？用意何在？想掩盖什么？莫非高市皇子的死，持统是黑手？在日本，对待非正常死亡的政客要人历来有个习惯：为了避免其死后作祟，便给这个人戴上个与事实不符的高帽子，作为镇魂之用。这样来看，高市的死就更值得怀疑了。

　　而且更重要的一点是，高市一死，天武王朝就基本难以翻身了。持统王朝，即母系的天智王朝又得以重新起航。虽然男系的天智王朝已死，但是持统复活了母系的天智王朝。

不管怎么说，葛野王的一声吆喝也太重要了。兄弟继承不行，天武天皇的皇子们的皇位继承，就从轨道上脱轨了。从此，天智天皇的子孙们才是正统的皇位继承者，这一观念开始深入人心。

这就是元明天皇即位的时候，打出的天智天皇语录：不改常典。这句话的直译，就是葛野王的一声吆喝。

### 3 持统为什么要杀大津？

丈夫天武天皇死去的时候，持统是 42 岁。持统有一个同母姐姐，即大田皇女。而且这位姐姐先于她嫁于天武天皇（当时还是大海人皇子）。大田皇女生了大津皇子，持统生了草壁皇子，大津比草壁大一岁。失去母亲远智娘之后，持统最能信赖的应该是姐姐。但是在喜欢姐姐的同时，又生出憎恨的心情。

持统或许在姐姐的面前有自卑感。特别是姐姐大田皇女生出的大津皇子，体格健壮聪明伶俐，深得外祖父天智天皇的喜爱。而她自己生的儿子草壁皇子体弱多病，智商也一般。但是，随着大田皇女在白村江战役的数年后死去，持统的命运突然一变。当然同母姐姐的死，不能说她没有一点悲伤，但胜于悲伤的应该是庆贺和自喜，多年来对姐姐的自卑感顿然消失了。持统的命运随着姐姐的死去，反倒露出了曙光。她成了天武天皇的第一妃，有了无人可比的自豪感。

持统为什么要杀大津？在她的记忆深层，有挥不去的丈夫和外甥的血腥战争——壬申之乱。她不想再看到在草壁和大津之间，发生血腥残杀。她更不想看到，大津先于草壁坐上天皇的宝座。只有杀死大津，让对手消失。她想到了父亲常用的一手。更想到了自己的丈夫大海人，也是用这样的一手，干掉了大友皇子——弘文天皇。这是最古老的办法，但也是最有效的办法。

683 年（天武十二年），大津皇子登上政治舞台。当时他的地位与皇太子匹敌。是谁给了他人生的绝顶期？是父亲天武。天武喜欢他胜于喜欢草壁。《怀风藻》里描述大津："状貌魁梧，器宇峻远。能文善武。"天武看中他的也是这一点，命令大津在朝廷听政，所谓听政也就是执政。为此，群臣分为草壁派与大津派。皇子中，川岛、忍壁、几城属于大津派。只有高市皇子一人属于草壁派。

天武病倒，是大津从政满两年的时候，即 685 年（天武十四年）。就在这一年，日本实施了针对八色姓的冠位改革。制定了明、净、正、直等包含 60 阶的皇族位阶。当时最高位的"明"位空缺。领头的草壁是"净广壹"，次位的大津是"净大贰"，再接下去的高市是"净广贰"，川岛、忍壁等皇子为"净大叁"。从草壁的"净广壹"到川岛的"净大叁"，这之间没有空位。皇子们的地位和力量可见一斑。

草壁是领头，因为他是皇太子。大津的实力其实与草壁并肩，只是在表面上不能与皇太子同位而已。

这一年大津是24岁。在他的短暂的人生中，24岁就是绝顶期。1985年10月，奈良县立橿原考古研究所公开了天武朝的木简，这是在飞鸟净御原宫大沟迹的土坑里发掘的。木简上留有681年（天武十年）的"辛巳年"墨迹，以及大津皇子、大友皇子和大来（大伯）皇女的名字。但是再怎么寻找也没有发现草壁皇子的木简。也没有发现在壬申之乱中表现最为活跃的高市皇子的木简。这具有怎样的意义呢？

木简里记述的681年的天武朝，其实是相当激动人心的年代。这年的二月，立草壁皇子为皇太子。同日，发出编撰《净御原律令》的诏书。三月，对川岛和忍壁皇子发出编撰历史书指令。四月，颁布了针对亲王到庶民服饰的92条规定。但就是这等激动人心的年代，木简上也找不到草壁的大名。这就令人怀疑，草壁的地位真的比大津高吗？还是反过来大津的重要性要远远超过草壁？

大津的命运随着天武的病倒，发生了急剧的转折。持统趁天武生病的机会，使用权力与高市皇子一起加强了对大津的监视。在这样的情况下，原先与大津一派的群臣，纷纷脱离了与大津的关系。大津觉悟到自己的命运，是在685年的春天。

### 4 为什么去伊势神宫见姐姐？

大津在生命的最后关头去了哪里？去了伊势神宫。干什么？会见他的姐姐大伯皇女。他的姐姐当时在斋宫奉侍。斋宫这个地方是不能见男子的，即便是亲兄弟也不行。因为在观念上斋王已经是神的妻子了。

673年（天武二年），大伯皇女作为奉侍天照大神的斋王，去泊濑的斋宫就任。这年她13岁。第二年她去了伊势神宫。一直到686年（朱鸟元年）大津以谋反的罪名被赐死为止，她都在伊势神宫用自己的青春奉侍大神。

681年（天武十年），大伯已经21岁了。到了皇女们该结婚的年纪了。这年，奔放多情的大津是20岁。《日本书纪》说大津在天武的晚年只去了一次伊势，其实不只是一次。这年的4月，石川夫人（天武的妃，苏我赤兄的女儿）去了伊势神宫。原来，大津的妃山边皇女是天智与苏我赤兄的女儿生出的皇女。因为这个关系，石川夫人成了大津的保护者。大津去伊势，是石川夫人一手策划的，这次她是专门去为大津见姐姐一事铺路。

去伊势见姐姐，而且要在深夜躲过他人的耳目，这是冒着生命危险的举动。这说明大津拔剑的决心已定。他想与姐姐作最后的告别。对此有大伯皇女的两首歌为证：

露多夜深之际，弟弟去大和。
伫立天明令人愁，
湿透衣衫不觉晓。


一路走过来，你我相伴。
而今如何度春秋？
茕茕孤独越秋山。


第一首歌表明弟弟大津皇子已经把谋反的计划向姐姐透露了。这位皇女预感到弟弟的谋反是不会成功的，但是自己的责任所在，又不得不让他返回大和，从而表现出复杂的心情。这里的"晓"就是"鸡鸣"的意思。天亮前的首次鸡鸣，夏天的话是凌晨 2 点，冬天的话是凌晨 4 点。大津皇子为了躲人耳目，天黑进了斋宫，拂晓前出了斋宫，可谓偷偷摸摸。第二首写出了没有成功可能性的弟弟，去大和完成使命，有一种孤独的悲壮感。姐姐实际上已经看到，即便是"及壮爱武，多力而能击剑"（《怀风藻》）的弟弟，也逃不了身败名裂的茕茕命运。

　　如果这二人不是同母姐弟的话，这两首歌就是洋溢着哀伤情绪的恋歌了。大津性情放荡，不拘小节。但问题在于即便是亲姐弟之间，说不定也能发生些什么。日本历史作家黑岩重吾也这样认为：幽会斋王，是完全无视规则的行动。思慕姐姐的大津皇子与思慕弟弟的大伯皇女，二人的结合，超出了我们的想象。

大伯皇女在这一年的十一月十六日，也就是大津被赐死后的一个半月，回到了大和飞鸟京。斋宫侍奉，只限一代天皇。随着天武天皇的死去，皇女在斋宫的任务也告完成。弟弟被处刑的时候，她身在伊势的斋宫。而她回到飞鸟京不久，大津皇子的遗体也被移至二上山下葬。出于对死去弟弟的怀念，姐姐写下了这样的歌：

> 尚在尘世徒悲伤，
>
> 明日起，天天望着二上山。
>
> 如见鲜活的弟弟。

满是哀切与悲伤。其实，这里是有问题的。在古代日本，死罪之人的葬礼是不被许可的，只能在人烟稀少的山谷乱石间悄悄被埋葬，过了多少年后如有机会平反再举行葬礼，这是惯例。

大津皇子处死之日是在 686 年十月三日，其遗体埋在山间乱石中。而大伯皇女回到飞鸟京则是这年的十一月十六日。作这首歌的时候是在第二年的早春时节。这也就是说，第二年的春天，大津就被允许移葬于474米高的二上山了？二上山朝东的正对面就是三轮山。半年不到，就得以平反？而且是在规格不低的二上山？实有可疑之处。现在二上山的雄岳山顶上，确实有大津皇子的墓地。这究竟是怎么回事呢？

亮点的出现是在一千多年后的1983年3月。日本考古学者发现了鸟谷口古坟。1984年4月4日的《朝日新闻》晚刊，刊登了题为《这是大津皇子的墓地吗？》的文章。文章说，依据奈良县立橿原考古学研究所发表的《鸟谷口古坟发掘调查概况》来看，该古坟是组合式家式石棺的构造形态。有个前室，从石椁内的堆积物来看，没有发现骨、齿、金属制品等物。也没有检出铜锈。这个古坟的位置在二上山东面的山麓，从右边石椁内的状况分析看，其中并没有尸体。没有遗体，没有随葬品的古坟，究竟说明了什么问题呢？

这说明大津皇子的墓地是伪装的。持统天皇根本没有给大津一个安息之地。而善良可欺的姐姐，相信了弟弟的墓地被移葬至二上山的传闻，便创作了怀念弟弟的歌。其实，在天武死后，大津就打算拔剑了。大津能与鸬野皇后和草壁见上面的地方，就是祭祀天武的殡宫，他想在那里动手。这个绝密的计划，大津向自己最要好的川岛皇子与几城皇子透露了。几城赞同并想参与。问题出在川岛。川岛是天智的儿子，他与天武的女儿泊濑部皇女结婚。天武在世之时，借妻子的光还能有所作为。天武死后保护伞也就没有了，政治地位也变得非常不稳。为此川岛向持统告密出卖大津，可能就是想捞回些政治资本。

持统得知情报后立即向掌握军权的藤原大岛下令，抓捕谋反的大津。这是 686 年十月二日的事情，天武天皇死去不到一个月。逮捕的第二天大津就被赐死，时年 25 岁。速度之快令人惊讶。快刀斩乱麻，是持统的拿手好戏。大津的正妃山边皇女，像发疯一样，披头散发到处奔跑，跟随丈夫大津自杀。

同时被捕的还有几城皇子等 90 人。几城被剥夺皇子之位，处以流放，新罗的沙门行心被驱至飞蝉国，其余则全员释放。为了稳住群臣，鸬野没有大开杀戒，出手还是有智慧的。大津死前的临刑诗曰：

> 金乌临西舍，鼓声催短命。
>
> 泉路无宾主，此夕谁家向。

当然这不是大津的创作。中国的行刑诗，他能随口而出，也属不凡之人。

大津的悲剧，固然是持统一手导演的，但是大津最后还是没有动手，错失了机会，不能不说也是一个很大的原因。照黑岩重吾的说法，日本人是情绪的民族。但也是这个情绪，杀死了大津。

除掉大津皇子，持统执政的第一步总算是迈出了。持统在模仿他的父亲。天智天皇先后将自己的政敌古人大兄皇子、苏我仓山田石川麻吕、有间皇子埋葬掉。持统也把大津埋葬掉了。她可能还深刻地意识到了父亲的失误，就是没有把大海人皇子干掉。如果干掉了，壬申之乱就不可能发生。历史是讲节韵的，而当时最大的节韵就是早点除去自己的障碍物。持统从父亲那里，得到了血的教训。

她对父亲持有憎恶和爱戴的双重心绪。她的体内流有父亲的血。她杀死了父亲最爱的儿子和孙子——大友和大津。权力斗争其实是相当阴惨的。

1943 年 9 月，释迢空（折口信夫）刊行《死者的书》，描述大津皇子的悲剧。封面用满视野的黑色构成，给人视觉上的震撼。他是在为大津永远的生唱颂歌。

### 5 大津抢了草壁的妃?

大津之所以被杀，还有一个原因在于大津在情色上犯了个致命的错误，他抢了草壁的妃，二人还共枕了数晚。这令鸬野皇后大为不快，认为这是草壁的无用和大津的霸道的典型表现，认为这是大津在抢风头，逼迫草壁就范。草壁的妃是谁呢？是石川郎女，小名为大名儿，因为在大和的石川度过童年，故得此名。

先看大津送给石川郎女的歌：

> 盼妹来，伫立寒露中，
> 山中水嘀嗒，湿我衣衫袖。

再看石川郎女的返歌：

> 等我来，山中湿君袖，
> 愿作水滴珠，得与君相见。

这当然是艳歌。但是比艳歌更进一步的是，石川郎女也在担忧大津的安全，想以身取而代之，这就是很深的恋了。

草壁也写歌赠送给石川郎女：

> 大名儿，实可爱；
> 犹如原野割草来，
> 虽是须臾间，就是难忘怀。

但是，石川郎女没有返歌，这令草壁很伤心。

与大津的艳歌比较，草壁的艳歌显得平淡无才气，但是很纯真。这是草壁的性情和一贯立场。多情的大津写了许多艳歌给石川郎女，出问题的是一首与石川郎女共枕的歌：

津守占卜，情事已露；

本早知晓，偏要双双宿。

原来，大津皇子得知石川郎女与草壁皇子已经结婚，就找了一位叫津守连通的占卜师，就结婚这件事进行占卜。为此，大津的这首歌说：津守连通的占卜认为，即便石川郎女结婚了也没有问题，我便与石川郎女同枕一晚。这位津守连通是阴阳寮的学者，但也是持统的身边顾问。大津应该知道这些，但是他认为即便津守连通泄密于皇后，他也要与石川郎女共枕一晚。

大津一边被持统追击，一边又与石川郎女擦出恋情。这是持统始料不及的。这也增加了她对大津的怨恨。

### 6 皇统回归的功劳者

如果问：天武天皇的正妻——后，是谁？答案只有一个：鸬野赞良皇女（持统天皇）。但是再问：天智天皇的正妻——后，是谁？就难以回答了。

天智最爱的，相处时间也是最长的妻子是苏我一族的远智娘。他们之间生有大田皇女和鸬野赞良皇女。远智娘还为天智生过皇子，可惜早逝，她自己也因父亲被杀而愤死。天智除远智娘之外，还有其他7名妃子。相爱的远智娘死去后，作为天智正妻的女性看上去好像没有了。但还是有的。是谁？倭姬王。她是谁？她是古人大兄皇子的女儿。而古人大兄是天智的父亲舒明天皇与苏我马子的女儿法提郎媛所生。这位古人大兄皇子与天智是种什么关系呢？对天智来说，他是个相当危险的人物。为什么？

在大化改新以前，古人大兄与苏我入鹿参与了杀害圣德太子的儿子山背大兄王的事件。而中大兄在大极殿砍杀苏我入鹿的时候，他坐在中大兄的母亲皇极天皇的身边。坐在皇极天皇身边，意味着什么？意味着他才是正当的皇位继承者。

不过这位古人大兄看到血腥的场面吓坏了，想不到政治是这样的惨烈和无情。错乱中的他，即刻逃回了自己的本家。在皇极天皇提出让位之时，作为第一候补者的他，则赶紧辞退，离都出家了。但是，过了几个月，一个"古人大兄正在策划谋反"的情报传到了朝廷。指挥士兵杀害古人大兄的正是中大兄，而下追杀命令的是孝德天皇。

23年后，即位天皇的中大兄，把被他杀死的古人大兄的女儿倭姬王，纳入自己的怀里，作为正妻——后来对待。

日本的江户时代有这样一种思考方式："把被杀男人的女儿纳为妻子"，"父亲的敌人做妻子"。这种极端的思考方法或者是想表现一下征服的快感，或者是对杀人罪行的一种心理补偿。但在古代日本，基本上没有这样的考虑。所以，在壬申之乱中大友被杀死，其儿子葛野王反倒站在敌人的天武朝这边，为持统助力。

倭姬王能成为天智的正妻，就在于在天智的妃中，最接近天皇血统的就是她。因为天皇的后，必须满足的一个基本条件就是这位女性要有天皇家的血。由此，在"后"的前面必须冠有一个"皇"字。

把异腹子大津杀死，又不想让儿子草壁即位的持统天皇，最后向孙子轻皇子（文武天皇）让位。文武又向母亲元明天皇让位。接连的两个让位动作，令天皇家有了微妙的变化。

天皇的血统从哪里来？疑问生出。即持统热盼的草壁皇子，是谁的天皇之子？是谁的血统？这个问题再次浮上。草壁是天武的儿子，这点没有错。但是，他的母亲即位之后，草壁又成了持统天皇的儿子。看上去没有太大的不可思议，但是其血统还是发生了有意义的变化。

如果趋向父方的血统，草壁是天武天皇的儿子。如果趋向母方的血统，草壁是持统天皇的儿子。不管趋向哪一方，都走向"舒明天皇和皇极（齐明）天皇夫妻"的这一端。但是如果趋向母方，父亲天武天皇就消失了。因为天武的即位是与天智的嫡子大友皇子（弘文天皇）血斗的结果。若从这点来考虑，就相当不自然了。现在，从持统到文武，从文武到元明，表明在乱中取天下的天武，全然没有胜利。倾斜，从这里开始了。

文武天皇确实是草壁的儿子，天武的孙子。但是在持统想让他即位的阶段，草壁和天武都已经死去了。文武是持统天皇的孙子这一观念得到了强化。况且，文武让位的对象阿闭内亲王（元明天皇），她并不是谁的皇后。她能即位，是借了她是天智女儿的光。这样，从文武到元明，其皇统系谱是：

**天智天皇→其女儿持统天皇→其孙子文武天皇→元明天皇（天智之女，持统异母妹）**

在日本天皇家，从兄到弟的继承，以前有过，以后也有过。但是从姐到妹的继承，则是持统这个时代的特定产物。没有前，更没有后。问题是，男系的女子之间的继承，必然要走向女系的女子之间的继承。接受元明天皇让位的元正天皇，不是哪位天皇的妻子，而是个处女。她仅仅是元明天皇的女儿而已，这属于典型的母女继承。

从文武到元明的让位，就是儿子向母亲的让位。虽然多少有点不自然，也没有前例，但这还不是很要紧。要紧的是皇位继承中表现出来的"母女之间的继承"和"女系的女子间的继承"。它表明天武系的皇统向天智系的皇统，发生了不可逆转的回归。这才是

天皇家相当要紧的事情。而策划这一回归的就是持统
女帝，她是功劳者。

### 7 持统真的想让草壁即位吗？

大津死了，障碍物除掉了。父亲（天武天皇）在
九月九日死去，赐死大津快一个月了，皇后最爱的儿
子草壁皇子应该即位了。但是，草壁就是没有即位。
这又是为什么？

从一般论来看，这里面有个"殡葬"期的问题。
所谓"殡"，就是过世的天皇，还没有完全死去的阶
段。什么时候魂灵再复活过来，什么时候死后再复生，
没有人知道。这种半生半死的阶段就是"殡"的期
间。"殡"的阶段一旦结束，就要正式修建陵墓送葬，
这个时候才能最后确定真正的死。尤其是伟大人物，
由于魂力和灵性强盛，所以其遗骸更不能匆匆下葬。

天武天皇的殡期达到了 2 年 3 个月。也就是说，
从死到确认最后的死，花了 2 年 3 个月的时间。为什
么要这么长时间？除了要举行一系列的殡葬仪礼之
外，从政治上考量的话，就是想通过殡的仪式，故意
把庄重期拉长，以天武朝的不可一世来收敛人心。另
一个意图就是想强化鸬野赞良皇后系统的皇统继承。

而死去的天皇还没有葬于墓地的话，皇太子就不
能即位。由此故，草壁皇子的即位也被延后了。但如
果是这样的话，天武在 688 年十二月下葬后，草壁为

什么还没有即位？草壁的死期是 689 年五月。有五个月的时间，草壁在干什么？

日本史上有所谓"空白五个月"的说法。由于儿子草壁病弱，所以持统称制（就是在不宣布新帝即位的情况下，以皇后的身份代替天皇掌控国务，等待后继者）。这是日本史的一般通说。

也不知道是真等待还是假等待。反正在等待的过程中，皇太子草壁在 689 年五月死去，年 28 岁。死去的草壁皇太子被追称为"日并皇子尊"。这里的"日并"就有与"天皇"并肩之意，表明皇位的继承者应该是他。而在《万叶集》中则把他提升为"日之皇子"。

这里的问题是，即便是病弱，即便是身体不适应政务，象征性地坐在天皇的位子上，也不是不可能的，也不是没有先例。何况实际的政务操作者有持统和藤原不比等，应该不构成问题。这样来看这其中肯定还有其他的原因。那么，原因何在？

秘密还是藏在《万叶集》里。因把天武天皇比作"神"而闻名于世的歌人柿本人麻吕，有一首悼念草壁皇子的歌。这是轻皇子（草壁之子，后来的文武天皇）在阿骑的野地里宿营的时候，柿本人麻吕所作的歌。第 45 首的最后几句是：


在阿骑的大野地里，

羁旅幽思，

怀古夜存身。

在广阔的原野上，轻皇子思念起父亲草壁的往事。在那个时候怀念草壁皇子的，绝不是轻皇子一个人。人们为什么要怀念草壁皇子，以致无法入睡？是不是与草壁的悲剧有关？

柿本人麻吕赞美天武为"神"，并期望草壁皇子即位。但从结局来看他的愿望落空了。如果草壁皇子能够即位，天武朝的血统不就得以延续了吗？这是当时人们的一般想法。

但是对持统女帝来说，开启新的王朝，"神"不能是天武（天武系），必须是自己。因此，即便是自己的儿子，如果不加以排除的话，就不能断绝天武系的血脉。

柿本人麻吕在《日本书纪》和《续日本纪》里没有登场。这个人享有高位，却没有在历史书里亮相，这就有奇怪之处。是卷入了某个事件？这个事件是否与反持统或抵触持统有关？肯定是为了草壁的即位问题，几个回合的攻防，使得持统不愉快，也使得不比等生气。这样说来，草壁不是没有机会即位，而是持统不让他即位。他被自己的母亲抹杀了。那么，持统为什么要这样做呢？一言以蔽之，为了天智王朝的复兴。持统对此怀有强烈的意念。

## 8 草壁的死如同白日梦

698 年四月十三日上午，母亲急忙招呼皇太子草壁说：中午在内轮有宴会，快去参加。由物部麻吕调配的乘舆，已经等在了岛宫正殿的门前。

草壁皇子的脑海里闪现的念头是：马上就要决定我的即位问题了，可能是为了这个原因才紧急叫我赴宴。皇子用左手轻轻地握住佩刀的把柄，右手打开乘舆的门。慌忙出来送行的是妃阿闭皇女和他的两个幼孩，10 岁的冰高皇女，7 岁的轻皇子。女儿冰高皇女注意到了父亲的样子和平常没有任何变化。但她更注意到与此相对照的物部麻吕的举动：表面殷勤温顺，但总有一点心神不定的样子，眼睛溜溜地望着四周。她的母亲也注意到了这点。母女俩用不安的眼神交换着不吉的信息。

载着皇子的乘舆到达了明日香净御原宫。皇子被引入里面的宴席厅，出来迎接的是母亲。她一反平日的寡言，问孙子们的情况，问庭园里的花草开花的情况，并主动提及自己想去的地方。

宴席以母亲和草壁为中心。不比等和麻吕端坐在左右。桌面上放满了料理的碟盘，很丰盛的样子。宴会刚过一半的时候，坐在草壁皇子右边的麻吕满脸堆笑，嘴里说着客气话，把一盘料理送至草壁的面前：尝尝这道菜，味道不错。草壁接过盘子，吃了不到一半就大呼一声倒在地上。食物里放毒了？草壁急性中毒？

　　静静的整个大厅，随着瞬间倒下的一声闷响，更显得异常的静，一种恐怖的静，一种明明知道有阴谋却不敢声张的静。

　　最先从席位上站立起来的是麻吕。他跪下身体抱起皇子。这时母亲持统站在麻吕的身后，示意把皇子的脸朝天。母亲看他已经断气的样子，便用目光瞟了下皇子腰上佩带的刀剑。心领神会的麻吕赶紧解开腰带，松下刀剑递给了持统皇后。

　　遗体用锦缎覆盖，迅速地搬入宫殿内的隐秘之处，就像一阵风一样。处理完后事，麻吕对着持统皇后一个鞠躬，退出了暗杀现场。

　　只剩下持统和不比等二人。他们互相对视，长吐了一口气。不比等就像他的父亲镰足一样，虽然精通暗杀之道，但自己绝不动手。这回也是一样。献策的是不比等，实施的是麻吕。作为母亲的持统是这样想的：皇位没有两个。道理上应该由草壁继承，但是草壁一旦继承，自己就不能即位，所以必须夺去他的生命。他时常佩带的这把刀剑，可以代替他继承皇位。他失去的皇位，由他的儿子轻皇子继承。轻皇子之后再由他的儿子继承。这把刀剑就是要这样传承下去。这样的话，草壁还活着，他并没有死，他永远活着。这把刀剑就是皇统持续的明证。

岛宫的阿闭皇女，即草壁皇子的妻子，接到了夫君的讣告。她丧魂落魄地带着幼子们，急忙赶到净御原宫。她想起了几小时前麻吕那心有计谋的眼神，不吉得到了验证。她后悔自己当时没有阻止夫君的外出。在净御原宫冷僻阴森的奥殿里，她看到了夫君的遗体。枕边点着长明灯，自然，看不到持统的身影。只有一些打杂人员向阿闭皇女解释当时的经过，说草壁皇子在食事中突然发病倒地，没等医师赶到就咽气了。

对于这次毒杀，《日本书纪》不提一字。倒是《万叶集》收集了皇子尊宫舍人等悲恸伤歌 23 首。其中一首曰：

> 朝阳照在佐太冈际，
>
> 年来有鸟频啼，
>
> 此鸟夜夜哭泣。

这里，何以要夜夜哭泣呢？这其中肯定隐藏了不能说的秘密。

持统，一个权力欲很旺盛的女人。她杀大津、杀草壁就是为了自己终身不放的大权。天武的时候，她的身份是皇后，其政治关系是与夫帝共治；持统的时候，她的身份是天皇，其政治关系是自己亲治；文武的时候，她的身份是太上天皇，其政治关系是与孙子共治。

在藤原不比等和物部麻吕的协力下，持统的登基终于实现。在草壁死去的 8 个月后，即 690 年，持统即位。《日本书纪》这样描述盛况：

> 四年春正月，戊寅朔，物部麻吕朝臣，树大盾。神祇伯中臣大岛朝臣，读天神寿词。毕，忌部宿弥色夫知，奉上神玺、剑、镜于皇后。皇后即天皇位。公卿、百僚罗列匝拜而拍手焉。

在即位式里第一个提到的人物就是物部麻吕。这位杀害草壁皇子的凶手，为持统的即位立下了汗马功劳。这回他站在持统的侧面，既担任警卫又举大盾以示威仪。中臣氏读奏天神寿词。最后忌部氏奉上作为神器的剑和镜。第 41 代持统女帝诞生。

持统的登基，满足了天皇即位的三大条件：①物部氏奉立大盾。②中臣氏奏上天神寿词。③忌部氏奉呈剑镜。

引人注目的是，这个即位礼仪在持统之前没有举行过，在持统之后则作为一个不可或缺的仪式被确立。这个即位礼仪的确立表明，持统作为日本的初代天皇正式登基。日本历史学者神野志隆光在《复数的古代》[①] 中，也认为这个做法是个创举。向着神祇令所

———

① 〔日〕野志隆光：《复数的古代》，讲谈社，2009。

规定的方向即位，持统天皇是开首。

即位式要有即位场所。但在《日本书纪》里找不到持统即位式是在哪里举行的。这是为什么？一般而言，在先帝且是夫帝的天武天皇的明日香净御原宫举行即位仪式是符合逻辑的。但为什么不见记录呢？问题恐怕在于：持统的登基，是用母亲的手杀害了儿子后的登基。而杀害的现场就在明日香净御原宫。

再是气焰高昂的女帝，在杀儿现场举行即位仪式，也是说不过去的事情。再是狠毒的女人，再是非情的母亲，也不能这样做。这就是《日本书纪》干脆不留记载的一个原因。对于草壁皇子的死，《日本书纪》仅用九个字来处理："皇太子草壁皇子尊薨。"作为后继者即将即位的皇太子之死，这样处理是不是太过于简略了？这个简略的背后是不是隐藏了这样一个暗号：皇亲政治的中枢，先帝的两位皇子（大津与草壁），都在短时间内先后死去。这是否有点异常？一个刑死。一个毒死。

二人死的本质相同，其背后都有同一个人以同样的目的在杀人。

### 9 日本女学者揭破了一个谜

《万叶集》里有一首以天香具山为主题的诗歌，是持统即位后的作品，暗示权力落入了持统的手中，政权交替已经完成。之后，持统向轻皇子（文武天皇）

让位，日本天皇家第一个太上天皇的位子，她坐上了。
《万叶集》卷一第 28 首的《天皇御制歌》曰：

> 春去夏来，
>
> 天之香具山，
>
> 晾晒白衣裙。

一般认为这是一首夏天风物诗。虽然接近大白话，却是《万叶集》里最不易读通读懂的诗歌，怎样解释都没有正解。

有学者说，日本的万叶歌不用朝鲜语解释的话就不能解其真意。这首歌里就隐藏了"惊天动地"的暗号。[1] 而揭破这首诗歌真意的是日本女学者梅泽惠美子。她在《日本的女帝》[2] 中这样解释道：诗歌中的天香具山，代表大和最神圣的山。对古代日本人来说，这里的山土有特别的含义。在神圣的天香具山晾晒白衣裙？好像不符合逻辑。在圣域洗涤衣服更是不可能的。这里的白衣裙，究竟是指什么？

这里，连接了日本远久的一个神话传说：丹后半岛的丰受大神物语。丰受大神现于伊势神宫的外宫被祭祀，是为人们带来丰饶恩惠的神。传说中，丰受大神从天的真名井那里降临，脱去天羽衣沐浴。这时有

① 〔日〕藤村由加:《万叶集的暗号》，新潮社，1997。
② 〔日〕梅泽惠美子:《日本的女帝》，KK 出版，2002。

一个老翁过来抢夺了她的天羽衣，丰受大神失去神性不能动弹，更不能回到天边。

这里，丰受大神的"丰"字，与什么有接点呢？这令人想起 7 世纪前半的飞鸟王家，苏我系的皇族全部用"丰"来冠名。如用明天皇是橘丰日天皇；推古天皇是丰御食炊屋姬；圣德太子是丰聪耳皇子；苏我入鹿是丰浦大臣；等等。这里面都有一个"丰"字，让人感受到苏我与丰的因缘。孝德天皇没有混入苏我的血，但是其谥号为天万丰日天皇，从名字看，也是丰家之王。

这个传说究竟想要表达什么寓意呢？是不是在说：这位老翁夺走丰受大神的天羽衣，就是表明夺取了"丰的政权"？如果这样的推论能成立的话，那么，这首诗的真意是否在于：季节从春天转向了夏天，政权也从天武朝转向了持统朝。这个结局就是天香具山的天羽衣已经到手，暗示政权交替已经完成。创作这首歌的时候，持统还在世并拥有权力。而这个权力是从天武那里夺来的。天香具山见证了王朝交替的历史事实。

草壁的早死，通说是病弱死。但从持统是个厉害女人这个角度来看的话，什么都是可以想象的。毒杀草壁，自己即位，斩断与天武系的关联，用自己的灵之力，塑造持统朝的新女王像。

历史，就是在不可能处生出可能。

## 10 持统帝的意志与不比等的意志

686年（朱鸟元年）九月九日，天武天皇死去，持统开始了一系列的行动。同年十月三日，她判大津皇子死刑，为了能让草壁皇子即位。689年五月，草壁皇子死去，通说是病死，但不能排除持统，为了能使自己名正言顺地即位将他毒杀的可能。696年七月，高市皇子死去，通说也是病死，但也不能排除持统为了能让孙子轻皇子即位将他毒杀的可能。《日本书纪》用这样的一句话，结束了《持统纪》，也结束了日本古代史：

> 八月（持统十一年），乙丑朔，天皇定策禁中，禅天皇位于皇太子。

《日本书纪》的最终章是持统女帝把自己从天武那里取得的皇位，无事地让位给了孙子轻皇子。这句话，象征性大于实际意义。

持统用冷酷加非情，最终实现了自己的宏愿。但是这并不令她安心。她即便做了太上天皇，更应该做的事情还有很多。如即位后的文武天皇权力如何安定化？女子天皇家的权力如何永久化？对此，持统天皇能够放心托付的就是律令制。

这个愿望在不久后颁布的《大宝律令》和《养

老律令》中得到了体现。这里有对于天皇以及上皇的规定，有对上皇的尊敬必须像对天皇的尊敬的规定。对女子天皇家有利的"衣服令"也终于出炉了。

可以这样说，日本的律令就是将持统帝皇统永久化的律令。从这个意义上说，持统帝从律令那里得到了满足。但是要注意的是，就在持统帝的意志里，被悄悄地塞进了与其意志相左的意志。这就是藤原不比等的意志。藤原不比等利用持统的意志，把天皇的权力全部归属于太政官。不比等表面上把持统一族的权力安泰化，并将其永久化。在这一点上，他是个忠臣。但就是这位忠臣又把权力从天皇那里悄悄移到了太政官那里，最终集中到自己这边。把天皇权力空洞化是他最大的发明。

《大宝律令》的诞生之日是 701 年（大宝元年）。这年不比等是正三位大纳言。在他的上面，有正二位左大臣多治比真人，有从二位大纳言阿倍朝臣御主人。而且即便是同位，还有石上麻吕的存在。但是，多治比真人在这年七月死去。阿倍朝臣御主人也在《大宝律令》成立的第三年，即 703 年（大宝三年）死去。石上麻吕曾经是持统宠爱的重臣，但在那个时候实际权力已经丧失。这样处于太政官中心的就是不比等了。

在《养老律令》出台的 718 年（养老二年），他是正二位右大臣，太政大臣、左大臣空席。在他的上面已经没有比他更有权力的人了。他虽然不祈望人臣的最高位——太政大臣，但是他当时的这个位置，已经足够使他把太政官的所有权力握于自己的掌中。

为了维持自己的政权，持统不得不与不比等联手。这藤原不比等是何许人也？原来他是藤原镰足的儿子。镰足是中大兄皇子的搭档。中大兄是持统的父亲，现在女儿又与他的儿子搭档。

藤原镰足是个阴谋家。他的曾孙仲麻吕写过一本镰足的传记，叫《大织冠传》。说他能把中国的兵法书《六韬》倒背如流。《六韬》在阴谋诡计方面说了些什么呢？如投其所好，让敌人产生骄傲之心；如与敌国伪结亲谊以麻痹敌人，使其为我所用；如收买敌国大臣，使其豪杰智士为我所用，再用乱臣美女迷惑其主；如用珠玉、美人来腐蚀麻痹敌人等。在所有的兵书里，把阴谋论述得如此透彻的就属《六韬》。藤原镰足一般不看当时贵族泛读的《论语》《史记》等书，专读《六韬》，从而养成了他无人可敌的心术。他把这个心术传给了儿子不比等。不比等则比父亲更胜一筹。可以说古代日本政治家中，最有政治智慧的就属不比等了。不比等第一次在《日本书纪》登场是在689年，当时他31岁。

持统与不比等联手，如虎添翼。他们的合作天衣无缝。这边，持统先拿出一个大体的政治框架：只能让有着持统女帝血脉的男系子孙来继承皇位。如果有人反对，不管是谁，都要毫不手软地加以排除。

那边，不比等瞧着风韵犹存的持统，含笑地表示赞同。但在赞同的同时，不比等又不失时机地提出自己的权力构造：持统系的男子继承皇位后，其皇后由藤原氏一方提供。而藤原氏的皇后生下的男子，就是下一代的天皇。藤原氏就成了天皇家的外祖父。

对此不比等看得更远。你持统王朝不可能万古长青，血脉总有断绝的时候。但是我的这套权力构造则适用于任何朝代，适用于任何系统的天皇家。

不比等的最大宏愿就是往天皇家送去自家的"血液"，然后让"藤原之子"即位，由此诞生藤原家的磐石体制。事实上也正是这样。不比等的女儿宫子作为妃嫁给文武天皇，就是他的一大杰作。为什么这样说？因为当时的皇室有这样的规定：妃必须是皇女，再从中选出皇后。夫人必须是三位以上的公卿之女。嫔必须是五位以上的贵族之女。

从这些规定来看，不比等的女儿宫子首先不是皇女。如果不是皇女就不能做文武天皇的妃，更不能做文武天皇的皇后。但是，不可能的事情在不比等的手里有了可能。这就是他的能量和智慧。

其实，在宫子嫁给文武的时候，文武已经有了作为嫔的纪龙娘和石川刀子娘。为什么是宫子，而不是纪龙娘或石川刀子娘成为文武的妃呢？特别是石川刀子娘还属于苏我氏的系统，与持统女帝为同一家族。为什么她不能成为文武的妃呢？这就是不比等的作用了。

不管怎么说，从结果来看，文武与宫子结合，成功地生出了首皇子。首皇子后来成功地即位为圣武天皇。对不比等来说，父亲没有成功的事情，他成功了。因为他的父亲镰足，就把女儿耳面刀自作为侧室送给了天智天皇的儿子大友皇子（弘文天皇），但是没有能成为弘文的妃。

果然，不久之后持统系的血脉到称德女帝那里就断绝了，持统王朝宣告终焉。但是不比等设计的这套权力构造还在继续。藤原氏在平安时代之所以能达到荣华的顶点，就是因为这套权力构造能够正常运行。

不比等慢慢吃掉了"母子家庭"的持统王朝。按照他的意图改变为：持统氏从男系中出子孙，藤原氏从女系中出子孙。一幅全新的权力构造图诞生，具体的操作为：

① 持统女帝（当初还是皇后）杀死了外甥大津皇子。

② 表面上想立自己的儿子草壁皇子为继承者。

③ 但是，28 岁的草壁带有疑问地死去。

④ 持统自己即位，等待孙子轻皇子的成长。

⑤ 持统女帝让位，15 岁的轻皇子即位，文武天皇诞生。

⑥ 不比等让女儿宫子嫁给文武天皇，生出

首皇子。

⑦ 25 岁的文武天皇死去，儿子首皇子才 7 岁。

⑧ 文武的母亲，草壁的妻子阿闭皇女即位，元明女帝诞生。

⑨ 首皇子 14 岁元服之际，元明让位于女儿冰高皇女，元正女帝诞生。

⑩ 元正女帝让位于 24 岁的首皇子，圣武天皇诞生。

⑪ 不比等又送去一女儿光明子，嫁给圣武天皇。二人生出阿倍皇女，就是后来的称德女帝。

⑫ 光明子成了圣武天皇的皇后，日本历史上第一位不是皇族出身的皇后诞生。

从以上的操作图序可看出，持统按照她的既定方针（从男系中出子孙）完成了权力的过渡。不比等也按照他的设想（从女系中出子孙）实现了自己的野心。

694 年，持统女帝迁都藤原京——日本历史上第一座最完整的都城。这里要注意的是"藤原"二字，家臣的名字竟与"京"同格。显然，这是持统与不比等的蜜月期所收获的最大成果。

## 11 祖母——孙子的继承模式

持统坚信自己是天皇家的正统，血也是纯血。所以，天智王朝，即正统的天皇家绝对不能毁于她手。

她要做的一切，都与维护这个天皇家的正统性和纯粹性有关。所以，有了"持统"这个谥号，维持正统的血统。要维持正统的血统，就必须排除天武的假冒血统。从这个角度看，有日本学者说持统天皇是日本的国母。

当然，文武天皇是持统和天武的孙子，启用文武，也等于承认天武的血脉。但是持统要做的是从这以后，天武与其他女人生出的皇子，都要从皇位的继承者中加以排除。怎么排除呢？这使人想起天孙降临的神话。

在高天原（天上界）的天照大神，本来是想派儿子作为日本的统治者降临地上界。但就在最后的关头，她突然改派天孙来完成这个任务。而且，在天孙降临之际，被授予的圣旨是"天壤无穷的神敕"。这恰恰成了天皇家支配权正当性的最大法理依据。这时的"天孙"也就悄然变成了"皇孙"。

这里的一个问题是，为什么不是天子（儿子），而是天孙（孙子）降临地上界？天照大神为什么相信孙子？是她喜欢孙子？

如前所述，天照大神长男的名字叫正哉吾胜胜速日天忍穗耳尊。这里，"正哉吾胜胜速日"是美称。真正的名字是"天忍穗耳尊"。天照大神孙子的名字叫天津日高彦呼火琼琼杵尊。真正的名字是琼琼杵尊。天照大神的儿子名字好听，但业绩平平。可以说他唯一的功绩就是生出了天孙琼杵尊。为什么大神的儿子存在感如此单薄，缺乏惊天动地的业绩？这是不是与他不幸的死有关联？也就是说，在还没有来得及成就事业的时候，就因为某种原因突然死去了？日本古来的宗教思想就是如此：伟大人物最终没有成就伟业，一定是与他不幸的死有关。如历史上的圣德太子就是不幸悲剧的典型。

这里，天孙降临的神话简约成一句话就是：从祖母到孙子的模式，被观念化地确立了。这就和持统女帝的做法相一致。持统女帝本也想让自己的儿子草壁皇子即位。但就在即将要即位的关头，草壁突然被毒杀。这就造成了形式上的不得已，持统只好自己先即位，数年后让位于孙子轻皇子（文武天皇）。这里，女帝也完成了从祖母到孙子的运转模式。

还必须注意的是，神话里的"非子是孙"是一个非常绝妙的图式。这个图式的出炉，显然有一个非常诡秘的策划过程。如果没有大师级的人物在幕后指点，光凭天照大神是难以构想的。那么在天照大神的身边，谁是幕后的存在呢？纳入人们的视野是高皇产灵尊——先于天照大神出生的天神。

这位高皇产灵尊是谁的化身？或者说创作出高皇产灵尊这个人物是为了比照谁？原来这位天神正是藤原不比等的化身。他被创作出来是为了比照不比等。

藤原不比等是持统女帝的幕后。正是他创作了从祖母到孙子的权力构图。这里，高皇产灵尊就是藤原不比等，天照大神就是持统女帝，天忍穗耳尊就是草壁皇子，琼琼杵尊就是文武天皇。而持统的和风谥号是高天原广野姬天皇，意味着她是从高天原向地上界投射光明的太阳神。天照大神就是持统女帝复写的真正意义在于：只有天照大神（持统女帝）的子孙，才有资格成为天皇。很显然的是，天武系统的皇子则被彻底排除了。

日本天皇家在这里完成了一种观念上的王朝交替：第一回合，苏我氏系统的天武颠覆了反苏我氏系统的天智。胜者的天武，想立自己为新皇家的始祖。第二回合，天武王朝被持统的孙子夺走了，天智系又复活了。

对此，研究日本天皇制的著名学者上山春平，在

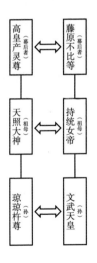

《诸神的体系》[1] 中认为：《日本书纪》最为强烈的意识形态就是宣誓了从祖母到孙子皇位继承的正当性。而这个正当性的出处就是天孙降临的神话构造。这也就是说，天孙降临的神话是持统天皇和藤原不比等依据现实的需要来把它神话的。这种可能性很大，神话和天皇家的系谱，几乎就是重叠的。

## 12 谁制定了"天皇原理"的游戏规则？

在中国，皇帝职位完全是"公"的行为。皇帝一旦退位，就什么权力也没有了。但是日本的天皇即便退位，还能作为"皇族"的族长君临天下，尽管这是属于"私"的行为。后来这一行为成了日本天皇家"院政"的先声。

在日本天皇史上，最初被称为太上天皇（简称上皇）的是持统天皇。但在日本历史上，第一个退位的天皇不是持统而是皇极天皇。退位后的她并不叫太上天皇，而是叫"皇祖母尊"。虽然作为伟大的母亲受到了尊敬，但其本质上还不是与天皇握有同等权力的太上天皇。

制定《大宝律令》（701）时的天皇是文武天皇，上皇是其祖母持统。文武天皇当时只是 19 岁的青年，实际的政治操作都是由祖母即持统上皇来完成的。

---

① 〔日〕上山春平：《诸神的体系》，中央公论社，2006。

制定《养老律令》（717）时的天皇是文武天皇的姐姐元正天皇。太上天皇是其母元明。皇族的最高权力在元明上皇那里。

在这两个不同的时期，太上天皇都要比现任的天皇拥有更大的力量和权力，这是不言而喻的。所以这两个律令把太上天皇与天皇同格化了，诞生了这样的内容：持统天皇是太上天皇的第一号，元明天皇是太上天皇的第二号。

这里，金字塔的顶点有两个：一个是太上天皇，另一个是天皇。这是依据什么原理来构成的呢？母性原理。

持统与文武，祖母与孙子。文武 15 岁即位，大宝元年的时候他是 19 岁，祖母是持统女帝，母亲是元明女帝，姐姐是元正女帝。他成长在有这么多女性庇护的环境中，也就是说持统上皇在庇护可爱孙子的形式下得以存在。另外，元正天皇在 718 年（养老二年）即位的时候，立场也是这样。她是在元明女帝的庇护下得以即位的。这里，值得注意的是，天皇是在作为上皇的祖母或者上皇的母亲的包摄下得以一体化的。两个顶点其实是一致的。而日本的上皇最初就是女性。一直到江户时代的光格天皇为止，天皇家共有62 人担任这个角色。而代替幼小天皇，执行实质上的天皇公务的就只有持统上皇一人。

那么，这个母性原理又是何以实现的呢？原来是藤原不比等帮了大忙。他实现了女帝们血脉相承的愿望，保证让流有持统和元明血液的后继者即位天皇。不比等使用的道具就是律令。用律令保证天皇家的血，但同时在总体上必须对藤原氏有利。这也就是说，女帝们的皇位继承权确实得到了保证。但与此同时，她们作为天皇的权限却被大幅地转向了藤原氏这一边。这里表现出的两极价值取舍是：你要万世一系，还是要权大无边？二者都要？对不起，二者都得不到。你要前者，就必须放弃后者；你要后者，就必须放弃前者。不比等就是在与政治智商不高的女帝们玩游戏。

元明、元正这两个女帝时代完成了《养老律令》。但是与《大宝律令》作比较，天皇的权力在《养老律令》中被大大地缩小了。她们可能甚至都不知道律令的内容就稀里糊涂地接受了。政治实权被以不比等为代表的藤原氏所掌握，神祇官的"神事"被与藤原氏同族的中臣氏所掌握。这样，国家的两件大事，即政治和神事全部纳入到藤原氏的体制中去了。所以在编撰《古事记》的712年，元明天皇的政治实权从实态上来看，被相当地限制住了。包括710年向平城京迁都，都有不比等的强烈意志在其中。在这样的状况中，元明天皇的心中非常茫然。危机感、无力感、空虚感顿然萌生。正是如此的诸种情绪，驱使她牵头编撰《古事记》。

在这本书中，必须要有一种世界向大和时代返祖趋同的意识贯穿，天皇必须被描写成继承了高天原诸神之血的超越存在。这样，这本书就不可避免地游离出现实的政治和经济，逆时代而行向神话世界回归。成了远离时代的"古事"之书。同时这本书的执笔者也必须是懂得元明天皇的心，并具有共同看法的知识人。这就是太安万侣了。所以本居宣长说，《古事记》就是回归大和时代的东西，强调了一个"古"性。倒也一针见血。

在秩序的背后有严格的律令规定，违者必定惩罚。不比等聪明之处在于，他其实打造了也可称之为警察国家的一种形式，从而保证了元明、元正女帝政权的安泰。她们都处在象征天皇的位置上。从这点来说，这些女帝们都是明君。她们为日本赢得了相当时间的和平。

而这一天皇原理的游戏规则的制定者就是藤原不比等。对官僚政治家不比等来说，重要的是能保证以律令制为中心的"近代"政治理念的具象化，但同时天皇被神格化的做法也不得不被容许。这是不比等聪明的地方。

### 13 持统为什么要去吉野？

45岁的持统，凭借自己犹存的风韵，频繁地往返于吉野与京城之间。用阴阳五行研究历史的日本学者吉野裕子在《持统天皇——古代日本天皇的咒术》①中说，从大和看吉野，正好处在南面的位置。这就产生出意义。即，"南"与"天"是连在一起的。中国哲学的一个根本思想就是"天地同根思想"。强调天地和阴阳的交合。所以，女帝去吉野行幸，就是期望能够养成与天合一的咒术，把自己修炼成一个特殊的人。

这段话你信吗？1500年前的持统，已经知道了中国哲学的根本思想？这个连现代中国人都知之甚少的东西，一个古代的日本女天皇就能知道？你信吗？反正我不信。

那么她为什么频繁地去吉野呢？只有一个站得住脚的理由，就是偷会想见的人。这个人肯定深得持统的宠爱，而且这个人也从持统这里获得了最大利益。符合这一条件的人是谁呢？不言而喻，就是藤原王朝的创始者藤原不比等。

持统去吉野行幸，从朱鸟四年到高市皇子死去的十年间相当频繁。数量上的统计达到了32次。而689年不比等作为刑官判事（属于贵族的最下层）登场，年31岁。这年对持统来说是不能忘记的年份。这年的四月，草壁皇子病死。这年的八月，持统首次去吉野宫行幸。在吉野，持统与皮肤白皙、风度翩翩的贵公子不比等面对面，商议皇位继承的重大问题。好感

① 〔日〕吉野裕子：《持统天皇——古代日本天皇的咒术》，人文书院，1988。

是从这个时候萌生的，火花是从这个时候擦出的。特别是在690、693和695年，持统去吉野更为频繁，平均一年5回。在吉野宫滞留的时间，短则2天，长则3个月。一个45岁，一个31岁。一个是天智天皇的女儿，一个是天智天皇心腹藤原镰足的儿子。45岁的持统，想利用世俗的情事，步入政治的圣坛，不比等对她而言不可或缺。31岁的不比等，想通过接近握有大权的半老徐娘，换回自己的飞黄腾达，持统对他而言恰到好处。二人的共同目标就是断绝天武朝的血统。

从这以后，持统与不比等开始结盟。最典型的例子就是黑作悬佩刀引出的话语。史料集《宁乐遗文》中卷所收的《东大寺献物状》里，有这样一段记载：

### 黑作悬佩刀一口

> 日并皇子常所配持赐太政大臣。大行天皇即位之时，便献。
>
> 大行天皇崩时，亦赐大臣。
>
> 大臣薨日，更献后太上天皇。

这里，日并皇子就是草壁皇子的美称。太政大臣指藤原不比等，大行天皇指文武天皇，后太上天皇指圣武天皇。

这个《东大寺献物状》的记载，从时间上来看是在756年（天平胜宝八年）六月二十一日，圣武天皇死去的第 77 天。这些遗品是光明皇后献纳给东大寺毗卢遮那佛遗品目录中的东西。这口黑作悬佩刀是草壁皇子经常佩带的，刀刃长 35 厘米。草壁把它赐给了不比等。而在文武天皇即位之际，不比等又把这口佩刀献给了文武天皇。文武天皇死去之后，这把佩刀又赐给了不比等。到最后不比等薨去，又献给了圣武天皇。

这里有个文字上的问题。即"赐"为何意？"赐"不比等，是不是就是把佩刀"送给"不比等？不是的。"赐"实际上是"给予"的意思。"给予"什么呢？就是把保管这把佩刀的权利和义务，"给予"不比等。这看似是文字游戏，但实际上暗含了一种对应，与天皇即位时的三种神器（镜、剑、玉）相对应。持统天皇在即位之时，忌部宿迩色夫知献上了"镜剑"神器。而草壁皇子的这把佩刀，也就等于观念中的"镜剑"。而这观念中的"镜剑"的掌控者就是不比等，他扮演了天皇即位时忌部宿的角色。

所以文武天皇在 15 岁即位的时候（697），由不比等保管的这把佩刀献给了文武天皇。文武在十年后死去之际，佩刀又回到了不比等这里。之后是首皇子（圣武天皇）即位（724），还没有等到献上佩刀，不比等就在 720 年迎来了死期。只好由他人把佩刀献给了圣武天皇。这样看，文字上的"赐太政大臣"，就是给予不比等保管。文字上的"亦赐大臣"，就是又回到了不比等这里。这种看似简单的交替循环，实际上就是一种皇位继承的"神旨作为"。这里，不比等等于担当了见证皇位继承的重要角色，虽然这属于"私"的性质。

黑作悬佩刀赐予和献上的"神旨作为"，实际上是在持统的指示下进行的。史书记载这段话的深层意思，就是不比等与草壁一族的血统之间有相当的连带关系，他得到了持统、文武、圣武三代天皇的信任。看来，吉野的多次相会与合欢，带来的一个直接的结果就是政治结盟。这是他们二人都乐意看到的结果。

这里留下一个问题，读者肯定要问：持统为什么一定要去吉野密会不比等？这具有怎样的象征意义？日本史料里没有答案，或许根本还没有这样的问题意识。没有史料的支撑，只能依据逻辑的推断。推断的结论是：坚决与自己的丈夫天武天皇决裂。

吉野，对天武意味着什么？是天武逃避暗杀的出家之地，是天武推翻旧王朝走向革命的圣地。在出家之地和革命圣地，与一个和天皇家没有一点关系的人合欢，这除了背弃和反叛，还有什么语言可以描述？如果这个推断为真，那么，在日本史上流传的一个佳话就为假。是什么佳话呢？

### 14 药师寺是爱情的象征吗？

657 年（齐明三年）鸬野赞良皇女与大海人皇子

（后来的天武天皇）结婚。这是她的祖母齐明天皇和她的父亲天智的命令。大海人皇子在这之前，已经娶了鸬野的姐姐大田皇女。

这个时候皇女们结婚，虽然没有明确的制度上的规定，但在之后的《养老继嗣令》"王娶亲王"的条目中这样规定：

王娶亲王，臣下娶五世之王。但是五世王不能娶亲王。

这里要解释的是，何谓亲王？何谓内亲王？所谓亲王是指天皇的兄弟和儿子，所谓内亲王是指天皇的姐妹和女儿。如天武天皇的长子高市皇子就是亲王（一世王）。高市皇子的儿子长屋王就属于二世王。而五世王的男女，虽然还能勉强被冠上"某某王"的美称，但已经不属于皇族的范围了。

从二世到四世皇族男子的结婚对象，必须是内亲王以下，包括从二世到五世的女性王，也包括一般的贵族女子。一般贵族男子的结婚对象，也一般是女性五世王以下。已经不属于皇族范围之内的五世王，如果与内亲王结婚是不被许可的。反过来，五世王以下的女子和一般的贵族结婚则是被许可的。

在657年的那个时候，天武天皇是齐明天皇的儿子，所以是一世王。持统天皇是一世王天智天皇的女儿，所以是女性二世王。她和一世王（天武）结婚是符合《养老继嗣令》要求的。

680年（天武九年）十一月，鸬野皇后突然病倒。丈夫天武为了给妻子治病，发愿营造药师寺，并让百人以上的宫人剃度出家。鸬野皇后不久就奇迹般地康复了。同年年底，天武天皇自己发病倒下。鸬野皇后采用同样的办法，第一是加紧建造药师寺，第二是让百人剃度，于是天武的病也有所好转。

实际上，在天武死后，药师寺的营造还在继续，竣工是在698年。《日本书纪》说，药师寺的建造是天皇和皇后爱情的象征。真的是这样吗？问题是药师寺究竟是为什么而建？为谁而建？

686年十月十日，是天武天皇的命日。这一年在药师寺举行天武祭。僧侣们把全新制作的天武、持统和大津三人绘卷，悬挂在药师寺大讲堂里供养。这里的问题是，在天武天皇的命日，把大津皇子也纳入其中祭祀，这是为什么？而且，持统的儿子是草壁皇子，要说顺便祭祀的话，祭祀草壁比祭祀大津在逻辑上不是更说得通吗？

这里是不是表现了持统天皇对大津一种非常恐惧的心态？怕大津的冤魂作祟？怕大津的冤魂给自己的王朝带来灾难？这位女帝不怕任何东西，就是怕灵魂的复仇带来的灾难，对此她一筹莫展。从这点来看，药师寺是否就是为大津而建？药师寺的缘起就有为大津镇魂的意味。据说，大津的冤魂最后还是变成了大龙，困惑世间。

鸬野皇后复杂的心理活动是：我成为皇后的时候，姐姐大田皇女已经死去。如果不死的话，丈夫天武真正喜欢的，会不会是姐姐而不是我？虽然没有发现这二人之间的情歌和恋文，但是鸬野那颗容易妒忌的心，还是有被伤害的感觉。再加上草壁天生的凡庸，大津天生的才气，儿子资质之差更是令她蒙受羞耻。她还有闲情为天武和自己的爱情建造一座塔吗？恐怕是没有了。

药师寺，一个女人的嫉妒。一个男人的作祟。组合成谜一样的二重构造。

## 15 持统与武曌具有可比性吗？

中国历史上，唯一的女帝是武曌。690~705 年在位。这个时期在日本正好是持统王朝的年代，持统在位是 690~697 年。她至死都握有政治权力。到 702 年（大宝二年），她还作为太上天皇君临天下。所以说这两位女帝几乎是在同一时期君临大唐和日本。

在这之前，朝鲜半岛也有女帝，新罗的善德女王（632~646）和真德女王（647~653）。在这两位女王的时代，新罗打下了三国统一的基础。二王应该说是有功绩的。但是唐朝的太宗则认为女帝是未开化国家的风俗，必须改正，为此给新罗送去了国书。

但是，这股女帝的风潮还是波及了律令制的本家中国，诞生了武曌的时代。她实际上在很长的时间内掌握了大权。655年，她成了唐高宗的皇后，660年高宗患病，一切的政务由她来裁决。高宗崩后，即位的是中宗，她非常抗拒、排斥。但是，她对中宗的弟弟睿宗有感觉，支持他立帝。690年，武曌改国号为周，自称"圣神皇帝"，到705年死去为止都拥有绝对的权力。

702年（大宝二年）在日本史上有件大事，停了33年的遣唐使再开。遣唐使中有一位叫栗田真人，据说是见到了武曌。《续日本纪》704年（庆云元年）七月一日的记载是这样的：

秋七月，正四位下栗田朝臣真人，来到唐国。初到之时，有不少人问：从何而来的使人？

答曰：日本国来的使人。

日本的使人反问道：这里是什么地方？它的州界在哪里？

答曰：这里是大周楚州盐城县的界。

再问道：以前这里是大唐，现在则称为大周。国号为何而改？

答曰：永淳二年，天皇太帝驾崩，皇太后登位。称号为圣神皇帝。国号为大周。

从这段记载看不出栗田真人是否见到了武曌。倒是在《新唐书·东夷传》里，留下了见面的记载：

> 真人好学，能属文，进止有容。武后宴之麟德殿，授司膳卿，还之。

这里很明确地记载了武曌宴请栗田真人。

在律令制的本国唐朝见到女帝，真人究竟是如何思考这个问题的呢？说起女帝，日本是唐的先辈。这样看的话，日本如今的女帝制，并不是一件丢人的事，也不必感到耻辱。

一些日本权势者听到栗田真人回国的报告，对女帝这一政治体制更加有自信了。当然，养老令的制定是在养老二年，大唐女帝的时代已经结束。但是日本的律令是女帝时代的中国的现实的反映。从这点来说，持统与武曌还是相当有可比性的。

一千多年前的唐代诗人骆宾王写有《为徐敬业讨武曌檄》，其中为武曌画像："泊乎晚节，秽乱春宫。……入门见嫉，蛾眉不肯让人。……杀妹屠兄，弑君鸩母。……人神所同嫉，天地所不容。"再对照持统执政期的表现，恐怖和冷血，不就是她们的共同之处？

《日本书纪》有一个不为人们所注意的细节：走出吉野宫，指向东国的天武一行，弘文天皇（大友皇子）给予了全力的追击，想一举消灭之。但是这时候，这位天皇身边的人进言道，还是不要追击的好。弘文天皇听从了提案，撤出了军队。这位年轻的天皇与他的爸爸相差太远了。他完全不懂何谓政治。最后的结局对他来说也是应得的，这位天皇的首级还是被大海人的革命军砍下。

面对同父异母弟的首级，持统流泪了吗？没有。她没有掉一滴眼泪。正是在这一意义上，《日本书纪》说了一句大实话，说她"深沉大度"。什么意思呢？就是恐怖和冷血的意思。照日本学者梅原猛的说法，持统女帝似乎深知恐怖能使政权安泰和稳定。这种权力政治学比意大利政治学家马基雅维利早了一千多年。对此梅原猛说："在此，我看到了女人的形象，一个厉害女人的形象。她配得上是天智之女，天武之妻。"①

日本阴阳道的研究者吉野裕子称持统为"土德之君"。在阴阳道里，土德之君表现为三支三合，午生、戌旺、寅死。持统太上天皇死去是在天宝二年十二月二十二日，属于寅日。在即将死去的床榻上，持统下了最后一道指令：死后薄葬即可。文武官员一切公务照常。遗体交给道照和尚火葬。烧身净化，肉体烟消，是为了罪恶感的减轻？

① 〔日〕梅原猛：《塔》，集英社，1976。

702 年持统天皇死去，年 58 岁。遗体放置在西殿的殡宫里。一年后，亡骸在飞鸟冈火化，遗骨被葬至天武的大内陵内。合葬，这显然是后人的意志。照持统的本意来看，她怎么愿意回归天武呢？她怎么甘心合宿于天武的门下？

1235 年（文历二年）大内陵墓被盗掘。持统的遗骨被弃置路边。是死去的皇子和皇女怨灵作祟的结果？藤原定家的《明月记》里这样设问道。

## 16 持统谥号的本真意义

在持统 15 年的统治中，这位女帝建立了真正的帝国政府——藤原京。整片整片的建筑，其规模绝对是前所未有的。除了宏观壮丽之外，很难再有更适合的词了。

持统还对皇室家族中的暴力循环，进行了有效的制约。为最爱的儿子能够继承皇位，死去的天皇的皇后作为女帝即位者，有推古、有齐明。但是，为了孙子能够继承皇位而作为女帝即位的，持统开了首例。这里，再来看看森鸥外的《帝谥考·持统记》："薛莹汉纪，明帝及临万几，以身率礼，恭奉遗业，一以贯之。虽夏启周成继体持统无以加焉。"

这段话如何解读？似乎应该这样：第 26 代的继体天皇的"继体"二字，就是后嗣的意思。用它作为谥号，表明皇统有断绝的可能性。第 41 代的持统天皇的"持统"二字，就是持续皇统的意思。用它作为谥号，表明皇统有断绝的危险性。

什么叫"持续皇统"？"持续"谁的皇统？这里，一个再明显不过的问题意识是：如果紧接在天武的后面即位，就不叫"持续"而叫继承。只有认为天武不是天皇家正当的后继者，要跳过他，回到天智—弘文皇统，这才符合"持续"的本意。

这里，如果天武与持统以外的女性之间生出的男子来继位的话，这位男子就不属于天智—弘文皇统正当的继承者，天皇的血脉就发生了问题。

这里，虽然天智王朝已经毁于一旦，父（男）系也全毁了，但是母（女）系的血脉还留存。因为持统就是天智的女儿。所以，即便是孙子即位，万世一系还能维持。但是，如果儿子草壁，如果孙子轻皇子没有留下种，这个国家的皇统，就要拐弯进入了其他系统的轨道。所以，用怎样的手段，持统也要把孙子送上皇位。她之所以这样的拼命，这样的执着，就在于持统心里最明白不过，她的丈夫天武与天皇家的人是血统完全不同的男人。

### 17 持统上演最后的诀别

701 年，持统最后一次去吉野旅行。知道自己的时日不多，最后密会一下不比等？非也。还是向往昔日的革命岁月？怀念与自己共同战斗的战友？非也。

尽管日本史学界有这样的观点。但是这都是为了圆日本天皇家的良辰美景而作的一种学术努力而已。

真实的情况恰恰相反。持统临死前去吉野，最大的一个象征意义就是与自己的丈夫天武天皇作最后的诀别。作感情上的诀别？也可以这样说。但主要的是作意识形态总诀别。因为在持统的意识层里，越来越清晰的一个理念是：日本的天皇家必须万世一系。而要保证这个万世一系，就必须纯净天皇家的血。而天武天皇恰恰在这一点上疑问最大。这点，作为皇后的持统深深感觉到，天武不是自家人。

持统的这一努力没有白费。她死去后，得到了两个和风谥号：一个是"高天原广野姬天皇"，一个是"大倭根子天之广野日女尊"。前者与天照大神有关联，表明她是天照大神的化身。后者与日本建国有关联，表明她是倭（日本）这个国家的根子。表明这个国家的真实定位，是从持统开始的。

在天皇的和风谥号中，被封为"倭根子"称号的，持统天皇开其首。虽然从"记纪"系谱来看，第7代的孝灵天皇的和风谥号是"大倭根子彦太琼尊"；第8代的孝元天皇的和风谥号是"大倭根子彦国牵尊"；第9代的开化天皇的和风谥号是"若倭根子彦大日日尊"。这三代天皇的谥号都带有"倭根子"，但都是后世编撰者因袭了持统的缘故，不能说是真实的谥号。从持统开始的"倭根子"到之后的文武天皇的和风谥号"倭根子丰祖父天皇",之后的元明天皇的和风谥号"日本根子天津御代丰国成姬天皇",再之后的元正天皇的和风谥号"日本根子高瑞净足姬天皇",都带有"倭根子"。"倭(日本)根子"天皇是从持统天皇开始的。

不错,天武天皇有8位妻子。但与他同去吉野颠覆父亲天智政权的,只有持统一人。是选择父亲还是选择丈夫?这个时候,持统选择了丈夫。这是她的恐怖之处。但是在决定天皇家何去何从的关键时候,她还是选择了父亲放弃了丈夫,这是她的冷血之处。而且很有可能的是,她也最终知道了一个惊天秘密:她的父亲天智是她的丈夫天武杀害的。她要复仇。

回归天智,回归天皇家"血的原理",就是持统在人生最后时刻去吉野的最大目的。所以在日本天皇家126代天皇中,持统天皇被日本人牢牢记住了。记住了她的恐怖,记住了她的冷血,更记住了她为日本天皇家的万世一系,所作出的巨大贡献。

## 4 称德女帝落入恋巢之谜

### ——嫡系主义的最后上演

### 1 一言以蔽之，就是搞不伦

称德天皇在位是日本古代女帝的最后上演。

592年，额田部皇女即位，日本天皇家第一位女帝——推古天皇诞生。770年，称德女帝死去。在这178年中，日本诞生了8代6位女帝。她们分别是推古、皇极、齐明、持统、元明、元正、孝谦、称德。这其中，皇极和齐明，孝谦和称德为同一人，是让位后的再即位。

这位最后上演的女帝，其最大的看点是什么呢？一言以蔽之，就是搞不伦。和谁？一个是臣下藤原仲麻吕，一个是和尚弓削道镜。这样说，是不是对这位女帝有点不恭呢？或者说，是不是有点误会了她呢？没有。日本历史书，日本介绍天皇家的书，也都是这样写的。

当然，日本学界近年来有为这位女帝翻案叫屈的倾向。但是为她"洗白"的有力材料还是没有。只有逻辑的推断和观念的演进，其目的是为了粉饰天皇家。但是，如果说这位女帝仅仅是搞不伦的话，这话题本身的意义也就不是很大了。这位女帝搞不伦之所以还有意义，之所以还值得去写，之所以还值得去关注，一个很大的特点就是通过不伦，这位女帝构造了一种全新的政治理想模式。这是一种什么样的政治理想模式呢？就是把天皇制转换成皇帝制，再说得明白一点，就是把日本模式转换成中国模式。

孝谦天皇的一个谥号是：宝字称德孝谦皇帝。前面已经说过，天皇的谥号是死后由后人赠予的。但是孝谦在生前就为自己自立谥号。这个谥号就是"宝字称德孝谦皇帝"。不是天皇，而是皇帝，孝谦的用心何在？这就是生趣之处。

不管怎么说，这位最后上演的女帝，确实也给日本天皇家带来了众说纷纭的话题。有人说她是个多情的种，有人说她终生固守了童贞，有人说她模仿中国的武曌，有人说她为佛教立国作出了贡献。日本天皇家，有了这位人们喜欢议论的女帝，倒也增添了些许多彩的元素。

## 2 为何女儿身也能立太子？

日本女帝从什么时候开始必须是处女身？从元正

天皇开始。第44代元正天皇是日本天皇家第一位处女天皇。这是为什么?

日本古代的天皇,从其原初状态来看,是一种巫术式的存在,而挑选出斋王奉仕天照大神是这个巫术的基本仪式。成为斋王的一个基本要求是必须是处女。同理,奉仕神王的女巫,处女也是个原则。由此推导出女性天皇也必须是处女。而在元正以前的女帝之所以不是处女,是因为她们不是死去天皇的皇后,就是死去天皇的母亲。如推古原本是敏达天皇的皇后;皇极(齐明)原本是舒明天皇的皇后;持统原本是天武天皇的皇后;元明原本是文武天皇的母亲。所以她们都不是处女。那么,孝谦女帝的情况如何呢?

孝谦天皇是圣武天皇的第一皇女,其母是藤原不比等的女儿光明皇后。她出生于718年(养老二年),取名为阿倍内亲王(这个时代,皇子改叫亲王,皇女改叫内亲王)。之所以取阿倍的名,是因为她的三个奶妈中有一个叫阿倍。立阿倍内亲王为皇太子是在她21岁的时候。为何女儿身也能立皇太子?这是个问题。

这令人想起明治政府1889年制定的《皇室典范》中对女帝的定义:即位天皇的过渡者就是女帝。但是孝谦天皇并不是一位皇位过渡者,她是走正常程序,先立太子后即位的天皇。

从常识来看,皇太子一般是男性,女性立太子是不可想象的。光明皇后的父亲藤原不比等,在阿倍内亲王3岁的时候死去。他的四个儿子——武智麻吕、房前、宇合、麻吕继承了父亲的政治遗产。特别是武智麻吕的儿子仲麻吕，更是一位出色的谋略家，为藤原家作出了贡献。

阿倍内亲王的父亲圣武还与另一位妻子县犬养广刀自生有一个儿子叫安积亲王。他比阿倍小一岁，是个不错的男子。但是圣武天皇在指名皇太子的时候，跳过这位儿子，直接指定阿倍内亲王。

一个女子被指定为皇太子，阿倍内亲王是第一人，日本天皇家唯一的女性皇太子由此诞生。为什么会有这样异常的举动？原来这是藤原氏的阴谋。生出孝谦天皇的母亲是有名的藤原光明子。她16岁做圣武的妻子。丈夫即位天皇后，她摇身一变成了光明皇后。这位女人不简单，她也创造了一个奇迹。一个什么奇迹？不是皇族出身的人，坐上了皇后的尊位，这在日本天皇家也是第一次。

为什么要有这样的规定？皇后为何必须是皇族出身呢？原来是为了在天皇突然死去时临时即位当天皇，起到过渡性的作用。如推古女帝是敏达天皇的皇后，当时只有18岁。她34岁的时候丈夫敏达天皇死去，由弟弟泊濑部皇子即位，就是后来的崇峻天皇。但他在5年后被暗杀，于是敏达天皇的皇后即位，日本天皇家女帝第一人（推古天皇）诞生。再如持统天皇也是这样，她是天武天皇的皇后，天皇死后，自己便即位，持统女帝诞生。这样来看，如果是皇族以外的人当上了皇后，万一发生不测，这位皇族以外的人，就能名正言顺地即位当天皇。这是天皇家最不愿看到的事情。所以，天皇可以有很多的妃，这些妃不一定被要求是皇族出身，但皇后必须是皇族出身，其道理就在这里。这是一方面。

另一方面，对藤原氏来说，他们有一个基本的构想：圣武与光明子之间如果能诞生一位属于藤原直系的男子，由他即位下一轮的天皇，那就是天大的喜事了。为了实现这个梦寐以求的愿望，要把光明子提升至皇后的地位，她就能比其他的妃优越许多。终于在众人的期盼之中，一名男子呱呱坠地——儿子基王诞生了。这年圣武是 27 岁，光明子也是 27 岁。两个月后，这位还裹着尿布的基王被立为皇太子。足见他们迫不及待的心情。立两个月大小的婴儿为太子，这也是天皇家从来没有过的事情。之后的第 81 代安德天皇，则是在不到一岁时被立为太子的。

当然还是那句话，人算不如天算。即便是两个月后抢立皇太子，即便是想让他即位的心情是如此迫切，料想不到的事情还是发生了。这位皇太子满周岁后就夭折了。藤原家惊愕无语，寒心和悲哀一起袭来。

更令藤原家不是滋味的是，就在基皇子死去的这一年，圣武天皇与另一位夫人县犬养广刀自之间，诞生了一位男子——安积亲王。克星，绝对是克星，除了克星，没有更好的解释。两位女人在暗自争斗，藤原光明子与县犬养广刀自，看谁能为圣武生出一个健康的能即位的男子。圣武则摆出一副公平竞争的姿态冷眼旁观。显然，光明子输了第一轮，因为她的儿子不健康。但是光明子也为此因祸得福，她得了个称号，一个皇太子母亲的称号。在那个时候，这个称号也是光环。

安积亲王越是健康成长，他即位的可能性就越大，藤原氏心里就越不是滋味。作为对抗措施，藤原氏出台了一个对策，把光明子升格为皇后。这样做的意义是，向外界显示一种可能性：圣武之后可能就是这位皇后即位。对此，圣武也表示赞成。因为圣武的母亲也是藤原不比等的女儿宫子。父子同时享用不比等的两个女儿，也足见藤原氏对圣武来说是个不可忽视的存在。

但皇族成员们极力反对立光明子为皇后。反对的主导者就是长屋王。他是天武天皇的孙子，高市皇子的儿子。为此长屋王日后被藤原氏以莫须有的罪名处死。最后，光明子成功立后。藤原氏期望圣武和这位皇后能够再努力一把，再添一子。

不过藤原氏的咄咄逼人也遭遇了两大不幸。一个是藤原四兄弟患上传染的水痘先后死去。另一个是圣武和光明皇后之间，再也没有男子出生。对此，藤原氏再出一招，再送上两个女儿进入圣武的后宫，作为夫人供圣武享用生子。但还是没能奏效，想要的男子就是不降世。即便如此，藤原氏还是不想把安积亲王送往天皇之路。

实在没有办法了，藤原氏能做的就是立阿倍内亲王为皇太子，也不管是男是女了，只要体内流淌着藤原家的血脉即可。藤原氏思维的发散性和柔软性，在这里得到了充分的体现。这也是这一氏族能与天皇家长期共荣共存的一个原因。

阿倍内亲王有个比她大一岁的姐姐叫井上内亲王。这位姐姐的母亲也是生出安积亲王的县犬养广刀自。同样是女性，为什么不能立她为皇太子呢？为什么一定是阿倍内亲王呢？问题还是在于血脉。县犬养氏顾名思义就是饲养动物的氏族。饲养什么动物呢？狗。饲养能够在宫廷和仓库作警戒的狗。这种职业代代世袭就成了县犬养氏。这里的"县"是指大王家的直辖领地。县犬养氏也是个很大的豪族，况且光明皇后的母亲就是县犬养三千代。但是即便如此，藤原氏也毫不顾忌。藤原氏要做的事情就是全面封杀非藤原氏的家族混入天皇家。

一边是，圣武明明有多个皇子，但就是不能立为太子；一边是，圣武明明有多个皇女，但偏要立阿倍为皇太子。藤原氏的专横和圣武的无用，足见一斑。

圣武天皇终将皇位让给了阿倍内亲王。第46代孝谦天皇诞生，这是749年的事情。这年，阿倍内亲王已经32岁了。从18岁立太子到32岁即位，这之间是14年。也就是说她等待了14年，她成了藤原氏阴谋的牺牲品。牺牲了什么呢？牺牲了自己的青春。等待了14年，不能结婚，也不能有非婚的情事。

月明时分，她在床榻上辗转反侧，总是在思考这样一个烦恼的问题：青春，如何就这样不再了呢？孤守空房，意义又何在？

### 3 孝谦女帝为什么不结婚？

到即位为止有14年的时间，孝谦干了些什么？这是我们所感兴趣的。

她为了能当上天皇，在发奋的努力学习。当时她的家庭教师——东宫学士——是刚从中国留学回来的吉备真备（也叫下道真备）。他是当时日本最大的知识分子，是最高学问的代表。从师于他，孝谦学到了当时世界上最先端的中国学问。

做学问当然是养成了孝谦良好的个人素质，但是做学问不能解决她青春期骚动的问题。成为天皇的女性不能结婚，天皇家没有这条规定。但是成为天皇的女性如何结婚，这方面的制度也没有。所以孝谦感到困惑：我该怎么办？

如果是男性天皇的话，早已有人为他物色作为"后"的女性了。除皇后之外，男性天皇还拥有其他的女性，如"妃""夫人""嫔"等。但是独身的女性成为天皇后，其配偶者是不是也分几个等级？皇室没有这方面的设想。

在天皇家，内亲王（皇女）如果结婚，其结婚的对象必须是与之对等或对等以上的有着天皇血统的男性。但是这样一来，又出现了另一个问题：比起内亲王，其结婚的对象——那位男性反倒更能率先成为天皇。这又令天皇家不安。

再说，自持统女帝之后，虽有元明女帝和元正女帝即位，但没有新的亲王诞生。文武天皇与藤原宫子结婚，生出首皇子（圣武天皇）。圣武天皇和光明皇后之间生有基皇子，但很快夭折。只有圣武与县犬养广刀自之间生的安积亲王，正在健康成长。这也就是说，孝谦在成为皇太子的时候，与她同等身份的能作为结婚对象的亲王，就是她的异母弟安积亲王。

比孝谦天皇小 10 岁的安积亲王，在 17 岁的时候就短命死去。从那个时代来看，也能设想孝谦与安积亲王结婚。但是若从只有流淌着持统女帝血脉的草壁皇子的男子系统才是正统天皇的观念，和从圣武天皇和光明皇后之间生出的男子才是正统的皇位继承者的观念来看，安积亲王和孝谦之间，即便能结婚，其母亲光明皇后也不会允许他们结婚。因为如果是这样的话，就会导致安积亲王即位的可能。所以，在光明皇后和周边的人看来，安积亲王的存在是个麻烦，而且是个不小的麻烦。所以，安积亲王的早死，也有毒杀的可能性。凶手是谁？自然是不希望他成为后继者的关系者们。

孝谦如果再考虑结婚对象的话，女帝时代以前的天智天皇、天武天皇皇子们，也是一个选择，如孙王达就是其中之一。但是在21岁的时候就内定为下任天皇，又接受过先端教育的孝谦，要和比自己低出好几个档次的孙王达结婚，她能愿意吗？所以，孝谦最终不走婚姻之路，没有适合的同时代的皇族男性正是个原因。

但是还有一个原因。这个原因就是女性自身的问题。女性的怀孕和生育等生理现象，不利于宫廷的祭祀活动。日本皇室有规定，在宫廷祭祀的前后期间，必须避免的事情之一就是生育。这也就是说，如果天皇自身因为怀孕和生育，使得诸多宫廷祭祀不能举行，天皇家宗教权威的维持就会出现问题。孝谦即位的时候只有32岁，从生理上说她完全有怀孕和生育的能力。

不管怎么说，从结果来看，孝谦就是没有结婚。因为没有结婚，草璧皇子—文武天皇—圣武天皇接续的正统天皇血脉，到孝谦这里就断绝了。因为没有结婚带来的青春骚动，又使得孝谦的一生充满了玫瑰色彩。不管怎么说，孝谦的即位是皇位继承嫡系主义的最后上演。

#### 4 安积亲王死因探密

长屋王之变的半年后，即729年八月，29岁的藤原光明子，被违规地立为皇后。她如果能顺利生出皇子，那么问题也就没有了。但是，最后她还是没有能生出皇子。就在她38岁的那年，即天平十年（738）的正月，21岁的阿倍内亲王被确立为女性皇太子。这是个非常苦涩的不得已的决断。孝谦在晚年回忆道，她的母亲光明皇后曾这样说：冈宫天皇（草壁皇子）的后继者断绝了。你虽然是个女子，但还是决定让你继承皇位，所以我就开始了皇室之政。

这是一段宝贵的史料。它披露了当时的决断确实是不得已而为之的。孝谦的母亲光明皇后的观念上还是以男子后继者为优先，女子次之。即把"不改常典"机能化，所谓嫡子不是女子而是男子。所以女性皇太子的发想，光明皇后的脑子里原本是没有考虑的。

尽管如此，使阿倍内亲王被立太子正当化的思路，本质上还是嫡系主义的再维持。对此，圣武天皇、光明皇后及藤原氏所苦心的是，如何让律令贵族们认可女性皇太子的存在？为此，他们也作出了不懈的努力。

743年（天平十五年）五月，阿倍被父亲圣武天皇叫去表演五节舞，在恭仁宫，在元正太上天皇的面前，在群臣面前。五节舞，是祝福农耕丰饶的舞蹈，源自于中国。

这是在立太子后的第五年。这年阿倍内亲王是 26 岁。在舞蹈之前，圣武天皇宣读宣命说：这个舞节，正秩序，和天地人心。这是天武天皇为了国家而设置的。所以我让皇太子学习表演。这里，亮出天武天皇的招牌，是为了强调女性皇太子的合法性。再联想到圣武让位时说的一句话："我只说一句话，不说第二句话，我的太子只有一个人。"这显然是为了向群臣强调其正统性。

但是在这场舞会上，阿倍已被立为皇太子这件事，还有人不知道。有宫廷之人还说，圣武朝的皇太子根本还没有决定。所以从操作程序上来看，圣武带皇女阿倍在大庭广众面前跳五节舞，主要目的就是为了亮相，表明皇太子就是这位内亲王。

但问题是，如果阿倍已经是公认的皇太子，还有必要跳五节舞来亮相吗？如果阿倍喜欢跳舞，或者跳得很专业那也是个说法，但她是第一次跳这种舞，虽然青春美丽，但舞姿生硬。这里肯定有问题。

阿倍内亲王之所以有不被认可的可能，其原因来自两个方面。一个是贵族当中还有人对女性皇太子相当敏感，难以接受。如橘奈良麻吕发动反乱，在被逮捕后的招供中说，745 年（天平十七年）圣武天皇患病之时，他对共犯者佐伯全成这样说："陛下枕席不安，渐临大限，然立皇嗣无。恐添变数。"这是在阿倍内亲王立太子已经七年的情况下，橘奈良麻吕仍说圣武的后继者还没有定夺。这表明认可女性皇太子是件非常困难的事。另一个就是圣武天皇与另一位夫人县犬养广刀自所生的安积亲王，他的存在也是不可忽视的。这年他已经 15 岁了。这位圣武天皇的皇子为什么不能立太子？一个相当纯朴的问题。

圣武天皇就没有一点让安积亲王即位的念头吗？不是。建造紫香乐就是为了安积亲王。这是日本史学界公认的一个事实。

不过，这里有个问题，如果阿倍已经是皇太子了，安积还有可能成为天皇吗？圣武天皇自己的经历也告诉他，这是可能的。在 15 岁的时候，圣武已经是皇太子了。照理说后继的天皇就是他了。但在这期间，元明和元正从中挤了进来，成了他的前天皇。所以，只要行使天皇的绝对指名权，没有不可能的事情。但是圣武的这个念头被光明皇后和藤原四兄弟的遗儿们看破。就在紫香乐营造后不久，一个意外发生了。

那时，圣武天皇正在建造大佛，而且是全身心地投入。一个悲剧传来：744 年（天平十六年）一月十三日，安积亲王死了，死在恭仁京。死因是什么？正史说是脚气病，他只有 17 岁。是否有暗杀的可能？当时，在恭仁京留守值班的是藤原仲麻吕（不比等的孙子，武智麻吕的儿子）。是他下的毒手？如果是他的话，毒杀的动机是什么？

安积亲王的存在对藤原氏来说，是对藤原氏独占天皇家外戚的一个威胁。藤原氏曾经为这个原因，谋杀了长屋王。但是安积亲王出世后，又勾起了他们的心病，使他们感到威胁依然存在。但是，从圣武天皇身上也有藤原家的血脉这点来说，县犬养广刀自所生之子对他们的威胁应该不是很大。作为光明皇后的外甥，仲麻吕好像不需要冒这样的风险毒杀圣武天皇的儿子——安积亲王。

但有一人坚信安积亲王是被毒杀的。他就是著名万叶歌人大伴家持。在他悼念安积的挽歌中，有几句是这样的：

> 言出必诚恐，心想必诚惶。
>
> 安积亲王啊，
>
> 你应该永远君临垂统。
>
> 再怎样哭泣，又有何用？

这里，表露出的一个秘密是，当时的恭仁京应该是安积亲王永远君临和执政的地方，但是现在只能哭泣了。应该成为君王的人，突然死了。这里就没有令人诚惶诚恐的黑幕吗？后来，大伴家持与反藤原势力的橘奈良麻吕联手，为打倒藤原氏出谋划策。表现出要为好友安积亲王复仇的决心。

一边不走运，一边就肯定要走运。在安积亲王迷一样死去的暗黑中，射向阿倍内亲王的是一道耀眼的光亮。她是要感谢父亲还是要感谢藤原仲麻吕？恐怕后者要大于前者。

我们再回忆一下，持统王朝的一个基本原则是什么？持统的子孙（男）与藤原氏的子孙（女）结婚，这之间生下的男子继承皇位。圣武天皇与县犬养氏所生的安积亲王被抹杀，原因就是安积的母亲不是藤原家的人。

### 5 女帝处置反对派的另一手法

圣武天皇在 749 年（天平二十一年）一月十四日出家，成为出家天皇的第一号人物；五月移至药师寺的行宫居住；七月让位于阿倍皇太子，孝谦天皇即位；7 年后，即 756 年圣武天皇病逝。

由于自己的女儿没有结婚，也就没有后继者，所以，圣武在死去之前指名道祖王为皇太子，让他成为孝谦的后继者。

道祖王是谁？道祖王是新田部皇子的儿子，而新田部则是天武天皇的儿子。这样来看，道祖王就是天武天皇的孙子。天武与藤原五百重娘结婚生出新田部皇子。而这位新田部的母亲在天武死后，又与异母兄不比等再婚，生下藤原麻吕。这位麻吕成了光明皇后的异母兄。

新田部在皇族里与圣武天皇的关系不错，这也是圣武指名他的一个理由。但是，在圣武死后不久，孝谦女帝就推翻了父亲的决定，废了道祖皇太子。理由是在圣武天皇的丧期，道祖王皇太子还在乱搞淫乱活动。这当然是个荒唐的理由。孝谦女帝之所以要这样做，表明她要收回指名权。

其实这件事的幕后策划人是藤原仲麻吕。道祖王之后的皇太子指定为谁？虽然在表面上由官僚们议论，但最后拍板的还是孝谦女帝。她指名大炊王。这位大炊王是谁？他也是天武天皇的孙子，舍人亲王的第七子，母亲是当麻真人山背。在日本天皇家，有一个基本的设定是，天皇的儿子称"亲王"。亲王的儿子，即天皇的孙子称"王"。但是皇室还有宫家的存在。所谓宫家就是天皇的兄弟们建立的家。宫家的长男，也就是天皇的侄也叫亲王，而且他们的儿子也叫亲王。宫家和其他的家有所不同的一点是，宫家的孩子们代代被称为亲王。设定宫家的目的就是一个：万一天皇家的后继者发生了问题，宫家的亲王们就能作为后继者即位天皇。

天皇的孙子以下代代都叫"王"。在经过多少代以后，他们身上皇族的血脉就变得稀薄了。这时，就赐予"平""源""在原"等姓，让其脱离皇籍。但在称德女帝时代，称为王的皇孙很多。天武天皇除与持统皇后之外还与其他的妻子们生育了很多王子。在将近 10 名王者候补中，孝谦女帝最后选中了大炊王。为什么会选中大炊王?

这也与藤原仲麻吕有关。仲麻吕有一个叫真从的儿子，这位儿子早逝，留下美丽的妻子粟田诸姊。在仲麻吕的意志下，自己儿子的妻子粟田诸姊嫁给了大炊王，并让大炊王住在藤原家。仲麻吕为什么要这样做? 他的如意算盘是，如果大炊王即位，他就是天皇的父亲，这比外戚更强权。没有生女儿，就把儿媳当女儿。他对自己的出演感到满意。

孝谦女帝与仲麻吕的联手引发了周围人的不满，这种不满持续发酵的结果就是一场政变。政变的中心人物是橘奈良麻吕，他是圣武时代最有实力的橘诸兄的儿子。被莫名其妙地废掉皇太子之位的道祖王，看到复仇的时机来了，也积极参与其中。这次政变的口号是：杀死仲麻吕，废掉孝谦女帝。这是 757 年六月的事情。

有相当多的跟随者在暗地里作军事准备。但是还是有告密者向藤原仲麻吕泄露了政变计划。愤怒的孝谦女帝下诏抓人。主谋者大多被处死刑，道祖王也在其中。《续日本纪》里说，这批谋反者是死于"杖下"。也就是说被"刑杖"反复拷打而死，并不是判处死刑。其实这只不过是一种好听的托词而已。首谋者橘奈良麻吕虽然在《续日本纪》中没有留下记录，但被认为也是死于狱中。

孝谦女帝为此发出了独裁的声音。她用很恶毒的名字咒骂这些人。如咒骂黄文王为"多夫礼"（たふれ，tahure，狂的意思）。这位黄文王是长屋王和藤原长娥子（不比等的女儿）所生的儿子，属藤原一族，但也加入了反藤原派。如咒骂道祖王为"麻度比"（まどひ，madohi，迷糊的意思）。如咒骂贺贺角足为"乃吕志"（のろし，norosi，愚钝的意思）。把这些主谋者的名字改掉，然后处刑，这是孝谦处置反对派的一种手法。

镇压了反乱，仲麻吕显得自信满满。按照仲麻吕的思路，最后还是自己的"准女婿"大炊王即了位，第47代淳仁天皇诞生。淳仁天皇诞生意味着孝谦女帝让位下台。那孝谦为什么一定要让位呢？

表面看是为了照顾患病的母亲光明皇后，其实是被藤原仲麻吕步步紧逼的结果。孝谦下，淳仁上，仲麻吕的政治布局才能展开。从这点来说，淳仁天皇一上台就注定了是仲麻吕的傀儡。可不，为了报答仲麻吕的一番苦心，即位后的淳仁天皇人事任命第一号就是升任仲麻吕为右大臣。孝谦女帝让位时托付给他的以大佛为中心建设佛教王国这一政治议题，淳仁天皇根本没有入眼。倒在为征伐朝鲜半岛的新罗作军事准备。当然这也是仲麻吕的意志，这位天皇只是把这种意志转换为自己的辞令。

从这以后，仲麻吕开始失控。他从淳仁天皇那里得到铸造金（钱币）的权力。更为甚者，他还私刻一枚"惠美家印"方印。这枚方印与天皇的大印具有同等的分量。有了同等的分量，也就有了与天皇同等的权力。也就是说，即便没有得到天皇的许可，仲麻吕凭借这枚"惠美家印"也可以向朝廷发出正式命令。再说白点，不需要太政官的合议，就可以随意地驱动政局、操纵国事。这样看来，仲麻吕就是当时日本实质上的操纵者。他胆大无边地把自己比喻为中国的皇帝，并按照自己的意愿随心所欲。他送尊号给孝谦上皇——宝字称德孝谦皇帝。他送尊号给光明皇太后——天平应真仁正皇太后。一个臣下之人送尊号给上皇、给皇太后，日本天皇家从来没有过。日本天皇家为此被打脸。

连光明皇太后都感觉到仲麻吕要翻天。为防意外，她把自己收藏的父亲不比等的真迹书屏风二帖十二扇，献纳给卢舍那大佛。现在正仓院宝物目录里有"藤原公真迹屏风帐"记录，但就是看不到实物。有一说这个珍品还是落入了仲麻吕手中，连同大小王（王羲之、王献之）书法真迹一起。

## 6 大佛开眼的那一晚发生了什么？

在孝谦女帝的眼里，藤原仲麻吕是个怎样的存在呢？首先是个能干的男子。其次是个帅气的男子。独身女看有能量的男人，与有能量的男子看独身女，其视角是完全不一样的。一个是痴迷的恋，一个是虚假的爱；一个想得到男人的真心，一个想得到女人肉体之外的东西。

藤原仲麻吕比孝谦大12岁。在孝谦还没有立皇太子的时候，仲麻吕就是朝廷的参议了。他聪明能干，熟读中国史书。他的才干在圣武天皇的时候就有所表现，还参与了大佛的营造，为此深得圣武的信任。他是光明皇太后的外甥，与孝谦是表兄妹关系。

还在元明女帝的时代，都厅迁往平城宫，所以即位后的孝谦，当然也应该在平城宫办公。但是她即位后不久，却住进了离平城宫不远的田村邸。这田村邸是谁的住宅？是仲麻吕的私人住宅。女帝住进去了，所以，原本的田村邸变成了田村宫。

孝谦女帝为什么要这样做？从史料上来看，当时平城宫正在改建中，寻求临时的住处也是不得已。但是比田村邸更合适更好的住宅有的是，为什么偏要住进仲麻吕的私人住宅？难道他们超出了一般表兄妹的关系？这是奇怪的地方。

更令人生疑的是在三年后的752年（天平胜宝四年），举行了盛大的东大寺开眼供养仪式。这天夜晚，孝谦在仲麻吕的田村邸过夜。这在《续日本纪》里有明确的记载。有一说是逗留。到底是逗留还是过夜，暂且不论。这天过后，仲麻吕与孝谦女帝更有称兄道妹的感觉。看来这一晚肯定是惊心动魄的，也是不可思议的。孝谦的处女身，说不定就是在这晚给破的。因为没有留下任何史料，这就给想象和推理留下了空间。那个时候，仲麻吕的职务是大纳言。确实，孝谦做了14年的皇太子。即位的时候已经是32岁的老处女了。她面对的是一个拥有正妻（叔父藤原房前的女儿），比她年长12岁的老狯无比的男子。从这点来说，孝谦女帝即便落入色恋之巢，也属身不由己。

藤原仲麻吕是孝谦女帝的情人？这个话题之所以能成立，主要基于两个原因。一个是这位女帝特地给了仲麻吕一个"惠美押胜"的美名。天皇亲自赠予特别的名字给对方的只有一例，就是天智天皇赠予中臣镰足的藤原姓。惠美押胜是什么意思呢？就是略带微笑、健美且强力的意思。谁略带微笑呢？当然是孝谦女帝。从仲麻吕的眼神来看，这位比他小12岁的独身妹妹，总是有那样迷人的微笑，总是使他神魂颠倒、不能自主。谁健美强力呢？当然是仲麻吕。在孝谦女帝来看，这位比他大12岁的哥哥，每次总能使她快乐无比。

另一个是任命仲麻吕为太师。太师是个中国风的官名，相当于太政大臣，是孝谦女帝时代非皇族的家臣被奖赏到的最高位。在日本历史上，藤原仲麻吕是第一个以非皇族的身份就任太政大臣的人。在以后的平安时代，不是皇族出身的人最高位是关白，但是在孝谦女帝时代还没有关白这一职位。关白就是天皇代理，属于准皇族的系列，有关白殿下之称。丰臣秀吉在晚年就被称为殿下。关白退位后成为太阁，就叫太阁殿下。殿下的这一称呼，说明他是被当作皇族对待的。

大佛开眼的这一天是神圣之日。而就在这神圣之日的晚上，世俗的情欲竟能战胜佛法的戒律。孝谦与仲麻吕上演了一场世俗情欲的盛宴。一个是未婚的处女，一个是玩弄女人的高手。这里的接点在哪里呢？没有人知道。

## 7 仲麻吕败给一个失身于他的女人

对于新罗，日本的神经始终是紧绷的。朝鲜半岛从 4 世纪后半开始，高句丽、新罗和百济围绕三国的霸权开始争乱。在百年前，新罗与唐联手，灭掉了百济和高句丽。为了力挺百济，当时的齐明女帝出征最前线。中大兄皇子（天智天皇）也参与了在白村江和新罗唐联军的正面交战，结果大败。日本似乎记住了这个仇，总想还以复仇的一箭。

在淳仁即位的 758 年，从渤海归来的遣渤海使小野田守，汇报了一个绝密情报。唐帝国遭遇了安禄山的反乱。安禄山是玄宗皇帝的宠臣，是杨贵妃的养子，他与亲友史思明一起谋反。唐陷入混乱之中，渤海一带难民蜂拥。

听了这个报告的藤原仲麻吕心情为之一振，燃起了讨伐新罗的野心。如果没有唐帝国的援军，新罗肯定被拿下。这是他的一个基本判断。天智天皇没有成功的新罗征伐，如果能在我的手中完成的话，我就是帝王了。这是他的一个基本思路。他模仿天智，开始在近江营造叫作"北京"的都宫。与此同时作好打仗的准备。命令北陆、山阴、南海诸国，在三年内造出军船500艘。从美浓和河内二国选出20名少年学习新罗语。并在武藏国设置新罗郡，招引新罗来的归化人居住，一旦开战，他们就是战时的翻译。仲麻吕的军事进攻计划是：准备三年，攻打新罗。

这一切都在孝谦上皇的眼皮下进行，她却一点也不知情。因为她对仲麻吕太放心了，知道他不会做违背己心的事，这是她单纯的一面。

但是当孝谦上皇知道这一切之后，她大感吃惊的同时，明确地表示反对。理由就是：佛教禁止杀生，佛教王国不允许战争。即便这样，淳仁天皇和仲麻吕仍不放弃征伐新罗的计划。

孝谦决意出家以示抗议升级。她从保良宫返回平城京，入法华寺，称法基尼。在此之前，她召集五位以上的官人，发表了如下的讲话："我是依据不改常典，继承圣武，以求天下统一。我让位于帝（指淳仁），但帝对我不敬。做不应该做的事（指准备攻打新罗）。不能让帝误事亡国。现在我宣布，政事中的恒例祭祀这等小事委托于帝，国家的大事和赏罚由我来操作。"闻令气得火冒三丈的淳仁天皇，纠集百官

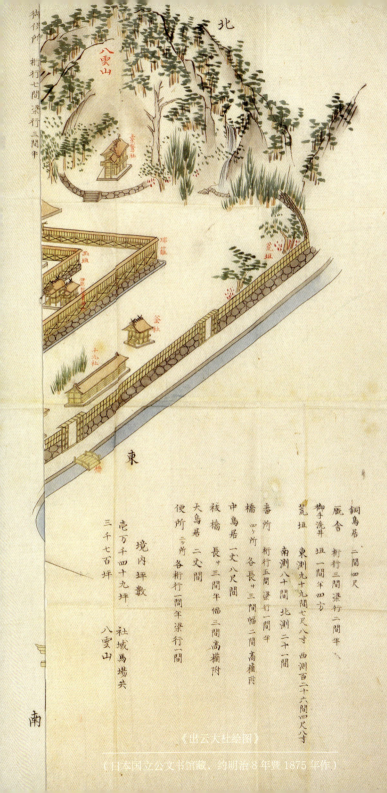

《出云大社绘图》

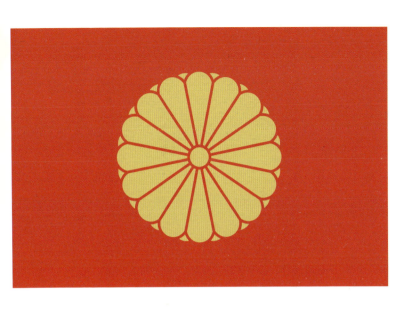

日本天皇旗上的天皇家菊花纹

2019 年 5 月 1 日继位、10 月 22 日举行继位仪式的令和天皇

（照片摄于皇太子德仁亲王时期）

传说中的三种神器草薙剑、八咫镜和八坂琼勾玉

（想象图、实物不公开）

日本浮世绘画家歌川国贞绘《天照大御神走出天之岩户》

（木版画，1860）

亲征朝鲜的古坟时代的神功皇后

（日本史略图会藏，月冈芳年绘，1880）

1881 年发行的 10 元改造纸币样本

（日本国立公文书馆藏，头像为神功皇后）

《源氏物语》作者紫式部

（日本扇画，1630）

日本第 72 代白河天皇法皇像

（1073~1087 年在位，日本国立国会图书馆藏，白河院、成菩提院御影）

1160年平治之乱时，
皇宫的人在着火的后白河天皇住所
三条殿内四处乱窜

（载于13世纪末的
《平治物语画卷·夜讨三条殿卷》）

后醍醐天皇（1318~1339年在位）
趁夜色从笠置山城向下赤坂城进发，
在有王山麓被擒

（载于埼玉县历史和民俗博物馆藏
《太平计绘卷》第2卷）

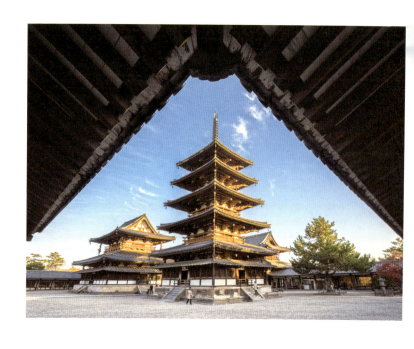

奈良法隆寺五重塔

（仰拍）

大发牢骚，说上皇太失礼了，竟然说出自己干大事，让我干小事的话。

孝谦发怒的本钱在于"我是草壁系统的天皇"。也就是说，是天武的直系。而你淳仁（原大炊王）是舍人皇子的儿子，虽然有天武的血脉，但已经属于旁系了。血统论的蔑视显而易见，其暗示语是，你淳仁虽然是天皇，但实际的大权在我的手里。

但淳仁天皇和仲麻吕依旧我行我素，准备攻打新罗。这时，孝谦又甩出了个狠招：唤回吉备真备。这位留学中国18年的归国生，接受了仲麻吕的军事行动指令。在关键的时候孝谦唤回他为造东大寺判官，就是想打乱他们动武的节奏。

对抗不可避免的进一步升级，仲麻吕看到了问题的严重性，不用硬的手段恐怕不能解决问题。他开始用兵，想用武力推翻孝谦。战前的准备是周密的，仲麻吕充满自信。日本历史上，策划绑架天皇离成功还差一步的就是他了。

仲麻吕彻底背叛了孝谦。一个曾经让孝谦心动的男人，竟然是这样的无情无义。伤心的孝谦无语，泪流满面的孝谦愤怒。孝谦开始回击，她首先剥夺了仲麻吕的官位和职分，连藤原姓都革除了，然后收回了中宫院（淳仁天皇的住所）里象征皇权的站铃和玉玺（天皇的御印）。皇权的象征被收押，也就意味着淳仁天皇被剥夺了皇权。

这样一来，一不做二不休的仲麻吕在田村邸召集人马，公开举兵反乱。这时，淳仁天皇还留在中宫院不能外出。最终仲麻吕抛弃了废物天皇，启用冰上盐烧。这位冰上盐烧是不破内亲王的丈夫，是被处死的道祖王的哥哥。由于事件的连累，他也被检举了，但最终没有大的处分，只是臣籍下降。之后他与仲麻吕搭档，被异常地晋升为中纳言。仲麻吕和盐烧，都野心勃勃，梦想在近江的新都另立新政权。

这里，孝谦上皇的官军由吉备真备指挥。激战中仲麻吕的第八个儿子辛加智死去，仲麻吕一看大势已去，便乘船欲逃。但是已经来不及了，仲麻吕与盐烧王一起在近江被斩杀，他的妻子和随从34人全员遭残杀，史称"惠美押胜之乱"。

历史的有趣就在这里。天智天皇在近江迁都是在667年，约百年后的764年，藤原氏幻想的近江王国，在孝谦上皇的打击下彻底瓦解了。继藤原不比等之后的藤原家最出色的政略家仲麻吕，败给一个失身于他的女人。

战后的处理是，留在中宫院的淳仁天皇被废。这是日本天皇史上的第一次。天皇要么让位，要么退位，中途被废掉就数他为开首。被废掉还不算，还被流放至淡路岛，封他一个"淡路公"的称号。这是为什么？日本人一般不痛打落水狗，原因就是怕日后的怨灵作祟。废帝本没有谥号，但在明治时

代规定即便是废帝也赐予谥号。所以有了现在的淳
仁天皇的谥号。

佛教禁止杀生，但孝谦不得已破了这个戒，为了
吊唁战死者之灵，孝谦上皇建造西大寺和百万塔。

废帝后，皇位空缺，又没有后继者跟上，孝谦只
得再度出山。她在宣读宣命的时候，引述了父亲圣武
天皇的语录：天下授予你，我的孩子。即便王成为奴
隶，即便奴隶变为王，都由你的意志来决定。

毫无疑问，这是废淳仁天皇的依据所在：统治天
下之人即便是君王，使其身份暴跌也是可行的。反之
也一样。就这样，47岁的她，在764年（天平宝字八
年）十月再即位，第48代称德天皇诞生。史书上也
叫"重祚"。这是仲麻吕被杀的第二天。

天皇出家，圣武天皇是第一位。出家后的天皇再
即位，称德女帝是第一位。父女俩占了天皇家的两个
第一。但她也面临着一个很大的问题：后继者（皇太
子）如何定夺？这是她苦恼的根源，也是与道镜发生
恋情的延长线。

### 8 孤独女帝再陷恋巢

近江之宫也叫保良宫。坐落在美丽的琵琶湖畔。

称德女帝在这里患病了。虽然仲麻吕的反乱被镇
压，虽然淳仁帝被废，虽然取胜的是称德女帝，但是
被男人背叛的感觉，还是给一个独身女子的身心留下

了巨大的创伤，不可愈合的创伤。

称德生病了。当然不是大病，只是需要躺下休息的病。就在她躺下的床边，一个僧侣在专注地祈祷着什么。这是764年的事情。这在宫里是经常的事情。孝谦当然也没有上心。但是，奇迹在于这位僧侣一直以同样的姿态、同样的话语在作同样的祈祷。

一天，二天，三天，四天……

再无动于衷的人也要发声了。这一天，称德的身体稍有好转，她向僧侣询问道："你，就这样一直在这里祈祷？"僧侣毕恭毕敬地回答道："是。我不睡觉，不吃饭。一直为了您的康复而祈祷。""那真是奇迹。托你的福，身体好像多少有点恢复了。""那真是很高兴。我用了特别的秘法，只有我一个人才知道的秘法。"孝谦这才知道她的宫里还有这样的人，这样的人就在她的身边。

这位僧侣也意识到他连日的举动引起了天皇的注意。他感到高兴，有一种从未有过的满足感。这样的场面，还在持续。这位僧侣，还在为女帝治病。可以说是意想不到的事情，也可以说是料想之中的事情终于发生了。

称德的意志在动摇。被自己喜欢的人背弃，陷入孤独之中的她，似乎又觉醒了。在暗黑的空间，有一个人不吃不睡陪伴她，为她的健康实施秘法。正是这个秘法，开发了称德女帝未曾充分开发的肉体，燃烧了她压抑已久的欲望，二人陷入水到渠成的情事之中。难道这就是称德女帝期待的迟到的恋？

这年称德是47岁。47岁再次品尝到恋的滋味，那喷泻而出的激情是难以抵挡的。"只要你在这里，就可以了。"这是失身后的孝谦女帝，对僧侣说的第一句话。一个是女帝，一个是僧侣。日本历史上没有过，日本的天皇家没有过，一个绝对的统治者——女帝——失身于一个僧侣。

当然从女权主义的角度来说，她有权利谈情说爱，她有权利选择自己的爱，她还是独身。但是，她是个女帝，而女帝是不能失身的，更是不能结婚的。这是从元正女帝开始的一个不成文的规定。元正女帝到死为止都保持了处女身。

这位僧侣是谁呢？他就是日本历史上大名鼎鼎的弓削道镜。这位道镜，你不能说他是色情狂。他实际上是个秀才，能够进东大寺，就像现在能够进东京大学一样令人羡慕。在东大寺，他读经典著作，如饥似渴。密教系统的秘法，他全悉掌握。所以他说用秘法为女帝治疗（包括加持祈祷、巫术等方法），绝不是谎言。

平安时期的《日本灵类记》是日本最古的佛教说话集，由药师寺的僧景戒编著。在下卷里有一说：765年年初，弓削氏的僧侣道镜法师，与女帝同枕情交。用黑皮的"阳根"，破了大君的处女身，从而"天下政表答也"。即从此掌握了政治的实权统治天下。

镰仓时代的源显兼著有《古事谈》说："称德天皇。道镜之阴。犹不足被思食。"什么意思呢？这位女帝对道镜之器还不满足，便用山芋做其男根形状，快乐时断于其中，阴部肿胀。

日本历史上有三大恶人，这位道镜就是其中一位。另外二人是平将门和足利尊氏。平将门的定位是对朝廷"反逆"，足利尊氏的定位是对后醍醐天皇"反逆"。而道镜是什么呢？对道镜的定位是想"篡夺"皇位。

### 9 宫中偷情是真的吗？

道镜出身于弓削氏的豪族。虽然属豪族但是从姓氏来看绝不是皇族出身。

江户时代的川柳（打油诗）说道镜拥有巨根，能满足还是处女身的称德女帝。道镜的巨根传说，其模型来自于中国。秦始皇的母亲，当时豢养一位叫嫪毐的巨根男人。这一传说渡海传到日本，被套在了道镜身上。贵妇人必须要有巨根的男人，这是一种不成文的宫廷模式。

但是还有一种说法认为，道镜是奈良时代的人，当时佛教戒律还很严格，不同于私情泛滥的平安时代。这个时候中国和尚鉴真冲破重重困难来到日本。

作家井上靖专门写了长篇小说《天平之甍》加以歌颂。说他的成就足以代表天平时代文化的屋脊（"甍"即屋脊之意）。后来，鉴真建造了唐招提寺，他来到日本的时候，日本已经有佛教传开了。

日本最初传来佛教据说是 538 年。当时信仰佛教的苏我氏赞成，物部氏反对。两股势力争斗激烈最后以苏我氏的胜利收场。佛教在日本开始生根，同时也具备了在奈良时代建立大佛的实力。在这样的情况下，为什么日本还要特地邀请中国的高僧？

其实，鉴真是作为戒师被邀请到日本的。为了成为佛教的僧侣，必须剃头出家修行。但即便是这样也不能成为正式的僧侣。要成为正式的僧侣，必须举行仪式并得到许可。这个仪式叫"受戒"。被授予的一方必须遵守这些戒律并为此宣誓。受戒的场所叫戒坛。能有资格授戒的僧侣叫戒师。鉴真来日本之前，虽然已经有人在传授佛教，但还没有正式的戒师，当然也没有戒坛。戒师必须从先辈的戒师那里得到传承的认可。因为在日本没有这样的人才，所以想到了海那边的中国，想从中国招聘戒师。于是日本的留学僧荣睿、普照渡海去扬州发出邀请：您等谁来日本？欢迎戒师去日本。当时，大明寺众僧"默然无应"。唯有鉴真表示："是为法事也，何惜身命。"遂决意东渡。

鉴真来日，从时间上说是在道镜事件之前。也就是说，道镜生存的时代是日本佛教戒律最为严格的时代。而且道镜还是鉴真的孙弟子，这样的人会简单地破坏戒律吗？很难想象。

佛教专家，奈良唐招提寺的执事远藤证圆说过这样的话：道镜被升格为"僧纲"，是在763年（天平宝字七年）九月。这年的五月六日，中国的鉴真和尚示寂，日本的受戒制才刚刚确立。在这段时期，教团里最严重的罪名就是"触女人戒"。如果触犯的话，即便是戒位很高的人也要被驱逐。

这也就是说，道镜与称德女帝的性关系是不可想象的。

再从年龄看，女帝与道镜初次见面是在764年。女帝47岁（也有45岁说），道镜生年不详，推算大体在55~60岁之间。男人处在这样的年龄段，再是巨根也是勉为其难的。

## 10 女帝还是说出了她的感觉

但是，称德对道镜的感觉，就像迷醉于美酒的感觉。这种感觉实际上就等于否定了上述说法。称德和道镜，可能还是在宫中做了什么。

这里引人注目的是称德对道镜的人事任命。764年，道镜禅师被任命为"大臣禅师"。没有听说过禅师还有大臣级的，显然这里在玩文字游戏：禅师是假，大臣是真。

这还没有完。第二年的秋天，称德女帝周游大和。在途经草壁皇子永眠的飞鸟檀山陵的时候，令全员下马，向草壁致以最高的礼敬。她用这一做法再次强调了自己是草壁的直系。就在第二天，大臣禅师道镜又被升格为"太政大臣禅师"。虽然只是加了"太政"二字，但是其意义绝对重大。你可以说这是爱的结晶，把高位送给最爱的人，一种性的愉悦溢于言表。但是你也可以理解为这是称德的一种"用心"：自己没有后继者，他是不是就是即位的理想之人？这里，称德的思路是胆大无边的。道镜要血统没血统，要皇族不是皇族。这岂不是要断天皇家的血脉？

这还没有完。把道镜作为后继者，产生这个想法是在称德即位后的第三年。这年的夏天，朝廷突然冒出了一个圣武天皇的私生子，称自己的母亲是石上朝臣志悲弓。石上氏是物部氏的子孙，元明朝的时候，左大臣就是石上麻吕，所以虚实很容易查证。从这个角度看，这位自称者的可信度很大。如果确实是圣武的私生子，他就有即位的可能。称德之后就是他？

但是称德没有认可这个说法。她根本也不想认可，因为她全然没有这个思路，她的一个基本思路是：我的后继者必须精通佛教，这是前提，否则的话佛教王国就无法实现。

这样看来，后继者就非道镜不可了。但是再立道镜为太子，与其年龄也太不符了。所以称德一个破格的做法就是升任道镜为法王。何谓法王？法王就是佛法之王。在日本只有圣德太子被称为法王。圣德太子是推古女帝的皇太子。从法王到帝王，其中暗含了逻辑的力量。所以如果升任道镜为法王，他即位成日本的帝王也就不奇怪了。用法王代替皇太子，这是称德女帝的创举。晋升法王必须要有祥瑞的出现。正好这天在海龙寺毗沙门像里出现了佛舍利。以此为祥瑞，道镜被任命为法王。据说这是兴福寺基真禅师的策略。

圣德太子是在死后才成为法王的，而道镜生前就获得了此位。其待遇竟然超过了圣德太子，足见其权限仅次于天皇。称德同时还任命藤原北家的永手为左大臣，吉备真备为右大臣。因为他们都在道镜可控的范围内。

大臣禅师—太政大臣禅师—法王，道镜一路青云直上，离天皇只差一步，周围爆发出惊讶和感到不可理喻的叹息声。与仲麻吕一同被处死的冰上盐烧的妻子叫不破内亲王，这时她使出了一个计谋。

这位不破内亲王是个有问题的女性。有什么问题呢？圣武天皇与夫人县犬养广刀自生了一男二女。男子就是安积亲王，女子就是井上内亲王和不破内亲王。这位不破内亲王后来成了冰上盐烧的妻子。实际上，这位不破在此之前疑似参与了对朝廷不利的事件，最终被剥夺了内亲王的称号。她总是死盯着称德女帝，竞争意识一直很强：同一个父亲，仅仅是母亲不同，她可以两次即位当天皇，我为什么不可以？这也太不公平了。妒忌与憎恨交织在一起，她在寻找发难的机会。这次总算来了机会，这位女帝在宫中偷情还不算，还想把皇位送上。

不破先窃得称德女帝的头发，进而将头发装饰在从佐保河捡来的骷髅上，然后对着骷髅，连续三次诅咒称德快快死去。这里的逻辑接点在于，如果不破的姐姐称德死去的话，她的儿子冰上志计志麻吕或许还有即位的希望。这样念咒，特别是针对天皇念咒，在当时也是一种谋杀行为。但是这等于搬起石头砸自己的脚。这个时候的称德女帝，已经没有人可以与她为敌了。

计谋败露后，称德大骂不破道："赶快改名字。就叫'厨真人厨女'算了。"这是什么意思呢？"真人"就是说，你与天皇家有缘分，这点也没有办法剥夺了，但是你最好到厨房里干活。蔑称，百分之百的蔑称。称德怎么也瞧不起这位异母姐姐。作为处罚，不破被赶出京外。这是念及了姐妹情分的很轻的处罚。

最终，称德女帝着手最后的政治布局：我最喜欢的道镜，就是下任天皇。我作为他的妻子，共同管理这个国家。最为高兴的当然是道镜。他在自己的家乡，悄悄修建了由义宫，作为皇宫的附宫。

## 11 是谁参与了神托的伪造？

道镜成为法王的第三年，发生了神托事件。

太宰府的主神习宣阿曽麻吕自称有宇佐八幡的神托：道镜即位，天下定能太平。他把这神托向女帝奏上。

称德女帝当然很高兴。高兴的女帝连做梦都出现了这么一幅图景：有人提议派一名使者去宇佐八幡神社奏上神托，验其真伪。派谁去呢？派法均尼去。

梦醒之后，称德不敢怠慢，马上命令法均尼去宇佐八幡神社。但法均尼以自己离宇佐很远，且为女性为由加以推辞，同时推荐了自己的弟弟和气清麻吕。可以想见，很可能是姐姐法均尼故意为之，好乘机让弟弟出世。

法均尼与和气清麻吕是备前国藤野乡（今冈山县和气郡）的豪族。法均尼俗名叫广虫。15岁的时候与中宫职的官人葛木户主结婚。户主死后，服务于孝谦上皇，并跟随上皇出家。由于深得称德的信任，其弟弟清麻吕也为此借到了光，职位从五位下升为近卫将监。

称德同意了法均尼的想法，派37岁的清麻吕去宇佐八幡神社，奏上神托确认天皇家后继者之事。

据说在出发前，满怀期待的道镜对清麻吕说，如果带回来的是吉报，就提升你为大臣。道镜给了他最后的嘱托。但是，从宇佐八幡神社返回的清麻吕带回来的是个坏消息。

原来清麻吕这样设问神托："与天皇家没有任何

血缘关系的道镜，称德女帝要让位于他。这样可行吗？"神托如是答："日本这个国家，开天辟地以来都是天照大神的子孙，有着天皇家血脉的人才能继承皇位。所以道镜不能成为天皇。"显然，道镜与女帝对这样的结果大失所望。

听这个汇报的道镜非常气愤，当场革除了清麻吕的官职，将他左迁外地。但是比道镜更为愤怒的是称德女帝。为什么会有不同内容的神托出现？为什么要骗我？她判定清麻吕和法均尼二人是共谋者，是事件的黑手。于是给了清麻吕"别部秽麻吕"的蔑称，给了法均尼"广虫卖"的蔑称。并最终将二人分别流罪于大隅（今鹿儿岛）和备后（今广岛）。

其实清麻吕是被冤枉了。有什么样的神托，他就传达什么样的神托。他的任务只不过是传话筒而已。但是，问题又是复杂的。这里是不是存在一个造假的可能？或许神托说女帝之后道镜即位也是可以的。但是清麻吕在传言的时候把可以说成不可以了？也就是说清麻吕向女帝汇报的结果是一派胡言？

据《日本后纪》记载，道镜有一位儒学先生叫路真人丰家。这位路真人丰家说过这样的话，如果道镜登上皇位，自己就永远是个臣下之辈了。如果真有这样的结果，我就应该绝食、应该去死。言下之意是他不喜欢道镜，所以他有可能参与了神托的做假。

此外，值得留意的是藤原氏的藤原百川，他十分同情被流放的清麻吕和法均尼，主动将自己的备后国20户封户送给了清麻吕。

这里藤原百川为什么要同情他们呢？是不是表明藤原氏对神托事件涉足很深？法均尼是位出家者，所以看好道镜即位。清麻吕是位官人，当时的官人是儒学的崇拜者，所以他不能容忍僧侣即位。而且藤原氏更不想让道镜即位。因为如是这样，己方在天皇家的地位也就没有了。为了阻止道镜即位，藤原氏与清麻吕联手，伪造神托，阻止道镜。这是否就是事件的真相？

其实有两个神托。第一个神托说，道镜如果成为天皇，这个世界将会更好。这显然对道镜有利。这是太宰府的帅（长官）弓削净人，道镜的弟弟，命令部下太宰府的主神阿曾麻吕所发的神托。但是和气清麻吕没有接受这个神托。第二个神托说，有着天皇家血脉的人才能继承皇位。这显然对道镜不利。和气清麻吕接受了这个神托。那么，两个神托，哪个是伪物？哪个是真物？

神托这个东西，是不是就是神直接开口说话的内容？不是的。神托是通过神灵附体的巫女之口表达的语言。每个神社的巫女名字是不同的，宇佐八幡神社的是个叫作迩宜的巫女。她通常在严密而神圣的仪式操作中使自己处于神灵附体的状态，然后发出神托。

希望确认第一神托真伪的是称德天皇。但是当清麻吕报告第二神托的时候，称德发布了宣命，说清麻吕是奸恶，奏上了虚伪的报告，和姐姐一起被左迁至因幡国（现鸟取县）。

《续日本后纪》里有个"清麻吕小传"，描写了当时的情景：神以突然的面目出现，胡须长三丈，其色如满月。言下之意是说处在这种状态下的神，所下的神谕是真的。

这里的问题在于，同样是出自宇佐八幡神宫的神托，为什么第一回和第二回不一样呢？尽管和气清麻吕决意排除和尚道镜，但为什么要创作出正反不同内容的神托呢？

这里，肯定有人在做假，不是清麻吕就是巫女。如果说巫女说什么，清麻吕就报告什么，那就是巫女在说谎，巫女的背后一定有人操纵。但如果巫女说的是真话，清麻吕故意做伪上报，那就涉及了清麻吕的政治立场问题。

那么造假者究竟是谁呢？当时的宇佐八幡神宫大宫司是反道镜派的宇佐氏。但从宇佐八幡宫的内部结构来看，还有一个大神氏也在担当宫司这个职位，两家是竞争对手。道镜事件的四年前是大神氏掌控实权，以后就轮到宇佐氏掌控。而宇佐氏与藤原家的关系不一般。这就有一种可能：是藤原百川指示宇佐氏出示排除道镜的神托，宇佐氏再委托巫女说假话。

这样就是巫女参与了神托的伪造，清麻吕与伪造没有关系。因为如果清麻吕明哲保身，或者清麻吕识时务的话，他回去后应该这样向女帝汇报："我去了宇佐八幡宫，听了神托的圣语，正像女帝所说的那样，可以把皇位让位于和尚道镜。"

但是，清麻吕是个正直的人。他如实地向称德女帝奏上了巫女的神托。现在的冈山县和气郡和气町中的和气神社内立有一座石碑，相传上面镌刻的文字为清麻吕亲笔所写：我独惭天地。表明自己是何等的光明磊落。

清麻吕真的很光明磊落吗？有一种说法是这样的：这个神托是假的。也就是说是清麻吕自己的创作。其目的是颠覆道镜即位的野望。那么是谁命令他这样做的呢？是称德女帝。原来称德曾经对清麻吕下过秘密指令：我想听到的是和最初的神托相反的神谕。这一说法的逻辑是称德在最要紧的关头清醒了头脑，认为皇统不能断绝。虽然敬爱道镜，但道镜的野心不能被实现，于是演出了一台双簧戏。如果这一说法能成立，清麻吕就不是一个正直和磊落之人。如果清麻吕不是一个正直和磊落之人，他的画像就不会悬挂于皇宫至今。这里面肯定有个伪善者。但这个伪善者肯定不会是清麻吕，也肯定不会是称德女帝。

当然也有一说认为道镜本来就是天皇家的人，他被列为天皇候补也不奇怪。神托之事只是人为的放大。东大寺的惠珍编撰的《七大寺年表》里，对道镜的出身这样记述："道镜是河内国若江郡弓削氏出身。天智天皇的孙。志基亲王的六子。义渊僧正的弟子。"

此外皇室系谱《本朝皇胤绍运录》里也记载道镜和弟弟净人是志基亲王的御子。其母亲是弓削乡制作弓的女儿。这位女儿得到志贯亲王的宠爱，生出二男。至贯为了争夺皇位，让道镜的母亲在弓削的本家养育二子并隐去父亲的身世。这两个儿子当中哥哥道镜选择了出家之路，弟弟净人选择了继续制造弓箭。

## 12 为什么不去伊势神宫问神托？

女帝突然决意把皇位让给道镜，令朝廷内外一片喧哗。让位给道镜是对还是错？是曲还是直？没有人能够下这个政治判断，只能去问神，也就是神托。为此和气清麻吕去了九州的宇佐八幡神宫。

这里有个问题，为什么要到九州的宇佐神宫去解决这个难题呢？从天皇家的系统来看，如果要问神托的话，天皇家祖先神的意志是不可忽视的。这样的话，清麻吕应该选择去往祭祀天皇祖先神的伊势神宫而非八幡神宫。

那个时候，伊势神宫已经存在。伊势神宫和法隆寺是日本最古的建筑，二者是对应的存在。法隆寺在创建之初遭遇火灾，再建以后一直是木造建筑，经过了长年的岁月。而伊势神宫占有两块地，二十年在这块地，二十年后在那块地，二地轮流转换建造新神宫。这是从持统天皇开始的。为什么要重建？与其说是技术传承的需要，还不如说是避污秽的思想在起作用。这两个不同性格的建筑并存，是日本文化生趣的地方。

伊势神宫祭祀的是天皇家的祖先神天照大神。而宇佐八幡神宫是日本全国4.4万座八幡宫的总本社。在日本，如果是寺，就叫总本山；如果是神社，就叫总本社或总本营。京都的石清水八幡宫，镰仓的鹤冈八幡宫是非常有名的两大神宫，但都是宇佐神宫的分社。《日本书纪》中说，称德女帝从宇佐八幡得到让道镜成为天皇的神托，所以自己就要把皇位让给他。清麻吕为了再确认，被派遣至九州的宇佐八幡神宫。

决定天皇家未来后继人选的大事，不去伊势神宫而去宇佐八幡神宫，难道天皇家的祖先真的是在宇佐神宫被祭祀而不是在伊势神宫吗？从历史来看，八幡神是指应神天皇，他是第15代天皇。现在的日本大阪府，拥有世界上最大面积的仁德天皇陵（也叫大仙陵古坟）。在仁德天皇陵的边上，有应神天皇陵（也叫誉田御庙山古坟）。应神天皇虽然不是初代天皇，但在古代日本也属于最有实力的天皇之一。

但是宇佐八幡神宫在祭祀应神天皇的同时，还在祭祀比卖大神。这比卖大神是谁呢？原来天照大神和须佐之男命誓约之时，天照大神从须佐之男命的持有物中生出三位女神（也叫宗像三女神）的总称叫比卖大神。即田心姬神、湍津姬神和市杵岛姬神。比卖大神的神格与应神天皇相比要低下一些，但是她也是在神宫最中央的位置被祭祀的。

这样来看，与神社表面所传达的信息不同，比卖大神或许才是更为根源的大和朝廷的祖先。若再稍作设想，比卖大神就是邪马台国的女王卑弥呼也是可能的。邪马台国即宇佐，以前就有日本历史学家这样主张过。邪马台国是否就是宇佐？这里另当别论。阅读天皇家的传承书籍《古事记》和《日本书纪》，给人的印象是天皇家首先在九州登陆，从九州东征至大和。所以九州是天皇家的大本营是观念中的历史事实。这样的话，决定天皇家人选之事，朝廷首先想到的是宇佐八幡，在逻辑上也是通的。

最终，还是天皇家的大本营九州决定了道镜的命运。道镜为什么会失足？道理很简单，这个国家的皇位，不是天皇家的人，休想。神托事件最大的意义何在？就在于神托事件在日本正式确立了天皇制。同时，也正式确立了藤原氏的行动原则。

问题在于藤原氏为什么要帮天皇家确立这个天皇制呢？因为没有天皇家的存在，就没有藤原氏的存在。藤原氏要借天皇的招牌，把全日本纳入自己的囊中，全日本都是藤原家的私有物。这就是藤原氏的行动原则。

而最早对这个不可侵犯的行动原则发起强有力的

挑战的是谁呢？就是称德女帝。恼羞成怒的藤原氏用什么方法来反击她呢？最简单也最有成效的办法，就是让她消失，永远地消失。

### 13 称德女帝是被暗杀的？

暗杀称德女帝是空穴来风吗？不是。在这之前有人想暗杀她吗？有的。

765 年改年号为"天平神护"。这年的八月，发生了舍人亲王的孙子和气王谋反事件。和气王向朝廷提出释放自己的叔叔，即流放中的池田王和船王的要求。与此同时，制订了杀害称德女帝和道镜的计划。这个计划也叫"己怨之男女"。但是这个暗杀计划被发觉，和气王被处死……四年后，又发生了上文所提及的不破内亲王诅咒称德女帝死去的"谋杀"事件。

事不过三，这当然是气运上的说法。但是对称德来说就是如此。她是在 770 年（天平宝龟元年）四月病倒的。就在称德女帝病重弥留之际，发生了两件十分奇妙的事。

第一件是看望女帝被禁止。就连道镜法王和其他高官都被取消探望的资格。这使人联想到圣武天皇在弥留之际，动用了禅师 126 人为其康复祈祷。光明皇后在弥留之际，也动用了为数不少的禅师为其祈愿。而称德女帝不但连一个禅师也没有，而且还禁止被探望。一个女帝的待遇难道还不及一个皇后？这就相当不自然了。

第二件是人事变动。本来朝廷军队的统率权掌控在道镜的弟弟弓削净人（官位是大纳言）手中，但在女帝弥留期间被要求移交给藤原永手。这藤原永手是何许人也？他是藤原房前的次子，官位是正一位，左大臣，赐太政大臣，也被称为长冈大臣。与此同时，朝廷还任命了近卫、外卫和左右兵卫。给人一种将会发生军事政变的诡秘感觉。显而易见的是，紧急剥夺弓削一族的军事指挥权是个很大的看点。为什么要这样做？为了防止什么事情的发生？这是令人生疑的地方。

总之到八月四日女帝死去为止，女帝与道镜的联系被强行隔断。也就是说，道镜没有见过病床上的女帝是个什么模样，一次都没有。这令道镜无比伤感。这显然是有意图的强制措施。被谁强制？为什么要强制？

再看称德死后的埋葬地。《续日本纪》说她在"大和国佐贯乡高野"被埋葬。这没有错。问题是为什么要埋葬在那里？

称德的父母亲（圣武天皇和光明皇后）、弟弟（基王）、大叔母（元正女帝），包括元明女帝在内，他们的山陵都在"佐保山"一带。为什么称德要远离自己的家族，孤零零地葬于佐贯乡高野呢？这就涉及日本历史上的一个"死秽"概念。这个概念非常奇特。非正常的死，异常的死，死者身上会布满死的污秽，不能在通常的墓地下葬，必须另觅空地。这里，如果称德女帝真的是病死的话，那应该属于正常的死。如果属于正常的死，就应该葬于家族的墓地佐保山。而如果称德是非正常死亡，她就与佐保山无缘，必须另找地方安葬，所以有了佐贯乡高野之地。

那么，暗杀称德女帝的黑手是谁呢？这里再来看看称德女帝的所谓"遗宣"。称德在病床上躺了四个月，最终在平城京的西宫死去，时年53岁。比母亲光明皇后少活了七年，比父亲圣武天皇短寿三年。这个时候，以藤原氏为中心的重臣们，发表了一个号称是称德天皇留下的遗宣。遗宣的内容是："事情已经清楚，我们几位重臣合议道：'白璧王乃诸王中最年长者，对先帝亦有功，故应立为皇太子。'于是奏上。'就按奏上的办'，先帝陛下如是说。"这里的先帝，就是指称德天皇。这份遗宣，在《续日本纪》里有记载。

这是份很奇怪的"遗宣"，它想说的是：称德女帝在弥留之际，终于放弃了法王道镜，承认了白璧王的即位资格。

这份遗宣能相信吗？独裁者也好，君王也好，在重病倒下之际，打着君王的名义发出与君王意思完全相左的遗宣，以此来压制和肃清反对派的做法，古今东西，不乏其例。如《史记》里记载，秦始皇死后，宦官赵高为了立秦始皇第18个儿子胡亥为秦二世，与李斯合谋，伪造遗诏，并以莫须有的罪名迫令始皇长子扶苏和名将蒙恬自杀。这个物语，藤原永手一定知道。

藤原永手他们为什么要拥立白璧王呢？因为白璧王是天智天皇的孙子。天智的儿子志贵与纪橡姬结婚，生下白璧王。他们想来一场"易姓革命"，断绝天武系统的即位资格，更想断绝道镜的即位资格。所以，专门研究日本古代史的远山美都男在《天平三姐妹》一书中说，这是以藤原永手为首发动的一场"无血的宫廷政变"。[①] 天皇之位从天武天皇的子孙手中，又回到了天智天皇的子孙手中。

所谓政变就要杀人，要杀的对象就是阻碍政变成功的人。毫无疑问，符合这个条件的就是当时的执政者称德女帝。之所以又是"无血"的，是因为藤原氏没有用刀，而是用了使她生病，使她病情再加重，让其慢慢死去的一种方法。这就是毒杀。慢慢地杀，慢慢地死。

所以称德从患病到死，用了四个月的时间。所以在患病期间，禁止所有的人靠近。因为怕被探视者看出破绽。尤其是道镜，本身就是江湖出身，对真假药物和怪异病状略懂一二，所以更是严禁他靠近。于是就有了在正史里，道镜没有来探视过一次的记载。

这里，还有一个历史细节必须注意。770年二月，

①〔日〕远山美都男：《天平三姐妹》，中央公论新社，2010。

也就是称德突然发病的前两个月，称德女帝与道镜一起，精神饱满地去由义宫行幸。这个由义宫就是称德为道镜的家乡、弓削氏的本家营造的宫殿。三月，230名豪族的艳女俊男，挥舞红绸，载歌载舞，欢快无比。他们为祝愿西京能成为称德天皇和道镜的永久执政地而尽情地欢跳。在平城京的称德女帝，似乎听到了年轻人的呼喊声。她的热血在奔涌，眼睛里放射出异彩的光亮。这个岛国，舍我其谁。那时，她的感觉一定是即位以来最好的。

但她的智慧的盲点在于，她过于夺人眼球的大动作，刺激了某些人的神经，使得某些人加快了篡夺权力的步伐。因此两个月后，在没有任何预感的情况下，称德突然病倒不起。她还真的以为是病魔缠身。她也坚信自己有佛法，有道镜，能抵挡这波病浪的袭击。她的善良又一次导致了问题。

接着就是一病不起，病情加重，直至死去。一个看不见的黑手，左右了这一切。向中国学习，走皇帝制的道路，这个梦想，也被这双黑手掐断了。

## 14 53岁的称德，62岁的光仁

左大臣藤原永手的黑手，阻断了称德和道镜的后续发展。这对日本天皇家究竟是个贡献，还是反倒坏了日本天皇家的大事？历史的节韵就深藏其中，令人难以一眼看透。

　　光仁天皇即位，宣告了天武朝百年寿命的终焉。但是白璧王也不是即刻成为天皇的，必须先走程序，立皇太子。这里有个问题，谁立他为皇太子呢？只能是称德天皇。白璧王只有成为称德女帝的儿子，才有资格被立为太子。也就是说，首先必须设定母子关系。但是，称德和白璧王，并不是母子啊。

　　这不要紧，关系是可以设定的。死去的称德母亲是53岁，继承皇位的儿子是62岁。连戏剧里都看不到的滑稽戏，就是能在日本天皇家堂而皇之地上演。

　　白璧王做了两个月的皇太子。这两个月里，这位皇太子干了点什么事呢？较为引人注目的就是把道镜从平城京赶了出去。因为皇太子的命令就是令旨。道镜再是法王，也只得遵旨。他无念地去了下野国药师寺。道镜的死去，是在去药师寺的两年后，即772年四月。

　　白璧王在770年十月正式即位，第49代光仁天皇诞生。一个月后，他的妻子井上内亲王，坐上了皇后的宝位。这是井上内亲王做梦也没有想到的事。而曾经风光一时的异母妹妹称德天皇，却孤独地死去，没有丈夫，没有子女。这是一种怎样的感慨呢？人生的命运不走到最后真是无法预测。

　　光仁天皇的即位，表明自壬申之乱以来的百年，用天武天皇的血统来继承皇位的历史，宣告终结。取而代之的是，天智天皇的子孙开始继承皇位。

光仁即位后的第七天，有一个人决然地辞去了右大臣的职务。他就是称德天皇的学问师，深得女帝喜爱的吉备真备。他的辞职就是对光仁即位的无声抗议。而光仁的背后是藤原氏，向光仁抗议，就是向藤原氏抗议。吉备真备是为谁而抗议？为自己吗？不是。他是替称德女帝向藤原氏抗议。这位留学中国的高级知识分子，自有他的历史感和正义感。他习得了儒家精髓：舍身成仁。这年他是76岁。

光仁天皇如何立皇太子？烦恼横在了他的面前。他和井上之间生有他户亲王。做了皇后的井上当然希望自己的儿子被立太子，之后成为下任天皇。但是这里又生出一个问题。

不错。光仁是百分之百的天智这边的人。但是他的妻子井上却是圣武天皇的女儿。而圣武的上面就是天武天皇。也就是说，如果立他户亲王为皇太子，他即位成为天皇的话，天武家就等于东山再起了。这是藤原氏绝对不想看到的结局。

怎么办？为了确保政权的成功更替，就必须彻底斩断天武系统，就必须彻底斩断井上皇后与他的儿子。那么，该用什么方法呢？

### 15 闻所未闻的井上皇后大逆事件

772年（宝龟三年）三月，光仁天皇的皇后井上内亲王犯了重罪被废去皇后位。

井上皇后犯了什么罪呢？"巫蛊"罪。巫就是巫术，蛊就是蛊毒。也就是说，一种用念咒的方法来诅咒他人的行为叫"巫蛊"。"巫蛊"也叫"魔魅大逆"。在当时，这种罪主犯是斩罪，从犯是流放罪。"大逆"在日本原本是指企图破坏山陵和皇宫的罪名。在这里就是谋害天皇的意思。这样，"巫蛊"罪也叫谋反罪。

井上皇后诅咒谁呢？就是诅咒现天皇，自己的丈夫光仁天皇，并企图杀害他。而且已经诅咒了好几年。

井上皇后为什么要诅咒自己的丈夫呢？为什么希望他早死呢？是为了尽早地让自己的儿子他户亲王即位，焦急心情促使她犯罪，这是一般的动机考察。但是当时光仁已经60多岁了，他户亲王的即位为期不远。井上皇后有必要冒着身败名裂的风险这样做吗？

这样看来，井上皇后之所以这样做，一定另有动机。谋图缩短光仁的寿命，不是为了儿子他户亲王，而是为了她自己当天皇。717年出生的井上已经56岁了，正好和她父亲死去的时候年龄相仿。与22岁前途无量的他户亲王相比，她感到自己的人生已经相当有限了。异母妹妹称德能两次即位天皇，我作为圣武天皇的女儿，为什么不可以即位当女帝呢？

最终，废去井上皇后的余波还是波及了他户皇太子。这年的五月，皇太子也被废位。为什么要废去儿子的皇太子位呢？光仁天皇的解释是，发生了魔魅大逆事件，如果儿子还在皇太子的位子上，这对贵族百官、天下百姓是一种羞耻。如果这个也能容忍的话，后世就不会平安，为政也不会安善。

宝龟四年正月，天皇家确定山部亲王为皇太子。他就是后来的桓武天皇。山部亲王自己都没有想到从天而降的大运是这样的突如其来。

就在这一年的十月，井上和他户被押送至大和国宇智郡的"没官宅"（被政府没收的住宅）幽闭，母子关在一起。大概是在一年半后的 775 年四月，二人同时死去。《续日本纪》这样记载："井上内亲王，他户王并猝。"真相一切不明，不可思议的谜，事件就以井上母子的悲剧之死结束了。

现职的皇后，犯了在当时属于相当重的罪。井上和她最爱的儿子最终连肉体都消失了，代价沉重。事情过后，朝廷在思考一个应该思考的问题：什么是皇后？皇后应该做什么？结果，以井上皇后事件为契机，日本天皇家皇后的地位和作用发生了显著的变化。皇后的权限最后集约成四点：

① 辅佐天皇，并仅在辅佐天皇这点上，分掌天皇的权力。

② 在第一条的前提下，从母亲的立场出发教导皇子们。

③ 生育天皇正当的后继者（皇太子）。

④ 依据第三条的立场，皇后以母亲的立场

对皇太子进行教育。

井上皇后的魔魅大逆事件，在天皇家"大后"（kisaki）制度的历史上，或者说在天皇家女帝的历史上，都留下了深刻的转换痕迹。本来形态上的女帝历史，被打上了句号。

### 16 称德是中国的尧？道镜是中国的舜？

称德天皇生前的尊号为"宝字称德孝谦皇帝"。不是天皇而是皇帝。称德女帝改号皇帝，毫无疑问渗透了中国思想。从天皇制到皇帝制是称德的梦想。

日本从来就有羡慕海对面国家的习惯。明治以降，敬仰普鲁士和英国。战后崇拜美国。当幕末时代的坂本龙马得知了美国的议会制度，得知了总统的职位并不是世袭的时候，大吃一惊，说日本也应该这样。在奈良的时候，日本理想化的国家就是中国（唐）。儒教思想导出的政治意识形态，也是称德乐意接受的。为什么呢？

自己是独身，没有孩子，且结婚生子的可能性为零。如果她有自己的儿子，情况又会不一样，她的目光一定不会移向皇帝制。而且连作为养子的有力候补者，如外甥、侄子之类的人选也没有，自己也没有同母生的哥哥，好不容易有个弟弟基王，生下一年便夭折了。异母姐妹倒是有，如井上内亲王，如不破内亲王等，但她们都不是光明皇后的种，而且是女性。虽有"天平三姐妹"之称，但又能解决什么问题？母系的亲戚都是藤原家的人，也不能成为自己的养子。而且父亲圣武天皇是独生子，没有叔父、叔母等父系的亲属。

孝谦（称德）之后的继承者大炊王（淳仁天皇）是天武的孙子，而她自己是天武的玄孙女。大炊王虽同属天皇家人，但在感觉上很难亲近。大炊王即位后把货币铸造权和赋税征收权等王者才有的特权，都交给了藤原仲麻吕，还同意了进攻新罗的计划，使日本处在亡国的边缘。而且仲麻吕还想自己当天皇，淳仁等于是共犯，所以只能被废帝。

皇族不行，藤原家也不行。对他们的失望，是导致称德从其他氏族中寻找有德之人的一个根本原因。

有德的人做君王，这是儒教的思想。而儒教的思想对当时的日本人来说，特别是对知识阶层来说就是先进的思想。

对"德"字定义很困难。不过最终恐怕还是落实在这一点上：天给予这个人超强的人格魅力，天给予这个人超强的能力，他就是有德之人。

对中国思想十分了解的松平元康，在改姓名的时候，听从了今川义元建议，将"元"改为"家"。后来将姓改为"德川"。但是从家族图系来看，家康是新田氏系得川氏的后裔。他将原来的"得"字改为

"德"字，成了"德川"的姓。

德川家康把"得川"改为"德川"。刘备的字为玄德。刘备的竞争对手曹操的字为孟德。大家都有一个"德"字。统一了天下当了帝王，德字就是最为重要的了。

作为皇帝，还有一条也很重要，就是向有德的人让位。这个人可以是与皇帝家没有一点血缘关系的人。在远古时代，尧把王位禅让给舜。但是这位舜并不是尧的儿子也不是尧的兄弟，也就是说没有一点血缘关系。所以尧在中国史书里被称为"圣王"。实际上，即便是在中国，实施禅让也仅仅局限于神话时代的圣王——尧舜禹三代之间。禹以后就开始了世袭王朝，之后真正的禅让并没有有效地实施过。但即便如此，称德还是十分醉心于这种理想化的政治模式，并着手开始实施。

所以，整个道镜事件必须放到这样一个大背景下去考察，从天皇到皇帝，从称德到道镜。这里，不是单纯的继位，而是禅让，也就是向有德之人让出皇位。这和退位不一样，退位后接续的人不会被追问有德与否，只看是否出自天皇家即可。

这样来看的话，称德是否就是中国的"尧"？道镜是否就是中国的"舜"？中国的史前史，她要将之变成日本的当下史。把中国思想日本化，把天皇皇帝化，是称德在位期间主要的工作，而且做得很出色。

把皇位让给有德的人，有什么不可以？那么在称德的身边，有德的人是谁？道镜自然浮出了水面。在称德的眼里，道镜不但有德，而且有高德。多少年后，后人赠予女帝以"称德"的谥号，是不是也是对她的这种努力和思考，做出了一个理解和赞同的姿态？

在英语里，天皇和皇帝都是"emperor"，实际上二者是不同的。如果明白了二者的不同，称德女帝向道镜禅让皇位，其真意就更明白了。

国王在英语里是"King"，但是英语的国王和中文的国王概念是不一样的，"King"如果是在欧洲国家使用，就是指首长的意思。但汉语的国王是指什么呢？是指中国周边的首长和首领，而且是对中国皇帝宣誓过效忠的首长和首领。所以在东亚，凡是指称自己是国王的，一般而言就是自认自己是中国皇帝的臣下。如古代中国周边的国家新罗、高句丽，其首领都叫国王。冲绳曾经也是琉球国，首领也叫国王。越南和泰国等也都是国王。这些国家在古代都是中国皇帝的臣下，都必须在皇帝前低头弯腰才行。

只有日本是个特例。为什么？地理环境决定论。这里18世纪法国启蒙思想家孟德斯鸠的思想并没有过时。中日隔海，大军团难以压近，难以攻打，更难以占领。日本有安心感，所以也产生了自认自己不是中国皇帝臣下的自觉意识。最初具有这个自觉意识的人是谁？是圣德太子。

他曾向隋炀帝发出有名的书信："日出处天子致

书日没处天子无恙。"这在《隋书》卷八十一列传第四十六《东夷》倭国条目中有记载。

如果是"奉书"的话，就必须向对方低头。如果是"致书"的话，就是单纯的送信。另外，日本是"日出处"，中国是"日没处"的说法，想要表明的就是日本的天皇和中国的皇帝，作为天子是同格的。这显然与中国正统的"天无二日，民无二主"思想相悖，引得隋炀帝勃然大怒。日本的国名，也是源于这里。日出，即"日之根本的国家"之意。

如果从方位来说，东西是相对的。如名古屋，是日本的东还是日本的西？这要有个基准，没有基准就不好说。如果以东京为基准，名古屋就是西；如果以大阪为基准，名古屋就是东。但是"日出处"的日本，从什么方位来说都是处在东面。这样，中国就处在西面，即"日没处"。所以日本这个国号，是对中国有所意识才产生的，其意义在于对等意识的抬头。以前叫大和，这是对日本国内政情思考的结果。现在叫日本，这是对日本国际关系思考的结果。

这样来看，称德女帝并不是单纯地喜欢道镜而让给他皇位，其中渗透了高扬着的日本意识和正统意识。忽视了这点，就很难看懂这位女帝的怪异行为。

## 17 我究竟干了些什么？这没有意义的恋

由此故，称德在死前的最后时刻，也没有放弃这个宏大的理想——让道镜出任天皇。但是，这个理想最终死在了左大臣和右大臣的手中。

左大臣藤原永手考虑的是藤原家，如果道镜当天皇，藤原氏日后要成为天皇的外戚，就变得不可能了。右大臣吉备真备考虑的是儒学的大义名分，僧侣身份的人当天皇岂能容忍？

理想死了，但道镜对女帝的一往情深没有死。他固然想当天皇，但他更想与女帝在一起。

770 年八月，称德女帝死去。连同女帝的恋，也一起化为悲剧而结束。

女帝死后，道镜在她的墓前，一遍又一遍地祈祷冥福。这份专心，这份执着，与开始时祈祷女帝康复是一样的。这令人想起 12 世纪在法国上演的一场爱情故事，阿贝拉尔与海萝莉丝。一个是伟大的经院哲学家，一个是巴黎圣母院神父的侄女。一个 38 岁，一个 16 岁。一个才华横溢、英俊潇洒，一个年轻貌美，单纯热情。最后，二人相爱，秘密地过起了夫妻生活。

这是不朽的恋之物语，圣职者与修道女，肉体爱才是最高的爱。在日本出不来这样不朽的恋之物语。女帝与僧侣，就不能有肉体之爱？女帝与僧侣，就不能书写不朽？

称德死后的皇位争夺，最后花落天智天皇的皇子芝基（志贵）的儿子白璧王。这个皇位的安排，应该是不如称德所愿的。在属于天武系和草壁系的称德眼里，天皇之位是没有天智系的位置的。再说，白璧王的妻子是遭称德讨厌的异母姐妹——县犬养广刀自所生的井上内亲王。她的姐姐不破被称德痛骂为只能在厨房干活。这位妹妹当上了皇后，称德能开心吗？

称德殡期13天，之后遗体火化，遗骨葬于高野山陵。道镜在山陵处守了21天后被抓捕，左迁至下野的药师寺，不久死于当地。弟弟弓削净人和三个儿子也遭逮捕并流放至土佐。

日本长期的皇国史观把道镜描述成恶人，女帝则是圣人。但是作家坂口安吾的《道镜》，则是另一番图景：道镜不是野心家，没有政治手腕，他被藤原一族操纵，随着女帝的死，成了失格的政治家，他只不过是一位凡僧而已。

结果，"不改常典"的皇位继承的嫡系主义理念，这种对后继者严格限定的理念，很快就露出了破绽。律令制下的女帝时期也不得不迎来终结。随着称德的死去，皇位的嫡系继承到此结束。为了探索新的皇位继承模式，必须从嫡系主义的天武—草壁皇统那里分离出去。所以，光仁天皇的皇子他户皇太子被废，渡来系出身的母亲高野新笠（异母兄弟）生出的儿子山部亲王（之后的桓武天皇）被立为太子并即位。藤原氏的女儿们进入后宫独占外戚。这个局面一直持续到大正时代的天皇家。从一定意义上说，这是天皇家的必然。

我究竟干了些什么？这没有意义的恋。日本古代最后的女帝——称德——到死为止，都还没有明白她干了什么——她想把皇位让给没有天皇家血统的道镜，结果一个不小心，使日本的女帝形象蒙羞蒙耻。在人们的视野里，女帝不再是宗教世界的掌管者。

女帝，姗姗而去，只留下一个弯弯的背影。

## 18 称德女帝留下了什么遗产？

770 年称德天皇死去之后，日本天皇家在 860 年间再没有诞生过一位女帝，一直到江户时代的明正天皇为止。

平安时代、源平时代、镰仓时代、南北朝时代、室町时代和战国时代，六个历史朝代再没有出现过女帝。这说明了什么？这说明道镜事件对日本天皇家产生的影响是多么的深刻。

一介和尚道镜差点即位天皇。对称德女帝的暴走，全体贵族都产生了相当的警惕。因为女帝本身不结婚，她的后继者就有可能不是皇族血统。为了不让道镜事件再次发生，他们的结论就是封印女帝。

这是否就是称德女帝留给日本天皇家的一个巨大的政治遗产？这个政治遗产至今还在不断地被消化。如现皇室所争论的一个敏感话题就是：女系天皇能被容忍吗？也即对称德女帝政治遗产的再讨论、再清算。

除政治遗产之外，称德女帝还给后世留下了非常了不起的物质遗产。称德在击败藤原仲麻吕之后，为了惩罚他，要他制作"百万塔陀罗尼"。

所谓百万塔，就是木雕的佛塔，用扁柏制成的21厘米高的三重塔，这里面能够收纳手写经文。她命令仲麻吕做100万个，放置在当时奈良的10个寺庙，一个寺庙放置10万个。这是真的吗？应该是真的。称德有这个癖好，细小的东西往死里做。权力女人走到最后的神经质，这位女帝是一个典型。

10座寺庙，9座被昔日的大火给烧毁了。但是在法隆寺里还存有45000个以上的三重塔。10万个为什么只留有45000个？这是因为寺庙缺钱，只好卖掉一些，或者送给捐款的人留作纪念。

100万个塔，也就是说要100万份经文。手写是绝对不可能的。那么是铜版印刷还是木版印刷？日本学者开始议论。不过有一点是可以肯定的，这个"百万塔经文"是个印刷物。这是770年的事情。

十多年前，国际古书学会在日本召开。与会者在参观三菱静嘉堂文库的时候，看到有40多个"百万塔陀罗尼"排列在那里，都大吃一惊。现在如果有收藏家购买的话，一个塔就要2000万日元。

### 19 称德—武曌与道镜—怀义的模式

日本史上仅有的四字年号都是在孝谦天皇治世的

时候。天平感宝，749 年四月十四日；天平胜宝，749
年七月二日；天平字宝，757 年八月一日。以上是孝
谦时代。天平神护，764 年；神护庆云，767 年。以
上是称德时代。

这里，这位女帝连用了三个"宝"字。问题在
于：孝谦天皇喜欢使用四字年号和"宝"字，是在向
谁学习？原来是在向中国的女皇武曌学习。中国在武
曌的时代，开始使用四字年号。天册万岁，695 年；
万岁登封，696 年；万岁通天，696 年。这都是与寿
命有关的词语。数字万属于金气，是生命的象征。

在中国五千年的历史中，正规登基帝位的女性，
只有武曌一人。在艳羡中国的古代日本，这个因素不
能不参考，更不能忽视。

那么"宝"字的灵感又从何而来？也是从武曌那
里来。武曌改国"玉"为"宝"。玉是天子的印章，
玉是天子的象征。"至武后改诸玉皆为宝"。"宝"字
的繁体为"寶"。

宝盖头（宀）的下面是庙所。庙所里有玉、贝
等祭器，后来演变成财宝。作为尊称，天子之位叫
"宝位"，冠以宝字的还有宝玉，宝剑等。这样看来，
"宝"字的原意是祖庙的祭器，文字里有神灵的含义。
能这样感觉的人就是武曌，她把自己的年号也冠以
"宝"字。

为什么日本的女帝孝谦向武曌看齐呢？原来女

帝孝谦认可了女皇武曌独特的思路："寶"字原意为"祭器"，再转换成"财宝"，引申为作为祭祀者的德——作为君主对人民施予的德。所以，孝谦帝引进宝字，并在年号中注入宝字。

武曌死去是在705年，到称德女帝的时代已经过去了半个世纪。武曌把"唐"易姓为"周"，作为女皇帝即位。她身边有个僧侣叫薛怀义，是个相当狂气的怪物。他把武曌吹上天，说她是弥勒的再生。他自作伪经《大云经》，自吹自己房中术好到迷醉武曌。称德女帝以武曌为蓝本，身边也有一位怪僧道镜。于是，日本天皇家出现了这样一种中国模式：称德—武曌与道镜—怀义。

## 5 天皇家与三种神器之谜

——什么是皇室的防伪性标志?

### 1 观念上的神圣之物

正当性用什么来证明? 正统性用什么来表示? 神圣性用什么作道具? 权威性用什么作装饰?

日本人在这方面总显得得心应手,游刃有余。他们为此给日本天皇家设定了一套独特的系统。这套系统保证了天皇家想要保证的东西,即万世一系、天壤无穷。虽然这个系统并不能完全保证抵制一切病毒,但即便有病毒侵入,也不会导致突然"死机",更不会导致系统瘫痪,这就令天皇家感到很心满意足了。

这套独特的系统是什么呢? 简单说就是:血统主义—三种神器—大尝祭。这里最具特色,且高度程序化的是三种神器的设定,其特点是"密码"的防伪性强,一般"病毒"很难侵蚀。

所以,天皇家才能得意地宣布:拥有它,才是真天子；没有它，就是假天子。所以，后醍醐天皇才敢这样宣言：没有神器即位的天皇，就是伪天皇。所以，三种神器一经出世，就分别被安置在三个不同的地方：伊势神宫、热田神宫、皇宫。

为什么要这样做？这是"不怕一万就怕万一"的世俗思维在起作用。怕神器万一失踪，怕神器万一被人抢夺。总之，怕这个观念上的神圣之物落入他人之手。如果是这样，那就是天皇家最大之痛了。

德国社会学家马克斯·韦伯说过，任何政权的支配形式逃不过以下三种：① 超能力的支配；② 传统的支配；③ 合理的支配。

从天照大神以来的神话来看，日本天皇家要延续所谓的万世一系，要维系所谓的天壤无穷，最为需要的支配形态就是第一类型的超能力支配。而要将超能力支配最大化，就必须要有观念上的神圣之物。对天皇家来说，这个观念上的神圣之物就是三种神器。

三种神器，是天皇的内化。天皇，是三种神器的外化。

## 2 三种神器的由来

那么这观念上的神圣之物是指什么呢？所谓三种神器，就是指八咫镜、草薙剑和八坂琼勾玉，简称就叫镜剑玉。它是保证皇位的宝物，由代代天皇继承下来。这里，简单地介绍一下三种神器的由来。

**（1）镜——天照大神的神体**

八咫镜与天照大神的关系，在"记纪"神话里是这样描述的：天照大神躲避在天岩屋里，为了引诱天照大神出来，由石凝姥（也叫天糠户）利用天金山的铁制作了八咫镜，对着天照大神照射。镜中映照出天照大神的神体。感到好奇的天照大神便从天岩屋里露出了身姿。

这里的逻辑关系在于：因为天照大神的身姿在镜中出现了，所以镜子里也就寄宿了天照大神的魂。而天照大神观念上是太阳神的象征，所以镜子也就同时寄宿了太阳神的魂灵。所以，八咫镜成了天照大神的神体。因此，镜子在三种神器中为最上，是皇室最神秘的至宝，是圣物。由此故，镜子里面有魔性，这一观念在远古时代就被定型了。

天孙降临的时候，天照大神把这面镜子授予了琼琼杵尊。琼琼杵尊把它带到地上界。到第10代崇神天皇为止，天照大神与大国主神一起在宫中被祭祀。但是，二神不合，难以共处。于是崇神天皇分离二神，把天照大神安置于伊势神宫的内宫祭祀，这就是伊势神宫的由来。而作为天照大神神体移至伊势神宫的就是这面八咫镜。

崇神天皇把八咫镜和草薙剑移至宫外祭祀的同时，复制了镜和剑作为替代品当作天皇的"护身御玺"。即八咫镜的真品安置于伊势神宫，其复制品安置于皇宫。这就是说，历代天皇即位时使用的镜子都是复制品。

伊势神宫与皇宫，真品与复制品，魂体分离，这在《古语拾遗》中有记载，但是真是假，无法确认。因为崇神天皇是否实在的人物，还是个问题。不能排除这样的一种可能，为了提升伊势神宫的圣性，为了确立天皇家信仰的原点，后人创造出了八咫镜魂体分离的神话。

在伊势神宫被祭祀的八咫镜，其尺寸是多少呢？《皇大神宫仪式账》里记载：直径 2 尺，内径 1 尺 6 寸 3 分。这样来看，这面八咫镜的直径至少在 49 厘米左右。

现在位于东京都的皇宫里，皇灵殿、神殿、贤所被誉为宫中三殿。这三殿的大体分工是：皇灵殿祭祀历代天皇以及皇族；神殿祭祀天神地祇；贤所祭祀天照大神的神体——八咫镜。

被日本人说得玄之又玄的八咫镜，究竟是个什么模样？可以说没有人知道。据说，这面镜子要原封不动的放在镜盒里。这个镜盒，专门的研究者是允许过目的，但是镜子本体即便是在今天也不被允许目睹。就连神宫里的神官们也不让看。偷看的人眼睛要瞎掉。这是自古以来的传说。八咫镜的镜盒每年要更换一次，都在夜半进行。替换者——迩宜（神主下面的神职）——必须闭上眼睛。

　　什么人都不能看，那怎么知道这面镜子大概是个什么样子的呢？说来也真不可思议，距今天250年的江户时代，有一名神职人员因为想窥视的欲望太强，便在替换镜盒之际，闭上眼睛，用手触摸这面镜子。这位神职人员记住了尺寸，记住了素材，记住了重量，当然更记住了触摸时的手感。通过他的证言，记录了这面不露真面目的八咫镜。这也算是一种实证方法吧。

### （2）剑——灵性的出处

　　皇室的草薙剑，在《古事记》中叫草那云剑或草那云大刀。在《日本书纪》中叫草薙横刀。在斩断八岐大蛇的时候，也叫天丛云剑。为什么会有这么多的叫法？就是为了增添神秘感。

　　天照大神的弟弟须佐之男命降临地上界，碰上一位呼喊救命的美少女奇稻田姬，她说有一条叫八岐的大蛇，每年要吞吃一个美丽的姑娘，今年轮上了她。须佐之男命听后便决定斩杀这条代表恐怖的大蛇。当时他手执十握剑，就在欲斩断蛇尾的时候，刀口崩缺。再一看，从蛇尾中蹦出一把草薙剑。惊喜的须佐之男命没有把这不可思议的剑归为己有，而是献给了姐姐天照大神。天孙降临的时候，这把剑又返回地上界。

　　到了第12代景行天皇的时代，天皇派儿子日本武尊平定东国。在伊势神宫，日本武尊从倭姬命那里受纳了这把草薙剑。

草薙剑与日本武尊的关系在于：日本武尊放下草薙剑便失去了神力的保护，遂遭遇荒神的作祟，最后死于能褒野（另一说死于能烦野）。临死前日本武尊把剑留在了宫宝媛那里，之后，宫宝媛把它留在了尾张国的热田神宫。这就是草薙剑放置于热田神宫的由来。

这里，剑所具有的灵性是什么？剑是武器，在与敌人的生命和灵魂相连的同时，也与自己的生命和灵魂相辉。拐杖般的棒状物，暗含神圣力，这是日本古来的思维。剑也是如此。剑的灵性就是从斩杀恶蛇中产生的。获取灵性是为了救人，但救人并非都需要杀人，守的功能强于击的功能。剑的这一灵性，日后演变成武士道精神的一个不灭的亮点：武士一旦亮剑，表明自己完蛋。

那么，这草薙剑有谁看过没有？听说也是在江户时代，热田神宫的大宫司和其他神职人员，出于好奇偷偷窥视了神体。但不久之后窥视到草薙剑的人都神秘地依次死去。只有一个人没有死，这个人便把这一神奇的经历记录下来。这就是神祇官代吉田家所藏的《玉签集》。书中有这样的记录：箱子里放有红土。把红土推干净，又有一个箱子，里面也有红土。红土中埋有草薙剑。尺寸为：全长 85 厘米，柄长 50 厘米。刀柄上刻有鱼的背骨，刀刃有一定的厚度。刀形如菖蒲叶状，通体呈白色，属白铜制狭缝铜剑。战后不久，日本学者后藤守一主张草薙剑为铜剑说。但这里面有个疑问：如果是铜剑的话，那是不是来自于中国？有了这个推论，"铜剑说"马上就销声匿迹了。因为日本人谁也不想把天皇家的神器，归结于来自中国。而箱子里之所以放有红土，这是因为在当时有一种观念：神圣之物必须用红土包装。

### （3）玉——更像三日月

勾玉（曲玉），形状似动物的牙，又似人的心脏，更像三日月（指阴历初三的月亮）。从远古时代开始，勾玉就寄宿着神力和诅咒力。八坂琼勾玉，坂就是尺度的意思，表明玉的大小。八坂琼勾玉也是天照大神在天岩屋里的时候，八百万神命令玉祖命制作的。

从考古学上看，勾玉比镜和剑的历史还要古老。但是八坂琼勾玉作为皇位的象征，则比镜和剑要晚近一些。《日本书纪》里历代天皇的皇位继承，只限于使用"神玺之镜剑"，未有八坂琼勾玉的记载。这里的"神玺"，有时是指勾玉，但在这里则是镜和剑的总称。

勾玉的所有者是天照大神，在她与弟弟须佐之男命互相生子的时候，须佐之男命口含勾玉诞生了天孙琼琼杵尊的父亲天忍穗耳尊。他的五世孙就是日本第1代天皇神武天皇。这表明勾玉与日本皇室的关系是很深的，这也是把勾玉一直存放于宫中的一个原因。

有谁看到过勾玉吗？第63代的冷泉天皇，多有奇妙的行为。有一天他想打开木箱看看勾玉究竟为何物。当他解开丝带的时候，冒出一股白烟，慌张之际他放弃了偷看的念头。

第95代花园天皇在日记《花园天皇宸记》里，有这样的描述：放置勾玉的木箱上着锁。木箱用青绢包裹着，四方角扎有紫色丝带。包裹的青绢如有不洁，也不予替换，而是再用一块新的丝绢遮盖其上。木箱放置的时候，决不允许倾斜。

### 3 为什么玉被排除之外？

天照大神命令天孙琼琼杵尊，从高天原降临苇原中国（地上界）之际，授予了三种神器。神武天皇即位以后，三种神器安置在宫中。但不久神镜被移至伊势神宫。神剑在日本武尊东征之际，被带至尾张国，成为热田神宫的神体信仰，所以宫中仅存的是神玉。但据《古语拾遗》记载，在崇神天皇时代，镜和剑被复制后放置宫中。这是为了圆说自奈良时代以来，皇位继承时三种神器不可缺少的理念。

天皇即位必须要有三种神器。最初是根据什么法令来的呢？是依据元正天皇的命令。遵循藤原不比等等人在7世纪编撰的《养老令·神祇令》的规定，天皇即位由忌部氏奉献镜和剑。第一位依据《养老令·神祇令》即位的天皇是持统天皇。《日本书纪》记载，690年正月，忌部氏奉献镜和剑，持统天皇即位。忌部氏是古代日本最有力的氏族之一，与中臣氏（藤原氏）一起，承担神祇祭祀。

引人注目的是，当初天皇即位只有镜和剑两种神器。为什么玉被排除在外？有以下几个说法：① 玉是随身带的宝物，故在即位时没有献上的必要。② 与镜和剑的宗教意义相比，玉的意义较弱。③ 原本就是两种神器，玉只不过是传说的物语而已。④ 天智朝（662~671）强调的是三种神器，但在 7 世纪后半制定的《飞鸟净御原令》中，只规定了镜和剑。

这里，第一点与第二点合起来的说法较为妥当。因为镜和剑分别在伊势和尾张安置，天皇即位时需要移至皇宫，这种移动产生了特别的意义。

那么，镜与剑的奉献，是在仪式的哪个步骤呢？在 9 世纪后半确定的朝廷仪式书《贞观仪式》，以及在 10 世纪初确定的法典《延喜式》中规定：践祚，即登基仪式之后，举行大尝祭，并在大尝祭中进行镜与剑的奉献仪式。

所谓大尝祭，就是天皇即位后，把新稻谷供奉给天照大神和天神地祇，天皇自己也试食的仪式。举行的日期依据天皇的即位时间确定，如果天皇即位是在七月之前，就在这一年的十一月举行；如果天皇即位是在八月以后，就在第二年的十一月举行。但是，平安时期的贵族藤原公任在《北山抄》里披露，833 年（天长十年）第 54 代仁明天皇在举行了大尝祭后，这个仪式就被中止了相当长的时间。这之后，皇位继承在天皇家内部完成，来自群臣的认可已经没有必要。那么，这以后三种神器的授予是在一种怎样的方式下进行的呢?

在奈良时代，三种神器由后宫的藏司保管。在平安时代，玉和剑放入柜内安置于天皇身边，镜安置在贤所（内侍所）。现在，镜在伊势神宫的皇大神宫（也叫内宫），剑在热田神宫，只有玉安置在皇宫里。复制品的镜，安置在宫中三殿的贤所里；复制品的剑安置在御所里。这样，从形式上看三种神器都安置在宫中，这就确保了天皇即位所用。

中世以后，随着围绕皇位继承的争斗，三种神器存在的意义被放大了。

## 4 绑架天皇，绑架三种神器

1183年（寿永二年）七月，源义仲即将攻入京都。七月二十四日，后白河法皇开始讨论安德天皇和神器的转移问题。二十五日，平家一门退出京都，领着安德天皇落魄而去。后白河法皇则逃向了比叡山。

当时的内大臣是平宗盛，他是平清盛的儿子。在失去父亲和哥哥重盛后，平氏一门的统帅就是他了。但是他在《平家物语》和《吾妻镜》里，被描述为无能的政治家。平宗盛最终作出了放弃京都的决定。并派儿子清宗去法住殿，立即安排安德天皇转移。当时安德只是7岁的小孩，是女官们在帮他作外逃准备。剑玉也随其一起逃离。而神镜则由平氏一门的平时忠，在此之前已从宫中窃取出来。时忠的姐姐时子（二位尼御前）是平清盛的正妻，所以他有这个机会。

平宗盛在京都陷落之前要带安德天皇和三种神器出逃的一个主要理由，就是为了确保平氏政权的正统性。因为即便武家的力量再强大，没有天皇的存在也不能最终解决问题。未持有三种神器，其合法性就会成为问题。

面对首都陷落和平氏一门的出逃，公家们的态度实际上是很冷淡的。因为他们本来就蔑视武士。在六波罗邸，平氏一门和安德天皇的母亲建礼门院德子合流，一路向西。宗盛的本意是向还有平氏残存势力的九州逃窜，见机东山再起。但是当时的摄政藤原基通，却在途中擅自脱离，向平信范所在之地逃窜。其他的公家们也纷纷效法，逃往比叡山，与后白河法皇合流。

大势已去的平宗盛，实际上就是绑架了7岁的天皇，绑架了三种神器。这是他的最后一搏。他想使后继的天皇无法即位。这样看来，他不但不无能，而且还谙熟三种神器的玄机。

由于平氏一门从都内出逃且带走三种神器，朝廷第一次面临没有神器的问题。这是个怎样的问题呢？

对公家们来说，朝廷的象征失去了，这是件非常大的事情。京都处于无主的状态。或是等待安德天皇归京，或是另立新的天皇，京都人无不私下暗自衡量揣测。

这时，曾经是政权主导者的平氏，已经成了"贼臣"。必须用最快的速度从平氏手中夺回三种神器。朝廷公家们最关心的还是三种神器的归属问题。用什么方法呢？追讨还是商讨？朝廷讨论了半天，没有结果。

1183年七月二十七日，刚上山三天的后白河法皇从比叡山下山，暂时返回京都。第二天与九条兼实等公卿再次议论神器的问题。

这时出现了两种声音。一个是停止追讨平氏，确保三种神器的安全；一个是加大力度追讨平氏，迫使他归还三种神器。最终，后者的主张占了上风。入京的源义仲以及追随源义仲的叔父源行家，下了追讨平氏的命令。后白河法皇也发挥了作用，通过了这一强硬的主张。

但产生了新的问题。追讨平氏的中心人物是镰仓的源赖朝、源义仲和源行家三人。九条兼实等公卿决定对这三位有功人员给予奖励。由于要奖励，就出现了"除目"的问题。

所谓"除目"就是任命官职的政务。这里的"除"，就是除去前官，任命新官的意思。这里的"目"，就是记录的意思。但按一般常规，如果天皇不在，就不能举行除目的政务。这让公家们着实感受到了"天皇不在"是个什么滋味。这时，从九条兼实的口中首次说出了"新主"，即新天皇"践祚"的问题。原先，践祚和即位意义相同。但是在7世纪后半的时候，桓武天皇首次将践祚和即位加以分离。如何分离呢？即增加了即位仪式。所谓即位仪式，就是向皇祖禀报皇位的继承，向天下万民宣誓的仪式。从这以后，凡天皇践祚之后，还必须举行即位式。但是，有的公卿则想等安德天皇返回京都再说。朝内出现了两种对立的意见。

最终，结论还是没有出来，议论也随之停止。结果，对源氏三人的奖赏，只是在口头上进行了临时的传达，需等待新天皇践祚以后再"除目"。

## 5 后白河法皇的两次占卜

天皇不在的京都，显得寂寞；天皇不在的京都，政情不稳；天皇不在的京都，什么事情也敲定不下来。这个局面，必须尽快加以改变。

围绕推举新天皇的问题，后白河法皇发表了意见：京都不能没有天子。他主张采取占卜的方法解决新任天皇问题。占卜即抽筮签，看是偶数还是奇数以决定事项。或龟卜，即熏烤龟壳，视其龟裂决定凶吉。这看似不可思议，但恰恰是当时日本的一个通用方法。如室町幕府的六代将军足利义教，就是用抽筮的方法选拔出来的。足利义持在临死前吩咐过：在八幡宫前抽签，委托神意。

人智难以抉择的时候，用神虑，这是日本人的一般思考。如1989年东京大学校长的选举，也动用了占卜。森亘校长的任期将满，第24代东大校长的预备选，在1989年2月初举行。10个学部13个附属研究所的代议员共130人投票，选出下届校长的5名候补：有马朗人（理学部教授）、猪濑博（工学部名誉教授）、宇沢弘文（经济学部教授）、本间长世（教养学部教授）和松尾浩也（法学部教授）。2月18日，举行最后的选举。第一和第二回的投票，有马朗人得票最多，但未超半数。第三回投票的结果为有马朗人和本间长世都是568票。最后，用抽签的方法决定。结果有马朗人胜出。第24代东京大学校长诞生。第二天的《读卖新闻》这样评说道：这是史上首次用抽签方式决定东大校长。

1183年（寿永二年）八月，后白河法皇把两个提案附上，进行占卜。这两个提案是：① 即便没有三种神器，新天皇也要践祚；② 等待逃往西国的安德天皇归京。二者都是很艰难的选项，选定哪一个，都不能最终解决问题。占卜的最后结果出来了。选定的是第二条：等待安德天皇归京。当然，这不是后白河法皇所希望的结果。面对这个结果，后白河法皇耍起了无赖。他想再次占卜。结果，第二次占卜得了个凶吉半分,即五五开的结论。

后白河法皇向九条兼实通报了第二次占卜的结论,并要九条兼实敲定最后的选项。九条兼实当然也是个聪明人。他看出了第二次占卜体现出的后白河法皇的强烈意志。对此,九条兼实决定用最快的速度,让新天皇践祚,以讨后白河法皇的欢心。

其实,这也是个很冷静的主张。

### 6 三种神器不在,如何即位?

新天皇践祚,面临的一个尖锐问题就是:三种神器不在,如何即位?为了解决这个问题,九条兼实提出了这样一个方案:如果依照过去的先例,即使不举行通常的仪式,也可即位。他举出了继体天皇的例子。

原来第26代的继体天皇,在武烈天皇死后作为后继者即位。他在即位前就被称呼为"天皇",到后来才被授予神器,完成正式即位的程序。这也就是说,即位可以先斩后奏。但后白河法皇有他自己的思路,他要从其他的角度来摸索践祚的可能性。

1183年(寿永二年)八月十日,后白河法皇让内大臣讨论新天皇登基的方案。要他们从"勘文"里寻找维护其合理性的依据。什么叫"勘文"?所谓勘文就是对朝廷和幕府的咨问给予回答的文书。回答者由官人和学者组成,他们对异议进行论证,提出自己的看法。没有三种神器的践祚，完全是仪式中的一个新问题，属于异议。

关于这个问题的勘文，在《伊吕波字类抄》中有所收录。《伊吕波字类抄》是平安后期由橘忠兼编撰的国语辞书。而勘文是由当时的文章博士式部大辅藤原俊经作成的。其内容由以下三方面构成：① 源于神话的三种神器，由天皇代代相传，用以治天下；② 三种神器由天神制造，授予的对象是天皇，被他人夺取或盗走是不允许的；③ 三种神器虽遭散佚，但其蕴含神意，所以必须归还。以上三点想说什么呢？

第一点暗示三种神器的存在是天皇治世的一个无法撼动的大前提。第二点表明三种神器如果被天皇以外的人占有，就失去了本来的意义。这句话的引申意义在于：如果废除安德天皇，就能让他持有的三种神器变得毫无意义。第三点强调三种神器必须回归原主。也就是说，如果新天皇践祚，三种神器必须返回。

三点综合起来的一个思路是：新天皇必须尽可能快地践祚。因为只有这样，安德天皇所拥有的三种神器，才能失去意义。

想让新天皇践祚的法理依据，总算找到了。后白河法皇对此十分满意。但随之又面临了一个新问题。从现实看，三种神器并不在宫内。因为三种神器不在，所以在举行践祚的时候，就必须有逻辑上的依据。这个逻辑依据是什么呢？就是所谓的"如在之仪"和《太上法皇诏书》。

什么是"如在之仪"？这是《论语》中的语言。其意是：如同君主就在眼前一样，要有一种恭敬、虔诚的态度。这也就是说，若举行仪式，虽然没有三种神器，但要就像有一样去行事。这个"如在之仪"，是公家苦心绞榨出来的办法。

什么是《太上法皇诏书》？这里，"太上法皇"是指退位出家的天皇。如后白河法皇就是。而所谓诏书，就是下达天皇命令的公文书，这主要用于临时的大事。三种神器不在，确实是可以称为"临时的大事"。

记录了历代天皇践祚史料的《践祚部类抄》，对这次践祚的程序作了如下的归纳：① 宣读勘文；② 实施诸卿的议定；③ 交付太上法皇的诏书。

就是依据这三部曲，1183 年（寿永二年）八月二十日，作为新天皇的后鸟羽开始践祚。这个践祚仪式，因为缺少了最重要的"剑玺渡御"，其合法性当然受到了挑战，有点名不正言不顺的感觉。连参与策划的九条兼实也对此连连摇头，说这是"希代的珍事"。但不管怎么说，后白河法皇和九条兼实绞尽脑汁的思索，从结果来看，终于解决了后鸟羽天皇的践祚这一天大的难题。

高仓天皇的第四子，安德天皇的弟弟，只有 4 岁的尊成亲王,在没有三种神器的情况下即位了。第82代后鸟羽天皇诞生。

## 7 深藏于三种神器中的暗号

但还是有问题。原来,不管怎么说,在没有三种神器的情况下,后鸟羽天皇的践祚是勉强的、不完备的,其正当性也受到诸多质疑。如据《后鸟羽院御即位记》记载,1183年(寿永二年)十月八日,朝廷在议论是否要举行节会。所谓节会就是宫廷里的一种娱乐节目,群臣聚集在天皇的周围歌舞饮宴,其目的是加强支配层的一体化。

节会这样的区区小事,之所以还有必要议论,就在于后鸟羽还没有举行过即位式。而没有举行过即位式,天皇的正当性就不被认可。经过激烈的争辩,最后的结论还是相当谨慎:在即位仪礼之前举行节会,似有不妥。

事态还在继续发酵。第二年的六月初,围绕即位仪礼的问题,议论又重新展开。有一点在议论中得到了明确:后鸟羽天皇如果再不举行即位式,再这样拖下去,恐将无法执行政务。那为什么不赶快举行即位式呢?问题点还是在于,即位式中必需的三种神器,不在后鸟羽朝廷的手中。

同年六月二十八日,再次议论是否要举行即位式的问题。多数的意见认为还是往后拖延的好。也就是说，让时间流逝，以后再说。但是，后白河法皇则向九条兼实下了命令，即位式必须举行。于是在二十九日，慌慌张张的朝廷决定举行即位式，并向伊势神宫派遣了奉币使。同年七月二十八日，后鸟羽天皇的即位式，在缺失三种神器的情况下举行。这在日本天皇家还是第一次。

从践祚到即位，花了一年的时间。让百官群臣伤神费脑的正是三种神器。作为天皇象征的三种神器的意义，在后鸟羽天皇那里发生了料想之外的变化。表面看天皇即便没有三种神器也能即位，三种神器的分量似乎有所下降。但实际上是更为强化了三种神器与天皇即位的关系。它实际上是用反向的话语作了这样的暗示：天皇正当性的最重要暗号，恰恰就深藏于三种神器之中。

### 8 宝剑沉海，最糟的事情发生

1183 年七月，三种神器被平家作为"人质"扣押。

一路向西的平氏一门和安德天皇，想在西国再起。但是，连都城也被迫放弃了的平氏政权，在西国武士们的眼中还有投靠的价值吗？平氏陷入了苦战。

首先是一之谷合战，平氏败北。其次是屋岛之战，平氏也是吃了败仗。最后激战的舞台移至坛之浦（现山口县下关市）。这是 1185 年（寿永四年）三月二十四日的事情。

与平氏正面作战的是谁呢？是源赖朝。他的军队正在追讨平氏的军队。对源赖朝来说，他是怎样看待安德天皇以及三种神器的呢？

从西国来到镰仓，向哥哥汇报前线兵粮不足的是弟弟源范赖。但赖朝对兵粮问题似乎兴趣不大，他反倒向弟弟下了这样的命令：要确保安德天皇的安全。

这是赖朝的仁慈与善心，还是赖朝不想彻底灭掉平氏政权？都不是。赖朝精通政治，更精通天皇家的系统。从今后的政治发展来考虑的话，确保安德天皇就是确保了三种神器。确保了三种神器，就确保了自身的话语权，就有了向朝廷讨价还价的本钱。

但是，弟弟没有能领会哥哥的思想精髓，更没能保护好天皇。二位尼（平清盛的妻子时子、安德天皇的祖母）看到平家大势已去，便抱着 8 岁的安德天皇，抱着三种神器，跳入了大海。这是 1185 年四月二十五日的事情。不让三种神器落入敌人之手，这是二位尼临死前的一个基本的政治判断。

入海的三种神器结局又如何呢？由于神玉是放在小箱里的，所以它漂浮于海面，被打捞了上来。本来是任何人都不能看的神玉，但在那个混乱的场面下，武士们还是忍不住偷看了一下。之后，神镜也被打捞出海。但是宝剑再怎样寻找，就是不见踪影。或许是自身较重的原因，神剑沉入了海底。麻烦来了。

追讨平家的先头部队长官源义经，在进入西国之前，被后白河法皇召见，下令一定要确保三种神器无事归京。源义经则向法皇保证万无一失。同样，哥哥赖朝也再次对弟弟范赖下了死命令，确保三种神器。这里，后白河法皇也好，源赖朝也好，能牵动他们神经的不是安德天皇的死活，而是三种神器的有无。足见在他们的意识里只有三种神器是最重要的。

宝剑没有了。征讨军总司令源义经感到这是自己的一大失策。在给赖朝的汇报中，他主动提出再次寻找。但茫茫大海，谈何容易？不得已，源义经只好转向对神意的依赖。他向宇佐神宫奉出愿文，说如果宝剑能找到的话，保证下宣旨寄进神位。本来寄进神位是朝廷的事，与源义经无关。他这样做，其焦虑和不安也可见一斑。

宝剑入海。究竟怎么办？是这样放弃算了，还是继续寻找？严岛神社的神主佐伯景弘，强烈主张探寻，因为他知道坛浦海战时宝剑沉入的具体方位。这位佐伯景弘是何许人也？他原来是平清盛的家人，在安艺国拥有为数不少的严岛神社。他还被任命为安艺守，一直到坛浦海战为止，他都跟随平氏。他知道宝剑沉入的方位，所以尽管是敌方（平氏）人员，源赖朝也必须录用他。

1187年（文治三年）七月二十日，佐伯景弘被任命为宝剑求使，允许进入宝剑入海的海域。而搜索的费用，赖朝下令由西海诸国负担。

这个时候，离宝剑沉入大海已经有两年多了。茫茫大海，再怎样探寻，可能性也只能是零。果然，在探寻了两个月之后，回到京都的佐伯景弘，向朝廷报告了结果：国家行为的宝剑探寻，以失败而告终。

但是有一个人还是不死心，他就是后鸟羽天皇。在丢失宝剑的27年后的1212年（建历二年）五月，后鸟羽再派藤原秀能，对落海的宝剑进行最后的探寻和打捞。

藤原秀能是歌人，也是后鸟羽的近臣。他能发现宝剑吗？他能捞出宝剑吗？最后的结果仍然是零。

但是在史书《太平记》（1370年成书）里，有这样一段插曲：沉在海底的宝剑，在天照大神的神力下浮出了海面。法师可以见证，剑长75~80厘米。但是后来被判定，这是假货。

平家在逃亡西国的时候，不忘带走三种神器。源赖朝在追讨平家的时候，也是围绕着确保三种神器来进行军事行动的。这样来看，三种神器的重要性连武家都知道。

### 9 天皇家碰到了新问题

入海的宝剑还是无声无息。三种神器缺一，天皇家碰到了从来没有碰到过的问题。

当时决定放弃宝剑探寻是在1189年（文治五年）

五月。与此同时开始议论该怎么办？

1190 年（文治六年），九条兼实让自己的长女任子（宜秋门院）作为后鸟羽天皇的中宫入内。这样一来，后鸟羽的元服仪（冠礼）又成了一个问题。因为这又涉及三种神器的问题。没有宝剑怎么办？朝廷对此作出决定：用昼御座之剑作为代用品。后鸟羽天皇的元服仪式在这年的正月初三举行。

这里，所谓昼御座，就是天皇御座。在清凉殿的东厢，铺着两枚榻榻米，上面再铺上垫子。而昼御座之剑，就是在昼御座边上放置的剑。由于宝剑沉入大海，只能用代用品。代用品也能代表神意？这当然是没有办法的办法。

另外，朝廷在举行仪式的时候，从来都是剑在先，玉在后。但在宝剑丢失后，变成了玉在先，剑在后。1198 年（建久九年）土御门天皇的践祚，1210 年（承元四年）顺德天皇的践祚，都是按照玉在先，剑在后的顺序进行的。

但是在 1210 年十一月，顺德天皇为了派遣奉币使，有了去伊势神宫行幸的机会。这时，后鸟羽上皇想出了一条提案。原来在 1183 年（寿永二年），伊势神宫祭主中臣亲俊曾经用赠送给后白河法皇的剑作为替代品举行仪式。这回是不是也用这把宝剑呢？结果后鸟羽的提案得到了全场的一致同意。这把宝剑的剑名叫"神宫御剑"。结果顺德天皇的行幸，就用了这把神宫御剑。于是，朝廷在仪式上又回到了剑在先，玉在后的顺序。这样，经过多次的反复，宝剑问题总算暂时解决了。

安德天皇废位，后鸟羽天皇践祚。天皇和三种神器首次得到了成功的分离。天皇家为此深感得意。但同时，未能拥有三种神器的后鸟羽天皇，也陷入了相当的困惑，因为毕竟没有先例。所以，用神宫御剑替代草薙剑，还是相当有意义的，这把剑被称为天皇家的"准宝剑"。

### 10 光严天皇的运气不错

进入南北朝时代，围绕三种神器的攻防，显得更为激烈。日本天皇家在这个时候，出了个"异形之王"——后醍醐天皇。说他是异形，主要是他颠覆了日本天皇的一个意识形态——天皇必须代表弱权政治。但他的行动并不顺利，两次倒幕均告失败，自己也不得不两次逃离京都。

第一次是在1331年八月，后醍醐天皇逃往山城国笠置，但不久被抓获。第二年三月被流放至隐岐。这里必须留意的是，后醍醐天皇在逃往笠置的时候，没有忘记带走三种神器，这和安德天皇的逃离一样。记述这一史实的材料有《太平记》和《增镜》，说后醍醐捧着三种神器走出禁里的杨明门。

但据西园寺公的妻子名子的日记《竹记》（南北

朝时期所记）里的记载，后醍醐天皇由于出走匆忙，三种神器只拿走剑玉，神镜则留在了宫里。之所以拿走剑玉留下神镜，原因不明。从推测来看，天皇践祚的时候，要举行"剑玺渡御仪"。也就是说，拿走了剑玺，后人的践祚就有被延迟或被阻止的可能。说明白点，后人就不可能成为天皇。

面对这一事态，持明院统的后伏见上皇的应对还是相当迅速的。他认为京都一天不能没有天皇。他想另立天皇。

就在后醍醐逃离京都的第二天，即八月二十六日，后伏见就向伊势神宫和贺茂社奉上愿文，期望量仁亲王（后来的光严天皇）能践祚顶替后醍醐天皇。这一做法虽然违反了当初约定的两统迭立，但对后伏见上皇来说，这是复活持明院统最好的机会。

一个月不到，即九月二十日，依据后伏见上皇的诏敕，量仁亲王完成了践祚，北朝的光严天皇诞生。而践祚时的"剑玺渡御仪"是按照"寿永之例"来进行的。也就是说宝剑是用昼御座之剑作为代用品。从这点上来说，一旦有新帝即位，后醍醐天皇就成了"先帝"。他与安德天皇的结局一样，实际上被观念性地"废帝"了。这个"寿永之例"，即后鸟羽践祚时的先例，经过150年又得到了复活。

缺失三种神器而即位的光严天皇，总有一种异样的感觉，其正当性多少会有点问题。这种感觉应该和当时的后鸟羽天皇是同样的。但是，幸运的光严天皇在践祚后的十天，即九月二十九日，后醍醐天皇被幕府的派出机关六波罗探题捕获。

与此同时，朝廷开始追查后醍醐带走的剑玉的去向。对光严天皇来说，最大的心愿就是尽快地返还剑玉，还自己一个正统性。第95代花园天皇的日记《花园天皇宸记》里，对剑玉返还的情况作了这样的记载：十月四日，幕府就关于返还剑玉的问题提出报告。这时后醍醐的态度是"吝惜"。也就是说不肯合作，不想交出剑玉。他想作最后的抵抗，交涉陷入胶着。

但就在第二天，后醍醐的态度大大软化，答应交出剑玉。照日记的说法就是"先帝已经承诺了"。

就在这一天，朝廷派人去六波罗取剑玉。首先派了鉴别剑玉的专家四条隆荫、三条实继、冷泉定规等人。他们在鉴定之后，得出了剑玉没有破损也无硬伤的结论。之后有关人员就将剑玉小心翼翼地放在一个很别致的箱柜里，火速送往京都，沿途配有大量的武士作为警卫。

剑玉返回的喜悦，是无法用语言形容的。后鸟羽时代，神镜神玉的返还，足足花了三年的时间。而这回只用了20天的时间，足见光严天皇的运气不错。这也说明后醍醐天皇谙熟皇室的政治哲学：既然即位，就必须要有神器，这是天皇家的大事。我认可或不认可你，是程序上的大事。是天皇家的事大，还是程序上的事大？当然是天皇家的事大。从这点来看，光严天皇根本就不是后醍醐天皇的对手。

返还回来的剑玉应该安放在哪里呢？这个时候，关白鹰司冬教这样提案：应该安放在内侍所。但是，花园天皇则另有说法：在后鸟羽时代，神玉和神镜无事返回了。但是这回的情况有所不同。这回的剑玉是从战场上夺还来的，后醍醐拼着老命在山中挣扎。所以，剑玉有触秽的可能。如果直接安放于内侍所，会有所忌惮。

这也就是说，后醍醐躲藏在笠置山与敌人交战，剑玉一定接触到了死人的污秽与不洁。如果就这样安放于内侍所的话，会有问题。这是花园天皇的判断。他是依据日本中世盛行的"触秽恐惧"思想来作判断的。对此，花园天皇提议，剑玉先放置于"直卢"为好。何谓"直卢"？所谓直卢就是宫廷内的小屋。主要供皇室人员会客和休息之用。有时，摄关也在这里办公。但是，围绕三种神器的攻防，还在继续。

## 11 异例中的异例

1351 年，室町幕府的将军足利尊氏决定归降南朝，废黜北朝朝廷。南朝的后村上天皇趁机攻占了京都。但不久足利义诠率幕府军收复了京都。为了断绝北朝系统的皇位，南朝军撤离京都的时候将北朝方面的崇光天皇、光严上皇、光明上皇和皇太子直仁亲王等有资格继承皇位的人物，全部押往了南朝的行宫贺名生（今奈良县五条市）囚禁。史称"正平一统"。

1352年（正平七年）二月，以后醍醐天皇的皇子宗良亲王为总督的南朝军，与上野的新田义治等人举兵，攻打镰仓。吃败仗的足利尊氏逃往武藏狩野川。南朝军乘势攻入镰仓。到了三月，足利尊氏再次使用北朝的"观应"年号。本来生出希望的南北朝的和解，算是彻底决裂了。

这个时候，南北朝之间的战斗相当激烈。足利义诠想乘这个机会重建北朝朝廷。但当时北朝的重要皇族成员都被虏往贺名生，北朝朝廷的公事被迫停止。足利义诠陷于苦虑之中，在同关白二条良基商议之后，决定让光严的第二皇子弥仁王践祚，并邀请弥仁王的祖母西园寺宁子（广义门院）担任"治天之君"。

这件事非常棘手，没有先例，明白人一看就知道是怎么回事。最终广义门院拒绝了义诠的邀请。足利义诠显得束手无策，只得向关白二条良基讨教良方。

举行践祚确实面临着许多问题。首先就是"剑玺渡御"的问题。依据先例，如果没有剑玉，只要有《太上法皇诏书》也行。但当时能发诏书的上皇都在贺名生做人质。二条良基与朝臣们商议，最终拿出了以下的结论：① 以继体天皇的践祚为例；② 宣命和剑玉都没有必要。

依据这两个结论，弥仁王践祚在1352年八月十七日强行举行。北朝第4代后光严天皇诞生。后光严天皇践祚的异常性，在小㧑晴富的《续神皇正统记》里有所反映：践祚日没有举行三种灵宝的仪式，这是依据了继体天皇的例子。在当日的仪式上，没有剑玉这一点又与后鸟羽和后醍醐相似。但他们还有太上天皇的诏书作为替代。北朝的光严和光明二帝的即位，也遵循了这一方法。但这回既没有神器，也没有诏书，属于异例中的异例。

这种强行践祚的做法，使得北朝内部出现了一种声音，一种"三种神器不要论"的声音。其实1371年（应安四年）北朝第5代后圆融天皇的践祚，也没有三种神器。但是，二条良基在《永和大尝会记》里这样记载：原本的三种神器，其实还在南朝吉野山中没有送往京都，世上的人也都是这样认为的，但是按我的思考，北朝已经拥有了一切。其根据何在？有如下两点：① 三种神器不管在天涯海角的哪端，就如同在朝廷里一样；② 神镜和宝剑真正的本体在伊势神宫和热田神宫，现在所拥有的只不过是"御代器"，是"分身"，所以就如同在宫中一样。

这个见解的新意在于，神器不论真假有无，只要政治正确，即便没有三种神器也是有意义的。反过来，如果政治搞乱了，即便有三种神器在手，也是没有意义的。

不能不说这是迄今为止对三种神器形式论最为积

极的思考。从这一思考来看，二条良基聪明地将后圆融的践祚正当化了，将北朝为正统的理论正当化了。

## 12 三种神器与南北朝合一

足利尊氏开创幕府是在 1336 年，他的死是在 1358 年，共 22 年。这是不太平的 22 年。

三年后，京都被南朝第四回占领。

尊氏死去的第九年，二代将军义诠也死去。他大半的生涯是在战乱中度过的。

继承义诠的是三代将军义满，还是个 10 岁的娃娃。但是这位年少将军的天下在执事细川赖之的主政下走向太平。他扫清了与幕府对立的一个个豪族，最后只剩下南朝。

这个时候的南朝，旗帜已经变色。征西将军怀良亲王在 1383 年（弘和三年）死去。第二年征东将军宗良亲王也死去。守卫南朝的只剩下楠木一族的楠木正胜。他是反叛朱子学的楠木正仪的长子，是对天皇家绝对忠诚的楠木正成的孙子。

足利义满向楠木正胜派遣了使者。义满这样说：南朝走向了穷途末路。今天之所以没有被攻打，只是看在正成以来的楠木一族的面子上。我们对他们怀有敬意。

但是，正胜和他的父亲不一样。在他的意识里没有"状况伦理"这一说。他拒绝了义满伸出的橄榄枝。当然，攻击也随之开始了。

千早城陷落。楠木正胜逃往十津川。千早城是座名城，由楠木正胜的祖父楠木正成在 1332 年建造。1392 年陷落，正好是 60 年。在 60 年中，南朝的局势再怎样的恶化，千早城落入敌人之手一次也没有。这座千早城还是建武新政的出发点。千早城的陷落，表明南朝在武力上的雄性功能丧失。南朝对幕府更没有讨价还价的本钱了。

对幕府来说，南朝始终是个麻烦的存在。针对幕府的不满分子视南朝为大本营，他们在那里聚集，突然翻天的可能性不能说没有。所以，义满始终热心南北朝合一的问题。

日本南北朝和解，真正露出曙光是在 1392 年（明德三年）十月。义满开出两个条件：① 南朝的后龟山天皇必须向北朝的后小松天皇让渡三种神器，并举行"让国之仪"；② 皇位的继承由南北朝交替。

对南朝来说别无选择，只有接受这个条件。因为千早城已经陷落，再要翻身谈何容易。对北朝来说有人反对合一。因为合不合一，京都也是安全的。能够维持现状就是最好的选择。而且从条件来看，第一条对北朝来说比较棘手。至今为止，北朝一直想尽办法强调自己是正统，但是如果认可第一条，就必须承认南朝的正统。因为是南朝将神器交给北朝。此外，对南朝来说虽然是个好条件，但是义满的真意究竟何在？三种神器是不是就是最后的一张牌？其背后的话语是否就是以后你南朝再也别想打神器这张牌了？

同年十月二十八日从贺名生出发的后龟山天皇，在十一月五日抵达了京都。《南山御出次第》记载：放入了三种神器的神舆，由驾舆丁担抬，出现在队伍的最前面。同日，三种神器送达后小松天皇的土御门东洞院的内里。宫廷文书《绫小路宰相入道记》记载：真品宝剑在元历的时候沉入海底，所以三种神器只是神镜、神玉和昼御座剑。它们被安置在内侍所，朝廷连续三夜举行神乐。

在北朝来看，这是南朝"让国"的仪式。对南朝来说，这是不得已的归还。从北条贞时开始的两统交替即位到这天，共历140年。从后醍醐逃往吉野建立南朝到这天，也有57年。二朝合一，终于成功。

当然，从过程来看，心存不满的自然是南朝。南朝的后龟山天皇，把神器交给了北朝的后小松天皇。与此同时，自己也就失去了治天之君的至尊地位。幕府和朝廷，对后龟山"太上天皇"的尊号宣下的问题感到头疼。因为如果赠予后龟山尊号的话，就等于承认南朝是正统的朝廷。但是，又不能不给。作为"让国之仪"的回报，赠予后龟山一个尊号，是南北朝合一的绝对条件。在争吵了一年半之后，后小松朝廷只得对没有举行过天皇即位仪式的后龟山，破例给了个"太上天皇"的尊号。对于这次的特别处置，之后的公家万里小路时房的日记《建内记》里，留了这样的一笔：朝廷"给予没有帝位的人一个尊号"。

这是什么意思呢？说明后龟山还是被认定为没有即位的伪天皇。这对南朝来说，当然是个相当大的屈辱。后龟山的不满是可想而知的。1410年（应永十七年），义满死后的第二年，后龟山上皇从京都逃离再度返回吉野，在吉野保留了南朝的势力和残党。

### 13 为什么只抢夺神玉？

1443年（嘉吉三年），后南朝纠集一批恶党，突然袭击内里（天皇邸），发生了三种神器被抢夺的事件。史称"禁阙之变"。

这年的九月二十三日夜晚，被称为恶党的一批人突然袭击内里，人数有二三百之多。首谋者有这么几位：源尊秀（后鸟羽天皇后裔）、日野有光和日野资亲父子、金藏王和通藏王（后龟山天皇御子兄弟）。他们都属于南朝系谱。幕府总感到后南朝一定会在什么时候干些什么。他们一直认为后南朝会袭击室町殿（将军邸），所以配置了有力的守卫（如今川氏、斯波氏）加以警戒。但这回袭击的对象是天皇宫邸，令幕府措手不及。内里和室町殿，是戒备等级完全不同的场所。

后南朝军放火烧了清凉殿。当时的京都朝廷是第102代的后花园天皇在位。他望着突如其来的大火，带着昼御座剑，慌忙逃往议定所。三种神器中的宝剑和神玉，由女官大纳言典侍带出。但在途中被后南朝军抢夺，神镜则平安无事。

后南朝的军事目的，并非要攻打幕府，而是要抢夺三种神器。抢夺了宝剑和神玉的后南朝党羽，迅速逃往比叡山，呼吁大家起来造反。但是幕府也并非无能之辈，其应对也相当迅速。他们从后花园天皇那里得到纶旨后，开始讨伐后南朝一党。在比叡山的一侧，与后南朝军展开决战，最后镇压了反乱。首谋者有的战死，有的被抓捕后斩首，总之是全员阵亡。但是对朝廷来说，要紧的是宝剑和神玉的下落。宝剑不久在京都的清水寺被发现。但是，神玉被抢夺后就一直没有下落，这一点令人生疑。

禁阙之变的首谋者抢夺了天皇的象征——三种神器。但是，神镜没有被抢夺，抢夺而去的宝剑又在清水寺被发现，唯独神玉不见踪影，这是为什么？

原来，宝剑的真品已经在源平交战的坛浦海战中沉没，后来出现的都是复制品。后来的天皇就用"昼御座剑"作为神剑的代用品，这也是后南朝党徒最后把抢夺的宝剑归还至清水寺的一个主要原因。因为它本身就是复制品，况且也不便携带。在后有幕府追兵的情况下，带宝剑不如带神玉。

而为什么不抢夺神镜呢？这里的一个重要原因是，神镜也有悲惨的历史，它有三回被烧损的经历。

第一次是在 960 年（天德四年）九月二十三日的夜晚，宫殿遭遇火灾。剑玉被及时救出，但是神镜被烧。火灾后查看，发现镜面并没有破损。这时人们才知道这面神镜有三面体。

第二次是在 1005 年（宽弘二年）。神镜又遭火灾，又添新伤。为此，当时的关白藤原道长开始考虑铸造新镜。但是在商议之际，有内侍所的女官报告说，看到一条大蛇正在游走。这不是神威的力量吗？当时的朝廷就是这样认为的。于是放弃了再铸造的念头，按原样奉斋。

第三次是在 1040 年（长久元年）。神镜再遇火灾，这次是彻底烧毁了。女官们收拾起破碎的镜片，放入新木箱在宫中祭祀。

这样来看，神代以来三种神器只有神玉没有受损伤。此外，神玉还有一个特殊的意味，即"王的标记"。与其他两种神器相比，它占有更重要的位置。至此，后南朝一党抢夺神玉的理由，有如下几点的推测：① 只有神玉保留了当初的原形；② 神玉比宝剑更易携带；③ 神玉具有象征王的特性。

就在"禁阙之变"的后一个星期，朝廷在东寺心事重重地祈祷神玉能无事归来。可见，三种神器之一的神玉被抢夺，使得朝廷非常不安与恼火。因为后南朝党徒在夺得神玉后逃往比叡山，他们称此行动为"临幸"。金藏主和通藏主这两个天皇的后裔，本来就想当天皇，如果再拥有神器中的宝玉，就满足了当天皇的要件。这对南北合一后的朝廷来说，当然是最糟的事态了。

### 14 神玉最后的结局如何？

那么，如何解决这一事态呢？

从 1443 年的禁阙之变到 1458 年的长禄之变，一共是 15 年。天皇家是在没有神玉的情况下存在的，但也没有发生什么令人料想不到的事情。这是为什么？

关键在于当时有一个被称为一级知识分子的一条兼良。兼良出身于一条家族。一条是五摄家的一家，在贵族中属于名门中的名门。他 29 岁就成了氏长者，之后历任太政大臣、关白、摄政等职。一条兼良既是政治家，又是古典学第一人。当时被认为是 "500 年才出一个的天才"。他的著作有古典学《花鸟余情》；歌学《歌林良材集》；帝王学《樵谈治要》；佛学《劝修念佛记》；纪行随笔《藤河记》；等等。其中，集古典之大成的《日本书纪纂疏》是一部重要著作，大概成书于 1455 年前后。引人注目的是，这本书对三种神器也有独到的论述：① 统治者（天皇）的德是其根本，三种神器只不过是形；② 对三种神器不可过于轻视，也不必过于重视；③ 三种神器中最重要的是神镜，神镜里包含了剑和玉。

这里，一条兼良鲜明地亮出了自己的三种神器原理主义论：三种神器只不过是形，德才是根本的。所以，第二点是第一点的延长线。而第三点则与后花园天皇最重视神镜有关。因为从现实来看，三种神器只有神玉完好无缺。所以兼良的解释有偏向当时朝廷的倾向。总之，天皇的正统性与正当性与三种神器没有太大的关联，是一条兼良原理主义的核心。这一主张在当时是革命性的。禁阙之变后，朝廷正为神玉不在而烦恼，而兼良提出的神器观，多少缓解了朝廷的不安和焦虑。即便神器缺失，也能保有正统性。当时的支配层开始慢慢地接受并确立了这一理念。从这点来看，一条兼良发挥了一个知识人的作用。

这里，问题的焦点依然是：神玉最后的结局究竟如何？神玉的动向出现在 1458 年（长禄二年）三月。据《大乘院寺社杂事记》记载，吉野郡小川乡的土豪小川氏与越智氏一起攻入了南帝所在地，夺回了神玉。消息传到京都，朝廷大悦。认为这次神玉归还有望。但事态还是朝着意想不到的方向发展了。夺回神玉的小川氏，流露出不想归还京都的意思。这令朝廷困惑。于是在四月，幕府派人去小川处，夸奖他夺回神玉的勇敢举动。并送小川氏一个地方的领地，送赤松氏两个地方的领地。但是，小川并没有为此所动，神玉还是不想出手。他好像把神玉当成了讨价还价的筹码。感到不快的幕府察觉到了小川氏的反常，便叫他的同伙越智氏去说服小川，但是没有效果。小川提出了更多过分的要求，幕府只得再拜托伊势国司北畠具教，出面说服小川。北畠具教派手下三人前往小川处。但是小川却命令自己的打手驱赶这三名使者，并谎言称神玉不在他这里。这是五月三十日的事情。看来这里主要的原因还是小川对朝廷给予的恩赏感到不满。但在八月二十六日，情况突变。小川决定把神玉归还朝廷。从五月到八月，三个月过去了，这其中发生了什么事情我们不太清楚，但是有一点很显然，小川对恩赏的再调整感到满意，最终同意归还神玉。

八月二十七日，以小川一党为首的徒众和警卫共200多人，一路浩浩荡荡守护神玉前往京都。二十八日到达奈良，三十日无事抵京。真是皆大欢喜，热闹非凡。这在日本历史上被称为"长禄之变"。

但是，有一个人对神玉平安归京不以为然，态度也颇冷淡，他就是提出独自神器论的一条兼良。

他露出了这样的感怀：都在做无用之功。没有先例。对神玉的归京，他作出了与常人不同的思考。言下之意，这样做有必要吗？

## 15 一种全新的天皇哲学诞生

血统主义和三种神器，是日本自古以来皇位继承的绝对原则。没有人能够撼动这个绝对原则。但是，这种绝对性，在中世以后遭遇了挑战。古代所固有的王权意识发生了显著的变化。

这种挑战，这种变化，是从一个梦开始的。1203年六月，平安末期最具历史感的僧人慈圆做了一个灵梦。在梦中，慈圆目睹了一个神秘的场面：宝剑和神玺在情交。按照心理学家弗洛伊德的说法，梦是一种愿望的达成。那么慈圆做这个梦，表达了他什么愿望呢？

先来看看慈圆在《慈镇和尚梦想记》中的解释。他说这里的宝剑等于大王，象征"一字金轮"（北极星），这里的神玺等于妻后，象征"佛眼佛母"。这个梦的隐语就是大王和妻后在情交。而情交的结果如何呢？神镜诞生了。而神镜的暗语又指向谁呢？指向天照大神，指向大日如来。

再通俗一点说，所谓天皇的诞生和存在是个什么概念呢？天台密教中的佛（一字金轮），与表示佛教之母的佛眼佛母交会后，生出了大日如来的化身。大日与天照一体化，也就等于天照的子孙们（天皇）也与大日一体化。

这里慈圆之所以取宝剑和神玺为梦境之物，就在于从符号学上来说，剑是男根的象征，神玺是女阴的象征。在中世，天皇寝所夜御殿的枕边，放着三种神器中的宝剑和神玺。其观念的表示就是天皇与作为灵的父亲（宝剑）和作为灵的母亲（神玺），一起睡觉。而神镜作为大日如来的化身如意轮观音，则被放置在叫作"二间"的屋里。这里隐含的意思是：灵的父亲——宝剑，灵的母亲——神玺，共同生出身边的一个儿子天皇——神镜。

慈圆的梦境物语，可以说很神秘，也可以说很怪诞。但就在神秘和怪诞中，慈圆不知不觉中催生了一种全新的天皇哲学。这种哲学宣布：日本中世的天皇与其说是"记纪"神话里的天皇，还不如说是佛教世界里的天皇。佛教化是天皇的本质特征，没有佛的强有力的保证，天皇的神圣性和不可侵犯性的维持就会变得困难。这就从根本上颠覆了天皇家的原点。在天台密教的《淫岚拾叶集》里，大胆地把神玺视为佛的尊形，把宝剑视为佛的象征持物（三摩耶形），把神镜视为佛的种子，就是这种颠覆的文本表现。

仅仅祭祀伊势神宫里的皇祖神天照大神，就能守护天皇家吗？就能使天皇家安心吗？坦诚地表露出这种担心的是第 73 代堀河天皇。他在临终之际，正冠威仪，读经（《法华经》）念佛。然后大叫："我马上就要死了。南无平等大会讲法华。"这表明这位天皇已经被以大日如来为中心的台密和东密的世界深深吸引，从原本的"记纪"神话里的地方性的日本王那里解放出来，走进了与佛有特别因缘的世界王（转轮圣王）的领域。从日本王到世界王，这是佛教化天皇家的野心所在。

天皇即大日如来，天皇即释伽化身。生出这一新天皇哲学的理论背景是：仅仅用天皇是天照大神的子孙的观念来维系天皇家的王权理念的做法已经过时了，难以通行了。神话必须再创造、再构筑。

天照大神维系的是天皇的神圣性；大日如来维系的是以天皇为核心的支配构造。前者诞生日本王；后者诞生世界王。从日本王到世界王，就是从神道世界到佛教世界的日本天皇家的心路历程。而揭示这一心路历程的，就是天才的历史哲学家慈圆。

天皇就是大日如来，最为极端的例子就是第94代后二条天皇开始的"即位灌顶"。用大日如来的真言，用大日如来的大印，作为天皇即位所必需的仪式用品。这个令人吃惊的仪式，在日本中世以后基本定型了。也就是从1382年的后小松天皇开始被制度化，天皇即位时不可缺少的大尝祭，实际上从中世的1487年到江户时代的1687年（贞享四年），中断了200年。但是即位灌顶，到幕末的孝明天皇为止，历代天皇都在确实地认真地实施。如果说天皇家"古代权威"的表现是大尝祭的话，那么天皇家在"中世权威"的表现就是即位灌顶。天皇显然被密教化了。

让我们印象最为深刻的是退位的白河天皇，他在1128年就宣布：是佛法保障着神灵的权威，也是佛法保护着天皇的统治。

其实，把天皇佛身化、佛教化，它亮出的是一把双刃剑。因为"成佛"的基本条件中并没有包含血统。释迦牟尼自己就是丢弃了王族的身份，修行成佛的。从这个意义说，人人都可以成佛。不论高贵低贱，只要修行即可。这就是相当危险的认识域了。是否可以这样说：即便不是天照大神的子孙，也可以成为天皇。也就是说不问血统，什么人都可以当天皇。

这是否就是日本中世"十善帝王说"盛行的一个原因？只要在前世受过十善戒，固守功德，今生就可成为帝王。日本历史杂集《古事谈》里载有第65代花山天皇的"前世谭说"。该说认为花山天皇前世是在大峰修行而死去的修验者。依据生前积善的修行之德，今生成为天皇。而天照大神的血统之说，在《古事谈》里根本没有提及。

天皇血统和神力的原点在天照大神，万事的祈愿首先应该是对天照大神的祈愿。但是平清盛的正妻二位尼抱着安德天皇跳海之际，是向西方极乐净土、向阿弥陀佛，而不是向伊势神宫、向天照大神祈愿的。她还告诉8岁的安德天皇说，"大海之下也有帝都"。这就令人想起慈圆在《愚管抄》里说，安德天皇是受惠于安艺国（广岛县）的严岛明神而诞生成为天皇的。严岛神社供奉的是龙王的女儿。这位龙王的女儿因为想当天皇就在这个世上出生，最后又回归大海。安德天皇最后也回归了大海。非人的龙王女儿，也能成为天皇。这是对神圣的天皇血统论的一个反叛。

一个新的王权神话由此诞生。

## 16 文人的用心：从三神导出三德

在慈圆做梦的时候，有一个人还没有出生。慈园死去68年后，这个人才出生。他生得及时，赶上了为后醍醐天皇效劳的最好时机。他就是能文能武的北畠亲房。

北畠家是从村上源氏中院家分离出来的名门。代代出和汉人才，代代为天皇服务。1300年（正安二年）北畠亲房被任命为兵部权大辅。之后，历任左少辨、参议、权中纳言和权大纳言等职一路晋升。无疑他得到了后醍醐的充分信任，与吉田定房、万里小路宣房并称为"后三房"（相对于平安后期的大江匡房、藤原伊房和藤原为房的前三房）。特别是在建武政权成立后，北畠亲房在后醍醐的身边发挥作用，并转战东北、关东等地。后醍醐死后，作为南朝的中枢，他是恢复南朝势力的核心人物。在常陆国的小田城与足利军交战的时候，他动笔写书。在后醍醐死去的这一年成书，这就是有日本天皇本体论之称的《神皇正统记》。

在书中，北畠亲房为后醍醐辩护说，后醍醐天皇所持的神器是真品，北朝所持的神器是赝品。为此他提出了独特的神器观：镜为正直、玉为慈悲、剑为智慧。镜代表正直，强调伊势神道，复活古代清明心的传统；玉代表慈悲，与佛教有关；剑代表智慧，从狭义来说来自中国的儒教或法家，更与武士刚毅决断的刀剑相连。

从"三神"导出"三德"，这是北畠神器观的最大特点。有三种神器的天皇之所以是正统的，就在于有三德。没有三种神器的天皇之所以是非正统的，就在于没有三德。如光严天皇在没有神器的情况下践祚，北畠亲房认定他是"伪主"。而后村上天皇拥有三种神器，北畠亲房认定他是"正统"。在天皇制中引入德治主义，在德治主义中证明天皇制的合理性，是北畠亲房的创造。但是，这里面有个问题，万世一系的血统主义与易姓革命的德治主义如何接轨？如何化解其中的矛盾？这引起了北畠亲房的注意。于是他巧妙地设计出了三种神器和三种神器象征的三德，作为天皇统治不可动摇的依据。正统（血统）和正理（三德）在这里有了看似不可能的统合。

虽然北畠亲房的出发点是为了支撑快要解体的南朝，但是一个不小心，反倒成了天皇家最得意的辩护师：光有三神，没有三德，对不起，易姓革命也是可能的。对于这种无心插柳柳成荫的做法，天皇家还是对北畠亲房心存感激，给了他一个天皇家的理论家的地位。而且这个地位，无人可撼动，连时间也不能撼动它。

从三神导出三德。这是北畠亲房对天皇家的理论贡献。在这个基础上再加以发挥的是江户时代的朱子学者雨森芳州。他说：神道者三，一曰神玉，仁也；二曰宝剑，武也；三曰镜，明也。三神一三德一神道，神器观在这里上升成了一种宗教意识形态。

如，日本历史上关于南北朝谁是正统的问题，争论了几百年。有人说，北朝控制了日本全国大部分地方，所以是实际上的统治者，应该属于正统。但有人反驳说，后醍醐天皇让渡的神器是假的，因此正统还是在南朝一边。直到1911年，日本社会主义运动的先驱者幸德秋水还振振有词地说："当今天皇难道不是从后南朝天皇手中抢夺了三件神器的篡夺者的子孙吗？"这里，幸德秋水所说的"当今天皇"是指第122代的明治天皇。话语一出，在日本国内引起一场轩然大波，政界元老山县有朋还就此咨询枢密院。最后，作为北朝天皇后代的明治天皇出面作出裁决，认定南朝为正统，北朝各天皇不列入天皇传承系列，但天皇地位及其待遇不变。因此，对后醍醐天皇翻脸的足利尊氏被视为乱臣贼子，对后醍醐天皇献忠诚的楠木正成被视为忠心的典范。这就是从三种神器生出的宗教意识形态作战。

这就令人想起水户黄门德川光圀（国）编撰的《大日本史》，用朱子学的思想强调南朝是正统的王朝，北朝是伪王朝。但问题是现在日本的皇室系统是北朝，如果他们的祖先是伪的、非正统的，这是一件多么失礼的事情。德川光圀羞得天皇家满脸通红。

## 17 存有戒心的天皇家

一个是慈圆，一个是北畠亲房；一个说三种神器是情交的工具，一个说三种神器象征三德；一个惊世骇俗，一个文质彬彬；一个诞生了天皇家的新哲学，一个诞生了天皇家的大义名分。

天皇家有了这两个卫士，是天皇家的福气？很难说。慈圆玩观念论的游戏，玩得天皇家头晕，头晕到不知是憎恨他还是感激他。破了血统论，反倒能使天皇家长治久安。从这点来说，天皇家可能会感激他。天皇家虽然有了长治久安，但代价是破了血统论，破了祖宗之法，天皇家为此可能要憎恨他。

北畠亲房上过战场，但同时又是写书的文人。他从武的角度出发，感到日本的天皇家不适宜搞易姓革命，不能走中国皇帝的模式。他从文的角度出发，认为日本的天皇家要导入新的意识形态，才能固守天壤无穷。北畠亲房是精通中国古典的。他一定熟知《春秋左氏传》里的一个物语：有一个叫王孙满的人。他是春秋时期著名的辩士。有一天他来到楚营，楚庄王上来就盘问王孙满：象征天子的九鼎究竟有多重？王孙满是个聪明之人，见楚庄王如此发问，便透视到了他的企图。他嘿嘿一笑，扔出来一句话："九鼎在德，不在重也。"

这是什么意思呢？天子之政，在德不在武。这是再明白不过的"有德者君主"的思想。

这个物语肯定启发了北畠亲房。所以他想到了将三种神器这个外在的"器"转化为内在的"器"，即三德。

德治论虽然文质彬彬，但还是向天皇家提出了这样的警告：纠缠于血统论，天皇家总有一天会从正统走向伪主，失去其存在的合理性。所以必须兼讲德治论。血统论加德治论才是万世一系的远景模式。

但是天皇家对北畠亲房的德治论还是有所警惕，生怕卷入易姓革命的恶性循环之中。因为天皇家还是看出了北畠亲房神器论的不可解的矛盾之处：因为德治论必然会走向易姓革命。

昭和天皇在二战结束后的 1945 年 9 月 9 日，给皇太子写信这样说：如果战争再继续的话，守护三种神器也将变得不可能，国民也将被杀死。所以吞下眼泪，为了保留国民的种。

这句话有好几条信息可以捕捉。其中的一条信息是：天皇家还是从外在的"器"出发来认识、来守护三种神器的，与北畠亲房的内在之"器"——三德——保持了相当的距离。

这就令人想起第 34 代舒明天皇的一首和歌。


染上夕阳与暮色的小仓山，

今夜难闻熟悉的鹿鸣声。

夜难眠，静思夜。

为什么夜难眠呢？又何以静思夜？看来还是天皇家的终极问题令他烦恼：万世一系如何成为可能。

## 6　天皇家三大异怪之谜

——日本武尊·神功皇后·圣德太子

### 1　日本武尊为何成了国民的偶像？

#### （1）为什么只有日本不描写英雄？

日本有没有英雄，这是个难题。源赖朝算不算英雄？足利尊氏算不算英雄？织田信长算不算英雄？丰臣秀吉算不算英雄？德川家康算不算英雄？他们都夺取了政权，草创了自己的家天下。理论上说他们都是英雄。但是在日本人的眼里他们并不是英雄，他们只不过是武家的将领而已。

那么，日本有没有英雄呢？日本的英雄，在《古事记》里叫倭建命，在《日本书纪》里叫日本武尊。不同的汉字写法，讲的是同一个英雄，就是"やまとたける"（yamatotakeru）。

《古事记》里的倭建命是个罗曼蒂克的年轻皇子，但也是个悲剧性的皇子。《日本书纪》里的日本武尊，背负国家权力的背景，是极为勇健的武将。这位皇子通过物语故事，成了国民的英雄，拥有很多现代的粉丝。现在的日本年轻人玩动漫，其中最为热门的主题之一就是日本武尊。

没有英雄的日本神话，随着日本武尊的诞生，终于射入了一丝亮光。因为西方式的英雄时代，在日本神话里几乎没有。一个是正在形成统一的大和，一个是城邦国家正处在割据中的希腊，国情确实有所不同。所以希腊神话本质上就是英雄的神话。对日本没有英雄时代这一定说的唯一的反证，就是日本武尊的出现。

与古希腊悲剧一样，对英雄来说悲剧的要素是不可欠缺的。这个要素在日本唯一的英雄日本武尊身上，是以一种与西方不同的方式呈现的，但他还是成了日本的英雄。

日本武尊，是日本模式的神话，是日本人观念中的英雄。强健与纤弱、暴力与柔情，自相矛盾的特质，两张颜面，还有浪漫故事以及悲剧性的凄美结局，使他成了日本极受欢迎的角色。

像许多民俗学家指出的那样，日本武尊这个形象与古希腊神话里的俄狄浦斯王有很多共通之处。这是位杀父娶母的英雄。这位男子对母亲思慕，对父亲憎恶，用这种心理构成的物语，使人联想到著名的精神分析之父弗洛伊德。他对这种叫作"俄狄浦斯情结"

的心理活动作了深刻的分析。而另一位重要的心理学家荣格则引用齐格飞的传说，提出杀龙的观念，这位英雄（齐格飞）在杀死龙的行为背后，隐藏了对父亲的憎恨。龙在这里成了父亲的象征。

在《古事记》里，这种俄狄浦斯情结的色彩更强一些。对日本武尊来说，父亲景行天皇的存在，就像荣格所言的龙的存在。也就是说，如果不能超越这位父亲的话，自己就不能出人头地。景行天皇已经完成了筑紫的远征，日本武尊也去筑紫远征。给人的感觉是这是追随父亲的不聪明的表演，他自身存在的价值没有显现出来，虽然征讨了熊袭，但也只不过是突然袭击而已。

日本武尊被命令去东征，临行与伊势神宫的异母姐倭姬告别。这一幕很有意思。《古事记》里的记述，如果翻译成带有文学色彩的中文，应该是这样的：天皇或许认为我已经死了？或许希望我去死？派野战大将远征，他好不容易才活着回来。这次派遣我去平定东方十二道恶人，明明知道我什么经验也没有，也不会打仗。而且最为恶劣的是，不派随我同行的军队。这样考虑的话，这不是叫我去送死吗？我就是这样想的。时不利兮骓不逝。父亲的意思，大概是希望我死去吧。

对日本武尊来说，母亲的存在感相当稀薄。景行天皇与妃稻目姬生有双胞胎，即小碓皇子和大碓皇子，小碓皇子就是日本武尊。母亲稻目姬溺爱长男大碓皇子，不太喜欢小碓皇子。所以小碓皇子总是抽到不吉利的签，总是让他出征打仗。

日本武尊在出发赴死之前，母亲稻目姬不在送行的现场。所以，日本武尊就把伊势神宫的斋王女倭姬看作自己的母亲。这位斋王女是景行天皇的女儿。从民俗学意义上定义的斋王女，就是用自己的身心奉仕大神灵的人，所谓奉仕也叫神婚。所以选拔斋王女的一个硬件就是必须独身，而且必须终身独身。这样来看倭姬应该是处女，异母弟弟日本武尊对她来说，就如同自己的儿子，也如同自己的恋人。倭姬把伊势神宫里存放的天丛云剑交付给了日本武尊，鼓励他再度出征。这把神剑可以理解为护身符，也可以理解为定情物。日本武尊带着它一路东征：骏河、相模、上总和日高见国（陆奥）等地相继平定。之后他回到尾张的热田神宫，奉纳神剑。

《古事记》里写日本武尊东征回到尾张国，与情人美夜受姬见面。美夜受姬说：由于生理的原因，衣服的下摆都沾上了血。日本武尊回答道：好不容易能够见面了，你却来了生理，没有办法。美夜受姬接着说：生理不会很久，等到结束再交媾吧。日本武尊欣然同意。

这段对话很感人，很有现代感。那个时代的日本男人已经知道性交要避开女人的生理，而且这个男人是日本的英雄。

（2）杀父：古希腊悲剧的再上演

在《日本书纪》里，有日本武尊在信浓国杀白鹿的记录，之后在伊吹山再杀山神的化身大蛇。而在《古事记》里，日本武尊在伊吹山遭遇的不是大蛇，而是山神的化身白猪。日本武尊对其发出挑衅的话语："即便现在不杀你，回去以后也要杀死你。"

与齐格飞的杀龙比起来，日本武尊似乎被矮小化了。但是杀白鹿也好，杀白猪也好，野兽阻挡英雄的去路这一点在象征父亲。

在俄狄浦斯王的神话里，俄狄浦斯王与旅人发生争执，打死的对手正好是父亲拉伊奥斯王。这在日本武尊的传承中也有所记载。但是朝廷的史书里没有留下这方面的记述，即便能自由表现的古代，也不可能记录日本武尊杀死父亲景行天皇的行为。

在《古事记》里，有日本武尊（小碓皇子）杀死哥哥大碓皇子并丢弃尸体的情节。记载说小碓皇子趁大碓皇子清早起床如厕时，将他抓住并折断其头部与四肢，然后用草席裹住尸体丢弃他处。弟弟为什么要杀哥哥？仇恨来自于何处？

其实，这个情节的寓意是很深的。作为双胞胎的兄弟二人，在《古事记》里没有展开杀与被杀的任何情节。那弟弟为什么会突然要杀哥哥呢？实际上，这里的哥哥大碓皇子恐怕是父亲景行天皇的隐语，是指代景行天皇。从这一逻辑上说，是日本武尊杀死了父亲，这是古希腊悲剧的再上演。日本武尊走上了俄狄浦斯王的末路。俄狄浦斯被阿波罗的神谕玩弄，杀父后与母亲结婚。当母亲约卡斯塔知道了这一切，无颜见人上吊自杀了。俄狄浦斯王则内疚地刺瞎了自己的眼睛，流浪诸国。最后时刻，伴随着声声雷鸣，眺望着故乡，安静地死去。

而日本武尊又如何呢？在情人美夜受姬的住处，他把自己喜欢的天丛云剑留下，独自登上伊吹山，由此触怒了山神。他在冷雨中行进，最后患病，再没有力气回到尾张的情人所在之地，那就回到故乡大和吧。但他病得很厉害，不能迈步。日本武尊说：我的脚就像"三重"的弯曲一样，非常疲劳。日本民俗学者说，这就是日本三重县的起源。日本学者金关丈夫注意到这个情节与俄狄浦斯王的物语很相似。所谓"俄狄浦斯"，在古希腊语中就是"脚肿"的意思。

脚三重弯曲的日本武尊，脚肿的俄狄浦斯王，叙事结构很相似。

（3）望乡王子的命运之歌

这里有个假设：日本武尊如果持有天丛云剑，那么与伊吹山神决斗的气概，他有还是没有？应该是有的吧。

《日本书纪》说，日本武尊在征服虾夷之际，发出这样的宣言："我，就是现人神之子。"这句话很耳熟。原来景行天皇也这样说过："日本武尊，形式上是我的子，实际上是神人。朕的能力缺乏，国内动乱不断。为了继承先祖伟业，为了不断王家血筋，这个神人之子好像就是天神送来的一个大礼物。"

与神的形象相近，叫神人。把神降格为人，有这样戏弄神的吗？对古代人而言，对神的冒渎，就是对自然的轻视。《古事记》里写向伊吹山出发之前，日本武尊发出这样的语言："如果这座山就是山神的话，我素手就可征服。"这里，有王子的骄傲，有王子的自负。但是，他显然缺乏敬畏，缺乏对神的敬畏之感。

日本武尊，醉倒在两次远征的成功之中。为此遭到了伊吹山神的作祟。也就是说，受到了伊吹山神的报复。如果日本武尊持有天丛云剑，他一定会与伊吹山神决斗。这是无可怀疑的。如果战胜了山神，他还要与诸神战斗。但是，英雄的日本武尊在能褒野倒下。

之后是白鸟传说。日本武尊的魂，化为白鸟，飞上天空。英雄的妻子，追赶天翔的白鸟，尽管足部受伤，但还是继续追赶。白鸟到达了河内国，在这里建筑了白鸟御陵。而白鸟自身则飞向更远的天边。

在高天原诸神看来，日本武尊的死，当然是受到了惩罚的缘故。原因有二：一个是这位英雄的父亲景行天皇，称自己的皇子为神。显然冒犯了神灵；另一个是日本武尊自己也对伊吹山神吐露过不逊的语言。于是，天皇的祖先神天照大神，以冒渎的罪名，令日本武尊死去。但是令天照大神没有想到的事情发生了。就在日本武尊死去的悲壮时刻，这位英雄的魂灵转化为美丽的白鸟，被天神招去，加入了诸神的行列。

于是这位英雄真的成神了。父亲所说的神人言中了，这是造化还是命运？这位王子歌咏望乡，遂而身死。

**大和之国，环绕的森林。**

**互相重叠成，大和好美丽。**

（4）日本武尊信仰与狼信仰

在东京乘西武池袋线到埼玉县秩父市，那里有座三峰神社。表面看，这座神社是祭祀伊邪那岐和伊邪那美这对夫妇神的。因为他们创造了日本这个国家。但实际上，这座神社是祭祀日本武尊的。

为什么要在秩父的三峰神社祭祀日本武尊？原来这座神社还祭祀另一个重要对象——狼。秩父这一带狼信仰很盛行，如狼的绘马到处可见。那么，日本武尊与狼的接点在何处？只要深入到日本武尊的传说中，就会发现日本武尊与狼有相当密切的关系。在东征归来之际，日本武尊在秩父武藏的大山深处迷路，怎么转也转不出去，每天只能靠打猎果腹。就在性命攸关的时候，出现了一头白色的山犬（狼），是它领着日本武尊走出了山间。因为狼救了日本武尊一命，狼在日本成了"おおかみ"（ookami）。"おおかみ"的字意就是"大神"。狼成了大神，日本武尊就成了现人神。

大神与现人神，这里，表现的是一种神人分离的思想。日本武尊与天皇家有关联，狼与日本武尊有关联，那么，狼与天皇家也有关联。第二次世界大战的时候，天皇被称为现人神。现人神这个古语的出处就来自这里。

依据神人分离的思想，人与狼的生活也要各自分离，这个发想在日本很早就有了。人走进深山老林，必须尊重狼的势力圈。在山中露宿的时候，为什么要烧火？单纯为了取暖？不是的。烧火就是向狼传递一个信息：这里有人在，不要靠近。为什么要烧火呢？因为狼恐惧火。此外，进入山中砍柴和采果，必定是在白天。这是为什么？主要的一点考虑就是不妨碍夜行性的狼的活动。

对人来说，狼是近距离的存在，所以狼的习性人是知道的。如果严格遵守内在规则的话，狼是不会侵犯人的，这点人也是理解的。

日本古代历史地理书《大和风土记》里就记载了在飞鸟这个地方有关狼的物语。即便是现在，在飞鸟地区的观光地图里还有叫作"真神原"或"真神丘"的地名。《大和风土记》里说，在大口（飞鸟）"真神"这个怪物时常出现。这个怪物就是吃人的狼。

通常，野生动物在人口密集的场所是不会出现的。但有的时候，伤害人的情况也会出现。即便是草食的大象，如果从象群中脱走一头，这头迷路的象就会袭击近处的集落。狮子、老虎等动物之所以吃人，就在于它们记住了人肉的味道。饿着肚子的狮子会把孩子和老人当饵食。它们是具有高等智慧的食肉动物，属于专业的"猎手"。羚羊也好，斑马也好，它们逃跑的速度相当快，抓捕它们很费劲。而抓捕人则比想象的还要简单。狮子记住了这一点，所以，比起抓捕很费劲的野生动物，还是捕食人比较轻松。

在大口（飞鸟），叫作"真神"的吃人狼出现，古代飞鸟人陷入了恐慌。所谓"真神"，是其称号而已。也就是说，从今以后我们就叫你真神，我们敬拜你，并希望你不要再吃人。

"尾随人后伺机伤人的是狼"，这是一句至今还鲜活的话语。这当然不是好的意思，但是在民间信仰看来，这也不是一句坏的话语。

狼确实有这样一种习性，对动的东西喜欢尾随。它们有确认自己势力范围的能力，对进入山中的人，它们都能感知到。

当狼跟随人回到村里的时候，村里的人会这样说：辛苦了，欢迎回来。便撒上狼喜欢的盐，狼就回去了。狼是否真的很喜欢盐？在日本狼已经绝灭的今天，这个课题已经没有办法研究了。但这也表明了人与狼之间的关系。在碰到尾随人后面企图伺机吃人的狼时，绝对是不能回头的，一回头就会有生命危险。

狼与人很近，这一点在欧洲也是相同的。但随着狂犬病的流行，对狼的偏见也就加深了。狼男，在英语里是"Werewolf"。这里有个故事。古罗马诗人奥维德笔下的古希腊国王吕卡翁，为了测试宙斯的神力，将自己的儿子宰杀，欲哄骗宙斯吃下人肉。宙斯知道后大怒，遂将吕卡翁变形成一只贪婪的狼，以示惩戒。非洲狩猎犬的名字叫利卡翁，就是源自吕卡翁的名字。

在古代日本也有狼男的记载。雄略天皇十三年秋八月，播磨国（兵库县）的文石小麻吕这个男人，力大无比且相当暴力，时常抢夺他人的物品。天皇决定为民除害。遂命令一个叫小野大树的人带领百名勇士，手握松明，火烧文石小麻吕的屋子。突然，烈火中出现一条像马匹一样大的白狗，扑向小野大树。小野大树面不改色地斩杀了这条狗。这条死狗，突然变身为文石小麻吕，就在被杀死的瞬间，它恢复了原来的人样。这个怎样阅读都像狼男的物语出现在《日本书纪》里。

秩父三峰神社的日本武尊信仰、狼信仰，从幕末一直延续到明治。从古代到近代，人们对狼都很崇敬，而狼本身也具备了让人崇敬的特质。狼，是思念家族的动物。它们绝对的雌雄配对，与自己的小狼们一起很好地生活。狼与人有一个相当大的不同，狼不会发生不伦的事情。另外，狼还能捕杀使田野荒芜的害兽，是人很好的合作伙伴。鹿也好，猪也好，都是农田的害兽，狼捕获它们，就是对人的帮助。

自然的捕食有其规律。人们为了驱逐山猫，就增加鹿的饲养。但增加了太多，鹿也会对人造成困扰。如日本国立公园日光这个地方，就因为鹿增加得太快太多，森林遭到蚕食。有日本学者就提出把狼放进日光的森林。

日本狼灭绝于日本人自己的手中。在江户时代，从海外带来的狂犬病开始流行，为此，有很多狼死去。狼是爱家族的动物，但这也会带来反效果。由于亲子关系密切，狼仔也容易感染发病。染上狂犬病的狼又感染了人。更为甚者，犬瘟热这种犬科病也使得狼的数量急剧减少。

1905 年（明治三十八年），在奈良县鹫家口的芳月楼，一位日本人猎手把一个很大的家伙交给了动物学者阿丹斯。阿丹斯把它放进了大英博物馆。这是最后一匹日本狼。大神遭遇了悲哀的命运，与此相连的现人神日本武尊，也遭遇了悲哀的命运。

这是日本天皇家的共同命运？

### （5）日本神话的希腊化现象

希腊神话中天上诸神的世界，在日本叫作高天原。希腊神话中的最高神宙斯，在日本神话中是女性的天照大神。犹太教和基督教的一神世界里，在伊甸园造出的亚当和夏娃，在日本神话里则是伊邪那岐和伊邪那美。

伊邪那美先生出了国土和诸神，最后生出叫作迦具土的火神，阴部被烧坏死去。丈夫伊邪那岐认为最爱妻子的死去是生出这个婴孩的缘故，愤怒之余用剑斩杀了迦具土。这个神话主题反映了古代产褥的悲剧。

被杀死的婴儿火神，在日本各地的爱宕神社里被祭祀。在东京也有爱宕神社。这个"爱宕"日语发音为"あたご"（atago），写成汉字就是"仇子"。为了自己的出生，使自己的母亲死去。这个婴孩应该是个不吉的婴孩。这个婴孩就是仇子，仇子就是火神。因为是可怕的神，所以要认真地加以祭祀。

这是日本人的原始思维。在日本没有恶神，善恶都是相对的。没有绝对的善，也没有绝对的恶。日本的稻荷神，就是普通的谷物神，它为什么要被祭祀呢？稻荷的正体究竟是什么呢？原来就是印度的女食人鬼荼吉尼天，是可怕的吃人夜叉的一种。所以对这样可怕之神必须认真地加以祭祀。现在稻荷还成了日本人寿司的名字，很有亲近感。但它的食人之鬼的一面，日本人给忘记了。

丈夫伊邪那岐想去妻子所在的黄泉国——死者之国。死者之国的食物放在嘴里，这样，原来的生者之国就不能回去了，具有这样的共同性的神话有很多。伊邪那岐等得不耐烦，虽然知道不能窥视，但他还是走近里屋，破了禁忌。男神突然呆然，女人躺在床上已经死了，尸体高度腐烂，其周边有一群很丑陋的妖怪，正在贪吃尸肉。

这就是他的妻子伊邪那美？男神吓得往外逃跑。突然有说话声传来：你还是看到了我丑陋的身姿，刚才躺在那里的尸体突然变成女神。男神拼命地逃，女神拼命地追。还率领黄泉军一起追赶。黄泉军就是冥府军团。

创造天地的至尊女神变成恐怖尸体的神话，这在世界上或许是没有先例的。而且，这位女神还与皇室的祖先有关联。皇室的祖先女神竟然是恐怖的、丑陋的，还是被妖怪食用的对象。看来在古代日本人那里，比起皇室的权威，还是丰富的创意优先。所以，尽管是有损于皇室形象的神话，但还是登上了堂堂的国家级历史书。

（6）定格了日本天皇的本质

《古事记》里说是在 137 岁，《日本书纪》中说是在 106 岁的时候，景行天皇死去。如果日本武尊健在，皇位的继承人应该是他。但是他在 30 岁的时候被山神咒死。异母弟稚足彦尊即位，第13代成务天皇诞生。但是日本武尊共生育了6个皇子，其中一个叫足仲彦尊的皇子运气不错，借成务天皇没有皇子出生的光，不久做了天皇，即第14代的仲哀天皇。

日本武尊是统一大和国（日本第一个王朝）的最大贡献者。但是这位贡献者，具备了恶魔的属性，属于异类的英雄。

这位异类的英雄有两张脸：未熟性和幼稚性、残酷性和暴力性。如在征讨熊袭的时候，日本武尊用欺骗的手段杀害了川上枭帅。谈不上对等，更看不到雌雄对决的样子。濒死的川上枭帅请求日本武尊让他说完遗言。但这位杀人犯没有任何情分，取出怀里的短剑，刺入他的胸口。这位异类的英雄太自信自己的力量，他天不怕地不怕，也不畏惧神力。他献出自己年轻的生命，就是对伊吹山神无谋挑战的结果。这反映了他本质上的未熟性和幼稚性。

日本学者梅原猛也这样说过：希腊式悲剧都是描绘人们因傲慢而灭亡的过程。《平家物语》也表达了这种思想。我创作的超级歌舞伎《日本武尊》中也有这样的台词："日本武尊最终患了大病，这病毁灭了这位高傲的王子。"总之，无论古今东西，使人走向毁灭的无非就是傲慢。

日本武尊在神话里登场，具有半神半人的要素。而恰恰是这个半神半人，定型了日本天皇和日本天皇制的本质。从这个意义上说，现在日本皇室的血统，就是来自这位日本武尊——身长3米的半神半人的血统。

奈良时代的《常陆风土记》里，把日本武尊称为"倭武天皇"。在那个时代，征讨西边熊袭和东边虾夷的皇子，就是天皇。

## 2 为什么要送她一个"神"字？

### （1）为什么是神功皇后征伐三韩？

皇后，即天皇的夫人。为什么不是天皇而是天皇的夫人要去征伐三韩呢？这是个大谜。

这里的三韩是指北面的高句丽、西面的百济、东面的新罗。但是神功皇后征讨的对象仅仅是新罗。

写有邪马台国历史书籍的作者，数理文献学研究家安本美典这样说：从一般国家的神话来看，王的夫人是女王、女帝。日本也有齐明天皇、推古天皇等女帝。但是，神功皇后既不是女王也不是女帝，仅仅是皇后。所以征伐三韩的不是女帝而是皇后，这是非常异常的。安本推断说，结果恐怕只有一个，作为丈夫的天皇突然死去，皇后碰巧取得指挥权并取胜了。

但另一位历史作家井泽元彦说，问题不在这里。那问题在哪里呢？问题在"神功"这两个汉字。"神功"是谥号，也叫追号，是天皇死后赠予的追号，这在明治以后成为原则。如明治天皇，活着的时候绝不叫明治天皇，是在死后才成为明治天皇的，"明治"

是追号。天皇是没有姓的，但是个人的名字还是有的。如后醍醐天皇，他的本名是"尊治"。所以在成为天皇之前，叫尊治亲王或尊治皇太子。一旦成为天皇，尊治的名字就不叫了。

日本初代天皇是神武天皇。"神武"也是谥号，但是"神"字这个谥号其实是不常使用的。谥号用"神"这个汉字的，从神武天皇到昭和天皇的124人中，只有神武天皇、崇神天皇、应神天皇三人。而且都集中在古代。这其中，开首就用"神"字的，也只有神武天皇一人，后面的二人都是"神"字在后面。

"神武""崇神""应神"的谥号，原本是作为汉字使用的汉风谥号。这里，"神武"意表初建国家者，"崇神"意表大和统一者，"应神"意表大和朝廷有力的王者。总之，带有"神"字的这三名天皇，都是丰功伟业的创建者。

那么，神功皇后的"神功"，究竟有什么伟业被隐藏了，又有什么丰功被埋没了呢？不是女帝而是皇后，却得到了谥号，而且还得到了一个连121名天皇都得不到的带有"神"字的谥号。这是为什么？

《日本书纪》里说她是征伐三韩的女杰，所以赐以"神"字。这在道理上是说得通的。但是她的丈夫是谁？日本在二战前，是没有人敢问这个问题的。因为从官方版本看她的丈夫就是仲哀天皇，而仲哀天皇的父亲是日本武尊。前面已说过日本武尊是个超凡之人。拥有一个超凡的父亲，儿子为什么是听上去非常可怜的"仲哀"呢？也就是说这位天皇为什么可怜？

《日本书纪》这样说，仲哀、神功夫妻和另一个叫武内宿祢的大臣，一同去北九州。三人在同一个房间里商量国是。不久神功皇后进入神的状态，出口的话语也成了神的语言："日本古来之神说过，海的对面有非常美丽和繁荣的国家，去征服它。"仲哀天皇听后不以为然地说道："去征服一个国家，这不是愚蠢之极吗？能相信这样的事情吗？"

显然，这位天皇没有在意刚才的"神"语。坐在一旁的武内宿祢插话道："有这样亵渎神事的吗？这对神来说是非常失礼的。"这里，神功皇后把朝鲜半岛看成是金银之国，认为必须将朝鲜拿下。但是，她的丈夫仲哀天皇则认为，攻打朝鲜还不如先征讨离叛的熊袭。为此，二人激烈争执。神功皇后感到这个天皇是个麻烦的存在。

是神功还是仲哀？是攻打三韩还是征讨熊袭？到底听谁的？最后询问神的意见。这时，仲哀天皇奏响了琴弦。奏响琴弦就是请神降临下判断的意思。

请神降临，必须关闭所有照明，在黑暗中进行。传出琴声，琴声在继续，在继续，突然，琴声断绝。神功皇后慌忙点灯一看，仲哀天皇已经断气，死于密室。

神的意见倾向神功皇后，赞同攻打朝鲜。对此唱异议的仲哀天皇被神惩罚。他死于神的愤怒，因为他冒犯了神。

在这一点上，父子确有相通之处。父亲日本武尊也是因为冒犯了伊吹山的神而遭到神的诅咒。但日本推理小说作家高木彬光写过小说《邪马台国的秘密》，揭秘神功皇后与武内宿祢联手，在密室里杀害了仲哀天皇。这位作家还写过小说《成吉思汗的秘密》，专门通过解谜还历史本来面目。作者如果不掌握独家史料，谁会相信他的说法？

**（2）神功皇后是什么时候怀孕的？**

问题的复杂性还在后面。从《日本书纪》的叙述来看，神功皇后是第9代开化天皇的曾孙，气长宿祢王的女儿。母亲是葛城高额媛，母方之祖是新罗王子天日枪。她是第14代的仲哀天皇的正妃。

神功皇后最后是依从神的旨意，踏上了征伐三韩之路。但就在这时，皇后怀孕了。腹中的胎儿就是后来的应神天皇。那个时候，怀孕的女人是不能上战场的。神功皇后也清楚这一点。她便用石带缠卷腹部，使腹部冷却，达到延缓出生的目的。《日本书纪》是这样描写的。

其实，这里隐含了一个更大的谜。《古事记》和《日本书纪》在仲哀天皇的死期表述上是不一样的。仲哀天皇死于九年二月六日，这是《日本书纪》的记载。仲哀天皇死于八年六月十一日，这是《古事记》

的说法。这是日本年号产生前的事情，那个时候没有现在的平成多少年的说法，因为年号还没有成立，当然也没有西历的表述。所以只能这样表述：某某天皇的某某年。这是一方面。

另一方面，应神天皇的诞生日是哪一天？是仲哀天皇九年十二月十四日。这里的问题是，如果说仲哀天皇的死期是《古事记》所表述的八年六月十一日。那么皇后应该是在这个时候怀孕的。这样的话，即便属于晚胎也应该是在第二年的春天时（三或四月）生产。但是，仲哀天皇的皇子应神天皇，是在第二年十二月十四日出生的。这是超出想象的。

再按照《日本书纪》仲哀天皇死于九年二月六日的说法来看。仲哀天皇在黑暗中弹琴而死，即便是在死去之前皇后突然受胎，皇子应神天皇到出生为止是10个月零10天，但实际的怀孕时间可能更短，早出生的可能性更大。所以《日本书纪》写用冷石缠腹使其推迟出生，令人生疑。

其实，《日本书纪》还写了另一个重大事情。仲哀天皇还有另外两个皇子存在。这两个皇子与神功皇后不和，所以皇后对他们也没有任何感情。这样来看仲哀天皇另外还有正妻，生下了两个皇子，即仲哀天皇真正的儿子，但是与神功皇后无关。所以应神天皇再怎样看都不像是仲哀天皇的皇子。那么，应神天皇到底是谁的儿子？从父亲的候补来看，武内大臣最为可疑。

武内宿祢这个人，是传说中非常有名的人物。在现代日本漫画里也经常出现他的形象，据说活了几百岁，经历了许多历史性大场面，是一个异怪之人。这里的一个有意义的假设是：如果说这位武内大臣就是应神天皇的父亲，神功皇后就怀上了与天皇家血脉不一致的别人家的孩子。天皇的血缘从仲哀天皇这里发生了断绝。神功皇后开启了新的天皇家系。

新家系的应神天皇，就像神一样的伟大。神功皇后的"神功"，也有从天皇家脱出，开始新王朝之意。所以，后人在应神天皇的谥号里，加了一个"神"字。在母亲神功皇后的谥号里，也加了一个"神"字，均属新王朝的第一代。

（3）神功皇后是新天皇家的母亲？

神功皇后作为巫女收到神意，在怀孕的时候坐船去讨伐三韩之一的新罗。于是这位孕妇成了对外侵略的鼻祖。神功皇后征韩是1000多年后丰臣秀吉征韩的前例，这两个人也是现代韩国人最恨的日本人。

神功皇后既是传说，也是现实。于是神功皇后是不是就是女王卑弥呼？神功皇后与身边的大臣武内宿祢，这两个人的关系的确和卑弥呼与"男弟"的关系相似。武内宿祢据说是以后在大和政权里掌握实权的巨势、平群、苏我等氏的祖先。中国吉林省出土的"光开土王碑"上记载日本辛卯年征韩，其时间与神功皇后的军事行动不谋而合。日本古代史研究家以此认定这是神功皇后存在的佐证。而今日学界则更偏重认为这也许只是一个巧合。但不管怎么说，神功皇后之所以被日本人炒得沸沸扬扬，最大的亮点就在于她生出了应神天皇。但是，这里的问题是，如果她是与丈夫仲哀天皇生出的这位"遗腹天皇"，也不具有任何的亮点。

之所以有亮点是因为应神天皇是其他男人（武内宿祢）与神功皇后所生。

这样说的话，神功皇后就是新王朝的母亲，就是新天皇家的母亲。天皇家的御用文人为了树立她的光辉形象，便虚构了带孕出征的神话。而且征伐的对象是新罗，三韩中最强之国。

在明治维新以前，有人将神功皇后提升到天皇或准天皇的地位。这是为什么？在明治维新时期，有人提议并实施了一项经济政策：发行以神功皇后为肖像的大日本帝国纸币。这又是为什么？

所以，以前一直难以明白的这两个为什么，现在终于明白了。这就是神话与现实，在日本人手里巧妙的逻辑展开。而支撑这一展开的就是早稻田大学教授水野祐。他提出古代天皇家系统发生过三次变动，即著名的"三王朝交替说"。

第10代崇神天皇开创"古王朝"（三轮王朝）时代。第15代应神天皇诞生后进入"中王朝"（河内王朝）时代。第26代继体天皇诞生后进入"新王朝"（近江王朝）时代。每个王朝的血统都不相同。日本天皇家的历史其实就是一部王朝交替史。

应神天皇是大和朝廷第一次兴隆期的天皇，只要去大阪的羽曳野，就能看到应神天皇的巨大古坟。日本的天皇陵，论面积，在堺市的仁德天皇陵最大，但论高度，应神天皇陵最高。

日本近畿地名的近畿，其"畿"是王者居住的土地之意。在今天包括奈良县、大阪府、京都府等地方。从应神天皇陵的巨大来看，光靠"畿"的力量恐怕难以建造，应该是全国总动员的结果。这说明应神天皇时代的日本，已经有了统一的政权。

原来，神功皇后为新的天皇家作出了巨大的贡献。

所以，日本天皇家的人也就毫不吝惜地给了她一个"神"字，一个最高规格的汉字。

母亲有一个"神"字，儿子也有一个"神"字。是母亲的缘故还是儿子的缘故？这里展开的一个论题是：是母亲生出了儿子还是儿子生出了母亲？也就是说，神功皇后这位母亲是从儿子应神天皇这里诞生的？子生母，物语世界逆转的秘密或许就在这里。

日本历史学者远山美都男在《天皇诞生》[1]里，就警示了这一可能性。

---

① 〔日〕远山美都男：《天皇诞生》，中央公论社，2001。

## 3 圣德太子何以成了日本人的梦？

### （1）对太子大加礼赞是为了什么？

日本第 29 代的天皇是钦明天皇。这位天皇最大的业绩就是为日本天皇家贡献了四位天皇。

钦明天皇与石姬结婚，生下第 30 代敏达天皇。钦明天皇与坚盐媛结婚，生下第 31 代的用明天皇和第 33 代的推古女帝。钦明天皇与小姊君结婚，生下第 32 代的崇峻天皇、穴穗部皇子和穴穗部间人皇女。

其中，崇峻天皇是钦明天皇的十二男，用明天皇是钦明天皇的四男，推古女帝是钦明天皇的三女，敏达天皇是钦明天皇的次男。

第 30 代的敏达天皇与第 33 代的推古女帝结婚，生下竹田皇子。第 31 代的用明天皇与穴穗部间人皇女结婚，生下圣德太子。这位太子为什么叫圣德？是谁为太子大加礼赞？

原来是有日本正史之称的《日本书纪》。而《日本书纪》又是谁牵头编撰的？是天武天皇。那天武天皇为什么要礼赞太子呢？

在回答这个问题之前，先来看看《日本书纪》是如何礼赞太子的。如太子的母亲，穴穗部间人皇女在临月的时候于宫中散步，在马屋前突然临产，生下太子，名字叫厩户皇子。这个"厩户"就是马屋的意思。这显然是模仿基督诞生的传说。据考，这个传说在 8 世纪已经传到了日本。

又如，诞生不久的太子就能开口说话，表明"圣智之人"早开金口。但这也是抄袭了中国《史记》里的故事。太子同时还模仿释迦诞生之际，指向天与地曰："天上天下唯我独尊。"长大之后，太子能同时听八个人的陈述，并分辨出其中的道理。所以他又有"厩户丰聪八耳命"之称。

再如，太子死后，王族、群臣、天下民无不悲叹。好像老人失去了子女，幼孩失去了父母一样。农夫则停止手中活，哭叫声响彻整个街巷，太阳失光，月亮失辉，天崩地裂，后世该依托谁呢？

最后，太子的老师、高句丽的僧侣慧慈，听说太子死去，悲痛欲绝道："日本的诞生是太子的圣德。"并发誓："明年太子的命日，自己一定去死。在净土世界面会太子，一同救济众生。"果真，按照自己的预言，在第二年的太子命日，慧慈高僧离开了这个世界。

日本历史上，这样大加礼赞一个人，前无古人，后无来者。为什么要这样做呢？也就是说，为什么要大书特书圣德太子的光辉形象呢？这是日本历史的一个谜，也是日本天皇家的一个谜。

（2）难以置信的家庭出身

具有"圣德"之光的太子，其家庭出身如何？很少有日本人关注这一点，而这一点恰恰是解开圣德太子之谜的关键。

圣德太子的父亲是用明天皇。但太子18岁的时候，父亲已经死去五年。因为留有财产，故生活上没有问题。那个时候这块土地上的第二有势力者是苏我马子。这位马子有一个女儿叫刀自古郎女。马子想把自己的女儿嫁给太子。最后梦想成真，二人生下儿子山背大兄王。

圣德太子的母亲穴穗部间人皇女有个哥哥，后来也当了天皇，叫崇峻天皇。从辈分上来说，崇峻天皇是太子的伯父。但是这位伯父后来被暗杀了，凶手是太子的妻子刀自古郎女的外国语教师东汉直驹。

太子的妻子和这位犯人有不伦关系。最终这位妻子想抛弃丈夫和儿子与犯人逃跑。但是在最后时刻，这位犯人被妻子的父亲苏我马子杀死。太子的妻子接受不了这个事实，就追随死去的犯人东汉直驹自杀了。

太子的母亲，是父亲用明天皇的后妻。用明天皇有个先妻，生出的儿子叫田目皇子。在太子眼里他是异母的哥哥。母亲在五年前成了寡妇，或许是耐不住寂寞的缘故，或许是性欲太旺盛的缘故，这位太子的母亲又开始搞对象。这回搞的对象恰恰就是太子的异母哥哥，父亲的长子田目皇子，二人还生下佐富女王。

有一天，圣德太子到妻子的父亲那里商谈一些事情。又有一个意外的新发现。自己妻子的父亲与他的叔母（推古女帝）正在密通。太子对这位叔母还留有幼时的印象，很漂亮，很可爱，还很会烧菜。

上面所写的事是真是假？虽然很难判定，但是日本人气历史作家丰田有恒，写有《圣德太子的悲剧》[①]，里面就是这样描述圣德太子的家庭环境的。

此外，圣德太子本人也是个玩弄女人的高手。他在自己的住处把没有结婚的女人引进来，生出自己的孩子。在他的后妃里，皇族出身的只有一个人，其他都是诸氏女人。圣德太子先与刀自古郎女结婚，生出山背大兄王、财王、日置王和片冈女王；与位奈部橘王生出白发部王和手岛女王；再与膳部菩岐岐美郎女生出春米女王、长谷王、久波太女王、伊止利女王、三枝王、伊止志古王、麻吕古王和马屋古女王，共计8男6女。

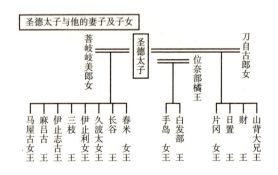

圣德太子与他的妻子及子女

① 〔日〕丰田有恒：《圣德太子的悲剧》，祥传社，2001。

毫无疑问,圣德太子是一位现世享乐主义者。

**(3)暗杀天皇为什么怀疑到太子?**

圣德太子的正妻是苏我马子的女儿刀自古郎女。她还有一个别名叫河上娘。镰仓时代的《圣誉钞》里就有太子妃河上娘与东汉直驹密通之说,说明历史作家丰田有恒这样写是有根据的。

苏我马子之所以出面杀死东汉直驹,并不是因为他暗杀了天皇,而是因为他抢占了苏我氏的女儿。这在《日本书纪》里有记载。

这里令人生疑的是《日本书纪》为什么要这样记载呢?为什么要写苏我马子不报公仇报私仇呢?其中隐含了怎样的意图?背后的话语又是什么呢?莫非是暗示杀死崇峻天皇的主犯,不是东汉直驹,也不是苏我马子?那么是谁呢?

犯罪搜查的一条铁则是:谁得益最大谁就越值得怀疑。那么,从当时的人群来看,随着崇峻天皇的被暗杀,谁得益最大呢?圣德太子。

在日本天皇家,第30代敏达天皇、第31代用明天皇、第32代崇峻天皇,这三代天皇都是兄弟继承。但是到了崇峻天皇的时候,没有兄弟相佐,兄弟继承变得不可能。那崇峻之后是谁呢?不错,从结果来看,崇峻天皇之后是推古天皇,她是日本天皇家第一位女帝。

推古女帝是谁?她是圣德太子的父亲用明天皇的妹妹,敏达天皇的皇后,是太子叔母。推古的身上有苏我氏的血统。

但是在当时天皇必须是男性。如果是男性的话，当初的候补者只有两人：一个是竹田皇子，一个是圣德太子。

竹田皇子是推古女帝与敏达天皇所生。关于竹田皇子的资料，史书里几乎没有记载。有两个原因：一个是这位皇子太年轻，根本不入眼；一个是这位皇子根本没有当天皇的资格。

问题在于，如果竹田皇子即位的话，作为母亲的推古女帝应该是没有异议的。但是最终竹田皇子没有即位。这位皇子不但没有即位，而且还早死，比母亲死得还早。但是死因是什么？年龄为多少？没有人知道。

另一个就是圣德太子。当时是 19 岁。在古代，这个年龄是堂堂大人的年龄。而且从出身来看又是用明天皇的皇子，血统上不存在问题。所以从这个角度来看，这个说法也能成立：太子是当时的唯一候补者，皇位继承非他莫属。

但是这位被视为唯一的候补者，却没有能成为天皇。非但没有成天皇，还让天皇家突然冒出个女帝？为什么不是太子是推古呢？况且太子离皇位最近，又是个男子。现在想来也是有点奇怪的。

从结果来看圣德太子没能成为天皇，而让叔母捷足先登了。这是为什么？就在于太子当时不在状态。不在什么状态？不在即位的状态中，或者说不能即位。首先是上面所说的家庭环境，家庭环境乱糟糟，完全看不出是圣人之家和天皇之家。其次是崇峻天皇的暗杀事件。

从动机论出发，这场暗杀最有可能的凶手是谁？可以列举出好几位。圣德太子就是其中一位，而且是相当重要的一位。杀死天皇，杀死伯父，然后自己当天皇。他处在被怀疑的立场上。他满足了这场暗杀所要的基本要件。当然，事实上暗杀与太子没有任何关系。他既不是凶手也不是黑手。但就是因为与自己没有任何关联却遭到怀疑、被视为凶犯，精神上的打击是巨大的。

所以丰田有恒在《圣德太子的悲剧》中说，推古女帝为此制定了如下的目标：第一步是暗杀崇峻天皇。第二步是将暗杀的黑锅转嫁到太子身上。第三步是在暗杀后的空位期间，自己先做天皇，等待儿子的成长。第四步，也是最后的一步就是将皇位让给儿子——竹田皇子。

**（4）圣德太子患上了精神病？**

崇峻天皇遭暗杀是592年。圣德太子当时是19岁，虚岁实际上只有18岁。18岁的青年遭到这样的怀疑，而且被怀疑的罪状是暗杀天皇，其精神上的打击是可以想象的。于是有了太子患上精神病，然后到温泉去疗养的说法。

在天皇被暗杀之后的592~596年四年间，太子本人并不在都城飞鸟。而是去了伊予（现在的爱媛县）。去伊予干什么？去温泉治病休养。有证据吗？有。

日本有一本集地理、历史与物产等内容于一体的地方志性质的史料书籍，叫《风土记》。这是在713年按照朝廷的命令编撰而成的。在《风土记·伊予国》里有一段记载：596年（法兴六年），法王大王（指圣德太子）与慧慈法师、家臣的葛城臣下等人来到道后的神井温泉。太子为温泉的不可思议而感动，写下了赞赏的碑文。碑文曰：上有太阳与月亮，下有温泉滚滚来。

为什么太子对温泉有感激之情呢？为什么会有不可思议的神秘感呢？原来温泉缓解了他的病情，身心得到了暂时的恢复。恢复健康的太子再度回到都城飞鸟，开始了政务活动。

所以《日本书纪》说太子在推古女帝即位的第二年就开始摄政是不可信的。太子至少有四年的时间在伊予的神井温泉疗养。

这里的问题是，既然推古女帝不喜欢圣德太子，并想让他背暗杀天皇的黑锅，那么为什么又允许太子复归政界呢？

这与推古女帝的皇子早死有关。推古在位36年，于628年死去。死之前留下遗言说要与儿子葬在一起，说明皇子早于母亲死去是个事实。而且皇子没有生子，也没有听说有妻子。表明他在很年轻的时候就死了。推古又没有其他的儿子。身边最亲近的人就是侄子圣德太子了。推古只得就近启用并不愿意启用的圣德太子辅佐国事。太子复归政界所做的事情依次是：计划出兵新罗、出台冠位十二阶、制定宪法十七条、翻译佛教经典、编撰国史、派出遣隋使等。

（5）死因成谜两条原则

太子的死是在622年（推古三十年）的二月二十二日。这是《上官圣德法王帝说》里的说法。

法隆寺金堂释迦如来像的光背铭，记载了相关的情况：先是母亲穴穗部间人皇后死去，接着是太子患病。在看护太子的同时，膳部夫人也病倒。先是夫人于六月二十一日死去，然后太子在六月二十二日死去。三人同葬一处。

如果以这样的记载为真，那么令人无法理解的是有这么巧合吗？夫妻二人一前一后死去。如果硬要寻找合乎情理的解释，就是太子患了传染病，夫人因此感染上。二人先后死去。

但如果是染上传染病的话，日本的史书似乎没有必要隐瞒病情。更没有必要隐瞒夫人的死因。从这个角度来考虑的话，太子的死，绝不是传染病的缘故，而是发生了某种难以想象的事情导致太子的死亡。

圣德太子有三位妻子：位奈部橘王、刀自古郎女和膳部菩岐岐美郎女。三位妻子中身份最低的是膳部夫人。太子为什么要与身份低下的人合葬？从当时的常识看入葬首先看身份，这是一方面。

另一方面，在古代日本，殡期的长短决定死去之人的身份。贵人之死，一般殡期较长。这是为了呼唤放置棺木里的魂灵能够再生。属于天皇身份的人，一般的殡期为一年。

那么，圣德太子的殡期是多久呢？出乎意料的是异常的短。

为什么异常的短呢？就在于太子的死，死得异常，死得见不得人。死得异常，就属于"无念的死"。而"无念的死"就有一个镇魂的问题。唤魂与镇魂，哪一个更为要紧？当然是镇魂更为要紧。为了不让怨灵作祟，所以必须尽快安葬。

在日本历史上，也有类似的做法。如崇峻天皇死去的第二天就下葬了。作为一位天皇，为什么没有殡期？原来就在于这位天皇是被暗杀的，属于"无念的死"。为了防止他的怨灵作祟，就必须尽快镇魂，所以必须马上安葬。

这里，就引申出两条原则。① 异常死的人（暗杀、自杀等）殡期极短或干脆没有殡期。② 由于殡期短，没有时间建造陵墓，便用合葬的方法解决问题。

这是高贵之人异常死的埋葬原则。圣德太子正好符合这两条原则。

（6）圣德太子是自杀死？

太子的死，如果按照《日本书纪》的说法是621

年二月五日。并明确记载是在当月安葬。也就是说殡期最多只有20多天。这样短的时间不可能建好陵墓，所以太子就与母亲合葬。

但是如果采用光背铭的622年二月二十二日死去，当月下葬的说法，太子的殡期就更短了，最多只有7天。更为重要的是，太子死去的前一天，夫人死去。于是太子与夫人一起合葬。其实这也是很奇怪的。这就引出一个问题，这二人究竟是怎样死的？

法隆寺留存的三大史料：药师如来像的光背铭、释迦如来像的光背铭和天寿国绣帐，都记述了太子的死。

621年（推古二十九年）十二月太子之母间人大后崩。翌三十年正月二十二日太子患病，服侍病患的膳部夫人也随之病倒。二月二十一日夫人死去，翌日太子死去。

但是，最近几年又有新的史料发现。在《太子传历》中，描写了膳部夫人的死。

推古二十九年的春天，太子在斑鸠宫里。有一天，太子叫膳部妃淋浴，自己也随之淋浴清洁身子。穿上干净衣服的太子对妃子说：今晚我要死去，你也跟我一起死吧。妃子只得服从，穿上干净的衣服，与太子躺在一起。第二天早上，二人都没有起床。打开房门一看，二人已经死去。

这样来看，二人属于"心中"，即自杀而死。

《太子传历》这本书是日本在10世纪左右编撰的。编撰的目的是为了向佛教僧侣强化太子信仰并将太子神格化，信用度当然会有一些问题，但是绝对不会贬低太子，也绝不会在太子的脸上抹黑。如果太子是正常死亡，决不会编造自杀死。实际上，在平安时代就有"太子心中说"。《太子传历》只是真实地反映了这个说法。合葬还有物理的证据，即太子庙。大阪府南河内郡太子町睿福寺里，有太子的陵墓。

支撑自杀之说的还有一本叫作《法王帝说》的书，里面这样记载："太子死前向身边之人说了这样的话：前日死去的夫人想喝水，我没有允许。我叫她死后去喝斑鸠里的富井水。"这段记载也间接证实了太子和夫人二人是服用了某种药物。药物吞下后，嘴干要喝水。

这里又引出一个问题。如果服药物自杀能成立的话，那么太子为什么要自杀？

在基督教世界，自杀就是罪过。对基督教徒来说，所有的东西，包括生命都是造物主（神）的作用使然。自己的生命自己随意地加以处置，是不被允许的，是冒犯神灵的行为。

但是佛教没有这样的思想。佛教徒没有创造万物的造物主（神）的信仰。佛教的思考方法是人的生命是永远存在的。也就是说，人在佛教世界里是永生的。人的死，只不过就是从这个"世"到那个"世"。所以同样是自杀，基督教徒有罪恶感，佛教徒是没有罪恶感的。圣德太子弘扬佛教，从这个立场来看，自杀对他来说没有包袱。此岸不留人，便到彼岸去。这正好迎合了他晚年失意的心态。于是绝望的太子与妻子一起服毒自杀。而晚年失意的原因是什么？据说有两个。

一个是在618年高句丽的使者带来消息说隋朝灭亡了。对太子来说，隋是日本新兴国家建设的样本，他向隋朝学习了很多东西。但曾经使自己充满希望的国家灭亡了，太子的孤立更为深刻。

另一个就是皇位继承无望。推古女帝并不想把皇位让给他。60多岁高龄的推古，曾写情诗给苏我马子。

> 苏我马子啊，
>
> 如果你有马的话，
>
> 一定是日向之驹这样出色的马。
>
> 如果有太刀的话，
>
> 一定是吴之真刀一样的太刀。

这里，"日向之驹"和"吴之真刀"的用语引人注目。

女帝莫非骑过"日向之驹",使用过"吴之真刀"?驹马与太刀,使人联想起马子和推古的男女情事。不管有无,这首诗歌唱出了推古对马子的信赖关系则是千真万确的。果真不久朝廷的政治实权又回到了马子这边。

《日本书纪》中太子的功绩都集中在青年时代。具体地说,19岁被立为皇太子;29岁出台冠位十二阶;30岁制定宪法十七条。从30岁以后到622年49岁死去的19年间,看不出太子做了些什么,这是很奇怪的。一定是发生了对太子不利的事情,《日本书纪》不便表述。这19年的空白恐怕就是太子失意的19年。太子死后,推古女帝还在执政的舞台上。这表明,新一轮的权力斗争以太子的完败而结束。

### (7)江户时代的太子暗杀说

除自杀说之外,在江户时代还盛传圣德太子暗杀说。江户时代的国学者片山蟠桃,他从神道至上主义的立场出发,批判信仰佛教的圣德太子。他说过这样的话:太子弘扬佛教不是为了天下安泰,而是想着自己的天位,太子的权力欲非常强盛。

引起片山蟠桃注意的是河内国下太子寺(现大阪府八尾市太子堂的大圣将军寺)里残留的"缘起画卷"。打开画卷,有太子与母亲、妻子、儿子四人被毒杀吐血而死的场面。当时寺庙里的僧徒们感到这幅画卷不同寻常，便想方设法保存了下来。

于是，片山蟠桃在《梦之代》里这样推理。圣德太子一开始就崇拜佛教。正好苏我马子也信奉佛教。共同的信仰使他们走得很近。但是即便是太子取得了摄政权，真正的实权还是在马子的手中。而且推古女帝料想不到的长寿，使得太子即位的可能性在降低。渐渐地太子对马子的专横产生不满与憎恨，二人处于一触即发的状态。终于马子先下手为强，毒杀了太子和他25人的大家族。二十年后，太子的儿子山背大兄一族也遭到苏我入鹿的追杀。山背也是个有人望的皇子，与皇位也相当接近。他被杀的场所就是法隆寺。

如何评说这个暗杀说？公允地说，太子暗杀说有其致命的弱点。因为很显然，如果真是苏我氏暗杀了太子，那么《日本书纪》完全没有为此事加以隐瞒的理由。《日本书纪》的主题之一就是批判苏我氏的专权。《日本书纪》应该将暗杀事件放大记载才是。

因此，在是暗杀还是自杀的问题上，太子自杀说应该说比暗杀说更能自圆其说，更接近日本历史的真实，也更接近圣德太子的真实。所以，学者梅原猛在他的名著《被隐藏的十字架》里，将法隆寺定说成是为太子镇魂的寺。这就间接表明太子的死不是暗杀而是自杀。因为只有自杀才是对不满和憎恨的一种抗争，一种无声、无力的抗争。是谁引起了太子的不满和憎恨？自然那个人的心里很明白，所以建造了法隆寺，动用镇魂装置降低或消解太子怨灵的作祟。

据说，历史上的法隆寺有七个未解之谜。而七个未解之谜中有两个就与太子有关。一个是法隆寺五重塔上的九轮插有四把镰刀。一说镰刀是为了封住圣德太子怨灵而设计的。另一个是因可池内的青蛙都是独眼。这是为什么？原来位于连接西院伽蓝与东院伽蓝的石板路附近的因可池，曾建有太子居住的斑鸠宫。据传太子在学习的时候因为蛙声太吵而用毛笔点了青蛙的眼睛一下，从此此池中的青蛙都只有一只眼睛了。这显然是安抚太子将其圣人化的一种献媚的说法。

（8）日本人有一个不灭的梦

从一般论来看，所谓历史都有两个版本。一个是为权力制作的历史，一个是被权力隐藏的真实历史。用这两个版本的历史观套用到圣德太子的身上，我们看到的是什么呢？

对日本人来说，圣德太子是个梦，一个很大的梦，一个不灭的梦。以奈良县为中心，太子创建的寺有500座以上。在日本太子信仰无所不在。

《三经义疏》即《法华》《维摩》《胜鬘》三经的注释书。其中，《法华义疏》被认定是太子的手稿而保存。明治初年从法隆寺寄赠至皇室，现为宫内厅所藏。

但就是被皇室认为是家宝的东西，现在看来也是假的。何以见得？已故京都大学教授藤枝晃的研究，为这一观点提供了支撑。他是日本"三经"研究最出色的专家。在对《胜鬘经义疏》的研究中，这位教授从中国北朝到隋代的数十件《胜鬘经》注释书着手进行比较。通过比较研究，这位教授得出结论：太子所撰的《胜鬘经义疏》与敦煌出土的《胜鬘义疏本义》，内容一半以上相同。显然是前者抄袭了后者。《三经义疏》原本属中国制造，流入太子的手中，即是输入品，如果署上自己的名字就是抄袭。这位教授最后坚信，他的这一说法基本可以确立。

圣德太子制定的宪法十七条也有争论。历史学家津田左右吉认为这是《日本书纪》编撰者的创造，不是太子的思想。其中重要的一条证据就是十七条中有"国司""国造"等词语。在太子制定宪法的那个时候，日本还没有"国司"这一官职。此外，推古朝的时候官僚机构还不很发达，因此反倒先生出了规定官人的道德和规则，显得有点不自然。还有冠位十二阶，正统说法也是太子的创作。但是中国史书《隋书》里有倭国制定冠位十二阶的记载。从时间上说这是 600 年的事情。而太子的冠位十二阶是 603 年的事情，时间上不吻合。

对此，日本中部大学教授，历史学家大山诚一提出这一假设：厩户皇子有其人，但圣德太子是虚构的。①

　　而另一位历史学家小林惠子则干脆认为太子是隋朝时西突厥的英雄达头可汗，他越海来日本，摇身一变，成了圣德太子。其主要证据是圣德太子曾致书隋炀帝，开首为"日出处天子致书日没处天子无恙"。而在达头可汗写给东罗马皇帝的信中，也有"世界之七大首领，七国士之君长敬罗马皇帝曰："的说法。它们的语调实在太相像了。另外，圣德太子之所以最终无缘皇位，就在于他是渡来人——外国人，而渡来人是不能当天皇的。②

　　但是这一切，并无关乎太子的伟大与神圣。这又是为什么呢？原来日本人把圣德太子与天皇制搭载在了同一块电路板上。无力的日本天皇，没有运气与中国皇帝相比，其结局就是作为"神器"被神秘地包裹起来，落了个被当时的权力者利用其权威的命运。但是换一个角度看，日本的天皇制之所以能够长期存在，日本的天皇制之所以在不同的历史转换期还能发挥作用，日本的天皇制之所以多少呈现了中国式的圣天子的样子，恐怕就在于《日本书纪》塑造了圣德太子这个人物形象。

---

①〔日〕大山诚一：《圣德太子和日本人》，凤媒社，2001。

②〔日〕小林惠子：《圣德太子的正体》，文艺春秋，1990。

逻辑的先入观应该是这样的：必须塑造一个形象。这个形象不是天皇本身，但在观念上比天皇还要天皇。这个形象必须集万事于一身：正统、地位、有能、高贵、政治力、学力、作歌、仁慈、立法、信仰、天龙等。这个形象还必须如同海市蜃楼一样，时隐时现，让人憧憬，让人向往。

于是，圣德太子被巧妙地置于律令国家形成的出发点上。天皇制随着圣德太子的信仰而隆盛，最终确保了不灭的火种。这里，天皇制与圣德太子被不动声色地悄悄等同了起来。所以如果怀疑太子的实在性，就是涉及皇室的尊严问题。

这个设计是相当精湛的。天皇制是日本这个岛国诞生的唯一的价值观。是这块土地的宿命。而圣德太子并不象征活生生的权力，而是清净无垢的神圣的存在，是伟大理念的体现者。这个设计者是谁呢？就是天武天皇。日本成为律令制国家是从他开始的。日本的天皇制也是从他开始的。从大王到天皇，表征着日本古代天皇制的完成。

世间虚假，唯佛是真。这是圣德太子的至理名言。这个"真"是否就是要日本人信奉圣德太子？信奉从天皇制剥离出来的天皇教？

626 年五月，苏我马子死去。四年前的 622 年二月，圣德太子死去。推古女帝也在苏我马子死后的两年，即 628 年三月死去，75 岁。就此，日本飞鸟时代最大谜案的三大当事人，全部死去。但，谜案依旧是谜案。生出的各种解谜，只不过是将谜案抹上了一层更为迷人的色彩而已。

# 7 藤原氏与天皇家之谜

——日本皇室的构造者是谁？

## 1 藤原那一望无际的树荫

对日本天皇家来说，8世纪初有两件大事。

一件是712年（和铜五年）《古事记》成书，一件是720年（养老四年）《日本书纪》成书。这两本书的成书，对天皇家来说，是强化了天皇的权力，还是削弱了天皇的权力？日本的史学家们考证来考证去，得出了"强化"的结论。

但是，如果从藤原氏的发家历史来看，这两本书的出炉，恰恰是削弱了天皇的权力。天皇被边缘化是从这个时候开始的。藤原氏独裁体制的确立也是从这里开始的。这是好事还是坏事？从坏的角度来看，天皇的权力受到限制。从好的角度来看，因为权力受到了限制，反倒能万世一系了。天皇家应该感到万幸的是，好在有了藤原氏。

从古坟时代初期到明治为止的千百年间，日本出现了三种独裁体制：一个是皇室，一个是藤原氏，一个是德川氏。

但是这里要注意的是，这三种体制的更替，不是后者的体制打倒前者的体制，而是后者的体制蓄积于前者的体制中，并把前者的体制作为权威的象征温存起来。比如，藤原氏把作为国家权威象征的皇室温存起来，自己作为天皇的代理行使权力；又如，达到武家政权顶点的德川氏，把以皇室和藤原氏为中心的律令政府温存起来，并受其政府的委托，以征夷大将军的名义行使权力。摄关是太政官的代行机构，幕府是摄关的代行机构，这是日本特色。

这和中国不一样。中国是在王朝不断交替的过程中，延续皇帝的独裁体制。中国没有太政官这个制度。太政官的名称也没有。因为所谓"太政"就是皇帝的政治。所谓"太政官"就是代行皇帝政治的官。这个制度，在皇帝独裁的中国是难以实施的。

与此对应，日本天皇家一开始独裁权力的意识就较弱，并有太政官来代行。而太政官则由藤原氏掌控。之后，藤原氏又向幕府交出实权，这个形式被固定化，就是德川三百年。

日本正仓院里，保存着一个叫"国家珍宝账"的文书。文书里面记载了两个"厨子"。一个是"赤漆文观木厨子"，是经由天武、持统、文武、元正、圣武、孝谦天皇相传的名品；另一个是"赤漆规木厨子"，是经由藤原镰足、藤原不比等、藤原光明子继承的。第一个"厨子"象征天武和持统开始的天皇历史，第二个"厨子"象征藤原氏主政的历史。这个由光明皇后献出的传家宝，表明了藤原氏与天皇家之间，有一种令人难以看透的关系。

在"记纪"神话成立之前，天皇并不是神。从"记纪"开始，高天原—天孙降临—万世一系的神话开始登场。这是在7世纪末8世纪初由藤原不比等创作出的杰作。藤原氏不是精巧地利用了皇室，而是巧妙地把皇室变成藤原氏的一部分。这种体制就是世人所说的天皇制。

日本的著名诗人在原业平，在慢慢地吃透了藤原氏与天皇家的关系后，这样动情地写道：

> 比以往任何时候都要漫长，
>
> 正是藤原那一望无际的树荫；
>
> 有多少人啊，
>
> 他们隐身于，
>
> 这棵大树的繁花之下。

### 2 皇室构想者是我父亲，完成者是我

历史学家谷泽永一说过，藤原不比等是不输于

他父亲的日本一级政治家：制定《大宝律令》，修订《养老律令》，指导编撰历史书，自己的女儿藤原宫子是文武天皇的妃，生下的外孙成了圣武天皇，与后妻县犬养三千代之间生出一女安宿媛（光明子，即光明皇后），成为首皇子的妃，首皇子与安宿媛之间则生有阿倍内亲王（之后的称德，即孝谦女帝）。藤原不比等成了圣武、孝谦两代天皇的外祖父。

不比等让四个儿子掌控藤原四家，成了日本历史上的权门势家。男家有仲麻吕（惠美押胜）登场；式家有广嗣、百川、绪继、药子等人；京家有滨成等人；后来形成藤原主流的北家，诞生了冬嗣、良房、基经等人。他们奠定了藤原摄关家的基础。藤原忠通则是五摄家之祖。总之，在藤原一门中，不比等占据了重要的位置。他实际上是藤原一门之祖。因为不比等的父亲中臣镰足在被授予藤原姓的第二天就死去了。

构想日本国家的基本原理是：让天皇持有权威，藤原氏握有权力，再输出女儿，建构外戚的后宫。这个政治框架在不比等的手里有了实施的可能。这显然不是中国的模式。在浮世的世界，除了罗马教皇，权威和权力能这样漂亮的分离，这种例子还真难找。

但是，逃不脱的宿命是，在不比等死后，藤原四家开始内斗，最后的胜出者是藤原北家。进入到平安时代，这个藤原北家独占了摄政和关白，成了历代天皇的外戚。平安时代的中后期，是藤原家最繁盛的时期。

"皇室的构想者是我父亲，完成者是我。"不比等如此宣称（带有强烈的使命感和自豪感）。

这里生出的一个问题是：为什么藤原氏不主张自己当天皇？或者，极端地说藤原氏为什么不想杀死天皇？原来，从源头上来看，藤原氏的祖先是春日大社祭神的天儿屋命。这位天儿屋命在神话里扮演了什么角色呢？

由于须佐之男命的乱暴，天照大神躲在天岩户。为了引诱天照大神出来，众神采取了很多方法。其中的一个就是向天照大神送上祝词。而送上祝词的这位就是天儿屋命。在皇孙琼琼杵尊天孙降临的时候，天儿屋命也跟随他一起降临。从源流上来看，向皇室祖神奉侍的神之子孙，是中臣氏。之后又赐予这些神之子孙新的姓——藤原氏。不比等的父亲藤原镰足就是天儿屋命的十三世孙。这也就是说，藤原氏远在神代的时候，就处于为皇室奉侍的地位，是天皇家身边最为信赖的家臣。由此故，藤原氏作恶天皇家，或者用暴力推翻天皇家自己当天皇的野望，基本没有。

再从原理的构想来看，下面两点的完成者是藤原不比等。①日本的王权，一经诞生就必须是一元化的。中国的皇帝是从地上指向天上的龙之子，也就是说是龙的化身。而日本的天皇，是从天上降临地上的神之子，也就是说是神的化身。②为了王权的一元化，至今为止的大王也好，大君也好，都要以天皇的存在为前提统合起来。统合的基准是血脉。依据血脉来继承，这就是皇统。

依据不比等的这一构想，698年（文武二年）文武朝廷发出了这样的诏书：只有不比等的子孙才能获有藤原姓。不比等直系以外的藤原姓，恢复至原先的中臣姓。

这是什么意思呢？原来天智天皇在赐予中臣镰足藤原姓的同时，其他的中臣姓的人也借光得到了藤原姓。所有中臣家系的人，在接受这个姓的时候，有一种共同的感觉：是不比等在帮他们。不比等的存在，就是他们的存在。但是，文武天皇的这份诏书则斩断了他们与藤原氏的连接。

这是谁的意志表现呢？当然是不比等的意志表现。自己了孙以外的亲缘者，都统一画线，与藤原姓无缘。我才是掌握天皇家命运的人。我的子孙们也要这样做。朝臣们在惊讶的同时，顿然生出对不比等的畏惧感。

不比等把父亲得到的藤原氏，只限定于自己的子孙，其他的藤原一族回归于中臣姓。然而中臣也是个不坏的姓。原先的中臣就是掌控神祇祭祀的氏族，有神与人相沟通的意味。从藤原再到中臣，在道理上也通。所以这帮亲缘者虽然被划出，但也没有太大的牢骚可发。

不比等的深谋远虑还表现在取消天皇身边女人嫔

号的问题上。在这之前，天皇的妻子分为皇后、妃、夫人、嫔四等。王族以外的女性不能成为皇后，也不能成为妃。所以，不比等的女儿宫子也只能是文武天皇的夫人。文武天皇除了正妻宫子之外，还有纪竃门娘和石川刀子娘这两位嫔。由于不比等的命令，这两位的嫔号被剥夺了。为什么要剥夺这两位的嫔号呢？因为很显然，如果女人连嫔的地位都没有，即便和文武天皇之间有子嗣，要取得皇子的资格基本上没有可能。正是为了防止天皇家有新的竞争对手出现，才设定了不比等—宫子—首皇子这条线。这是一条从藤原氏到天皇家的直通线路。这确实是需要大智慧、大手笔才能有的决断。

可以这样说，不比等的野心达成是在 701 年。当时他获得的位阶是正三位大纳言。比不比等还要上位的，在当时有左大臣多治比岛，但他在这一年死去。而右大臣阿倍御主人已经 68 岁了。大纳言石上麻吕属于物部系统的人，是个阿谀奉承者。曾把大友皇子的首级交给天武天皇验证，年龄也已 62 岁，对不比等构不成威胁。

707 年（庆云四年），文武天皇死去。首皇子还刚刚 7 岁。暂时由文武的母亲阿倍皇女（草壁之妃）即位，元明天皇诞生。第二年，右大臣阿倍御主人死去，不比等升任右大臣正二位。这时候的左大臣是 6 年前的大纳言石上麻吕，他比不比等大 20 岁。从实力看显然是不比等占优。不比等在麻吕死后，固辞了左大臣和太政大臣的邀请，形式上的第二把手（右大臣）则一直做到他死去为止。

不贪最高位，永远是藤原氏必须要死守的底线。从镰足到不比等到道长，我们看到了这一底线的延续。

### 3 利用女人获取生存之道的老手

藤原不比等最初的妻子是娼子。她是被天智天皇诛灭的苏我麻吕的弟弟苏我连子的女儿。不比等与娼子之间生出长男武智麻吕是 680 年的事情。结婚应该是在 670 年的后半，当时不比等 20 岁左右。娼子的父亲连子曾在齐明、天智两朝担当过大臣，女儿结婚数年后死去。可以说是个没落的名家。这正好与在天武体制下无法出头的不比等相匹配。他与娼子之间除长男之外，还育有次男房前和三男宇合。

不久，不比等又与地方中小豪族出身的加茂氏女儿加茂比卖结婚。在身份上她也基本与不比等同格。他们之间生有女儿宫子，后来成了文武天皇的夫人，所生之子就是后来的圣武天皇。宫子的妹妹娥子据说也是加茂比卖所生，她与天武的孙子长屋王成为夫妻。

与娼子和加茂比卖的结合，是在不比等无位无官的时代。天武天皇之死，点燃了不比等出世的野心。后来揽到手的女人是死去丈夫（天武天皇）的妻子五百重娘。她是新田部皇子的母亲。这位五百重娘原本是父亲镰足的女儿，与不比等是异母兄妹的关系。这种血统关系的混乱，在古代日本相当普遍。

藤原不比等是个皮肤白皙、有风度的贵公子。他与五百重娘之间在 695 年生下四男麻吕。与五百重娘结婚，不比等最大的收获就是他成了新田部皇子的义父。这就与天武天皇有了平级的感觉。为此重臣们都对他刮目相看。因为其他的重臣即便想与五百重娘结婚，也是难以办到的。到 695 年为止，不比等拥有四个儿子和一个女儿。

亮点是不比等的婚姻还在继续，而且还有相当的重头戏。不久，不比等看中了后宫里有实力的女性县犬养三千代。她作为侍女在天武天皇的御代，在鸬野皇后的后宫里做过事。她还是轻皇子，即文武天皇的奶妈。这位县犬养三千代是生有二男一女的人妻，丈夫是美努王。这位美努王的父亲栗隈王，在壬申之乱的时候，担任过筑紫太宰帅。县犬养三千代生育的两个儿子，一个是葛城王（后为橘诸兄），另一个是佐为王，女儿是牟漏女王。这位女儿后来嫁给了不比等的次男藤原房前。

机会出现在 694 年。这一年美努王升任太宰帅，赴任筑紫。但县犬养三千代没有随丈夫同行，而是作为女官留在后宫。就是在这段时间，她与不比等擦出火花。当时二人已经不年轻了。是真的相恋而结合还是不比等单方面的强行下手？没有这方面的相关史料。但是阅读了下面这段文字，或许能明白他们之间是真爱还是假爱：不比等的残香好像还留在县犬养三千代的身上。体内的各种器官像火烧一样不能抑制，能永远留住他的残香就好了。县犬养三千代在叹息。

但是县犬养三千代脑海里浮现出丈夫美努王怨恨的神情，以及想在自己身上发泄情欲的不能自控的眼神。美努王憎恨与他竞争的那个男人。

县犬养三千代相信不比等的风暴头脑。但同时也担心万一一步踏错，那就肯定破局。她怎么也睡不着。静谧包围着宅邸。县犬养三千代起身点亮灯火，拿出纸，快速地写下一行字：丈夫有与大王决战的准备。请拿出万全的计策。盼等。

卷上纸，封上蜡，趁天还未明，趁美努王还未醒，差人送往不比等的馆内。读着县犬养三千代的信，不比等兴奋得睡意全无。完全在他的料想之中，他太有把握了。县犬养三千代对不比等来说，是绝对爱恋的对象。不比等对县犬养三千代来说，是绝对信任的对象。

701 年，不比等与县犬养三千代生下一美女叫安宿媛（光明子），就是后来的光明皇后。这年县犬养三千代应该是 36 岁。之后，县犬养三千代又生有一女叫多比能。这位多比能与县犬养三千代前夫美努王的儿子葛城王（橘诸兄）结婚（属于同母异父兄妹间的结婚）。

715年，县犬养三千代升任后宫的长官（尚侍）。与不比等再婚的价值体现了出来。养老五年（721）正月升为正三位。天平五年（733）正月十一日，县犬养三千代死去。在死去这年的十二月被追封从一位。760年又追封正一位，并赠送"大夫人"的称号。作为非皇族出身的女性，在死后也能享有如此的荣誉，日本史上她是第一位。她比不比等多活了13年。不比等在720年死后不久，县犬养三千代就出家孤守寂寞了。但她心里还是想着不比等。这位生前深获持统、文武、元明三朝天皇之宠的女性，对她来说最称心如意的一件事就是她与藤原不比等的臣民血统，流入了天皇家。

不比等与县犬养三千代结婚，应该是属于重婚。重婚在日本古代也是被禁止的，属于"奸"的范围。但不比等和三千代都没有受到处罚。生下安宿媛的时候，美努王正在筑紫的太宰府出勤。可能是考虑到了违法性，更为了逃过京人的耳目，不比等故意安排他去很远的筑紫。但是美努王最后还是知道了。面对权势倾朝的不比等，他能做什么呢？只能忍气吞声。

利用女性获得力量，是不比等的一个谋略。如与县犬养三千代的婚姻就是为了操纵后宫的政略。而操纵后宫的目的是为文武与宫子的结合，作政治上的先期布置。

## 4 不比等是谁的儿子？

不比等的身世是个谜。他的父亲藤原镰足也是个谜。父子俩的谜有相通之处。

藤原镰足的夫人是车持君国子的女儿与志古娘。所谓"车持"，顾名思义就是从事车舆活计，为大王家服务的氏族。"君"则表明在地方豪族中能与大王家保有一定关联的氏族。但从"车持"的字眼来看，属于职掌，也叫"伴造"。"伴造"身份的人，也能赐予"君"姓，是很难理解的。

这样说来，车持属于二流的氏族。和这样氏族的女儿结婚，显然降低了镰足的身份。说不定这个"君"字还是镰足获得了"大织冠"这个最高位之后才有的。

镰足出身于常陆国的鹿岛，因为有点文化，属于秀才类型，被中臣本家收为养子。镰足和与志古娘之间生有两个儿子，一个是定惠，一个就是不比等。定惠在大化改新之前，即643年出生，但不比等的出生年月是个谜。

镰足在有一段时间里，与轻皇子（后来的孝德天皇）走得很近，想替代中大兄皇子（后来的天智天皇）担当革命的主役。孝德天皇就把身边的女人阿倍小足媛送给镰足。据说这个时候阿倍小足媛已有身孕。天皇把怀孕的女人送给听话的臣下，从这点来看，定惠是孝德天皇之子的可能性很大。这位定惠尽管在表面上是镰足的长男，但在父亲还没有生出次男（不比等）的时候，就入了佛门。而在他11岁的时候，又作为遣唐使的一员，留学唐朝，这是653年的事情。

定惠入唐的理由，说得好听一点是为了学习唐朝的先进文化，说得难听一点就是定惠的存在对镰足而言是个麻烦。而按照日本古代史专家直木孝次郎的说法，派遣定惠入唐是为了充当间谍。不管怎么说，有一点是可以肯定的，当初渡海去中国，其生存率是一半对一半。冒着这么大的风险把一个才11岁的孩子送往海的对面，对镰足来说，定惠肯定不是他的最爱。说不定想让他死就是镰足的一个想法。

那么，这样做的主要动机是什么？恐怕就在于，孝德是中大兄皇子的敌人，最后死于中大兄之手。而定惠如果是孝德之子，镰足与中大兄搭档，就有一定的危险性。

665年（天智四年），结束了12年的留学生活的定惠，回到了日本。定惠回国的时候，与在朝鲜半岛滞留的唐将军郭务悰同行。这就生出一个说法，那时百济已经灭亡，定惠是接受了唐的授意，作为亲新罗派返回日本的。但是在归国后的两个月，定惠被百济人暗杀。据说，暗杀的命令是中臣镰足下的。因为中大兄皇子当时的政治立场是倒向百济的。中大兄依据他的宠臣镰足的意向，杀了定惠。

就在暗杀定惠的第二年，即654年，镰足被授予紫冠。这是可与大王家王族匹敌的冠位。与此同时，天智天皇又赐下两位后宫的采女给镰足。这就是在《万叶集》里也有出场的安见儿和镜王女。

不比等出生于659年，与定惠之间年龄差是16岁。从这点来看与志古娘是不比等的母亲是难以想象的。不比等是镰足46岁时所生，与志古娘也应该是这个年龄。所以如果问不比等的母亲是谁的话，安见儿或者镜王女，她们之中的一个的可能性很大。从不比等的后半生来判断，母亲是镜王女的可能性更大。

这位镜王女一生都是谜。她患病的时候，连天武天皇也要亲自慰问，这就非常奇怪。从这点推测，镜王女应该是大王家的皇女。而且从天武也要亲自出马来看，应该与天武家有血缘关系。镜王女的墓地属于舒明天皇的墓域。按照正史，天智和天武都是舒明的儿子。镜王女是不是他们的异母妹呢？作为异母妹的她，被天智看中成为情人的可能性不能说没有。是不是有这样一种可能：天智使得镜王女怀孕，然后再把镜王女转送给镰足？镰足与这位天智和天武的异母妹结婚，生下不比等。这样来看的话，一个惊天的结论就呼之欲出：不比等的母亲就是镜王女，不比等的父亲不是镰足而是天智，不比等的身上有着天皇家的血统。

659 年出生的不比等，按照《尊卑分脉》里的说法，幼年的时候被安置在山科的田边史大隅那里。说是为了避"反常"。避什么"反常"呢？发生了怎样的事态需要去山科避难呢？是不是和大海人皇子的对立，天智有了预见？后继人如果被杀，那可不得了。于是暂时先寄存到山科一带避"反常"。田边氏是百济系的渡来人。而百济系则是天智最放心的渡来人。大概在 660 年的时候，不比等就在田边史大隅的馆里生活。不比等的名字最初也是"史"。天智为什么要这样关照不比等呢？是看在他的政治搭档藤原镰足的面子上吗？不可能。天智不看任何人的面子。他自己就是最大的面子。那么剩下的一个解释就是：天智是不比等的父亲。

### 5 大权在握的太政官——不比等构思之一

日本的律令制由《大宝律令》和《养老律令》构成，完成者是藤原不比等。不比等把自己氏族的利益巧妙地放了进去，使中国的律令变形，削弱天皇的力量，抬高太政官的作用，这是他的用心之处。从这点来看，日本的律令就其本质而言是使藤原独裁体制具有可能性的律令。日本相当的一段历史就是藤原氏繁荣的历史。日本人姓藤原的也很多。带有一个藤字的姓也很多，如加藤、伊藤、佐藤、斋藤等，占日本人姓氏的比例超过了 1/20。

律令的故乡在中国。中国重视律，日本重视令。因为规范中国社会的是礼，中国的律就从礼中衍生。而令只作为律的补充。律是中国国家的基本法，令是日本国家的基本法。所以，从法制这个角度来说，中国要比日本来得早，来得齐备。

《大宝律令》对天皇地位的规定是：天皇在律令法之上，天皇的意志、行动等不受规制。天皇是律令的制定者，天皇的权限超越律令。

可以说，这是中国皇帝的地位在日本的翻版。但是在现实的政治操作中，天皇的地位又是另外一回事。也就是说，规定的和做的可以不一样。建前（表面上）和本音（实质上）可以分离。日本人在实施律令的时候，就开始玩文字游戏了。

在中国唐代，皇帝是金字塔的顶端。其下设有三省，即尚书省、中书省和门下省。尚书省实行诏令统合百官，中书省作成、记录和传达诏令，门下省审查中书省的诏令。三省表面呈各自独立状，但均由皇帝来统合。皇帝按其自己的意志，决策国家最高的决议。

比如：为了抑制容易集中权力的尚书省，皇帝可以向中书省下命令发出诏敕。而为了抑制中书省的立案诏敕的权限，皇帝可以向门下省下命令提出异议。因此中国的皇帝其实是非常忙的。据说隋文帝从早到晚忙于各种裁决，有时甚至连吃饭的时间也没有。

与中国行政的三省构造不同，日本是行政的二官构造。这二官是太政官和神祇官。在日本的《养老令·职员令》中，没有设立中国式的三省，但设立了一个统合三省的机构太政官。从机能上来说太政官是三省的一元化，是代行所有政务的最高决议机关，只要天皇给予承认，就可以处理一切事务。但是，太政官也不是权大无边的，它不能参与和代行神祇的事务。

这里的逻辑思路在于：废除三省的目的，是为了让权力集中于太政官。而权力集中于太政官，就使得天皇的独裁权力难以发挥。这就与中国皇帝区分开来。

如果说，太政官是统合三省的机构，多少还有点中国式样的话，那么，神祇官则完全是日本式的，是日本的独创。日本的律令把神祇官放在太政官之上的位置。这就决定了在形式上神祇官要比太政官地位高。这是日本的律令和中国的律令不同的地方。这个不同，就决定了日本非常重视祭祀活动。

神祇官的作用有二。一个是执行大尝祭、大祓等20个宫廷神事，另一个是把握地方的神社。10世纪的中叶，有个叫《延喜式》的法令集，这里面有个"神名账"，属于神祇官管理的神社在里面都有记录。神名账里的神社又叫"式内社"。现在日本主要的神社基本都是式内社。但是有两个神社除外。一个是祭祀楠木正成的神户市凑川神社，另一个是祭祀菅原道真的京都市北野天满宫。一般而言，日本各地较具规模的神社，都与皇室有关联。

这里，较为奇妙的是律令的设计者为什么要让神祇官来支配神社？原来想通过这个支配来维系天皇制。天皇是祭祀活动的君主。在天皇的职责中祭祀占有非常大的比重，而且是任何人都无法替代的。摄政和关白可以替代天皇的政务，但是不能替代天皇的神祇活动。再幼小的天皇，哪怕是还抱在母亲或祖母的怀里，幼帝也必须亲自参加神祇活动，如即位式、大尝祭、节会等。说日本的天皇就是祭司王或宗教王就是出自这里。

日本太政官的最后演变就是藤原一族中的北家垄断了太政官的所有职能，代替天皇行使统治权。这种体制在日本的政治中得到了稳固的确立。如当藤原家失去势力后就出现了院政。当平家活跃于政治舞台之后又代替天皇行使权力。继之源氏消灭了平氏。之后是幕府又开始代行太政官的职责，最终以这种形式发展成为武家政治。

这样来看，其演变的一条线是：太政官—藤原北家—院政—平家—幕府—武家政治。但是与其平行的神祇官没有发生这样的演变。这是为什么？因为神祇官的最高统率者是天皇家。除天皇家之外其他任何人都不能参与。虽然在序列上神祇官要高于太政官，但这与政治没有关系，更与体制没有关系。

再看唐的六部设置，分别为吏部、户部、礼部、兵部、刑部和工部。在日本则是八省设置。分别为式部省、民部省、治部省、兵部省、刑部省、大藏省、宫内省和中务省。这里，日本的式部省相当于唐的吏部；民部省相当于唐的户部；治部省相当于礼部；兵部省和刑部省相当于唐的兵部和刑部；大藏省和宫内省相当于唐的工部；而中务省则相当于唐的中书省。

但是，相当于中书省的中务省，为什么包含在太政官中？中务省的中务卿，和其他七省的长官正四位下相比，是正四位上，比其他省的长官高一级。这是因为中务省相当于唐的中书省。

如何使中国皇帝握有绝对权力的模式在日本变为不可能？或者，如何使天皇握有绝对的权力变为不可能？对此，日本律令的官制图系被巧妙地绘制出来。绘制者就是藤原不比等。

### 6 天皇亲自画上"可"字——不比等构思之二

在唐朝，皇帝意志表现的手段有七种方法，即册书、制书、慰劳制书、发日敕、敕旨、论事敕书和敕牒。在日本，天皇意志表现的手段只有两种：诏书和敕旨。把七种方法简约为两种方法，可见，天皇的意志表现要比中国的皇帝少很多。

先来看看诏书。在日本，诏书由中务省作成。天皇在诏书后面写上日期，也叫"御画日"。之后，由中务省的长官中务卿写上自己的姓名和官位，记上"宣"字。同样，中务大辅也写上姓名和官位，这叫"奉"。中务少辅也同样，这叫"行"。所谓"行"，就是诏书送往太政官。

这样，从程序上说，接受天皇命令的中务省负责起草的文书，首先会送往天皇处，亲笔写上日期。然后中务卿加以宣布，大辅加以奉接，少辅再把该文书送往太政官。

接到诏书的太政大臣，在文书里也写上官位和姓名，然后左右大臣们也依次写上官位和姓名。最后由大纳言记上官位和姓名。接着大纳言再次向天皇请求实施的许可，这叫"覆奏"。天皇接受覆奏，亲自画上"可"字。至此，诏书送往诸官厅加以实施。

这里重要的是，太政官承认的文书再次返回至天皇处，天皇亲自画上"可"字。表面看，表现了天皇的权力。但是且慢，让我们来看看中国唐代又是如何制作诏书的。

与日本"诏书式"相似的在唐代是"制书式"。首先，门下省审议从中书省传来的制书。如果有异议的话，加以修正再上还。如果没有异议的话，侍中以下在上面联署，奏请实施。这样来看，门下省所实施的上奏，包含了对制书行使审查权和修正权。这里，中国的制书式和日本的诏书式最大的不同表现在哪里？

首先是起草诏书方和接受诏书方的不同。在中国，起草诏书的是中书省。这是在皇帝下面独立的三省之一。对皇帝的权力来说，敕命是最重要的东西。书写这个敕命的诏书，是中书省起草的。这个中书省是脱离行政机关尚书省而独立存在的。起草完毕的诏书由作为独立机关的门下省审议，如有异议就加以修正。这也就是说，在中国诏书制作的整个过程与作为行政机关的尚书省是没有关系的，这点很重要，这也是中国皇帝独裁权力的保障。

但是日本则与此不同。在日本诏书是由太政官支配下的中务省来起草的，然后直接送往太政官。这样，起草也好，审议也好，实施也好，诏书实际上都是在太政官的支配下完成的。这就使得从行政机关那里独立的天皇意志的表白，变得困难。天皇的意志必须受到太政官的二重支配，即在中务省起草诏书，在太政官那里审议和实施诏书。

再来看看敕旨。如果说诏书用于大事，那么敕旨就用于小事；如果说诏书是临时的，那么敕旨是日常的。诏书和敕旨最大的不同是什么？最大的不同是受取人不同。前者的受取人是太政大臣、左右大臣、大纳言，后者的受取人是瓣官。瓣官分大瓣、中瓣、少瓣。但如果分至左右的话，左管理中务、式部、治部、民部四省，右管理兵部、刑部、大藏、宫内四省。这也就是说，瓣官实际的位置在能够起草敕旨的中务省的上面。而且瓣官实际上就是太政官的职员。瓣官在《大宝律令》制定的时候属于天皇直属的官。但与敕旨的实施却没有直接的关联。瓣直接参与敕旨的实施是在《养老律令》的时候，太政官的体制中已经渗透了瓣官。

有一条至关重要，对于敕旨，天皇有什么作为呢？也就是说天皇是否要圈"可"字？在律令中没有作为必要条件加以规定。这是否可以这样认为：天皇连对文书的确认也都没有必要了？可以这样认为。在诏书里，天皇至少还要圈上一个"可"字，但是在敕旨里，天皇圈"可"的权限也被剥夺了。天皇唯一的自由意志的表现都被限定了。天皇的自由意志表现被限定，太政官的自由意志表现权限则越来越大。这就是无视天皇的意旨，太政官自己书写敕旨，再由太政官自己批准并加以实施。这种敕旨就是太政官独裁意志的露骨表现。

比敕旨更为过分的是"论奏式"。论奏式相当于唐朝的奏抄式。在唐代，奏抄式由尚书省的役人们发议案件，交与门下省审议，再提请皇帝裁可。但是在日本，论奏式则是太政官们集中全体的意志向天皇奏上，仰待裁可。这也就是说，所谓论奏式就是太政官们全体的意见，通过太政大臣、左右大臣、大纳言等用非常恭敬的形式向天皇奏上。接到论奏的天皇作何反应呢？对此，天皇只要写上一个"闻"字即可。

在诏书上是个"可"字。在敕旨上是"可"有"可"无，而在论奏式上只要"闻"，即听听就可以了。这也就是说，天皇面对太政官奏上的文书，只是发挥听听而已的作用。

## 7 宣命就是和文的诏书——不比等构思之三

宣命，完全是日本独自的法规。与中国的律令没有太大的关系。这个法规出台的最大目的就是为了使天皇权力进一步无力化。

所谓诏书应该说就是天皇权力的王牌。这张王牌必须拥有万能的权力。但在日本，诏书并不能发挥这种万能的权力，这是因为受到太政官的二重制约。

如上所述，日本没有抄袭中国三省并立的形式，而是悄悄地放进了自己的意志。中书省变为中务省，并由太政官统辖，门下省消失了。从机能来看，这或许对行政机构精简化的一种努力。唐的三省制在太政官那里集约为一体，这或许也是政治合理化的一个良好表现。但这是一种怎样的合理化呢？或者说，这种合理化导致了一种怎样的结果呢？

虽然天皇不存在像中国皇帝那样的绝对权力，但取而代之的却是太政官绝对权力的强化。在天皇的身边，悄悄地生出了太政官的无边权力。结果是抑制太政官权力的机关一个也没有，就连天皇也不能完成这样的工作。天皇只有在由中务省也即太政官立案的诏书上，圈上一个"可"字的权力。

不比等不是中务卿。不比等时代担任过中务卿的只有一个人。他就是小野妹子的孙子小野毛野。他在705年（庆云二年）被任命为中务卿，714年（和铜七年）死去。但是依据《公卿辅任》的记载，巨势祖父在712年（和铜五年）五月，大伴旅人在715年（灵龟元年）五月，分别被任命为中务卿。在当时，诏书就是由这些知识人来起草的。在这些诏书中用和文撰写的就叫"宣命"。现存最早的宣命为697年（文武元年）发出的《文武天皇即位之宣命》。这是在编撰《养老律令》的21年前。

如何用和文撰写宣命呢？如有一份宣命这样说：

> 现御神止大八岛国所知天皇大命良麻吕诏大命乎。
>
> 集侍皇子等王等百官人等。
>
> 天下公民诸闻食止诏。

上面句中的"良麻吕""乎""止"这几个字，实际上就是"らまと""を""と"的假名。在汉文里夹杂着假名，这在诏书（公文书）里属于首次使用。在公的文书里夹杂假名，从这个意义上说，宣命是日本文章的革命，更是本土意识的革命。

天皇的命令书有几个种类。最正式的就是"诏敕"，由藏人（秘书官）向各省发布。诏敕的简略化是宣旨，宣旨的再简略化就是纶旨。诏敕也好，宣旨也好，都是天皇的命令书。因此必须盖上天皇的大印。但纶旨可以不盖天皇之印，由藏人依据天皇的旨意写成客观的文体。

这一系列规范的设定者是谁？就是不比等。这套行政程序一直延续了近50代的天皇。这些大小天皇们，都按照不比等设定的程序，小心翼翼地在朝廷办公。

只是到了第96代后醍醐天皇那里，情况有了变化。他着手倡导行政改革，命令今后天皇的文书，一律简略化成纶旨一种形式。

### 8 把女儿嫁给天皇的用心何在？

藤原氏为什么要把自家人的血混合于天皇家？为什么这一做法被认为是必要的？

藤原不比等着手制定律令，具有自己解释法律的权力，他站在了所有阶层之上。一个能支配法的人，就是能驱动天下的人，不比等坚信这一点。

怎样才算触犯了法？要受怎样的处罚？这不是法本身的问题，而是解释法的人自我判断的问题。支配着人们的法的人是藤原不比等，他具有绝对的权力。

但依据律令的规定，具有绝对力量的人并不是藤原氏的人，而是天皇。也就是说，从程序上看，没有天皇盖印的诏书，根本就不能驱动任何事物。如果这一前提被承认，天皇是否就是最强有力的领导人？非也。

一个叫作太政官的合议组织，奏上的文书让天皇追认。这是所谓诏书不可动摇的立场。但是较为奇怪的是，天皇的大印不是天皇自己管理，而是由太政官来管理。也就是说天皇把大印存放于太政官处，太政官什么时候要盖章就什么时候盖章，太政官说不盖章就不盖章。这样来看的话，掌握实权的不就是太政官吗？天皇不就是表面上的最高权力者吗？

问题在于尽管这些都是事实，都是无法否认的事实，但是表面的文章还是要做。也就是说万事必须要得到天皇的承认，这是绝对的，不可动摇的。要说绝妙，这一点就是日本政治的绝妙之处了。

对权力者而言，当然不希望有天皇这个巨大的存在。但问题是没有天皇的大印，面临的现实就是军队也好家臣也好都无法调动。所以，如果有一个替代藤原氏的另一个权力者出现的话，如果天皇对这个权力者很放心，说我的大印放在你这里的话，这对藤原氏来说就是无可挽回的巨大损失。所以对权力者来说，最好的办法就是与天皇家攀亲。藤原氏就是这样想的。如果有自家血脉的人做了天皇，那么藤原家的天下就像磐石一样牢靠了。

不比等把自己的这一政治意图非常出色地表现在《养老律令》里。从这个角度说，《养老律令》要比《大宝律令》更完备、更重要。《养老律令》保证了太政官，即藤原氏的独裁权力。但是《养老律令》制定后（702）、并没有立即实施。真正的实施是在757年（天平宝字元年），不比等的孙子藤原仲麻吕登场的时候。

仲麻吕尊敬祖父的伟大，模仿祖父的言行。但是

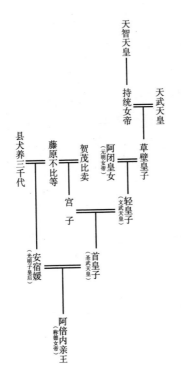

二人之间有着很大的不同。不比等是在正二位右大臣的位置上，于702年离开这个世界的。但仲麻吕活着的时候，就被授予了正一位太政大臣（太师）。这是在762年（天平宝字六年）。与一生只在正二位右大臣位置上的不比等相比较，仲麻吕要比祖父高一个台阶。不比等的周围有着以长屋王为首的政敌。不比等能熟读这些政情，故没有把自己放在最高权力的位置上。《养老律令》的延期实施，也是来自于对这种政情的正确解读。

但是，仲麻吕的得意之处在于实施了《养老律令》。这种以女子天皇家为前提的律令，对男子天皇家也同样有效。约束天皇的权力，认可支配太政官的藤原氏的独裁，这样考虑的话，仲麻吕发挥的作用可谓巨大。是他接续祖父的政治遗产，把对藤原氏自家有利的法律加以实施，从而奠定了藤原氏繁荣的基础。

### 9 不比等为什么要幽禁女儿37年？

光明子是藤原家的看板，是藤原家的象征。她写《乐毅论》，署名"藤三娘"。表明自己是藤原家的三女。光明子在自家建寺，救济病人和穷人，称自己是"积善的藤家"，寺名"法华灭罪之寺"。

这里，令人疑惑的是，光明子作为皇后，她要积什么善？她要灭什么罪呢？

圣武天皇与母亲藤原宫子的见面，是在光明子的馆里进行的。没有光明子的许可，或者没有光明子的协力，这是不可能的。

光明子知道了父亲不比等把自己的女儿宫子幽闭37年。光明子还知道了藤原四兄弟乱用权力，杀害了长屋王一族。曾经是不可一世的藤原，成了被世人诅咒的藤原，她心里很疼。所以她要积善，她要灭罪。

737年（天平九年）十二月二十七日。在光明宫（即光明子的住处），宫子在玄昉的介护下突然"慧然开悟"。在生下圣武之后，宫子就沉湎于"忧郁"之中，并被说成是心病，与自己的儿子首次见面是在37年之后。

实际上玄昉没有这么大的力量使宫子即刻恢复健康。实际上宫子也不是什么心病。究其真相，是不比等和藤原四兄弟强行将宫子幽闭于屋内，使母亲宫子和儿子首皇子（圣武天皇）人为地被分离。四兄弟死后，反藤原势力抬头，宫子得到解放。

这里，有一个问题是，为什么不比等要把自己的亲生女儿宫子幽闭起来呢？况且她还生了个即位天皇的皇子。

原来，工于心计的不比等还有一个不安，而且是一个很大的不安。孙子首皇子能否成为藤原之子？也就是说这位首皇子将来能否具有为藤原氏辩解的自觉意识？之所以这样说，是因为不比等到今天为止的地位，是与他的父亲中臣镰足一起，用尽了阴谋和手段的结果。为此得罪了不少人。更为重要的是，持统和不比等联手，还悄悄地转换了一个观念：首皇子的曾祖父天武天皇的王家，悄悄地转变成了持统、天智系的王家。

如果有一天首皇子对藤原家这种"不正义"的做法有所察觉，感到自己并不是藤原的后裔，而是"英杰天武后裔"的话，厄运就会降临。

不比等的警戒心还不仅如此。首皇子的母亲宫子之所以被幽禁，还有一个更为重要的原因。

原来宫子是葛城的名族贺茂氏的人。说起葛城，它是苏我氏的本家，与神话中的出云也有很深的关系。对不比等来说，宫子尽管是自己的女儿，但她同时也是有着贺茂家血脉的女人。把自己的孙子——藤原之子托付给这样的女人，他就是不放心，尽管这个女人是他自己的女儿。

再有，葛城一带常有反藤原势力集结。如苏我氏，如葛城氏，如尾张氏等。如何使这些反体制分子与首皇子断绝联系，或者如何使首皇子不知情，不比等想出了这么一招。

把亲生女儿幽闭 37 年并禁止与儿子见面，足见不比等的残忍，手法就等于软刀子杀人。但为什么不直接用硬刀子杀呢？可能是一个疯女人，一个疯母亲，对首皇子将来的所作所为更有警示的效应吧。

为了不让母亲宫子向儿子透露真情，为了使藤原家的种不至于变种，只能硬性地把宫子隔离开来。不比等的忧虑是想当深的，但是他的这种忧虑绝不是空穴来风。37年后得到解放的宫子与儿子圣武天皇见面之后，圣武确实是从"藤原之子"豹变成了"反藤原之帝"。因此，能说不比等的担心是多余的吗？

### 10 长屋王咄咄逼人的挑战

让我们再返回至圣武天皇即位的724年（神龟元年），即光明子立后的五年前。这年的二月四日，24岁的首皇子接续元正天皇，在平城京大极殿即位。第45代圣武天皇诞生。

也就在这一天，圣武天皇的母亲藤原宫子被尊称为"大夫人"。给天皇的母亲赠予尊号，这在日本天皇家还是第一次。

半个月后，朝廷第二把手的长屋王带领一批官僚，向圣武天皇询问一个问题。长屋王提问道：月初藤原夫人成了大夫人，但是按照《大宝律令》中的规定，天皇母亲的称号应该是皇太夫人。现在您的母亲一个"皇"字不见了，再把"太"字改为"大"字，这就犯了违敕罪。我们也很为难，不知如何判断为好，特此询问。

这是个很大胆的询问，而且直接面对天皇，带有挑战味是无疑的。这个时候，长屋王的职位是左大臣，相当于现在的内阁总理大臣。

问题出在哪里呢？藤原宫子作为臣下之人，虽然是文武天皇的妻子，但她既不是后也不是妃，只是个"夫人"而已。但是圣武天皇则在"夫人"的前面加了个"大"字。从逻辑上看，圣武天皇并没有错。宫子是我的母亲。因为她的身上没有天皇的血，所以"皇"字对她并不适用。圣武讲的是现实之理。但长屋王的思路是：只能按照律令的规定来办事，如果不照准律令，就是违反，违反就是犯罪。长屋王讲的是逻辑之理。

面对长屋王咄咄逼人的询问，圣武天皇当然不会认错。他说：我母亲的称号，文字上写的是"皇大夫人"。但是，在发这个音的时候，发成了"大御祖"（oomioya）。这当然是圣武的狡辩，他原本就不想在他母亲的称号上面加一个"皇"字。

这里，夫人是个什么概念呢？从《律令·后宫职员令》来看，天皇的女人分为"妃""夫人""嫔"三等。对"妃"的要求是必须要有四品以上的品阶。谁能符合这一要求？只有内亲王（皇女）可以，所以，虽然没有规定内亲王（皇女）一定就是皇后，但皇后必须是内亲王（皇女），这点是十分明确的。如元明女帝在即位前身份不是皇后，但她是准备即位的草壁皇子的妃，所以她就属于准皇后。这样来看，皇后身份之所以重要，就在于她最有可能成为天皇。

不过，长屋王的挑战还是见效了。封藤原宫子为大夫人的敕令，还是被撤回了。感到难堪和不满的当然是藤原氏。心里有一种说不出的滋味。同时萌生出这样一个意识：必须除掉长屋王。藤原四兄弟，即不比等的四个儿子：武智麻吕、房前、宇合、麻吕，他们想联手击溃长屋王。其中藤原房前最有执行力度。

### 11　臣下之女何以能立后？

一波未平一波又起。727年（神龟四年）藤原光明子生下基皇子后，欣喜若狂的圣武天皇将才一个多月的儿子立为皇太子，并赐给光明子食封1000户。圣武对光明子母子的宠爱溢于言表，同时萌生出立光明子为皇后的打算。

这回站出来挑战的仍然是长屋王。他说：光明子是藤原不比等的三女，属典型的臣下女。她只不过是妃的下位，即夫人的地位。这种地位的女人也能成为皇后，那是日本天皇家前所未闻的。那边，藤原一方想的是，如果光明子有个正妃的身份，所生之子即位的可能性就很大了。正妃是个什么概念呢？就是皇后的概念。

但不成文的规定是，皇后必须是皇族出身的人。感到困惑的藤原氏就开始动脑筋，怎么修正这个不成文的规定。所以不比等在制定律令的时候，故意对皇后的位子不作明确的规定。这是在为将来藤原家皇后的诞生作法律准备。

长屋王是天武天皇的孙子，高市皇子的儿子。当然不属于藤原系统。藤原氏本来就对此高度警戒。不久，圣武天皇的儿子基皇太子不幸夭折，藤原四兄弟抓住这点不放，说长屋王是诅咒杀人的凶手。

历史的戏剧性由此展开，长屋王谋反的嫌疑被"发现"。729年（神龟六年）二月十日，圣武朝廷因为一个告密者而激震而骚动。告密文曰：左大臣长屋王偷偷地效法左道倾覆国家。告密者是漆部君足、中臣宫处东人和漆部驹长三人。他们的官位并不大，只是从七位下职务。但是引发的震荡是空前的。

何谓左道？就是歪门邪道。何谓"倾覆国家"？就是倾覆圣武王朝的政权，就是要圣武下台。那个时候长屋王在内阁中占据首要地位。如此高位的人还想反乱，圣武当然有点激怒，他想动手了。

当天夜里，圣武就派使者去伊势的铃鹿、美浓的不破、越前的爱发这三个关所，加强警戒。这样做是怕长屋王逃往东国，在那里纠集力量发难。之后，再命令不比等的儿子藤原宇合等官员率六卫府的兵，包围长屋王的住所平城京左京三条二坊。

二月十一日中午，不比等的儿子，中纳言藤原武智麻吕等人闯进长屋王的住宅，当面训问其罪行。训问的结果当然是没有辩解的余地，因为这本身就是个圈套。二月十二日，抵抗无望的长屋王在宅邸自尽，时年 46 岁。

为什么是自尽而不是处刑呢？因为律令的狱令第7条规定，五位以上以及皇亲犯了相当于死刑的罪，如果情节不是十分恶劣的话，允许在家自尽。

长屋王犯的是"八虐"中的第一条谋反罪，按规定是不能享受在家自尽待遇的。但是圣武天皇念及长屋王的恩情，故特例允许他在家自尽。

但是，接下去相关的处罚还是相当严厉的，长屋王的一族全部被逼死，其中包括膳夫王、桑田王、葛木王、钩取王四个儿子在内，也包括妻子吉备内亲王在内。邸宅里的其他亲族则全部被抓走。

二月十三日，长屋王和妻子内亲王的遗体在生驹山埋葬。之后又下达敕命说：长屋王不能举行葬礼。妻子吉备内亲王无罪，可举行葬礼，但不能鸣鼓。

这里，必须再度重复的是，长屋王是天武天皇的长子、壬申之乱的总指挥高市皇子的儿子。其妻子吉备内亲王的母亲是元明女帝，是文武天皇和元正天皇的妹妹。也就是说是圣武天皇的叔母（或伯母）。能对这样身份的家族大开杀戒，足见圣武血腥的一面是相当的浓厚。

可不，就在尸骨被葬的第三天，圣武再发敕命道：左大臣正二位长屋王忍唳昏凶，本性暴露无遗。

事变的四个月后，圣武天皇再发敕令：内外的文武百官和天下臣民，如果效法异端，积蓄幻术，伤害百物者，为首者斩，从者流放。圣武的立场表露无遗，他丝毫不认为长屋王是冤死的。

这里，圣武天皇何以有如此的强烈意志？站立在圣武天皇背后的又是谁呢？是藤原光明子。这就意味着还是藤原氏的意志左右了圣武天皇的一切。

### 12 为了藤原家的千年王国

接下来是对告密者的奖赏。漆部君足、中臣宫处东人授予外从五位下，封三十户。漆部驹长授予从七位下。

但是，在 9 年后，发生了一件意外伤害事件。长屋王事件的真相就此出现争端。

738 年（天平十年）七月十日，在长屋王那里做过事的大伴子虫，与中臣宫处东人下围棋的时候，谈起长屋王事件。二人为此发生争执，激怒的大伴子虫拔剑砍杀了东人。

二人为什么发生争执？大伴子虫为什么发怒？属日本正史的《继日本纪》里的一个说法值得注意。史书在描述了这件事后，加以注释道："东人是长屋王事件的诬告人。"何谓诬告人？如果承认有诬告人的存在，就表明长屋王事件是冤案，给长屋王定罪是冤罪。

问题是从逻辑上看，如果中臣宫处东人是诬告人，那就犯了诬告罪。在那个时候，诬告谋反者的人是要被处以斩首的。也就是说，诬告罪与谋反罪是同罪。如养老六年（721）正月，多治比三宅麻吕诬告某人谋反，就被处以斩刑。当时还是皇太子的圣武，对此网开一面，发奏道：免死，发配至伊豆国。但是这次圣武自己当上了天皇，面对犯有诬告罪中臣宫处东人等三人，非但没有任何处罚，而且还升了官。这就奇怪了。这是为什么？

原来，事件的背后有黑手。黑手是谁？就是藤原氏。原来长屋王事件是藤原氏一手策划挑起的阴谋，最后阴谋得逞了。为此在事变后的第二个月，原本是中纳言的藤原武智麻吕，升任为大纳言。他进入宅邸亲自考问长屋王，并为长屋王最后定性，可以说立下了汗马功劳。再之后，京职大夫藤原麻吕，献上背脊刻有"天王贵平知百年"的瑞龟。就此年号由"神龟"改为"天平"。

就在改元的第五天，藤原光明子被立为皇后。不能说改元是为了光明皇后，但是从她得到的称号看是"天平应真仁正皇后"。"天平"二字放在最前面，故又有"天平之后"之称。"天平"的年号伴随圣武天皇21年直到退位。这在那个时候是使用时间相当长的年号了。尽管期间又有两次改年号为"天平感宝"和"天平胜宝"。但"天平"二字始终冠在前面不动摇。

这一连串的事情都发生在半年之内。如果再回想起前年9月基皇太子夭折的事件，长屋王事件绝对是藤原氏想独占政权而策划的一场血腥屠杀。

这里的问题是，为什么要急于为光明子立后呢？原点还在于基皇太子。如果圣武天皇与光明子所生的基皇太子不死的话，光明子就没有必要一定要立皇后了。因为就在基皇太子夭折的同时，圣武天皇与另一夫人县犬养广刀自所生的安积皇子降世。一死一生，安积皇子被立为皇太子的可能性顿然增大，而一旦立了皇太子就有可能成为天皇。为此藤原氏先下手为强，直接导演了立后的一幕。因为这样的话，就有了双保险：一是一旦立后，光明皇后也有即位的资格；二是在这期间光明皇后如果再生第二位皇子的话，安积皇子的即位可能就自然地被阻止了。

这是精心策划的一盘棋。最后，光明子立后的宣命，对外发表：天有日月，地有山川。天皇与皇后肩并肩，天经地义。况且在之前的仁德天皇也将葛城的会豆比古之女，伊波乃比卖命立为皇后，从政于天下。事到如今，更无稀奇之处了。

这里释放出的一个信息是：其实圣武天皇和藤原氏都知道，强行立后的做法是存在问题的，但为了藤原家的千年王国，必须这样做，也只能这样做。

但是，光明子的立后遭到了体制内的强烈反弹，反弹者就是长屋王。一个显然的理由是，迄今为止的皇后都是皇族出身，而藤原不比等的女儿光明子则是非皇族出身，她有资格当皇后吗？

所以必须把长屋王从体制内排除掉。又因为长屋王是太政官内的第一把手，所以必须选用非常的手段——谋略的杀。

麻烦者被清除了。藤原四兄弟春风得意，在讴歌这个时代的春天。但就在长屋王死去的第 8 年，即 737 年（天平九年），料想不到的恐怖发生了。北部九州爆发传染力很强的天花，藤原四兄弟分别染上天花相继死去。四大权力者顷刻间消失，绝对不可思议。这是长屋王的怨灵在起作用，当时的人们都这样认为。作祟的法则再次在日本历史上发挥了惊人的效用。要防止作祟的连续性和深刻化，就必须祭祀。而且必须认认真真地祭祀。

令藤原氏头疼的问题又来了。要破这个难局，就必须到法隆寺去祭祀。为什么非要到法隆寺去祭祀？法隆寺不是为圣德太子而建造的吗？与长屋王有何关联？

原来，长屋王是作为“天武之孙”与藤原家对决雌雄的。天武又与苏我王家有关系。而杀死苏我家人的凶手之一就是藤原镰足。圣德太子一族的山背大兄王又是被苏我一族给杀死的。这种逻辑上极为复杂的因果关系，使得在藤原四兄弟相继死去后，藤原家不得不开始厚待法隆寺，也就是说，不得不去法隆寺祭祀长屋王。

可以这样说，奈良时代，前半是和平时期，后半是骚乱时期。而骚乱的总根源是由一个女人，即光明子引起的。长屋王事件，则是这一系列骚乱的总爆发。

### 13 藤原氏为什么不喜欢鉴真和尚

长屋王和中国的鉴真和尚还有一段佳话。鉴真和尚曾经说过"山川异域，风月同天"的话。长屋王在向中国和尚赠送袈裟的时候，把这四言佳句刺绣于袈裟上。长屋王中国文化的功底很好。能写一手不错的汉诗。如有一首曰：

> 高旻开远照，遥岭霭浮烟。
>
> 有爱金兰赏，无疲风月筵。
>
> 桂山余景下，菊浦落霞鲜。
>
> 莫谓沧波隔，长为壮思篇。

这里，"金兰"语出《易经》，表明他能熟用中国典故。这首诗被收入日本的汉诗集《怀风藻》。写这首诗的时候，长屋王是右大臣，圣武天皇还没有即位。

鉴真和尚来日本后不久，朝廷开始冷遇他。被冷遇的理由是什么呢？758年（天平宝字二年），在政变中把政敌一网打尽的藤原仲麻吕，在自己的住处发出了两个决定：一个是宣布让大炊王接替称德天皇，诞生了淳仁天皇。一个是对有大僧正地位的鉴真和尚说，您已如此高龄，不想让您再受劳苦了。看上去是一片好心。但言下之意是你也必须让位，硬是把鉴真和尚从佛教界顶点的位子，无知无礼地给拉了下来。

看到周围的诽谤，看到朝廷的冷遇，为鉴真和尚鸣不平的是淡海三船。他决心把鉴真和尚的事迹和高尚的人格传给世代的日本人，便写了《唐大和上东征传》。在这本传里，披露了鉴真与长屋王的接点。原来，鉴真和尚来日本的决心有一半是长屋王给的。鉴真和尚曾经说过"山川异域，风月同天"的话。长屋王在向中国和尚赠送千领袈裟的时候，把这句话刺绣在上面。并加上了自己的一句话："寄诸佛子，共结来缘。"这件袈裟后来转送到了鉴真和尚的手中。面对长屋王纯朴的话语，鉴真动心了。

但是，不畏险阻，花了12年时间东渡日本的鉴真，并没有能见到长屋王。因为鉴真来到日本是在753年（天平天宝十二年）。而长屋王一族被害是在729年（神龟六年），也就是24年后的事情。那时日本已经是藤原氏的天下了，而对藤原氏政权来说，长屋王是他们永远的心痛，连提及名字都显嫌忌。

这样，对长屋王曾经动过心的鉴真和尚，藤原氏自然也就没有好脸相待了。

## 14 紫式部笔下的道长大人

论述藤原氏与天皇家的关系，还有一个人不能不提及。如果不提及他，藤原氏与天皇家之谜是无法彻底揭破的。这个人是谁？就是藤原道长。那么，这位道长最大的看点在哪里？先来看看写《源氏物语》的宫廷美女紫式部，在《紫式部日记》里是如何描写这位道长大人的。

令人亮眼的是，这位权倾一世的政治强人，在美女的笔下竟然是个美的化身，而且还是一种人格魅力上的美。这不能不佩服这位宫廷美女政治美学的炉火纯青。

> 站在回廊入口旁的房间向庭园望去，薄雾润湿的叶梢上，还挂着朝露玉滴。道长大人在院中缓缓漫步……渡桥南面女郎花开得正盛，大人亲手折下一枝，隔着挂帐从上面递了进来。那身姿之美让我自觉羞愧，又更羞于让大人看见了我早晨起来尚未梳洗的头脸。

这里的妙趣在于："我"和这位"大人"之间，为什么会生出"羞于"和"自觉羞愧"的感觉呢？

> 第五天的晚上，是道长大人主办的御产养仪式。十五的秋夜，皎月晴空。柔美的月色下，池畔的树下燃起了几处篝火。篝火映照着道长大人高高的身姿。

这里的看点在于：自不幸孀居入宫以来，这位怔怔地沉湎于愁思中的美人，在如银似水的夜色下，总难释怀的是何种心结？

某夜我在渡廊下的房里睡着时，听到了敲门的声音。因为心里害怕，没有出声回答，一直待到了天明。早上，送来了一首歌：

昨夜秧鸡啼，暗中声声急，
泪敲真木门，心焦胜秧鸡。

我写了一首返歌：

昨夜秧鸡啼，敲门非秧鸡，
若迎门外客，后悔来不及。

这里的精彩处在于：那位敲门者会是谁呢？深更半夜敲闺房，不是多情、可爱又顽皮的大人又是谁？一生也没经历过什么缠绵旖旎恋情的她，在这位大人面前表现出了一个失去丈夫后的女人之情。自称人生纷杂，竟没有一件刻骨铭心的事情能留下的她，耍了一个女人惯用的聪明谎话。

在紫式部笔下是"好一位漂亮公卿"的智慧老人，究竟在藤原氏与天皇家之间扮演了什么角色呢？

藤原道长的父亲是太政大臣藤原兼家。这位大臣被《蜻蛉日记》的作者常常作为憎怨的对象来发泄。母亲是摄津守中正女时姬,道长出生于966年。有七代天皇在他的眼前依次晃动:村上、冷泉、圆融、花山、一条、三条和后一条。他与伦子和明子结婚。伦子是宇多天皇皇子敦实亲王的孙女。明子是醍醐天皇皇子源高明的女儿。女儿彰子、妍子和威子,儿子赖通和教通都是伦子所生。

道长是在哥哥道隆死去后才有了较快的晋升。29岁的时候,开始负责内览宣旨的下达。之后青云直上,从右大臣到左大臣,终于步入权力的巅峰。到1019年出家为止,他握有谁也不能颠覆的权力达31年之久。

### 15 道长政治的最大特点是什么?

如果问道长政治一个最大特点是什么的话,可用一个字来概括:腹。

送女儿进宫,是他的拿手好戏。当然在道长之前,已经有人这样做了。但是道长有别于前人之处是,在数量和质量上都达到了无人企及的地步。在数量上,他送上5个女儿入宫,彰子、妍子、威子、嬉子、盛子;在质量上,他成了三代天皇的外戚。

具体而言,长女彰子为一条天皇的中宫,次女妍子为三条天皇的中宫,三女威子为后一条天皇的中宫。道长家成了有名的一家三后，即太皇太后彰子、皇太后妍子、皇后威子。

彰子与一条天皇之间生有敦成亲王和敦良亲王。前者为后一条天皇，后者为后朱雀天皇。三年后，五女嬉子嫁给皇太子敦良亲王（之后成为后朱雀天皇），他们之间生下后冷泉天皇。而当威子再次成功地入围后一条天皇中宫的时候，道长的心境格外透亮。1017年十月十六日，道长大摆宴席庆贺五女入宫。酒过三巡，道长吟出有名的望月歌：这个世界就是我的世界，就如同满月无缺当空照。并要大家附和咏唱。这让世人领悟到什么叫不可一世，什么叫骄横满志。这年道长是 53 岁。

不过，在宴席上有一位公卿站出来反对。这让道长颇感意外。反对者说，唐朝的白居易诗作可算上乘了吧，但他也没有要求大家一起咏唱他的作品。所以，我不想附和咏唱。

说这话的是藤原实资。他在日记体的《小右记》里写道：道长"歌有其夸，但非宿构"。并对遍求返歌，传令人人唱的做法很反感。

最后，除了藤原实资和另一位公卿之外，其他的公卿们都随和道长，咏唱望月歌。

对于这个场面，道长后来在《御堂关白记》里，这样得意地写道：我朗诵了和歌，公卿们再与我一起咏唱。场面气氛达到了高潮。夜深月明，各扶醉而归。还有人哼着道长的小调。

宴会之后，藤原实资和另一位公卿被撤职了。平安贵族的梦想与现实，在望月歌中得到了绝妙的体现。

当然，和藤原氏对决的人不是没有。如《古今和歌集》编撰者纪贯之，就有着不差于藤原氏的血统。平安前期的844年，纪氏一族的女儿静子比藤原氏的女儿早一步与第55代文德天皇生了一个儿子，叫惟乔亲王。着了慌的藤原氏，急忙把藤原冬嗣的儿子良房所生的女儿明子嫁给文德天皇。这位明子的母亲是天皇家的公主。文德天皇与明子终于在850年生下第四皇子惟仁亲王。这位亲王就是后来第56代的清和天皇。

这里，女人的"腹"成了道长特色的政治语言，而且分量很重。这个"腹"与天皇家，与藤原家，有着十分密切的关系。女儿为后，生下皇子为国母。藤原一家的富贵也就达到了顶点，藤原一家今后的繁荣，也就有了可靠的保证。可见这个"腹"字，隐含了道长摄关政治的全部秘密。

此外，道长的长男赖通，在父亲死去的八年前，替代父亲成了后一条天皇的摄政。到1067年（治历三年）为止，他是后一条、后朱雀、后冷泉三代天皇的关白。道长的五男教通从1068～1075年（承保二年），是后三条、白河两代天皇的关白。

与平安贵族的欣求净土思想和美意识构造为其特征的宇治平等院不同，道长修建的规模巨大的法成寺（也叫无量寿院），注入了全新的意识形态。这个意识形态宣称，这个世上，舍我其谁也？但是就在这个舍我其谁的背后，又有对权力无边的那么一种恐怖和不安。

这种恐怖和不安来自何处呢？原来来自于道长的乱用权力。道长为了把自己另一位女儿宽子硬嫁给小一条院，用强硬的手段把小一条院的妻子藤原延子排挤出局。被夺去丈夫的延子，只能唉声叹气。在道长望月歌问世的半年后，悲伤地死去。

道长晚年的悲剧由此诞生，肉亲的不幸由此发端。1025年（万寿二年）女儿宽子患麻疹死去。据说死去的时候，嘴里大叫延子的怨灵。一个月之后，嬉子也患同样的病死去，只有19岁。为了唤回嬉子的魂，道长用尽了各种秘法，但还是回天乏力。再之后，中宫威子也患病。她的眼前时常出现延子怨灵的恐怖身影。

就在道长死去这一年（1027）的九月，妍子死去，34岁。道长悲痛欲绝地发出"让我们一起去吧"的号泣。

1019年（宽仁三年）三月，道长出家，法名行观，后改为行觉。万寿三年（1026）正月，道长最喜爱的彰子出家，赐院号上东门院，法名清净觉，活到了罕见的 87 岁高龄。约半个世纪后，道长的长子赖通出家，以莲花觉、寂觉为号。

1027 年十二月四日，道长死去，62 岁。他死的时候，手里握有从佛陀那里延伸而来的细细的长线。荣华之极的道长，集中了现世所有的富与力。就像天边的一轮满月，青泽生辉。

## 16 伤心孤独的藤原彰子

藤原道长喜欢女人政治。实际上，送女入宫也是一件十分残忍的事情。

道长的长女藤原彰子入宫是在 11 周岁的时候。据藤原实资的《小右记》记载，彰子第一次入宫是在 999 年（长保元年）十一月一日的亥时，即晚上的 9~11 点。要在平常，彰子应该是在妈妈身边入睡的时间。但在那个晚上，彰子则住进了飞香舍，开始了全然陌生的宫廷生活。这一晚，小女孩能入睡吗？半夜里，她还哭吵着要伦子妈妈。只是妈妈仅陪了她一晚，第二天早上扔下彰子走了。这时的伦子已经怀上了藤原威子。

在日本，男子的成人仪式叫"元服"，女子的成人仪式叫"裳着"。那么，彰子是在什么时候举行"裳着"的呢？是在入宫前的 9 个月。完成了"裳着"仪式也就意味着是大人了。所以彰子入宫成为一条天皇的妃，从理论上说她已经是个完全独立的女人了。

这时她的父亲道长的官职是左大臣，在当时关白和太政大臣都空缺的情况下，这是最高位了。这表明全部实权都在道长的手中。公卿为了买道长的欢心，对彰子入宫表现出了少有的热情。

道长送女入宫给一条天皇，达到了政治婚姻的目的。但是他的女儿，一个刚满11岁周岁的彰子，又是个怎样的心情呢？

按照历史物语《荣花物语》的描述，在彰子周边照料的女性超过了50人。而且这50人都是按照左大臣道长的要求挑选的。对每个人的容姿、性情、家境都作了详细的调查，认为没有问题才够格。但是彰子还是感到不安和孤独。因为这50多位美丽漂亮的女性，与她有什么关系呢？难道能聊慰她已遭伤害的幼小心灵？恐怕困难。

而男性有谁来聊慰她呢？除了丈夫一条天皇还有谁呢？说起来，一条天皇与彰子还是表兄妹关系。因为一条天皇的母亲藤原诠子是藤原道长的亲姐姐。丈夫一条天皇尽管有吹笛的才能，但也没能逗乐还是少年的彰子。彰子依旧感到恐怖和陌生。

问题是一条天皇喜欢这位少年彰子吗？从一条天皇的喜好来说，宠姬的第一人应该是藤原定子。她是道长的哥哥道隆的女儿。定子与一条天皇生有脩子内亲王、敦康亲王和媄子内亲王二女一男。

宠姬的第二人是藤原元子。她是道长叔叔兼通的儿子右大臣藤原显光的女儿。元子在怀上身孕的时候，一条天皇不顾宫中的规矩，硬要她参加宫中的祭祀活动。在王朝时代，女性在生理和怀孕期间，是不能参与宫中神祇祭祀活动的，怕的是招来不运和作祟。对一条天皇的这一做法，公卿认为这是个犯禁忌的愚蠢行为。那么，一条天皇为什么要这样做呢？原来他确实喜欢这位元子。

这表明，一条天皇走出了定子的阴影。除了第一宠姬定子之外，他还是能喜欢上谁的。这给了元子的父亲藤原显光足够的信心。认为自己不久就是皇子外祖父的身份了。那么，一条天皇是怎样喜欢上这位元子妃的呢？原来，在元子之前，已故关白藤原道兼的女儿藤原尊子入宫。但是面对这位毫无激情的新妃，一条天皇不能满足。在不能满足的情况下，一条天皇这才想起了入宫不久的元子。果真，在床上元子强于尊子。得到满足的一条天皇就认她为宠妃了。可见，在天皇身边的女人，其性的表现力的竞争，超出了一般人的想象。

被宠爱的元子，最大的遗憾就是没能与一条天皇生育皇子和皇女。不过，她确实怀孕过，但最后在广隆寺的产所里流产了。

令元子感到欣慰的是，一条天皇还是一如既往地宠爱着她。何以见得？原来藏人头藤原行成以公务的形式，专程去广隆寺看望了刚流产不久的元子。一个官僚看望天皇之妃，没有天皇旨意是不能成行的。

元子再回到天皇的住处参加神祇祭祀活动，是在元子流产后的一年半。当天，一条天皇怀着按捺不住的喜悦心情，与元子共床一枕。真是久违了。那种感觉令一条舒心。天皇喜欢的还是她。

当然有一个人看在眼里，心里是相当的不舒服。这就是左大臣藤原道长。因为他的女儿彰子入宫已两月有余。道长原以为天皇会很快喜欢上他的年幼女儿的。这件事，对道长也好，对彰子也好，都感到了有一种小小的屈辱。而且在彰子入宫不久，中宫定子为一条天皇生出了第一皇子敦康亲王。

从周围人的眼光来看，只有11岁的彰子，要深得天皇的宠爱，谈何容易。那怎么办呢？认输不是道长的风格。道长心生一计，一个起死回生的秘策出笼了。

### 17 犹豫踌躇的一条天皇

仅仅只是11岁的少女，什么经验也没有，要成为天皇的宠爱对象，其难度之大，道长是知道的。为了不让幼小的女儿遭受心灵的创伤，只有让她早点成为皇后或中宫，道长在作这样的思考。

乍一看，这个秘策的实施几乎不可能。但是，一个料想不到的意外，突然出现了。在彰子入宫一个月后的999年十二月一日，太皇太后昌子内亲王死去，

50 岁。彰子立后的话题露出了水面。

随着太皇太后昌子的死去，原本为皇太后的藤原诠子，原本为皇后的藤原尊子，原本为中宫的藤原定子三人，可以依次升格为太皇太后，皇太后和皇后的可能性一下子增大。如果这一连串的升格能够实现，中宫就应该是空位了。

智慧过人的道长，感觉有戏可唱了。在十二月七日这一天，左大臣道长对前来造访的藏头人藤原行成说，帮我办一件事，便把一封信交给了他。信是写给天皇的母亲东三院诠子的。藤原行成赶至御所，将信递交给诠子。与此同时，诠子也将一封信转交给了藤原行成，要他送往道长之处。诠子的信，来自于一条天皇。最后的结果还不坏，一条天皇在信里同意了彰子立后的提案。道长最终松了一口气。

一条天皇之所以同意彰子立后，天皇的母亲东三院诠子发挥了很大作用。藤原行成在《权记》里也说，一条天皇最终的判断，是来自于母亲诠子的催促。

当然，从节奏上来看，一条天皇的这一决定，还是相当勉强的，是再三犹豫的结果。在道长的《御堂关白记》里，有几段墨汁涂去的痕迹。为什么要涂去？是因为原本有这样的记述：

道长请来阴阳师安倍晴明，要他为彰子的

立后选定一个吉日。但是由于一条天皇的反复再三，道长只得把圈定好的吉日用墨汁涂去。

由此看，道长对一条天皇的怨恨，是有一定深度的。

让道长看到转机的是在1000年（长保二年）的一月二十八日。这一天，一条天皇发出敕令：立女御为皇后，请选定吉日。这道敕令，通过藤原正光往下传。这里的"女御"，就是藤原彰子，当时她的身份为妃。

当藏人头正光把天皇的敕令传达给道长的时候，道长高兴得跳了起来。《御堂关白记》记载，为了感谢传达人正光，当场赠送其"禄"——贵妇人的装束一套。真是哭笑不得的"禄"。

但是问题又出来了。由于一条天皇这一不得已而为之的行为（指发出敕令），反而更加增添了他对中宫定子的宠爱。而且作为宠爱的结果，在1000年的十二月十五日，他们二人之间又生出了媄子内亲王。这里，15日生下内亲王，还沉浸在喜悦之中的一条天皇，又于25日举行了彰子立后的仪式。在仪式中，天皇正式宣布：女御从三位藤原朝臣彰子为皇后。

依据这个宣言，彰子终于成了天皇的正妻。那个时候，正妻就是皇后，皇后就是正妻。不过尽管有敕令，尽管有宣言，彰子在这之后还是没有被大家公认为事实上的皇后。在天皇和朝臣的视野里，公认的皇后仍然是定子。只是定子的中宫称号转与彰子而已。从这以后，皇后定子和中宫彰子，同时成了一条天皇的正妻。一条天皇作出"一帝二后"的决定，实在是出于无奈。其实，这是个很奇妙的做法。二妃同时成为天皇的正妻，宫廷的贵族们投来了不看好的目光。

好在这个异常的事态并没有维持过久。定子在生下天皇的三女镁子内亲王后不久，因产后并发症发作，在这一年的年底死去，年仅23岁。十载荣华，恍若一梦。

这对一条天皇而言，当然是个不幸。但对彰子来说呢？幸还是不幸？价值上很难断定。但从结果看，彰子成了一条天皇唯一的正妻，则是个不争的事实。

1001年（长保三年），彰子迎来了13周岁。这是现在中学生的年龄段。这个年龄段的女孩，成了天皇的唯一正妻，这对花季少女来说，是困惑还是幸福？

定子与彰子，双妃争艳，并没有因为定子的死去而结束。1001年八月十一日，定子3岁的儿子敦康亲王"真鱼始"仪式，在中宫彰子的寝所飞香舍举行。

所谓"真鱼始"就是幼儿开始吃鱼肉的仪式。而之所以在飞香舍举行，是为了对外发出信号：彰子是敦康亲王的养母。但这对13岁的彰子来说，绝对不是什么好心情的事情。妃后争宠，一个没有胜者的永恒的宫廷主题。

但是，一个13岁少女的心境，做父亲的道长并没有细细地品味。权力是他最大和最高的追求，为了这个权力，可以牺牲一切。这是道长的人格信条。

敦康亲王是养子，中宫彰子是养母。完成这一构想的，恰恰是这位13岁少女的父亲道长。因为这样的话，道长就是敦康亲王的外祖父了。因为这样的话，如果有一天这位第一皇子能够即位，道长就是天皇的外祖父了。

然而，圆圈又转回到了原点。对一条天皇来说，挥不去的还是定子。为了能够延续与定子在观念上的情交，这位天皇把手伸向了定子的妹妹。虽然只有几个晚上的情事，但这位妹妹已经怀上了天皇的孩子。虽然最后的结局是个悲剧，这位美人薄幸的女子，因怀孕而死。但一条天皇不向皇子的养母（彰子）动手，而向皇子母亲的妹妹动手，可见这位天皇对女人的喜好，确实有自己的定位。

当然这是对彰子的一个伤害。自己是名分上的正妻，但天皇就是不临幸。生养皇子皇女的本分，也就不能发挥。这令彰子很是困惑。她显然意识到自己是个怎样的存在了。

## 18 最终是得还是失？

彰子盼等的这一天，她的父亲道长盼等的这一天，终于到来了。一条天皇看着含苞待放的彰子，终于动了心。说是动心，还是外界提供的一个机会促成的。

1005 年（宽弘二年）十一月十五日的夜半，天皇的住所起火。火势从温明殿和绫绮殿开始烧起。由于是半夜，无人前来救火，是一条天皇把彰子从飞香舍救出。二人第一次手拉手，二人第一次这么贴近，是天皇给了彰子逃生的勇气。她的手，天皇的手，紧紧地握在了一起，谁也不想松开。

就在这个火事之夜，天皇与彰子，有了第一次亲密接触。这是彰子入宫的第六年。从 11 岁到 17 岁，从娇嫩少女迈入青春女子。

一条天皇终于跨出了这一步。终于能在意识层里慢慢地淡化了定子，淡化了元子。继定子、元子之后，彰子终于纳入一条天皇的视野。作为妃，有彰子就可以了。这是一条天皇最后的觉悟。

之后，在道长的《御堂关白记》里，天皇与元子相会的记录，终于消失了。

彰子为天皇生下敦成亲王，是在 1008 年的九月十一日。这时的彰子，已经是 21 岁的窈窕淑女了。一条天皇是 29 岁。

在《源氏物语》里，若紫第一次被光源氏看中，是在 10 岁的时候，发生情事是在 14 岁的时候。光源氏比她大 8 岁。彰子是 11 岁入宫，但是与年长 8 岁的天皇没有实质性的接触，到了 17 岁，才有第一次的性行为。

　　问题是终于盼来的东西，也是最容易失去的东西。彰子好不容易成了一条天皇肉体和精神的妃。但好景真的是不长，好花真的不常开。

　　1009年（宽弘六年）十一月，彰子为一条天皇生出第二胎敦良亲王。一年半之后，即1010年的六月二十二日，一条天皇死去，只有32岁。看来命运有的时候并不听人话。

　　长和五年（1016）正月，彰子的长男，9岁的敦成亲王即位，第68代后一条天皇诞生。这位天皇的中宫是藤原道长的三女威子。当时威子是19岁，天皇是11岁。

　　彰子成了国母，且只有29岁。而且这个国母连续了三十年。之后的第69代后朱雀天皇，是彰子的次男敦良亲王。这位天皇的中宫是藤原道长的女儿嬉子。这位国母在1026年的正月出家，39岁，被赐为"上东门院"，并获得了准太上天皇的身份。

　　紫式部看样子很喜欢自己的学生，这位有个性的宫廷美女彰子。否则她不会写下这样的句子："中宫妃美丽的肌肤娇嫩欲滴，飘柔的长发更增添了她几分姿色。"

　　据说，《源氏物语》中登场的美女若紫，其原型就是彰子。也有一说，《源氏物语》中登场的美女明石中宫，其原型就是藤原彰子。若紫也好，明石也好，对彰子来说，究竟意味着什么？而彰子最终得到了什么？最终失去了什么？恐怕只有她的父亲道长心知肚明了。

### 19　是谁想出了这样的馊主意？

藤原氏掌控权力，架空天皇。这一切都玩弄得游刃有余，驾轻就熟。那藤原氏是从哪里来的力量？又是从哪里来的财富？这就引出了藤原氏与庄园的话题。

庄园，听起来是个很复杂的历史经济学概念，且不同的历史时期有不同的内容。但是抽取其共性，概而述之，庄园就是私有免税地。说得再明白一点，庄园就是逃税的系统、逃税的方法。在日本，从奈良时代以来的律令制度来看，公地公民制是个基本原则，私有地是难以想象的。这里的"公"，是谁呢？就是天皇家。当时天皇家拥有日本全国的土地。天皇把这些土地借给农耕者让其耕种，收获物中的一部分作为税金（租金）向天皇（国家）缴纳。这个系统叫《班田收授法》。所谓"班田"就是借与农耕者土地的意思。当然如果在耕种者死去或者逃亡的情况下，口分田就收公。因为土地的所有权在天皇手里。

这时有人想出了一个逃税的方法。什么方法？就是发明了庄园这个方法。因为庄园原本上是庭园而不是田地，而庭园是没有必要向国家纳税的。所以庄园就成了纳税外的对象物。想出这个馊主意的是谁？就是公家的特权阶级，再具体化一点就是藤原氏。

道理很简单，如果说从天皇（国家）那里借来土地耕种，每年要缴纳50%的租金的话，那么现在藤原氏的庄园土地借给你耕种，每年只需要缴纳30%的租金，作为农耕者趋向于谁？当然趋向于缴纳租金较少的。于是，农耕者放弃了公地的租借，大片的田地开始荒芜。藤原氏就以扩大庄园的名义回收这些荒地，再转手租借给弃地的农耕者。这样藤原氏的庄园越滚越大。手中的财富也就越来越多。

庄园的出现，从根本上打击了《班田收授法》。而随着《班田收授法》的瓦解，天皇家也就走向了衰弱。

藤原氏不仅把自己的所有地庄园化，而且还剥夺他人的土地。他们采取了一种叫"寄进地系庄园"的方法。这个方法就是说，我虽然是地方田地的所有者（领家），但每年免不了要向国家缴纳租金。于是，向藤原氏的官僚们"寄进"，即官僚们默认耕作者（领家）仅仅是这片土地的管理人而非所有者，官僚们则把这片土地看作自己的庄园。这样的话，耕作者（领家）的年贡就免掉了。当然藤原氏官僚们是名义上的拥有者，实质上的所有者并没有变化。为了答谢藤原氏的官僚们，真正的所有者（领家）则向官僚们缴纳名义费。但即便缴纳了名义费，与高额年贡相比还是省了不少钱。这里的"寄进"就是"投献"的意思。10 世纪以后，这种寄进地系庄园普遍发展起来。

在那个时代，政府高官率先逃税。这里的高官就是指藤原氏的摄关一族。他们把这种方法规模化，使得日本全土都慢慢地进入了庄园化时代。这样的结果就是国家（天皇）能够收取租金（年贡）的土地几乎接近了零。国库当然空了。恶性循环的是，庄园的数量越增加，天皇家的力量就越削弱，而天皇家的力量越削弱，藤原氏的力量就越强大。

这就像日本历史作家井泽元彦所打的一个比喻，说这是宿主和寄生虫的关系。日本国（天皇）是宿主，藤原氏是寄生虫。寄生虫从宿主那里吸取养分（税金）。养分吸取得越多，宿主就衰死得越快。

南北朝时代的北畠亲房在《神皇正统记》里有个说法，认为当时日本土地的 99% 都是庄园，剩下的 1% 属于国家。也就是说，99% 的土地集中到了藤原氏那里。日本战后平安时代史研究第一人林屋辰三郎也说：藤原氏的嫡流支配了众多的庄园。全国的土地基本上都在摄关家管理的范围之下。藤原氏的繁荣，日本国的衰弱，是平安末期的真实状况。这个状况的典型就是罗城门。

所谓罗城门就是平安京外郭最朝南的大门。它是平安京的正门，国都的正门。就像巴黎的凯旋门，北京的天安门一样，属于国家的门户。但在著名导演黑泽明《罗生门》的电影里，罗生（城）门则腐朽不堪。这还不算，露宿街头的人还把罗城门上的木料当柴烧。就连藤原道长在建造自家法成寺的时候，也盗用罗城门的基石。这在《小石记》里有明文记载。

这些说明什么呢？说明当时的朝廷根本没有修建罗城门的资金。也不见有维护治安的人来管理。因为没有钱雇用治安人员。那么，国家（朝廷）的钱，都流到哪里去了呢？流到藤原氏那里去了。

藤原氏怎样花这用不完的钱呢？一个典型的例子就是建造了宇治平等院凤凰堂。这个凤凰堂的前身是藤原道长建造的"宇治殿"，后来由长男藤原赖通接手后，改建成模仿西方极乐净土的寺院。寺顶上有凤凰展翅的形象，故曰"凤凰堂"。

如果说罗城门象征国家（朝廷），那么平等院凤凰堂就是象征藤原氏。日本的平安末期就是这样的状况。藤原氏用庄园这样的装置肥大自己，用不正当的手段搜刮财富建造自己的私物。那么，如何对付藤原氏这种贪得无厌的做法呢？

这里有一条古今不变的原则：敲打敌人的财政基盘。最简单的做法就是天皇家制定一条原则：日本全土都是公地公民，私有地（庄园）等一切都不被认可。但是藤原氏针锋相对，制定了这样的法律加以对抗：新开垦的土地均属私有。这样，就很轻巧地崩溃了公地公民制。

为了对抗藤原氏，就必须发出更强有力的禁令：过度的荒地开发绝不被认可。在日本史上，是谁发出了这样有力度的禁令呢？说来也好笑，就是称德女帝与她的搭档——大臣禅师道镜。

私有土地的所有向国家规模扩大，这样的事情必须禁止。这是日本土地制度史上极为重要的禁令，史称"天平改革"。但是这样的划时代改革，因为道镜与女帝搞不伦而被否定了。

## 20 缠绕于他物的藤

从日本土地史来看，向天皇家的公地公民制发起挑战的是《班田收授法》，而向《班田收授法》挑战的是《三世一身法》。

由于人口的增加，口分田不够分了。怎么办？作为对策，只有进行新的开垦。那开垦出来的田地归谁所有呢？这时朝廷才不得不允许将新开垦的田地私有化。但只限定于三世（父、子、孙）。这就是《三世一身法》，于 723 年颁布。

这是用"私有"为诱饵奖励开垦。由于到四世就收公，所以国家没有损失。这个法案在实施了二十年后的 743 年（天平十五年）开始变样。

接着《垦田永年私财法》问世。这个法的精神在于废除限制三世的规定，强调开垦的土地永远是开垦者的私有地。为什么要这样做呢？圣武天皇在诏敕里这样写道："私有只限三世，四世反正要收公，耕地者意欲低下，田地荒芜。为此故，认可永代所有。"

那么，这个《垦田永年私财法》就是个好法吗？就没有问题吗？不是的。表面看，自己开垦的土地归自己，有了私有地，但是还必须缴纳税金。这就与庄园不同，庄园是免税地。而自己开垦的土地是要缴纳税金的。这明显是对贵族有利的法律。而这里的贵族是指谁？当然是指藤原氏。

这个法律是谁裁决的呢？是圣武天皇。圣武天皇的皇后是谁？就是藤原氏出身的光明子。圣武本身是个木偶的存在，他裁可的法律是其幕后策划者意图的反映。幕后策划者是谁呢？就是想方设法持续藤原家繁荣的光明皇后以及心腹藤原仲麻吕。如果要问这部法律的担当部门是谁的话，就是民部省。民部省的牵头人就是藤原仲麻吕。国家的税收（年贡）如何堂而皇之地进入政府官员（国司、郡司等）的怀中？正是藤原氏所考虑的事情。

总之，《垦田永年私财法》的结果就是以公地公民为基盘的律令制崩溃了。律令制崩溃，天皇绝对制也就随之瓦解，之后大片庄园出现，到藤原道长时代达到了顶点。摄关政治也得以确立。藤原氏全面压倒了天皇家。

尽管如此，藤原氏还是固守其寄生虫的立场不变。他们不是没有机会当天皇，从历史上看有好几次机会。如在奈良时代，天皇家没有能生出男孩，属于女系天皇繁荣的时期。如果是在其他国家的话，藤原氏家族早就出天皇了。当然藤原氏也有野心家之类的人物，如藤原仲麻吕就企图抢夺天皇家的天下。他的奇特之处在于想把日本的天皇翻版成中国的皇帝。但是，他的行为遭到了称德女帝的强烈阻止。其他的藤原氏也反感仲麻吕，认为他的行动有违藤原氏的原理。那么，藤原氏的原理是什么？一言以蔽之，决不做天皇（日本之王），坚守对天皇家的寄生虫立场。历史作家井泽元彦在多卷本的历史讲义中就反复论述了这个观点。

而对这一观点加以技术性论证的则是梅原猛。他从藤原的姓氏作手，别出心裁地注意到了"藤"这个字。作为蔓性落叶植物的藤，它的最大特点是什么？就是缠绕于他物，且向右卷。也就是说，一旦失去对他物的依赖和缠绕，就不成其为藤。再说得哲理一点，对象物的存在，是"藤"这个本体论存在的再确认。这种以他物为主，自身为从的行动原理，正是藤原氏的行动原理。而这种行动原理最初是谁制定的呢？说来也富有戏剧性，是天皇家自己的人。

在天智朝，弥留之际的天智天皇亲自赐予了"藤原"姓给中臣镰足。镰足是天智的行动伙伴。天智是镰足的权力搭档。是天智规范了这位伙伴，既不能取代天皇自己做天皇，也不能不发挥一点作用在天皇身边混饭吃。于是想出了"藤原"这个带有象征性的姓氏。天智这个人政治手腕高超，智慧过人。日本这个国家的历史，也是从他开始才有了点可供讨论的资料。在他前面的大王（天皇），可以说都是可有可无的存在。可不，藤原氏与天皇家的关系，在天智那里就有了个能够展望数百年的政治框架。

领会这一精神并加以积极贯彻的是天智的女儿持统天皇。持统朝时代的一个最大亮点就是建造了新的宫都。而这座宫都就是以藤原氏的姓来命名的——"藤原京"。前面已经说过，和这位女帝搭档的是藤原镰足的儿子藤原不比等。这位不比等当属政治强人，"藤"字的植物属性在他身上最先得到了体现。他在政治上缠绕着持统女帝，这自不用说。他的创新之处在于在情感上也缠绕着持统女帝不放，而且越缠越紧。缠得这位女帝心神荡漾，常去吉野宫与他密会。可以说，藤原氏与日本天皇家成为密不可分的联合体就是从持统女帝开始的。父亲的政治遗产，她当仁不让地继承了过来。

用臣下之姓冠宫都之名，日本历史上只有藤原氏一家。之后的称德女帝时代，这位女帝想在她的情感对象和政治搭档道镜故乡建个附都，本想取名"弓削宫"，但在最后还是改为"由义宫"。为什么呢？就是因为没有先例。因为除了藤原氏以外没有第二个氏族这样做过。冒天下之大不韪的事情，谁做了都会有一种不自然的畏惧感。

这样来看，"藤"就是藤原氏行动原理的象征。

## 21 藤原政治学框架的核心——关白

藤原氏为了与天皇家更好地游戏，还很用心地制定了一些游戏规则。即便在今天看来，这些规则还是有水准的。

首先是一些概念和制度的设定。如，皇族以外的人叫"臣下"，臣下中位最高的人为"阁下"。天皇称"陛下"，除此以外的皇族叫"殿下"，如皇太子殿下。殿下是皇族才能用的敬称。

但是例外的是摄政和关白。关白有"关白殿下"之称。可见，关白与天皇家虽然没有血缘关系，但是从严密的意义上来讲，关白又不属于臣下。

那么，何谓摄政？摄政就是天皇的辅佐。天皇为什么要辅佐？是因为自第 56 代清和天皇以来，幼帝纷纷登场。幼帝什么都不懂，当然需要辅佐。接受天皇的命令，代替天皇执掌国政，是摄政（辅佐）的主要职责。摄政又分"皇族摄政"和"人臣摄政"两种。如推古天皇（第 33 代）时代的圣德太子，齐明天皇（第 37 代）时代的中大兄皇子，天武天皇（第 40 代）时代的草壁皇子等，他们都属皇族摄政。与皇族人员的摄政相对应，皇族以外的人职掌摄政的就叫人臣摄政。如清和天皇时代的藤原良房（866~872年在职），他就开了人臣摄政的先河。这一直延续到第122代的明治天皇，那个时候的摄政是二条齐敬（1867年在职）。

那么，何谓关白？幼小的天皇成人后，当然就不需要摄政了，就开始任命关白。那摄政和关白有何不同呢？最大的不同就在于天皇即便没有任何的身体和精神上的障碍，有一个人也要出演代行天皇的政务。而且更为重要的是这个人还能统率太政官和上级贵族。这个人就是关白。这个役职的功能说得明白点就是劫持天皇家。谁发明的呢？是平安中期的藤原氏发明的。日本历史上第一任关白是藤原良房的外甥（后收为养子）藤原基经。自此以后摄政关白的职位都由藤原基经的子孙藤原北家的嫡流来世袭。最后一位关白则是第121代孝明天皇时代的二条齐敬。这位二条，做完孝明天皇的关白，就做明治天皇的摄政了。

关白和摄政是天皇的代理，属于准皇族。准皇族没有灭掉天皇家的想法，这是日本权力构造的一大特点。对日本人来说，天皇家是绝对的存在。藤原氏做梦也没有想过自己当天皇。为什么会这样？天照大神的血统代代相传，这才是正当性的唯一出处。

摄政在中国皇帝政体中也能找到。这不是日本的唯一。但关白在中国律令制中找不到，这是日本的唯一，是日本的独创，属于"令外官"。这是为什么？

这与古代中国的权力特质有关，交替更迭是其主要特质。彻底推翻前政权才是易姓革命的完成。这样的话，皇帝家族以外的臣下，认可其准皇族的身份，认可其权力的行使，可能性就几乎为零了。所以中国出不了关白，也不需要关白。

依附于天皇家，抽取其实质的权力，代之以自己行使这个权力，这个成果的完成者是关白，也叫藤原政治学。

平安初期，桓武天皇还能自己执行政务，大臣们也能听从他。但是到了平安中期，藤原政治学的成果之一关白的诞生，天皇就成了一个装饰物。自平安中期以来，都是藤原氏独占关白。但是不是所有藤原氏的家族都可以升任关白？不是的。

升任关白必须是五摄家（近卫、鹰司、一条、二条、九条）的出身者。这也就是说，不管你怎样的努力，不管你怎样的有能力，如果是五摄家之外的人，那么对不起，摄政和关白肯定与你无缘。这在日本平安时代之后，基本如此。在这方面有个例外就是数百年后的丰臣秀吉。他是日本历史上武士出身成为关白的第一人。丰臣秀吉不是五摄家的人，为什么也能成为关白？就在于秀吉买通了一位属于近卫家的叫作近卫前久的人。这个人收秀吉为养子。那个时候的秀吉有钱有势，给了近卫家千石，给了其他四家五千石的领地。成了藤原秀吉，当上了关白。但是，成了关白也只不过是藤原家的一员，况且关白一职不能长坐，必须让给其他五摄家的成员，大家轮流坐。具有风暴头脑的秀吉，想到了如何脱离藤原氏的问题。想到了如何向朝廷要个与藤原匹敌的姓氏问题。这是破天荒的想法。结果后阳成天皇真的给秀吉赐予了"丰臣"的姓。秀吉从此脱离了藤原氏的支配，而且关白的位置不动。丰臣超越了藤原氏（五摄家）。秀吉退出关白成为太阁（对辞去关白人的尊称），关白的位置也没有返回藤原氏（五摄家），而是让给了自己的养子丰臣秀次。这样关白成了丰臣家永久独占之物，远远超越了藤原氏。

五摄家当然都姓藤原，但是大家都叫藤原多少有点奇怪。于是，在九条路上居住的藤原就叫九条。在一条路上居住的就叫一条。就等于同样出于源氏，还生出了明智光秀、新田义贞、足利尊氏、武田信玄等不同的叫法。源氏出身的人，不可能成为摄关家，但能成为征夷大将军。日本的征夷大将军必须是源氏出身，这也是日本的一个不成文的规定。可能有人会问，后来的德川家康不也是征夷大将军吗？可他并不是源氏出身。是的。正因为如此，家康为了征夷大将军这一职，在家族系谱上作了手脚，自己不知不觉地成了源氏之人。所以，平氏出生的织田信长，到死之前都没有当成将军，原因就在这里。

五摄家之下，谁是成为太政大臣的家，谁是成为左大臣的家，谁是成为右大臣的家，也都是定好的。如菊亭的贵族家，可以成为大臣，但是不能成为关白。所以同样是藤原氏，依据不同的家族，其役职也是定好的。关白这个位子对天皇来说是不舒服的。本来这个国家最高权力者应该是天皇，但是现在则由本来只不过是臣下的关白，包揽了全部的国政。

当时太政官行政体系的格局是，太政大臣是其顶点，然后是左大臣、右大臣、内大臣。更为下面的是大纳言、中纳言、参议，以及大藏省、民部省等八省。各个省的长官叫卿。在这种精密的行政体系中，由只不过是臣下的藤原氏五摄家的人来担当关白，这不能不说是个奇迹。而且更为奇迹的是，太政官们对关白所言之事听取得相当认真。而对本来处于行政顶端的天皇，其所言之事反倒没有人听从了。

于是，出现了这样一种现象：天皇被搁置在行李架上了。或者，天皇成了仅仅是粉饰门面的装饰物。对这个状况最初发出不满的是白河天皇。他要恢复天皇的权力，把天皇从行李架上取下来，把天皇从装饰物中还原过来。连接这个思考的思考点就是院政的诞生。

这是个有趣的系统。

## 22 退位天皇成了政治大师

到了平安后期，天皇家的权力得到了一时的复活。这就是日本历史上的"院政时代"（1086~1192）。

在院政时代，执掌国政的不是天皇而是上皇或法皇。院政想要做的是，既紧握权力，也权威在身。完全是一种全新的天皇复权的形式。

而院政时代的开启人是谁呢？就是后三条天皇的第一皇子，第72代白河天皇。

后三条利用老摄政藤原赖通的错误，于1068年成为天皇。然后他积极恢复天皇权力，限制摄关家的权力。但他不幸于5年后死去。他的20岁的精力充沛的儿子白河即位，第72代白河天皇诞生。这位天皇是一位唯意志主义者，又是一位唯色情主义者。

1084年，白河天皇最为宠爱的皇后藤原贤子病死。悲痛欲绝的白河，抱着贤子的遗体紧紧不放。此后心情一直极为不佳，并于1086年让位，这年他33岁。让位给谁？让位给了他的第二皇子，只有8岁的善仁亲王，第73代堀河天皇诞生。

8岁的男孩能执政吗？当然不能。于是引退后的白河，摇身一变，成为太上天皇（简称上皇）。成了上皇后就把办公地点移至院内。如果说天皇的办公室就是朝廷的话，那么上皇的办公室就是院厅。这也是"院政"一语的出处。从办公条件来看，院厅当然比不过朝廷，但是白河上皇有硬件在手。他的理论是：我是天皇的父亲，我怕谁？所以你们必须听我的。

仔细想来，这是什么理论？这不是倚老卖老的理论吗？这不是无法无天的理论吗？是的。都没有错。

但就是这个理论，一直支撑了天皇家106年的院政时代。再宽泛点说，一直到第119代的光格天皇于1840年死去为止，这个理论持续了754年。从白河开始，日本的政体结构中，又多了一个体制外的存在物：上皇—院政。

从理论上说，天皇应该处于行政机构的中心。但是他即便想干自己的事情，只要关白反对就无法实现。因为太政大臣也好，左大臣也好，右大臣也好，内大臣也好，大家都是藤原氏的人，只要关白反对，大家就附和唱异。如天皇想整顿庄园，不想让藤原氏独占逃税，但是如果关白反对的话，就无法实现。

但是上皇和天皇不一样。上皇的特点在于他是体制外的存在。所以可以无视体制内关白的反对声音。天皇的命令叫"诏敕"，但天皇不能直接发出这个诏敕，必须经过大臣的合议，作为某某省的命令发出。这是一条原则。实际上，即便是天皇的命令，如果役所（执法部门）有保留意见或有反对意见，这个命令就不能下达。这样从结果看，天皇之令如果在役所通不过，那即便是最高权力者，也不能发出诏敕。国家正式的命令必须由役所发出，日本至今也是如此。

上皇的命令叫"院宣"。院宣最大的一个特点就是与太政官们的意向没有直接的关联。上皇的周围只有少数人组成的忠实者，他们对上皇的所言所行一般没有抵触感。所以院宣总能发出去。这也就是说，处在体制外的院政，它能绕开役所，反倒能使天皇家的命令通过。院政的运转系统要比天皇的运转系统灵光。这样一来，上皇（白河）反倒成了"治天之君"。可不，在白河的院政期间，他下令再次整顿庄园，从藤原氏那里夺回了不少庄园，扩大了天皇家庄园的数量。他还创建了武装集团"北面武士"用来护卫院厅。如当时日本著名歌人西行就是北面武士的一员。后来这支武装集团就是平家崛起的先遣部队。他还修建了一些重大工程，如法成寺等。所有这一切都表明白河上皇用手中的支配权，完成了君王统治的强盛回归，尽管它颠覆了律令统治的程序。正如一位藤原氏的高级官员私下所说：这位退位的君王，俨然成了唯一的政治大师。白河上皇支配宫廷四十余年。这期间有堀河、鸟羽、崇德三代天皇，白河就是这三代天皇的家长，都要听他的。接着是白河的孙子鸟羽开始执掌院政，他再次快速增加自己所掌管的庄园。这种支配权持续到他死去为止。

这里，日本政治的一个有趣之点在于，天皇家自身不与藤原氏的关白争夺权力，而是采取引退的天皇成为上皇的做法，超越体制内的行政机构，独自舞动权力。这个高超之术被发明了。但是，发明这个高超之术的理论支撑点竟然是如此的孩子气：小孩必须听长辈的话。这个长辈就是天皇的父亲或者是天皇的祖父。长辈说的话，与对与错无关，与小孩必须听有关。就是靠这个办法，天皇家的权力，从藤原氏那里暂时被夺回了。

## 23 院政也是动乱之源

但是，这个院政也有滋生问题的先天土壤。这个不足主要来自于它可以而且敢于无视官僚化的组织机构，我是最高权力者的父亲或祖父，这就生出独断专行，政治也陷入独裁之中。我行我素是院政之主要特点。如一个有名的话题就是"雨水禁狱"。说的是白河上皇去法胜寺做佛事，不巧碰上雨天，只好延期佛事。但刚要去的时候，又遇上雨天，再次改期。但是这天还是下雨。一而再，再而三的改期和下雨，使得白河上皇大怒。下令道，把雨水放入容器，再把这个容器投入大牢。

这个"雨水禁狱"的话题想说什么？受过宫廷最高教育的白河上皇，不可能蠢到把雨水投入大牢这个地步。他是想借机发布自己的权力和权威。向谁发布呢？向当时的官僚们。他实际上警告说：我是治天之君，天下之尊。你们必须遵从。白河上皇大叫道：天下有三样东西，与朕的意志相左：即贺茂川的水、双六的赛局（赌局）和山法师。所以也叫"天下三不如意"。这也就是说，除去这三不如意，世间的一切都是按照我的旨意在驱动。这令人想起一句话：给我一个支点，可以把地球撬起来。这当然是属于吹牛的豪言。但即便是吹牛的豪言还讲一个前提，即支点。白河上皇则连前提都不要。长年跟随白河上皇的藤原宗忠在日记里这样写道："君临天下 57 年，意气满满。其威光和权力通四海，天下归服。"

1096 年（永长元年），白河上皇最喜爱的皇女踱子内亲王病死。伤心的白河上皇只好出家，称为"法皇"。但他既不受戒，也不起法号，还是干涉朝廷政治。而且，他的这一做法一直延续到了他的孙子鸟羽天皇和曾孙崇德天皇时期。

日本历史上的保元之乱，就显现出了院政这个形式有问题的一面。以天皇为中心的公家世界的崩溃，也是肇自这里。

保元之乱说得简单点，是相争之乱。谁与谁相争？天皇家自己在相争。为了什么相争？为皇位继承而相争。相争的主角是崇德上皇和他的弟弟后白河天皇。崇德上皇想把自己的儿子送上皇位，但是崇德的弟弟后白河天皇没有让位的心情。双方就动起武来。

相助崇德上皇的武家力量是平清盛的叔父平忠正和源赖朝的祖父源为义。相助后白河天皇的武家力量是平清盛和源赖朝的父亲源义朝。结果如何？以后白河方的胜利而告终。平清盛和源义朝为后白河天皇立了大功。但是将来谁做武家的头呢？平清盛和源义朝当然都想，于是他们之间又发生争斗。这就是日本历史上的平家和源氏之争。这场争斗以源义朝的失败而告终，他为此丧命。这就是日本人常说的"平治之乱"。但是源义朝的儿子源赖朝不买账，誓为父亲报仇，最终击溃了平家，取得了最终的胜利。

所以从这点来看的话，天皇家权力丧失的原点，真是来自于自己家人为继承权的相争。但天皇家又是为什么要争继承权呢？这就和天皇家的丑闻有关。而丑闻的发生又与院政的独断有关。白河上皇把手伸向了自己的孙子之妻，比自己小50多岁的藤原璋子，并让其怀孕生子。

白河上皇的儿子是堀河天皇。堀河天皇的儿子是鸟羽天皇。这样来看，鸟羽天皇就是白河上皇的孙子。鸟羽天皇当然有妻子，但是白河上皇却喜欢上了孙子的妻子，生下儿子崇德天皇。

很显然，崇德天皇并不是鸟羽天皇的儿子，自然，鸟羽对待这位"叔父子"热情不高是可以想象的。但是白河上皇认为自己的情人璋子所生之子（崇德）令人同情，便决定把鸟羽之后的天皇让给崇德。不高兴的当然是鸟羽天皇，但是白河上皇的命令不能违背。这里，小孩必须听长辈话这个理论，再次发挥了作用。没有办法皇位让给了崇德。但是等祖父白河法皇一死（1129），孙子鸟羽便开始秋后算账，立刻下令让崇德引退，并严令道，崇德上皇的儿子，绝对不能成为天皇。

这回轮到崇德上皇愤怒了：此回的天皇怎么不应该是我的儿子呢？这样来看，保元之乱的主要原因就是院政的执掌者，即爷爷辈的独断以及好色。独断过了头，也能招致动乱。因此要说罪名的话，院政的主要罪名就在于它是动乱之源。之后，皇室内部把政治生活演变成活生生的暴力，精力旺盛的退位天皇后白河上皇也失去了对局势的控制。到1180年代，政治更是直接演变为内战。从这以后，退位天皇就再也没有翻身获得过支配权。

但是，院政也使得日本贵族政权的寿命得以延长至12世纪末。而且最重要的是藤原氏的力量，特别是外戚的力量被大大地抑制了。天皇一上皇的二重体制替代了天皇家一藤原氏的二重体制。

当然也有不同的视角。对中世宫廷生活相当有研究的学者角田文卫这样说，年迈的白河法皇和年轻的待贤门院璋子的关系，用现代人的眼光看是异样的，但绝不是淫靡的，而是全人格的结合。女院（璋子）在法金刚院度过余生。这里是佛堂和林泉美胜的鹿野苑。在这里经常进出的西行法师，在他的眼里，这位女院就是"永远的女性"。

## 24 不比等的死与道长的死

在中国，皇帝是圣人，官僚是君子。在日本，天皇是君子，官僚是圣人。而这个原理的制作者就是藤原不比等和藤原道长。

从天皇家发展的轨迹来看，到中世开首为止，天皇家经历了三个时代：① 天皇直接参政，皇亲政治的时代；② 藤原氏夺取天皇家权力的摄关政治的时代；③ 上皇再从藤原氏那里夺回权力的院政政治的时代。在这三个时代里，最有可看性的就是摄关政治的时代。日本天皇家失去了权力，得到了权威；失去了霸道，得到了王道；失去了理性，得到了感性。一个权威的存在，一个王道的存在，一个感性的存在，是否也是天皇家长寿的一个基因？

从这个角度来看，天皇家真的要感谢藤原氏所做的一切。事实上，至今为止，天皇家并没有忘记藤原氏所作的贡献。

720 年（养老四年）天气异常，先是寒冷，到了七月，又是高温，进入到八月，又突然进入了深秋。八月一日的早上，一觉醒来的不比等突然感到头重脚轻，一下倒在床上。

"小治田，小治田。"身旁的人在拼命呼喊他的小名。他闭上的眼睛就没有睁开过。元正女帝和他最爱的妻子县犬养三千代来到他的身边。县犬养三千代握着他的手，他好像对三千代还有本能的反应。

没有任何预告，不比等就这样消失了。这是生于朝鲜的日本学者林青捂在《日本建国》①一书里所描绘的场景。

927 年（延长五年）完成的《延喜式》里，关于藤原不比等的墓地，有这样一句话："多武岑墓，赠太政大臣正一位淡海公藤原朝臣。"这是什么意思呢？原来藤原不比等死后被追赠正一位太政大臣之位。他成了日本历史上死后封公的第一人，在不比等死去的四十年后，又得到了只有天皇才有的谥号：文忠公。

再来看看藤原道长。1027 年（万寿四年）十一月五日，藤原道长卧病。十二日，朝廷颁布天下非常之大赦。二十六日，后一条天皇亲临法成寺拜望道长。其间招揽南北西京高僧一万人，大做法事。十二月四日，藤原道长死去，享年 62 岁。

当时的历史著作《大镜》为这位权倾一世的藤原道长，作了墓志铭。

> 他在一条天皇和三条天皇朝代执掌政务，如今又成为后一条天皇的摄政。当时天皇只有 9 岁，他那年是 51 岁。也就在这一年，他组织了内阁，将摄政一职给了他的长男藤原赖通。在 1019 年三月二十一日，他皈依佛门，54 岁。这年的五月八日，朝廷授予他与三位皇后同样的地

---

① 〔日〕林青捂:《日本建国》，讲谈社，1993。

位，尽管他已经是一位僧侣，但仍然每年享有年奉和享用豪华的办公场所。他是天皇和皇储的祖父，是三位皇后、左摄政大臣、宫廷大臣和许多顾问大臣的父亲，他执掌国家大约有 31 年。

如果问道长一生最大的智慧是什么的话，那就是在权力的顶端伸展张力。

道长最终没有出任关白一职。他临终前的最高位只是在准关白的位置上下降一格，为内览。所谓内览，就是太政大臣奏文书于天皇，然后天皇加以裁决，对这个裁决的文书加以把关的职务就是内览。也就是说，能第一时间读到天皇裁决的文书的就是道长。道长知道自己再升任下去，会很危险。这是非常了不得的智慧。

这个智慧从哪里来？是从《史记》的《淮阴侯列传》和《留侯世家》得来的智慧？是从平家至人臣最高位后的华丽散尽，得出人世无常的教训？

藤原道长的子孙之一是近卫家，在江户中期有个叫近卫家煕的公家，把道长留下的日记取了个《御堂关白记》的题目。他想把道长的智慧传世下去，是取这个书名的主要目的。世人之所以有"道长是关白"这个印象，就是从这个书题而来的。其实这是个很大的误会。

2011 年 5 月 11 日，日本文部科学省向联合国教育科学文化组织"记忆遗产"推荐两件日本国宝。一件是江户锁国前夕记录日本和欧洲交流的《庆长遣欧使节相关资料》，另一件就是藤原道长的手写日记《御堂关白记》。论写日记，日本贵族王朝的美女们都是高手，如《和泉式部日记》《蜻蛉日记》《更级日记》《紫式部日记》等。为什么不推荐这些日记而推荐《御堂关白记》？这恐怕与道长的政治智慧有关。日本人想把这种日本式的政治模式推向世界。

## 25 藤原氏与天皇家隐秘关系的深层

回顾天皇家历史，在长屋王之变以后，作为对抗轴的势力被消灭。其结果是皇室被藤原氏所吸收。之后，瘟疫大流行，武智麻吕以下藤原四子死去。其结果，以光明皇后为中心的藤原一族的霸权得到确立。之后的日本历史就是天皇的权威被巨大化的藤原氏所包摄的历史。而藤原氏利用天皇的权威使自己更加巨大化。

天平时代，皇室中的男性实质上就只有圣武天皇一人。但他不拥有独自的人脉，也不拥有军事力及财力。也就是说作为权力独自存在的要素都不存在。这位天皇只不过是藤原氏的一个道具而已。作为结果，自然界的瘟疫流行，促使了藤原氏一天皇制一国家一佛教这一模式的形成，构筑了日本政治的全体图像，并规定了日后日本国家发展的方向。所以，说瘟疫是日本史上最大级的事件也不过分。

这里，藤原氏巧妙地隐蔽地躲在幕后，国政的舞台由天皇来出演。这是日本史微妙且复杂的地方。这也是人们容易误解天皇是专制君主的一个原因。天皇处在中心地带被瞩目，但是自己并不能驱动什么，而仅仅是根据周围的复杂动向作出某些反应。这是由藤原氏培养出来的一种纯粹，一种政治性格。这个纯粹，这个政治性格就是天皇制。

灯光绿黯黯的，更显出夜半的苍凉。眼睛里泛着石子的青色与晨霜上的人影的青色。留下永恒的嫣红和无数伤心的皱叠。

这是否就是藤原氏与天皇家隐秘关系的深层？

下

# 皇宫日落

平成退位 与 天皇 家 秘辛

姜建强 著

社会科学文献出版社

SOCIAL SCIENCES ACADEMIC PRESS (CHINA)

图书策划人　视觉设计师

联合创立

## 8 足利义满与天皇家之谜

——这位将军究竟想要什么？

### 1 乱世出另类的图式

镰仓幕府的三代目源实朝是个非常优秀的歌人，但作为政治家却略显无能。他被哥哥赖家的儿子公晓杀害后，源氏的将军家就断绝了。

室町幕府的三代将军足利义满与江户幕府的三代将军德川家光都是优秀的政治家。家光强化了祖父家康和父亲秀忠建立的幕藩体制，实现了 260 年以上的和平。但是义满就没有这样好的运气了，他把室町幕府引向了衰退之路。

为什么德川家光能做的事情，足利义满做不到呢？问题出在哪里？从足利尊氏到足利义诠，父子两代人尽管努力拼打，但天下统一还是他们的未竟事业。足利义满踏着祖父和父亲的足迹，基本完成了南北合一的任务。但是义满还不满足，他有更大的野心，巨大的权力欲火在他身上燃烧。他想废掉自天照大神以来的天皇家，拥立自己的足利王朝。

京都的临川寺里有"鹿苑院太上法皇"的牌位残留，相国寺里的过去记录里有"鹿苑院太上天皇"的记载。如果义满晚死两年，后小松天皇之后的即位者就是义满的儿子义嗣。义满的做法比道镜更恶劣，因为道镜是在按称德女帝的意志行事，而义满的行为完全是凭自己的意志。在他的眼里，没有任何人的意志。

真所谓我行我素，乱世出另类。

## 2 百代终焉的诗预言了什么？

天照大神的血统神话到了天武朝的时候得到了前所未有的强化，形成了难以颠覆的观念至上论。

但是到了中世情况有所变化，万世一系的血统神话遭遇了两大意识形态的强力反弹。

一个是孟子的革命说。这个革命理论随着儒教的传入较早地在日本贵族层得到了确立。但是孟子"民贵君轻"的民本主义思想、有德者接受天命发动革命的"放伐"思想又与日本古代国家的支配理念不符，二者先天上存在背反。所以公卿、僧侣等贵族阶层在意图上先排除易姓革命再接受儒教。当初传播中国易姓革命思想的先驱是建仁寺住持、诗文技巧精湛的五山高僧义堂周信，面对参禅的热血青年足利义满，他这样劝说道："必须先读孟子的书，这才是儒教的神髓。"义堂周信首先推荐有帝王学之称的《孟子·王道篇》。义满对《孟子》里的殷周革命和放伐思想表现出了很浓的兴趣，接连几天拜访义堂周信询问一些关键的问题。后来知道了义满真实意图的义堂周信感到吃惊，想把义满的兴趣从儒教转向禅宗，但为时已晚。接受易姓革命思想洗礼的义满坚定了断绝万世一系的想法，更坚定了走自己道路的想法。

一个是"百王说"的末日思想。在平安中期，贵族和僧侣之间流传"预言诗"，也叫"耶马台诗"。相传这首诗是由中国南朝梁时期的高僧宝志禅师所作，日本奈良时代的政治家吉备真备留学唐朝的时候，中国僧侣用这首诗试探吉备真备的学识能力。后来吉备真备把这首诗带到日本。

水丹肠牛龙白昌孙填谷终始
流尽鼠食游失微子田孙臣定
天后黑食窘水中动鱼走君壤
命在代人急寄干戈脍生周天
公三鸡黄城胡后葛翔羽枝本
百王流赤土空东百世祭祖宗
雄英毕与茫为海国代成兴初
星称竭丘丘遂姬氏天终治功
流犬猿青中国司右工事法元
飞野外钟鼓喧为辅翼衡生建

这样看什么意思也读不出来，但是文字稍加配列组合就可变化成如下的诗句。

东海姬氏国，百世代天工。

右司为辅翼，衡主建元功。

初与治法事，终成祭祖宗。

本枝周天壤，君臣定始终。

谷填田孙走，鱼脍生羽翔。

葛后干戈动，中微子孙昌。

白龙游失水，窘急寄故城。

黄鸡代人食，黑鼠食牛肠。

丹水流尽后，天命在三公。

百王流毕竭，猿犬称英雄。

星流飞野外，钟鼓喧国中。

青丘与赤土，茫茫遂为空。

关键的是变化后的诗文后半部的两句："百王流毕竭，猿犬称英雄。"可以解读为：这个国家的王家（天皇家）到了百代必然终结，之后是猿犬称英雄支配国家。关东的镰仓公方足利氏满生肖属猴，足利义满自己生肖属犬。因此义满以此为信，认为自己和足利氏满将取代天皇的天下。义满还就"百王说"询问了有关人员，得到的答案是"百是众多的意思"，义满似乎明白了什么。

问题在于这首诗预言天皇家只有百代的寿命，而百代的天皇是谁呢？正好是后小松天皇。南朝递交三种神器，北朝的后小松成了日本天皇家百代之王。

"天皇家从后小松时代结束，万世一系从后小松天皇这里断绝。"这样具有煽动性的百王预言说在社会底层流传，在京都的公家之间流传。《愚管抄》的作者历史学者慈圆也如此感叹道："皇统已经到了八十四代，接下去不会长久了。"第84代是谁？是顺德天皇。

义满受到震撼与启发。谁来结束百代之王？是我——义满。谁来继承百代之王？我的儿子——义嗣。因此，如果要问天皇家百代终焉的预言诗预言了什么的话，实际上就预言了结束百代之王的新王将要诞生。这位新王就是天降大任的足利义满。

天壤无穷的神话，遭遇了"百王"新神话的强力挑战。

### 3 来自超大帝国的册封

一般而言，日本的幕府有两种。第一种是从武士的立场出发从事政治，典型的就是源赖朝的镰仓幕府，之后的北条氏的执权们秉承了这个理念，所以幕府的所在地不设在京都。再之后统一天下的家康在武力征服完全成功后，将幕府放置于江户，并于京都设置所司代。这种赖朝—家康型的幕府公卿与武家地位的不同是显然的，而足利尊氏之所以把幕府开设在京都，主要是考虑到南朝的存在，故不能空闲了京都。其实尊氏也好义诠也好，都对镰仓具有好感，从出发点来看，都想把镰仓作为大本营。

第二种是室町幕府，公卿和武家的关系暧昧。义满既要武家权力顶点的征夷大将军，又想在朝廷里求出世，这点和关白丰臣秀吉类似。丰臣家如果能稍许长寿的话，或许也要开设与义满相近的幕府。

对赖朝型的生存方式义满感到不满足。这是种什么样的生存方式呢？做武士的总大将，对朝廷敬而远之，在镰仓过一种相对安逸的乡村生活。而义满型的生存方式是：做武家栋梁的同时，也要成为朝廷的支配者。南北朝已经在自己的手中统一，接下去的最后一步就是皇位了。义满知道公卿有自尊没有武力，所以他对公卿不客气地乱下命令。如去伊势神宫和南都北岭的佛阁参旨的时候，义满命令公卿随行，这是源赖朝和足利尊氏都没有做过的事情。特别是去春日神社的时候，天不亮就出发，随行的公卿迟到了，义满便破口大骂，吓得公卿躲藏不及。义满还不让迟到者参拜。春日神社本来就属于藤原氏，也就是说是公卿的祖先。把公卿从参拜行列中赶走，不让他们参拜祖先，作为公卿的面子自然是荡然无存。他们对义满又恨又怕。从春日神社回来的路上逢大雨，义满就在雨中不停地行走至京都。跟随的公卿满身湿透，浑身是泥，但又不敢发牢骚。即便是天皇也不能这样使用公卿，但是义满为了彻底粉碎公卿的自尊，他就这样干。

1368年是义满成为将军的年份，这一年朱元璋灭元朝建明朝，明太祖洪武帝诞生。1401年，义满与明朝建交，献上黄金一千两，自己称"臣"。义满向明皇帝派使者递交国书，国书的最后署名是"日本国王臣源道义"。"源"是足利氏本姓的源，"道义"是义满的出家名。明皇帝最初没有接纳义满的使者，因为在这之前，明朝已经认可了南朝的"九州王"怀良亲王为"日本国王良怀"。义满知道了其中的缘由后想牵制怀良亲王，几次派出了使者，但是明朝皇帝都没有接纳。

这个时候义满的头衔是"征夷将军"，将军这个用语在日本意义重大，但在中国的律令体制里只不过是军事部门的一个军官而已。所以明朝的一个基本判断是：将军并不是日本的代表者。既然不是日本的代表者，明皇帝就不会接纳他的使者。

义满在试错中不断观察和总结明朝这个巨大的国家，他发现这个巨大的国家代表了一种秩序，一种东亚走向的秩序。问题是怎样向这个巨大的国家学习呢？"臣源道义"这个署名就是学习和思考的结果。这里必须注意的是，至此为止日本面向国外的国书，都是由朝廷起草的，但是义满的国书是由禅僧来书写的。这不仅仅是书写格式的变化，更表明朝廷本来拥有的外交权移转到了义满的手上。

1404年明永乐皇帝派郑和出使日本，册封足利义满为"日本国王"，足利义满拜领明朝的冠服。这表明无论是在日本国内还是在国际上，室町将军义满都已经是日本国家权力的最高代表了。对国王号的册封不满的廷臣很多，他们认为这是屈辱的外交表现。但没有一个人敢在义满的面前说三道四，这给了义满以极大的自信。

日本的天皇和将军称呼自己为日本国王的，义满是第一人。之后在江户时代的外交上，将军德川家宣这样称呼过自己。

这样考虑的话，义满使用了两个理论：一个是国王理论，宣称自己代表国家；一个是臣下理论，宣称自己相对于中国的皇帝属于臣下。

## 4 义满的手伸向了上皇之妻

1382年四月，后小松天皇践祚，后圆融作为治天之君掌控院政。这年的正月，征夷大将军义满升任左大臣。天皇家最后的国王（治天之君）后圆融与武家最初的国王义满同时出现在国政的舞台上，二人年龄相仿，但是日落的天皇家和日出的足利家还是形成了鲜明的对照。死于1393年的后圆融天皇在这11年间誓死守卫皇统的王权，并与誓死夺取皇统王权的义满展开了一场激烈的权力斗争。

义满的祖父尊氏和父亲义诠，除了担任征夷大将军之外，还是朝廷的大纳言。而义满在成为幕府将军的同时，还作为公卿升至左大臣的最高位。对义满来说，朝廷官位绝不是名义上的称号，而是与天皇家作权力斗争的工具。

义满的母亲良子与同时代的后圆融天皇的母亲崇贤门院（仲子）是姐妹，后圆融与义满是表兄弟，追溯母系的话，同为顺德天皇五世孙。但日本人所说的血统一般是看父系，这样来看义满并不属于皇族。虽然他母方的家系与天皇家相当接近，然而再怎样接近，成为天皇的资格还是不可能有的。

但是不可能的事情，义满就是要它成为可能。如果后圆融天皇像后鸟羽天皇和后醍醐天皇一样杰出，义满再怎样运作都是徒劳的、不可能的。问题在于这位后圆融天皇是个没有骨架的天皇，是个气势很弱的小孩天皇。

1382 年（永德二年），后圆融天皇把皇位让给自己的儿子干仁亲王，后小松天皇诞生。后圆融成了上皇，即"治天之君"。后小松即位的时候只有 6 岁，完全不能操作政治。后圆融上皇是 25 岁。义满在这年升任左大臣，武家出身的征夷大将军攀上这个位子在义满以前一个也没有。平清盛是太政大臣但不是征夷大将军，源赖朝是征夷大将军但他的官位是右大臣。右大臣自然要比左大臣低一格，但比太政大臣高一格。

左大臣以上的大臣叫相国，所以《平家物语》里的平清盛被称为"入道相国"。室町时代的"相国"是义满，也就是说在1382年这个时点上，幕府的君临者是将军兼左大臣义满。朝廷的代表者是后圆融上皇。这时义满政治面临的一个最重要的课题，就是如何用幕府的权力压制朝廷的权威。

后圆融上皇用刀背乱砍妻子三条严子是在1383年（永德三年）二月一日的事情。这个时候的严子在自己的家刚生完孩子，抱着后圆融的皇子回宫。在事件发生的前日，即一月二十九日，宫中举行了先代后光严天皇的法事。因为恐惧义满的威严，皇族和公家没有一个人出席，后圆融怒上心头。上皇要很久没有回到身边的三条严子睡在他身边过夜，严子以没有睡衣为理由拒绝了，据说这是挨打的一个原因。但最主要的一个原因，还是后圆融上皇怀疑自己的妻子严子与义满私通。原来，义满为了使天皇家权威落地，什么样的事情都在策划之中。其中的一个做法就是千方百计地与天皇家对着干。如天皇家要举行重要的典礼，义满这边也就同时举行诸如大臣就任纪念仪式之类的活动，故意造成时间上的冲突，天皇那边的活动他就不去参加了。幕府的总代表不参加天皇家的活动，天皇家自然面有难色。

而另外一个更为露骨的做法就是把手伸向女人们。首先是想出人头地的皇族和公家的妻子，如常盘井宫恒明亲王（后宇多天皇的弟弟）的孙子满仁王想得到亲王的称号，便把自己的爱妾秘密地送往义满处，不久就得到了亲王宣下，满足了心愿。其次是义满自己看中的他人之妻，如中山亲雅的妻子加贺局、自己的弟弟满诠的妻子诚子和日野资康的妻子池坊殿等女性都与义满有染。最后就是向后圆融上皇身边的女人伸手，如上皇的妻子三条严子和上皇身边的爱妾按察局等。这没有确凿的证据，但是日本的室町历史的研究专家们都是这样认为的。如著名学者今谷明在其著作《室町的王权》[1]中这样写道："二月十一日，发生了后圆融上皇的爱妾按察局突然出家当尼姑的事件。之后，上皇向母亲仲子说道：'按察局与义满在宫中私通。我一怒之下，赶走了按察局。'"看来后圆融上皇还确实相信了按察局与义满通奸这件事。怒火中烧的当然是后圆融上皇，但是义满并没有为此改变态度，只是尽可能地否定此事。这时，这位治天之君，这位用刀背猛砍出轨妻子的上皇一定在大叫："义满，我一定要杀了你。妻子，我一定要杀了你。"但是，他没有这样说。这位治天之君倒是这样说："妈妈，我真想死去。"

---

① 〔日〕今谷明：《室町的王权》，中央公论新社，2008。

## 5 老女人出面收拾残局

后圆融上皇用刀背砍自己的妻子严子，并赶走了自己的爱妾按察局。对这两件密通事件的处理从结果看并不构成对义满的威胁。随着流言在京中流传，受到侮辱的反而是天皇家，受到损伤的反而是天皇的权威。

二月十五日，义满出面为按察局打抱不平。派了两名官员求见上皇，要说明按察局与义满并没有密通关系，但是后圆融上皇拒绝了这次见面。这时，上皇的周边开始流传小道消息：感到不快的义满要流放后圆融上皇。治天之君再也受不了这样的侮辱，奔跑到宫中的持佛堂，大声叫嚷要自杀。

在日本天皇家，天皇和上皇遭到流放的有保元的崇德、承久的后鸟羽和元弘的后醍醐。但他们被流放的理由都与谋叛和战争责任有关，为了女人的密通问题而流放从来没有发生过。这说明后圆融处于孤立无援的窘状，更说明义满的强势无人可敌。

把自己关在持佛堂的治天之君后圆融，手中的刀被左右收缴，但真正能救助他的还是其母亲崇贤门院仲子。匆忙赶来的仲子哄着这位治天之君说尽了好话，幕府也派使者露了一个照面。仲子还把后圆融带回自己的住所梅町殿，耐心地等待他能够收敛错乱的心神。

上皇自杀未遂事件在京城广为流传。当天的夜晚，京都内外发生了混乱。这件前所未闻的珍事，使本来已经所剩无几的治天之君的权威，又跌至更深之处。出面收拾残局的是崇贤门院仲子，这和后光严天皇出面册立广义门院时一样，皇家危机的化解有老女人登场。这位老女人多次奔走于后圆融和义满之间，做了大量的抚慰工作，使得义满看在叔母的分上终于在二月底写了一份誓愿书递交仙洞御所。这份誓愿书上再三强调自己没有与按察局密通，这样才使得后圆融上皇的怒气有所收敛。

三月三日，上皇的牛车出现在从梅町殿到小川殿的路途上。引人注目的是义满也在车内与上皇同行，治天之君与将军走向了和睦。上皇与义满和解后的三个月，即永德三年的六月，授予义满"准三后"的批文下达了。"准三后"就是指与皇后、皇太后和太皇太后这三后相当的待遇，这是个很高的礼遇，武家能享有这个礼遇的义满是第一人。与其和武家的当政者义满对立，还不如把他归入皇族之列，这是当时公家的普遍想法。当然，这也是对公武对立抱有深深忧虑的崇贤门院仲子奔走的成果，能够说动后圆融上皇的只有她一个人。

从"妈妈，我真想死去"到"儿子，你怎么能死在妈妈的面前"，日本人母子关系的暧昧性，又一次得到了证实。

## 6 义满为什么不送上女儿给天皇？

在日本历史上，源实朝、足利义满和德川家光都属于威严之人。实朝志在入宋，营造大船；家光开始锁国，想打造纯粹的江户；而义满作为当时的权力者，首次思考这样一个问题——篡夺皇位如何成为可能。义满之前没有人想当天皇？不错，确实有人想当天皇，如奈良朝的弓削道镜。但从严格的意义上说，道镜不是想当天皇而是想当皇帝。而且这个"想当"并不是他本人的意愿，而是称德女帝的意愿。再如之前的平将门，他确实想当新天皇，但是将门的目的是为了关东八国的独立，也就是说相对于西国的天皇，自己是东国王。况且，将门还自称自己是桓武天皇的五世孙。在古代也有这样的先例，如第26代的继体天皇就称自己是应神天皇的五世孙，而他实际的身份只不过是越前豪族的"男大迹命"。将门有这样的意识：表明自己只不过是皇统的一员而已。再退一步说，东国独立政权这个梦想源赖朝已经实现了。再朝后看，自己相对西天皇做东国王的梦想也由德川家康达成了。家康所谓的"将军"就是"东国王"，家康的神号为"东照大权现"，这里的"东照"是相对于天照大神的"天照"而言的，东照对抗天照。

这样来看，道镜和将门都不是追求天皇这个称号的本身。但是，义满与他们完全不同。虽然义满自己离皇统很远，但他想要的东西不是皇帝，也不是新王，而是天皇这个实实在在称号的本身。再说得明白点，义满想把自己的儿子义嗣推上皇位，夺取天皇家。为什么义满不取藤原道长的模式，将自己的女儿嫁给天皇，自己做天皇家的外戚呢？

一个主要的原因恐怕就是到了义满这个时代，人们对天皇的神圣感已经大不如前了。"天皇有什么用？用木头、用金属就可以做成天皇。"这是室町幕府的作战高手高师泰的名言。当然造成这种现象的主要原因还是在天皇家自身，天皇家自毁长城的主要"元凶"就是后嵯峨天皇和后醍醐天皇。由于他们的为所欲为，使得天皇神圣性和权威性一落千丈，天皇存在的价值也像浮在水面的草藻。而藤原道长自己之所以没有想当天皇，就在于在那个时代天皇家还有那么一点神圣的光环，还有那么一点权威尚存，送上自己的女儿还值得。而现在天皇则成了金属，成了木偶，再送上自己的女儿已经不值得了。

也就是说方法已经老朽，对象也不中用了，还不如自己夺位当天皇来得爽快。

## 7 立妻子为天皇之母

1406 年（应永十三年）十二月二十五日，后小松天皇的母亲通阳门院严子患重病。十二月二十六日，义满去看望重病的天皇之母严子，她的病情确实严重，义满便在脑海里浮上了一个问题，一个"谅暗"的问题。所谓"谅暗"就是天皇为父母服丧的时期，一般为一年。按照义满的说法，后小松天皇在1393年（明德四年）失去父亲，这回又要失去母亲，在位中面临两次"谅暗"是非常不吉利的事情，无论如何必须加以避免。

这令朝廷头疼，怎么避免呢？死人的事如何能避免呢？于是大纳言日野重光便开始调查历代天皇家是不是碰到过这样的问题，他发现一代天皇碰上两度"谅暗"的先例有三：一条天皇（986~1011年在位）、四条天皇（1232~1242年在位）、后醍醐天皇（1318~1331年在位）。信息反馈到了义满这里，义满直觉的反应是"先例不快"。他首先完全否定一条天皇的事例，然后认定四条与后醍醐属于不吉，所以最后的结论还是必须回避"谅暗"。怎么才能回避呢？天皇母亲的死这个现实，与天皇服丧这个仪礼之间如何调节？

义满终于吐露了自己的心声，他教导朝廷的公卿：只有一个办法，就是再立一个准母，即天皇的代理母亲。

在天皇家有条不成文的规定：天皇践祚之际，如果亲生母亲不在场，或者亲生母亲地位较低，为了仪礼的需要可以设立准母。如第95代花园天皇的时候，广义门院就做了天皇的准母。这样的情况下，作为准母的女性可以是父皇或者先帝的嫡妻，也可以是天皇的姐姐、姑姑等未婚的内亲王。

在教导朝廷公卿的同时，义满还举了一个例子：在后光严天皇治世初年的 1352 年（文和元年）十一月，后光严的母亲病死，为了回避谅暗，当时就起用了徽安门院为准母。言下之意，我（义满）的妻子是不是也可以立为准母呢？朝廷里当然也有强硬的廷臣，如前太政大臣洞院公贤等人主张立准母是对生母孝道的违背，明确地表示了反对的意见。但是义满还能听进这批人的意见？他拿出了最后的结论：谅暗回避，准母册立。

没有办法能抵抗权大如法的义满，只能物色准母的人选了。这时令公卿日野重光感到困惑的是找不到符合条件的准母，有人提议后光严院的典侍崇贤门院仲子（义满的叔母）可以成为准母的候选人。但是义满一口否决，说这是无骨的人选。义满还装作思考状地问："究竟选谁好呢？"这时关白一条经嗣回答曰："我认为南御所（指义满的妻子日野康子）做准母的话，应该是可以的。"义满喜出望外，终于有人替他说出心里话了。

最后选定义满的妻子日野康子为准母，义满的如意算盘总算得逞了。但是一条经嗣则陷入了深深的内疚之中，深感自己的做法太低下，属于逢迎谄媚。他在日记中不得不这样重重地写道："这是一种悲哀。"

第二年三月，日野康子的尊号定为北山院，二十三日举行入内仪礼。仪礼按照1309年花园天皇即位之际广义门院做准母的样式进行，关白经嗣以下的全体廷臣在北山第集合，迎候康子一行的驾到。仪式结束后还举行了盛大的歌舞会，这是向外界宣告：义满成了天皇之父。后小松天皇来到禁中小御所与准母日野康子见面并递交诏书：朕之准母也。这年后小松25岁，他从小就是在义满的专制中成长的，已经习惯了义满傲慢的越上行为。所以他根本上有个意识：义满这个人很讨厌，很可怕。

藤原氏把自己的女儿送去做天皇的后，义满则让自己的妻子做天皇的母。二者都属奇想，当然更出格的是义满。为了实现自己的目的，他放弃了任何道德底线，毫无内疚之感。

日野康子成了后小松天皇的母亲，而义满是日野康子的丈夫，义满就等于是太上天皇了。而对天皇来说，母亲是日野康子，那父亲是不是就是义满？这个意识义满有，天皇也有。如后小松在义满的北山别墅行幸的时候，义满的玉座与天皇的玉座从设计来看完全是对等的。而且义满的服装上带有桐竹的花纹，这是天皇才能使用的花纹。留存在鹿苑寺的义满肖像，一看就是太上天皇的模样。

义满的篡夺路线越走越顺，没有人也没有势力从正面与义满对决。但是不是天底下人都认同义满的篡夺？显然不是。消极的抵抗、无力的抵抗和阴暗的抵抗还是不断地出现，这些绝不是没有意义的。据史料记载，在日野康子准母宣下的前后，日野重光的住宅发生了三次火灾，且是有人放火的。为什么要放火？因为日野重光是日野康子的哥哥。没有办法对准母康子作恶，就对有关联的人作恶，这是日本人的一贯做法，一直延续至今。更为引人注目的是，圣护院也被人放火了。圣护院是义满祭祀的一个重要之地。很显然还是有人对义满的所作所为提出了警告。

## 8 先夺朝廷的人事权

1384 年（至德元年）十一月，朝廷举行御前宴会，准后义满、摄政良基以下的廷臣在后圆融上皇的御前聚合，宴会的气氛还算不错。治天之君失去了与义满对抗的心情，因为越对抗天皇家，权威的失落就越空前。这等于在义满的面前宣布事实上的败北，现在剩下的唯一做法就是沉默再沉默。

但是，这里必须要注意的是集中了所有世俗权力的义满，绝不是在形式上、在名目上侮辱一下治天之君就了结的。义满心里相当明白，自己是准后、左大臣，同时还兼任征夷大将军，看上去够够威风的了。但从律令体系来看，还是属于天皇的臣下，这一主从关系一点也没有变化，权力的文书依然是天皇才能签发的院宣，这才是最高的指示、最高的格式，而将军签发的御判御教书远远赶不上院宣的效力。幕府向朝廷施加的种种压力，还必须严守"武家执奏"这种历来如此的形式，这一点也没有变化。

义满面临的课题是：在天皇制这个形式的权威之下，在后圆融的院政之下，如何确立实质的世俗权力，并给予彻底的贯彻。哪怕是形式上的、名目上的贯彻也好。也就是说，超越天皇制形式的权力何以建构？更进一步说，从官位授予开始的宗教式的天皇权威，怎样才能完整地夺到武家这边来？所以，三条严子的刀伤事件，按察局的密通事件，以及由此引发的后圆融上皇自杀未遂事件，这一连串的事件看上去取胜的是义满，但这绝不是说武家对公家的打压形式已经确立。武家与天皇家的争权夺势，随着后圆融的死去（1393），更加白热化了。

在日本历史上武家从公家的手中夺取任免权一次也没有发生过。尽管有天皇、上皇流放式的更选，但这还不是从朝廷手中夺取人事权。即便是在武家权力达到顶点的江户时代，将军的职务还是由天皇宣下。尽管这是形式上的认命，判断武家谁当将军，对这个人选是否要给予拒绝的权力，朝廷是没有的。但这里的问题是：再怎样是形式上的，权限还是权限。没有天皇的这个追认，将军就不能就任。连足利义满左大臣的官位，也是从天皇那里获得的。

后圆融上皇死去后，后小松天皇只有17岁。义满借助这个 17 岁的孩子，乘机从天皇家夺取了人事权。怎么证明这一点的呢？在南北朝统一的问题上，义满向南朝的后龟山"宣下"了太上天皇（上皇）的尊号。在议和的条件中，有三种神器交给北朝的后小松天皇这一条。但是在北朝看来，这三种神器是南朝正统的象征。既然是南朝正统的象征，那么北朝即位的天皇就是"假货"。所以，北朝采取了一种战略，故意放风说：北朝丢失的三种神器，现在又返还给了北朝。这就完成了逻辑的颠倒：北朝是正统，南朝是"假货"。但是，南朝有意见了。

义满急了，如果南朝一怒之下再回到吉野，统一的问题就吹了，自己忙了半天又回到了问题的起点。这时义满想到了尊号的问题。后龟山是"不登极帝"，作为现天皇的父亲，义满硬是送上了"上皇"的尊号。谁来决定上皇，这是朝廷人事权中最重要的权力，这是天皇以及朝廷的最高干部才能参与的决策。现在，义满一个人就轻松地作出了决定，义满掌控了天皇家的人事权，尽管有北朝的强硬反对，义满还是独自完成了后龟山上皇的任命。

本来朝廷的人事任命应首先由关白以下的重臣商议决议，再由天皇亲笔作成，这叫"小折纸"。依据这个"小折纸"，作成所有的"辞令"，再人事发令，送达本人手中。现在天皇的"小折纸"由义满来亲笔，天皇的人事发令也由义满来执行，义满就是事实上的天皇了。

## 9 再夺天皇家最后的权力——祭祀权

天皇具有神性，天皇对日本来说是"大神主"。如果不把这个神性的大权夺走，夺取天皇家就不能说是彻底的。这里义满考虑的是如何利用佛教势力。天皇家的祭祀，如大尝祭等是以神道为基准的。但是从圣武天皇（三宝之奴）到桓武天皇（镇护国家），佛教信仰开始在天皇家成为主流，祭祀的基准也移向佛教，如修法、祈祷等。义满向佛教界施加压力，把祭祀的场所从宫中改在自己的宅邸内。这也就是说应该在宫中举行的镇护国家的祈祷，现在在义满的宅邸举行，它的引申意义就是义满的宅邸就是宫中。

天皇家具有的权力和权威，义满在慢慢地蚕食，把它变成自己的权力和权威。为了让一般民众也知道义满的不平凡，幕府特地举办了一个活动，这就是1392年相国寺"落庆法要"。所谓"落庆法要"就是庆典仪式，这个"落庆法要"的标准相当于天皇的法事，要求宫廷全员出席。相国寺是义满依据后小松天皇的命令，花了十年时间建成。但是从相国这个命名来看，义满把它看成光大自己的纪念碑。所谓相国，在中国是丞相或宰相的意思，在日本就是指左大臣以上的大臣。义满从禅僧那里打听到中国的都城也有相国寺，所以用了这个名字，暗示自己的存在。相国寺的正式寺号为"相国承天禅寺",带有很强的政治意味。在相国寺上建造七重塔,这是义满的奇想,当时这是日本最高的标志性建筑。在这之前的平安时代,白河上皇建造的法胜寺九重塔,标高为82米,相国寺七重塔比它高出27米,为109米。相国寺的所在地是京都,所谓"京",就是天皇坐镇的地方。所以,要建造俯瞰御所(皇宫)的超高建筑物,必须要有王者的许可,这是王者的特权。如法胜寺九重塔,就是白河上皇才能建造的建筑物,它是白河上皇的象征。这里,义满显然是超越了自己的臣下身份,相国寺就是义满寺,七重塔就是义满塔。这个塔超过天皇的御所,成了京都当时的最高塔。而且相国寺就建筑在京都御所的隔壁,处于京的正当中。从庶民的眼光来看,这绝对是权力的象征。谁的权力象征?当然是义满的权力象征。

这里令人想起这样一件事:1974年3月建成的东京海上火灾保险大楼,地处东京的市中心丸之内。当初提出的申请高度是128米,即地上30层,地下5层。这个高度在法律上没有一点问题。但是在不可思议的压力之下,最终的建筑高度是近100米。

压力来自何方?就是来自天皇家。丸之内的不远处就是现在日本天皇家的皇宫,如果从128米的高度往下看,皇宫就是被俯瞰的对象,这是不恭敬的表现,所以最后妥协的结果是不能超过100米。这在日本学者猪赖直树的《天皇的肖像》①一书中有所描述，作者最后的结论是：这个高度是"围绕天皇的不可视的禁忌"。

600多年前的室町时代，实际上就上演了这样的一幕。但是那个时候的义满比东京海上火灾保险公司幸运的是，没有压力。实际上说没有压力也不准确，必须超越天皇家就是义满的压力。终于在御所的隔壁，矗立了一座高耸的塔，登上这座塔，尽收眼底的天皇御所是个怎样的风景，就不难想象了。这样，登高远望者能油然升起对天皇的崇拜之情吗？可能性几乎没有。因为这个高度已经破了"围绕天皇的不可视的禁忌"。

义满完成相国寺的时候，正好日本统一也实现了，义满超越了白河上皇，赢得了更为强势的象征。此外，义满还确立了五山制度，设置了僧录司。所谓五山制度就是为官寺的临济宗寺院划定寺格。在镰仓时代，净智寺、建长寺、圆觉寺和寿福寺等镰仓的禅寺被列入五山的行列，后来在后醍醐天皇和足利尊氏的干涉下进行了重新整理。但在相国寺建成后，义满接受了当时大文人义堂周信的建议，把南禅寺放在五山最上面的位置，并重新确定了五山的顺序：①天龙寺和建长寺；②相国寺和圆觉寺；③建仁寺和寿福

---

① 〔日〕猪赖直树：《天皇的肖像》，小学馆，1987。

寺；④东福寺和净智寺；⑤万寿寺和净妙寺。而统括这些禅寺的机关叫僧录司，这也是在义满授意下设置的。这个僧录制度在1615年（元和元年）被德川家康废绝。可以说，室町文化就是以相国寺为中心而繁荣的。义满的鹿苑寺即金阁寺、义政的慈照寺即银阁寺都属于相国寺，也可叫作相国寺的"山外塔头"。

另外义满还做了一件非常奇妙的事情：在相国寺的七重塔里放置了金刚界的大日如来，在其上再安置胎藏界的大日如来。这就令人看不懂了，因为大日如来原本是真言宗的佛像，而相国寺属于禅宗寺。在禅宗寺里安置大日如来，就像在新教的教会里放置圣母玛丽亚的画像一样不可思议。

这里，义满是种怎样的思路呢？我（义满）是武家的栋梁，禅宗是我政治和生活的哲学。我出席的相国寺供养仪式，又与天皇行幸仪式相准，所以必须在禅宗寺里显示当时皇室的宗教——真言宗。这样来看，义满的意图是把自己放在超越宗派之上的位置，表明他想公家和武家通吃，想做"两家"的最高统治者。

## 10 金阁寺奇怪构造的深层

义满是正式的日本国王，国王必须要有宫殿，义满的宫殿就是金阁。

1950年（昭和二十五年）7月2日拂晓，住在金阁的小和尚放火烧了金阁寺。在审讯中，小和尚对警察说放火的动机是"对美的嫉妒"，因为金阁寺实在太美了。作家三岛由纪夫对此大感兴趣，在事件的6年后写成小说《金阁寺》，一时名声大噪。事件过后的29年，即1979年（昭和五十四年），另一位作家水上勉写成小说《金阁炎上》，更为详实地再现了当时事件的真相。

金阁不是正式的名称，是俗称，正式的叫法是鹿苑寺或舍利殿。所谓舍利殿就是祭祀释迦遗骨（舍利）的殿堂。义满辞去了将军和大臣的职务，从朝廷的秩序里脱身，而且被明朝皇帝承认为日本国王。所以，义满必须要有属于自己的新的官殿和官衙，这就是北山第。全盛期的北山第，就是日本国王的"大内里"。北山第中心的佛殿自不用说就是金阁寺。金阁寺是个独一无二的建筑，之所以说独一无二，就在于它的构造里所隐藏的秘密。金阁寺是三层的建筑：一层为天皇寝殿式样的法水院，这里有法体的义满像和释迦牟尼像并列在一起；二层为武家宅第式样的潮音洞，这里岩屋观音被四大天王守卫，象征武士的威严；三层为中国风的禅宗佛殿式样的究竟顶，这里曾经祭祀阿弥陀佛。这就像现在的日本国会议事堂中央部分的结构：一层为平安时代风，二层为镰仓时代风，三层为中国风。这样奇妙的建筑物，在金阁寺以前是没有的，但是追究这个奇妙的日本人也没有。三层楼阁的构造体现了义满怎样的思想呢？金阁的一层为寝殿式样，寝殿里住的人是谁？天皇和贵族，也就是说是朝廷势力。二层是武家宅第，顾名思义就是武士居住的地方。一层是贵族的话，那二层就是武士，二层的人处在上位比一层的人要伟大。那么三层的中国风又如何解释？肯定是指信奉中华思想的人。在义满时代的日本，最为信奉中华思想的就是日本国王臣源道义，即足利义满自己。义满被中国皇帝承认为日本国王，而且义满自己就是出家的禅僧（中国式佛教僧）。这样的话，金阁三层的"中国风的禅宗佛殿"象征谁就不言而喻了。

义满站立在公家社会（一层）和武家社会（二层）之上的位置，表明日本真正的王者不是天皇而是义满，或者就是义满天皇。金阁是义满权贵思想具象化的建筑物，这里的象征意义为：一层为朝廷的权力；二层为武家的权力，能够支配这两种权力的是义满；三层则表明没有比这更高的权力了。义满在建造金阁的时候，对各地方的守护大名下命令，收集各地的石块，将红石、青石、黑石和白石铺在庭园。一般而言，日本的庭园以一石为主，这是个原则。足利义政的银阁寺在明治年间被指定为史迹，但金阁寺的庭园没有获得指定，就是因为义满破了这个原则。义满为什么能破这个原则？就是因为他拥有无边的权力。而且，更为不可理解的是，金阁的二层、三层都镀满金箔，只有一层是朴素的白木构造，一点金箔都没有镀。如果从建筑美学的角度看，这显然不符合美的均衡原理。如果从节省建筑费用的角度看，当时义满有用不完的钱，况且这也是朝廷项目。这里是不是隐含了这样一个信息：金碧辉煌的是武家，而不是公家，二层、三层比一层更伟大、更壮观。

更能支撑这种说法的是：在金阁最上层的中央部，装饰有金属的凤凰图案。日本全国的寺院有1000多座，在这些古寺的顶上，放置凤凰装饰物的只有两座。一座是金阁寺，一座是宇治的平等院凤凰堂。平等院与金阁有着不可思议的共通点：都是大权力者的建筑。平等院的建造者是藤原道长，到了儿子赖通手里成了寺，屋顶上也有个凤凰的造型。为什么金阁要用这个特别的装饰物，而不用一般的除鬼去邪的鱼尾形的装饰物呢？这里关键的问题是凤凰代表何意？自古而来的理解是：凤凰表明将有圣天子出现。圣天子就是神圣的皇帝，或者是神圣的天皇。在中国是皇帝，在日本是天皇，而当时的天皇是后小松。这样说来，金阁顶端的凤凰图案，表明新的圣天子将降临人间。这里的圣天子是指后小松吗？绝对不是。这不是义满的思路，也不符合义满的一贯做法。那么，这个圣天子是指谁？显然是指义满自己。因为是他营造了这座金阁寺，所以这个凤凰的装饰物，就是义满最后胜利的象征，它等于在宣告足利天皇的诞生。

《堕落论》的作者坂口安吾曾讥讽金阁是和"天下王者精神之缘相距甚远之物"。实际上，这话应该反过来说：相距甚远之物恰恰就是天下王者的精神之物。金阁的"金"，意味王者的权力，更意味佛法的力量。

### 11 义满最后也是最厉害的一招

在当时的日本，能阻止义满野心的人一个也没有，皇室也好，公卿也好，武士也好，无人能企及义满的权力。义满夺取了朝廷的人事权，得到了上皇的待遇，武士在义满的绝对控制下。公家也好，僧侣也好，如果对义满不满，就遭压制或流放。关白必须向义满拜礼，天皇也必须在义满的鼻息下呼吸，天皇之妻妾也认可义满的淫威，朝廷的后宫，成了义满的后宫。义满对天皇仅存的一个权威——天皇的祭祀权——也不放过。总之，在这个时点上，义满手中掌握了所有的权力。

怎样对付后小松天皇？如果有必要可以发配流放，这样的权力义满都有。但是，义满还是没有能成为天皇。天皇还是讲血统的，所谓天皇就是血统第一，只有天照大神的子孙才能成为天皇。所以，对义满来说还面临最后一个问题：血统。权力可以夺取，这血统怎么办呢？对义满来说，血统也可以夺取。具体地说，就是强制后小松收养义满的儿子义嗣为养子，然后让位于义嗣。义嗣当上了天皇，自己就是太上天皇。如果义满是太上天皇，他的妻子日野康子就是国母（天皇之母）。义嗣的母亲是义满特别宠爱的春日局，所以义满也十分溺爱义嗣。义满还有一个儿子叫义持，在义持9岁的时候，义满把将军一职让给了义持。义持的母亲是侧室侍女藤原庆子，义满对她不是很喜欢，所以他也没有考虑过让义持当天皇的事情。为了拔高自己的儿子义嗣，义满去皇宫的时候义嗣也同车前往。在后小松天皇行幸北山别墅的时候，义嗣比关白一条经嗣还要上座，天皇还亲自为他敬酒。而将军义持只能在外面警戒，不得进入。天皇赐天杯予元服以下的孩子，这是从来没有过的事情，在座的群臣都吃惊不小。

在北山第招待后小松天皇是1408年（应永十五年）三月八日的事情，这个招待持续了20天。为什么要这么长的时间？是美酒加女人醉倒了后小松？还是胁迫加哄骗惊吓了后小松？不得而知。但有一点相当明确，招待结束后的一个月，即四月二十五日，义满做出了一个"暴举"，一个前所未有的"暴举"——在宫中的清凉殿举行义嗣的元服式。而且这个元服式的规格与亲王元服同等，将军的儿子却与天皇之子亲王同等规格，这样的话关白以下的公家都必须低头哈腰地出席。元服仪式的当天，天皇也出席了，义嗣的服装也是天皇赐予的，这是个准亲王的仪式。然后天皇收义嗣为养子，这以后义嗣就叫若宫。这不是强行的"立太子"仪式吗？要当天皇首先要立太子，这是必须要走的程序，即便是想篡夺皇位的篡夺者，也必须走这一步。只有先立太子，再等天皇以某种理由退位，这位太子才能自动成为天皇。

这是义满最后也是最厉害的一招。真可谓万事俱全，只欠东风了。

### 12 什么是皇统接近的极限原理？

义满的宫廷革命一路凯歌，天皇家裸身于阳光下，无以遮羞，惨不忍睹。朝廷只能忍声叹气，有公卿在日记里这样绝望地写道："天照大神以来的正统，已经失落殆尽。"

北山第精心招待后小松天皇之后，义满的脑子里只有一个问题：是强行要求后小松让位，还是大气地等后小松病死？

但是，历史的戏剧性就在于此，后小松既没有让位，也没有病死，而是义满这边发生了不可思议的事情。在义嗣完成与亲王同样的元服仪式之后的第三天，即1408年四月二十七日，义满突然发病。同年五月六日义满死去，年51岁。自己的儿子成了天皇的养子，作为日本人是荣华之极了，但在十天之后就病死，等于是一个空洞，一个虚幻，一个无常。历史的气韵，有时确实是难以预料。

义满的死，最大的受益者是天皇家。如果死去的不是义满而是后小松天皇，足利天皇（义嗣天皇）肯定就在日本历史上诞生了，天皇家的万世一系在这里也就彻底断裂了。总之，是天助天皇家。就是依靠这个偶然的天助，日本天皇家从休克中慢慢苏醒了过来。所以从历史就是任人梳妆打扮的小姑娘这个角度来看，义满的死必然要生出暗杀说，当然正统的史书上是不能写的。

在日本历史上，向正统伸手、向皇室伸手和对天皇极度不敬的人，从苏我开始到高师直为止都末路凄惨。皇统接近的极限原理，藤原氏是样板，超越了藤原氏的做法基本上结局都不好。藤原氏根本没有想过自己即位，也没有想过让自己的儿子即位。保持天皇外祖父的身份不动心，这个奇妙的"节度"使得藤原氏的子孙繁盛至今，这也是日本历史的一个不动的原理。

但是，义满还是破了藤原氏的皇统接近的极限原理，超越了藤原氏的"节度"，所以他必死无疑。对于死去的义满，朝廷送了一个尊号——"太上天皇"。太上天皇，也就是天皇之父。和义满有因缘的寺院接受了朝廷这个"宣下"。如相国寺的过去记录里，有"鹿苑院太上天皇"的记载；临川寺有"鹿苑院太上法王"的牌位；京都的鹿苑寺有义满的"鹿苑天皇像"。做梦都想当天皇的义满，在与他有因缘的寺院里实现了愿望。在日本天皇家，后花园天皇的父亲伏见宫贞成亲王得到过太上天皇的尊号。但这里有个很大的不同：伏见宫贞成亲王的儿子是天皇。所以作为皇族成员，他是有资格的。问题是义满的儿子还没有成为天皇，仅仅是个"准太子"而已。儿子不是天皇，父亲怎么是天皇之父呢？朝廷没有疯，朝廷的思路相当清晰。生前你（义满）不是要这个尊号吗？好，现在宣下给你，但不是活着的时候给你，而是在彼岸世界里承认你是上皇，承认你的儿子或孙子是天皇。

毫无疑问，这恰恰是对死去的人有咬牙切齿的仇恨才能做出的事情。

### 13 最终死在不死鸟的天皇家

对朝廷来说，义满是个怎样的存在？是个怎样的男人？不用说，是篡夺皇位的大罪人、大恶人。为了这个大罪人、大恶人的死去，天皇家应该放鞭炮庆贺才是。那为什么还要送个尊号给他呢？是真心地想纪念他，还是真心地想评价他？都不是。那为什么要在没有任何胁迫时，自觉地送上一个名誉天皇的尊号？这个不可解的谜，使人想起日本历史上特有的一个装置：怨灵—镇魂装置。

菅原道真（845~903）是平安时代的政治家，也是平安时代的怨灵神。他得到宇多天皇的信任，向当时处于全盛期的藤原一族的专制政治发起挑战。

但是，随着世代从宇多天皇到醍醐天皇的转移，菅原道真被藤原氏打入冤罪，流放至九州太宰府，在那里愤然而死。照理说，人死也就死了。但是菅原道真的死没有这么简单，他的怨灵在发威、在作祟。先是迫害道真的共犯藤原菅根死去，然后是主犯左大臣藤原时平死去。听信藤原时平的谗言，处道真以流放罪的醍醐天皇一家也是灾难不断，先是藤原时平的妹妹与醍醐天皇之间所生的皇太子保明亲王死去，年仅21岁；之后保明亲王的遗子庆赖王夭折，只有5岁；最后是醍醐自己虚弱的死在御榻上。在京都的公家社会，对一连串厄运唯一的解释就是菅原道真的怨灵在作祟。怎么办？只有镇魂。朝廷先是取消了道真的罪名，接着追赠正一位左大臣之位，最后再送上太政大臣一职。这样看来，所谓镇魂就是用一种表面上的内疚之情面对死者。

再来看看义满。朝廷为什么要送他尊号呢？这是否也是作为加害者的一种内疚和不安的表现呢？因为只有加害者才更恐惧作祟，所以给死者一个虚幻的尊号，阻止怨灵的作祟。朝廷为什么会有恐惧心态呢？为什么会有自己是加害者的意识呢？唯一的解释就是：恐惧者参与了谋杀，或者是恐惧者下达了暗杀指令。

这里，再回到金阁寺这个话题上。金阁寺至今还在生辉，这是个事实。为什么它没有遭遇不幸？为什么天皇家对这个无礼的建筑没有采取极端的行动？相国寺的七重塔对天皇家来说也是个无礼的建筑，在建成后的第四年就遭遇了火灾。义满只好移地再建，但在 12 年之后又遭遇了火灾。这不是偶然，而是有人放火。谁放的火？是天皇家的支持者或天皇家的同情者。弱小者面对强大者，最有效的抵抗手段就是在暗处偷偷地放火，不但成功率高，成本也几乎没有。日本历史上，这样的"火事"很多。那么，这里的疑问是：为什么到昭和时代为止，金阁寺没有遭遇放火的报复？原来，金阁寺是祭祀义满的寺。如果这个寺被放火的话，义满镇魂的场所就没有了，镇魂的场所没有了，义满的怨灵就会出来作祟。所以对朝廷来说镇魂的寺是绝对必要的，是绝对不能动的。如果义满是自然死亡，如果天皇家没有插手义满的死，天皇家需要费这样的心机吗？

这里的逻辑是：金阁是义满的最爱，义满被暗杀后，因为畏惧其怨灵作祟，心怀不安的加害者便把金阁变为寺，还编造说这是义满的遗言（其实猝死的义满什么遗言也没有留下）。其实这一切都是为了镇魂。对父亲义满抱有憎恨的义持，在父亲死后捣毁了整个北山第，但就是保留了金阁。这是为什么？就是暗杀实施方千方百计地劝说义持的结果。

## 14 问题是黑手与凶手是谁?

那么，暗杀方究竟是谁呢？只要看看当时的朝廷最高官员是哪些人就知道了。当时最高位的关白是近卫忠嗣，左大臣是近卫良嗣，右大臣是今出川公行，内大臣是二条满基。不用说，暗杀的指令是他们发出的。他们的大义名分是为了守卫天皇家，忠诚心驱使他们必须杀掉义满。因为义满是大罪人，所以即便杀了也没有任何心理负担。暗杀的手段是什么？当时最流行的是毒杀。这也是宫廷杀人的常用手法，因为毒杀成本最低，后遗症最小，最容易下手，也最容易成功。当然像义满这样的权势者身边应该有"试食者"，所以这个毒杀也不是想象中那么简单，必须精心策划。

那么，毒杀的实施者又是谁呢？因为毒杀的对象比较特殊，所以选择实施者的条件也是相当苛刻的。首先，这个人必须是义满信任的人，能近其身，还必须能与义满同饮同吃。其次，这个人必须对天皇、对公家怀有坚定的忠诚心和满腔的热情。仔细分析的话，第一点和第二点是矛盾的。因为能得到义满信任的人，就不可能对天皇家怀有忠诚心；而对天皇家怀有忠诚心的人，就不可能走近义满。因为义满和天皇家是对立的两极。而且从条件来说还有第三点：这个人必须具有勇气和智慧。因为要毒杀的对象绝非一般之人。那么这个人是谁呢？由谁来担当这个角色呢？世阿弥。

世阿弥是日本室町时代的猿乐演员与剧作家，原名结崎三郎元清，世阿弥为艺名。他的艺术理论的经典之作《风姿花传》具有很高的文学价值。世阿弥的家庭教师是内大臣二条满基的祖父二条良基，世阿弥受他的影响很深。这种影响产生了一种审美意识，即天皇以及公家所代表的多彩文化具有绝对的价值，世阿弥的作品中浓厚地表现出了这种审美意识。

那么这位文人怎么又成了暗杀将军的凶手呢？原来，世阿弥为了报答二条家的恩德，更为了捍卫天皇和公家所代表的审美意识，接受了二条满基的肃清任务，并出色地完成了任务。从人选上来看，世阿弥接近义满再适合不过了。因为义满最喜欢看的文艺节目就是世阿弥演的能乐，世阿弥用一副丰满白皙的女人面具遮住其美男子的容颜，使得义满情趣十足。毒杀，不是一下子毒死，而是慢慢地死，像病死一样。还必须注意的一个细节是，义满被暗杀后六代将军义教对世阿弥一族进行了彻底的弹压和肃清。义教为什么这样憎恨世阿弥？莫非他知道世阿弥是杀害父亲义满的凶手？或者，他知道父亲的死与世阿弥有关？以上的推论，在日本的历史教科书里当然是看不到的，这是日本历史作家井泽元彦在日本史入门讲座里的大胆推论。

那么，凶手是否有可能是其他人？如义满的儿子义持。义持是仇恨父亲义满的，因为义满特别喜欢小儿子义嗣，这使得义持感到不是滋味。对义满来说，这位异母弟弟在父亲的庇护下将要成为天皇，这样自己就是个形式上的存在，自己是为义嗣的存在而活着的，因此萌生杀意。

但是，从朝廷追赠义满太上天皇的尊号，被幕府四代将军义持坚决拒绝这一点来看，凶手不可能是义持，幕府也没有参与对义满的暗杀。何以见得？因为幕府也好，义持也好，他们都不恐惧怨灵的作祟，他们不需要为镇魂做任何事情。这就反过来证明义持不是加害者，更不是暗杀者。所谓为人不做亏心事，夜半敲门心不惊就是这个意思。日本的历史就是怨灵支配的历史，这是打开日本历史之谜的钥匙。

而恰恰就是因为义持对父亲的仇恨，朝廷才能放开胆子暗杀义满。因为即便杀死了义满，其儿子义持也不会继承其父亲的路线，这就令人放心了。令谁放心呢？令朝廷放心，令天皇家放心。这也从反面证实了天皇家和朝廷是暗杀义满的幕后黑手。

这就令人想起 120 年之后的 1528 年，在本能寺明智光秀暗杀了武家总头目织田信长。幕后黑手是谁？虽然这属于日本历史的一个未解之谜，但是朝廷和天皇家肯定在其中扮演了相当主要的角色。足利义满与织田信长都不把天皇放在眼里，他们都使得天皇家的威望扫地。由此有日本历史学家断言：杀害织田信长的幕后黑手就是朝廷与天皇家。①

---

① 姜建强：《另类日本史》，上海交通大学出版社，2011。

## 15 迷雾重重的私生子之说

当然，朝廷之所以送上太上天皇的尊号，还有一种可能性：后小松天皇是否并不是后圆融天皇的儿子，而是义满的儿子？在公开场合，后小松的父亲确实是后圆融天皇。但是后圆融天皇始终有一块难以治愈的心病，自己的妻子三条严子是否与义满私通？如果私通是实，那么后小松是否义满的不义之子？这位不义之子出生于1377年，那他们在这之前就已经私通，并一直持续到1383年（因为在这一年发生了后圆融上皇用刀背砍打严子的事件）？后圆融想到这里冷汗直冒，不敢再往下想了。

从系谱上看，后小松系统到次代的称光天皇那里就断绝了，今天的天皇家是北朝三代目崇光之孙伏见宫贞成亲王的后裔。这里留下一个问题：为什么后小松的系统到称光天皇那里就断绝了？称光天皇没有生子，这是个事实，但是他有一个哥哥在。这位哥哥的母亲身份较低，是南朝望族藤原家人，这位哥哥5岁就被人送进安国寺。他就是后小松的儿子，有名的一休和尚——一休宗纯。日本最具权威的历史事典《国史大辞典》（吉川弘文馆）里明确记载着：一休宗纯，后小松天皇的皇子。称光天皇死去的时候没有男子出生，这位一休兄长为什么不能继承弟弟的皇位呢？从这点来看的话，称光天皇之后即位的后花园天皇的出身是有问题的。后花园其实是后圆融天皇的曾孙，确实有着皇室的血统，但是后花园在祖父这一代就作为伏见宫家独立出去了。不是说宫家的人就没有皇位的继承权，但至少和前天皇的亲生儿子比较起来，格位要低得多。而这位格位不高的亲王，为什么跳过后小松天皇的亲子一休宗纯而率先继承了皇位呢？是不是因为天皇家已经知道后小松天皇的身份有问题？如果后小松的身份有问题，那么后小松的亲子（一休宗纯）就不属于皇族成员，不属于皇族成员当然没有即位的资格。

日本历史作家海音寺潮五郎是这个问题的发现者之一，他在《天与地》这部作品里披露了一条至关重要的史料：三条严子在晚年重病的时候，向法师透露，后小松天皇有可能是她和义满之子，而非后圆融天皇骨肉。但严子那个时候性生活混乱，自己也搞不清楚自己的儿子后小松究竟是天皇之子还是将军之子。这个消息由法师传到了足利义满耳边，本来准备尽早除掉一休（因为他有继承皇位的可能）的义满不得不停手了。因为如果后小松天皇真是他的儿子，那么一休就是他的长孙。在这种情况未明的状况之下，义满只能让一休去安国寺出家。这样既避免了亲手杀死自己的孙子，又防止了一休继承皇位。

一休从宫廷入佛门是在1395年，这一年义满正好升任太政大臣。不管属于南朝系还是北朝系，只要是有可能继承皇位的男子，都被送入佛门。一旦成了和尚，就不能当天皇，这是日本天皇家一条不成文的规定。在日本中世，僧侣成为天皇的例子一个也没有。只要当过一年以上的正规和尚，即便是还俗，也失去了成为天皇的资格。义满不杀一休，也不让他继承皇位，表现出他的深谋远虑。因为如果杀了他，自己或许会遭报应；如果真的让他当上天皇，又不能确认他是否自己的子孙。况且偷情的私生子，怎能在阳光下存活？义满的思路很清楚，天皇必须是自己的儿子，将军也必须是自己的儿子。

## 16 义满究竟想要什么？

日本历史上有三种秩序：①权力的秩序，从中世到近世用武力支配日本全土；②仪礼的秩序，以天皇为顶点的官位制等；③宗教的秩序，即操纵寺社的势力。君临于三个秩序之上的，在日本史上只有一个人，这个人就是足利义满。义满作为政治家的资质表现为不用短兵相接，而用智慧判断大势。义满所有的行为，如果用哲学观念加以观照的话，都是在探寻一种政治运转的模式。武家与公家，幕府与朝廷，这两个异质的行为模式，如何能巧妙地融于一身？如何在身为武家栋梁的同时，也不丢弃公家的超然感觉？小时候失去父亲，10岁成为大将军的义满，在复杂的权力斗争的漩涡中承受的压力是空前的。他并不欣赏祖父足利尊氏软硬二分的做法：他与治天之君后醍醐天皇先是蜜月期，后是决裂期。他更不欣赏父亲，29岁接任大将军的足利义诠缺乏君王之气，竟然被南朝四度夺取京都。他更不忘自己4岁时遭受的心理阴影：父亲被南朝军追赶，带着他一路拼死地逃往近江。父亲38岁时的早逝，给了义满出世的机会。如何超越祖辈父辈，形成自己独特的政治运转模式，这是少年义满的一个哲学课题，他想在复杂的权势斗争中寻找一条活路。所以义满有终极地解决日本政治构造的意图。公和武，这个日本特色的权力系统的两极怎样才能合体？自己是武家栋梁的同时，又如何成为公家的栋梁？这个恼人的问题缠绕了他一辈子。

义满对宗教、学问和艺术都有拔群的理解力。他最尊敬的是和尚梦窗疎石的弟子春屋妙葩（1311~1388）、义堂周信（1325~1388）和绝海中津（1336~1405）。他们都是非常优秀的禅僧，其中义堂周信还是五山文学的双璧之一。他们也非常敬重义满。作为超级的权力者，能在西芳寺上庭坐禅的就只有义满一人。义满政治上的参谋是二条良基，他是左大臣二条道平的儿子。二条良基担任过左右大臣，27岁成为北朝公家的代表人物。他还是著名连歌《筑波问答》的作者，是当时连歌界的最大知识人。义满之所以称自己为"天山"，就是因为梦窗疎石给尊氏"仁山"的称号，给直义"古山"的称号。他自称为

"天山"，以此表明自己的存在感。义满让后小松天皇在北山第观赏世阿弥的猿乐，让贵族社会接受庶民文化，承认庶民文化，这样的算计义满应该是有的。作为室町文化的象征，能、茶道和花道成了社交的艺术。从宫中到幕府再到一般庶民，天皇意识形态与庶民文化快速接轨，义满实际上在操演一场史无前例的文化革命。在这个时代确立的闲寂、优雅和幽玄等美学概念，就是这场文化革命的思想符号。活跃于明治和大正时期的著名东洋学者内藤湖南（1866~1934）说："我们都是室町时代的儿子。"表明日本人的生活和文化都是那个时代的产物。

义满之后的将军，继承了义满把武家和公家加以分离的思考方式，表现为两种分明的形态：非常武士化的将军和非常贵族化的将军。如义满的儿子义持，室町幕府的第四代将军，其关东武士的性格就相当鲜明。他停止对明贸易，推辞父亲的尊号，捣毁父亲的北山第，凡是父亲做的事情他都反对，表现出一种旧型的武家栋梁形象，属于武断派，结果被赤松满佑暗杀。但是义满的另一个儿子义嗣，无论从教养还是趣味来看，都与义满的公家性格很吻合。义持也好，义嗣也好，两面的原型都来自于义满。但义嗣最后被义持放火烧死于林光寺，这也间接表明了义满寻求公武合体，最终还是走上了不归之路。

这就引出了一个问题：作为公武体制王者的义

满，究竟想要什么？实际上，他要的是一种感觉，一种类似金阁寺的感觉。金阁寺，你可说它是皇殿，也可说它是别墅；你可说它金碧辉煌，也可说它朴实无华。金阁寺，在朝阳下，它是一种景色；在夕阳下，它又是另外一种景色。照理说，天皇代表的是国体，但国体却被幕府遮蔽。幕府非国体，却代表国家利益，推动皇体转化为国体，国家神话走向国家权力。这是不是就是义满所要的一种感觉？义满把金阁打造成仙境。这里有镜湖池，池里有很多从各地运来的石块，组合成大小不一的岛屿。其中最大的岛叫苇原岛，这是日本国的别名。畠山石象征富士山，而镜湖池则代表大海。义满站在庭园里眺望海里的岛屿，考虑这样一个问题：掌控了全日本后，究竟是一种怎样的感觉？是否就像金阁寺，既虚幻又飘渺？

## 17 不死鸟得到了再生

足利义满死后，八代将军足利义政经常光顾金阁寺。他依据义满建造的北山鹿苑寺，自己在东山建造慈照寺。鹿苑寺涂上了金箔，叫金阁寺。那么，慈照寺能否涂上银箔，叫银阁寺呢？这是足利义政的美学理念。但在这个美学理念的背后，隐藏着不可告人的政治意念：继承义满的精神，走义满之路。但是，历史岂能简单地重复？足利义满的死，就是一个时代的结束。一个什么时代的结束？明朝使者来日本的时候，不知日本有后小松天皇的存在，仅知道日本的统治者是足利义满。这个时代，随着足利义满的死去结束了，尽管他生有8男5女，但没有人能继承他的政治遗产，天皇和公家终于松了一口气。随着义满的死去，近代以前天皇家最大的危机终于得到化解。天皇家的权限和权威开始慢慢恢复，不死鸟得到了再生，这是谁也没有想到的事情。

从室町时代到战国时代。武家与公家的对决发生了变化。织田信长与正亲町天皇，绝不是足利义满和后圆融天皇的简单重复。同样是对决，但这个时候的正亲町天皇手中，有了叙任权，战国武将官位的认可必须从天皇这里发出。如与信长敌对的上杉谦信的官位，就是正亲町天皇授予的。

天皇家，这个不死之鸟，终于又得到了再生。这里，留下一个日本史上有趣的话题：研究圣德太子，可以知道什么叫怨灵的文化装置；研究后醍醐天皇，可以知道究竟什么叫权力和权威；研究足利义满，可以知道天皇究竟在日本是个怎样的存在。

## 9 异形之王后醍醐之谜

——日本天皇家的掘墓人

### 1 问题究竟在哪里？

朝廷分裂成南北两个朝廷，皇室分裂成南北两个皇室。日本天皇家从来没有过的事情终于发生了。为什么会这样？问题究竟出在哪里？还是天皇家自身出了问题，而不是镰仓幕府的阴谋？问题发端于第88代后嵯峨天皇。这位天皇最初把皇位让给了长男久仁亲王，即第89代的后深草天皇。但是这位天皇最喜欢的是第七皇子恒仁亲王，这兄弟俩相差6岁。于是，他就向后深草天皇下令把天皇之位让给弟弟。后深草当然不可理解，且非常愤怒。我做得好好的，为什么要让位？但是不理解归不理解，愤怒归愤怒，父亲的话还是要听，皇位还是要让出。于是第90代龟山天皇诞生。

仔细想来，后嵯峨天皇这一招是相当无聊且无理的。如果这兄弟两人是不同母亲所生还情有可原，可问题是后深草和龟山是同一母亲西园寺吉子（大宫院）所生。愤怒的不仅仅是让位的后深草天皇，他的儿子煦仁亲王也相当不高兴。为什么呢？因为自己好不容易得到了一个长男的角色，之后的皇位应该属于他。即便没有百分之百的把握，起码也有百分之九十。现在横空出世一个叔父，而且接下去的皇位要给这位叔父的儿子，煦仁亲王能高兴吗？

　　面对这样的继承相争，朝廷也感到为难和困惑。没有办法，朝廷只好哭丧着脸向幕府求援。虽然也不情愿，幕府还是拿出了朝廷今后皇位继承的方案，这就是有名的"文保和谈"。这个"文保和谈"再次显现出了日本人思维的一个特点：遇到矛盾的时候必定是各打五十大板。这五十大板怎么打呢？后深草天皇系的持明院统和龟山天皇系的大觉寺统，相互交替，轮流执政，日本人给它起了个名字叫"两统迭立"。最终，皇统分裂成两个系统，天皇家从来没有过的事情发生了。为什么叫持明院和大觉寺呢？原来，退位的后深草天皇的母亲一方叫持明院，而龟山天皇后来出家，隐居于嵯峨野的大觉寺。

　　按照"文保和谈"的约定，一开始相安无事。第89代是后深草天皇，第90代是龟山天皇，第91代应该是后深草天皇的儿子继位。但是这里稍许争执了一下，最终是龟山天皇的儿子后宇多天皇继位。第92

代是后深草天皇的儿子伏见天皇，在这之后的第 93
代后伏见天皇、第 94 代后二条天皇、第 95 代花园天
皇和第 96 代后醍醐天皇，都是严格依据"文保和谈"
的框架进行的两统迭立，倒也相安无事了 101 年。这
从某种意义上说也是个不可思议的奇迹。打破这个奇
迹的人终于出现了，他就是第 96 代的后醍醐天皇。
按照既定方针，第 96 代的大觉寺统之后，应该是由
持明院统这边出任第 97 代天皇。但这位后醍醐天皇
在位 22 年还不想让位，他说他很讨厌让位。他的思
考是：为什么一定要把皇位让给持明院？我自己是天
皇，我有权决定一切，我要把皇位传至我的子孙。在
他的眼里，根本没有规则，没有框架，只有我行我
素。

当然，幕府也看不惯后醍醐的做法。便向后醍醐发
出谏诤：你这样做违反了"文保和谈"的精神，两统迭
立的目的就是为了防止相争，现在你这样做令人困扰。
但是后醍醐天皇根本听不进去。他不但把幕府的
话当耳边风，而且还下了要推翻幕府的决心。

## 2 后醍醐为什么成功了？

当然，天皇想推翻幕府并不是后醍醐的创作，他
的特别之处在于其他的天皇都失败了，唯他成功了。

如第 82 代天皇，后来的后鸟羽上皇也想推翻镰
仓幕府，但失败了。后鸟羽为什么会失败？因为他没

有君王的哲学头脑。他号召武士起来推翻武士自己所建立的政权，这可能吗？不是说武士里面没有反体制派，任何的集团，任何的组织系统，只要有体制派就必定有反体制派。后鸟羽上皇动员对幕府不满的武士，向他们下令讨伐北条氏，到这里为止后鸟羽上皇都没有错。但是，后鸟羽上皇忽视了一个致命的问题，或者说他根本没有意识到这是个问题：幕府之所以能存在，就在于它能维护武士的权益。武士的权益是什么？就是认可武士是土地的所有者。只有幕府存在，武士的权益才能得到保证，武士才能得以生存。反之，如果幕府倒台了，武士的权益就没有保障了，土地也就失去了。所以，用武士的力量推翻武士自己的政权——幕府，这样的革命不可能成功。结果后鸟羽上皇失败了，而且失败得很惨。

这里值得注意的是，后醍醐天皇想要干的事情与后鸟羽上皇是相同的，也是想用武士的力量推翻武士自己的幕府政权。但是，相同之中有不同，一个最大的不同就是结果不同：后醍醐天皇成功了。后醍醐天皇为什么成功？因为武士中出现了倒向后醍醐天皇的力量。也就是说，武士也不是铁板一块了，后醍醐成功地抓住了这个"分割"的机会取得了成功。这样说来，后醍醐天皇也太幸运了。但是在这幸运的表象后面，我们还能看到：武士对镰仓幕府的信赖度在急剧下降。这是什么原因导致的呢？原来是

"均分继承"的问题。在镰仓幕府武士的家庭中，如果有五个孩子，这五个孩子都有财产（土地）均分的继承权。从某种意义上说，这非常的男女均等且民主。但是这个方法从长远看也生出了问题：均分的财产越来越少。比如一个拥有十万石土地的"御家人"（高级武士，多为将军的同族）有孩子10人，均分的话每人可得一万石。而得到一万石的孩子又生出10个小孩，再均分，每人只有千石可得。这样下去每个人的所领越来越少，所领越来越少，收入也就越来越少。

这样导致的一个结果是御家人（武士）对幕府、对君主应尽的义务也在大打折扣。如拥有百万石的大名，当接到幕府出兵的命令时，就必须率领25000人的军队出征；拥有十万石的"御家人"，就必须率领2500人的兵队；而均分后只得到一万石的武士，只需出动250人的兵队。这种制度的低效率化是显而易见的，军役无法完成，幕府的实力也大大下降。而幕府的实力一旦下降，对武士的恩赏也就大不如前了，武士对幕府的不满也就表现出来。

这时后醍醐天皇站出来说：不满的人都到我这边来，推翻不能维护你们利益的镰仓幕府。果真，有不少武士站在了后醍醐这边。其中最有代表性的人物就是足利尊氏，他是非常有力的"御家人"。此外还有新田义贞，他也是"御家人"。

### 3 后醍醐的基本思路

后醍醐天皇即位的时候已经 31 岁了，这个年龄对习惯了幼帝的天皇家来说实在是有些大了。但他的身边有个玄惠法师，这位活到 82 岁的法师精通中国历史，熟读《资治通鉴》，并从中提取出了最大的主题——大义名分——来解读朱子学，又把朱子学的精华传授给后醍醐天皇。

朱子学是儒学的一派，在孔子之后的 1700 年，朱熹创立了此学说。朱子学还是个庞大的学问体系，这个学问体系的核心用一句话来概括就是：作为人应该遵守的最基本的道德是忠孝。这句话对我们现代人来说或许是老生常谈，但在当时这个思考方式还是具有相当震撼力的，属于新思维。忠是对君主而言，孝是对亲属而言。这里产生问题的是忠，尽忠的对象究竟是哪位"主"？这很重要。用朱子学的语言说，尽忠的对象必须是真正的"王者"。什么叫真正的王者呢？这里举个例子，《三国演义》里的曹操属于尽忠的对象吗？如果用朱子学理论来看，不属于。因为曹操赶走皇帝，蛀空了汉朝 400 年的大树，自己做魏王（魏武帝）。像这样的人用朱子学的话语来说不是"王者"而是"霸者"，而霸者就不属于尽忠的对象。

朱子学创立于 12 世纪的南宋时代，这时日本正好是从平安到镰仓过渡的时代。当时的日本人把朱子学当成了最为流行的政治哲学加以引进，而聪明的玄惠法师又把朱子学的精髓传授给了后醍醐天皇。

王者和霸者，当时的日本社会谁是王者，谁是霸者？在后醍醐看来，镰仓幕府或北条家怎样看都不能说是王者。不是王者，就是霸者，霸者就必须推翻。从这个意义上说，后醍醐天皇倒幕理论的支柱就是朱子学。后醍醐用朱子学的视野看世界，他看出了什么呢？首先，幕府本来就不应该存在，因为它不是正统。不是正统却支配着这个国家，这就是霸，这就是恶。其次，武士也不应该出现，因为在以律令为中心的国家机构里是没有武士的位置的。但现实的问题是他们参与了倒幕，并且取得了成功。大功劳不认可，小功劳总是要承认的，本来是霸与恶的存在，现在可以少给点恩赏，这是后醍醐的基本思路。

南北朝学者四辻善成所著《源氏物语》注解书《河海抄》序文里这样写道：后醍醐天皇即位后，开设《源氏物语》的讲座，由四辻善成的先师丹波忠守担任主讲。后醍醐为什么对平安中期的宫廷物语文学《源氏物语》感兴趣？原来他对《源氏物语》所处的时代感兴趣，即延喜天历时代（901~957）。他想把这个理想化的时代在观念上加以恢复，用《源氏物语》中登场的桐壶、朱雀和冷泉三天皇，比照现实中的醍醐、朱雀和村上三天皇。后醍醐的孙子、南朝的长庆天皇也著有《源氏物语》注解书《仙源抄》，看来这里有一脉相承之处。

### 4 异质与神奇的秘法

王权中的佛教，佛教中的王权，这里涉及后醍醐精神世界的问题。什么是密教？密教就是指天台宗、真言宗和律宗等旧佛教。通过密教的祈祷修法，修行者能得到法验的力量。后醍醐受他的父亲后宇多天皇的影响很深，但是他们的精神取向不同。1307 年七月后宇多天皇的皇后游义门院姈子去世，悲伤的后宇多毅然出家。一年后，其长子后二条天皇去世，后宇多落入人生悲叹的谷底。从这个时候开始，他归依真言密教，想逃离俗尘社会，这属于正统的出家态度，所以后宇多对密教的大力保护也是出于信仰。但是作为俗人的后醍醐对密教的执着带有异质性，政治色彩浓厚。

王法依据佛法繁荣，佛法依据王法弘扬；佛法守卫王法，王法崇敬佛法。中世的日本，王法（王权）和佛法（密教）处于相互依存、你中有我的关系之中。护持僧文观（弘真）、天台律系的惠镇（圆观）和仲圆等人都属于密教的祈祷僧，他们都活跃在后醍醐的身边。

1322 年（元亨二年）的春天，后醍醐以中宫西园寺禧子怀孕为名进行祈祷，同时又在进行"关东调伏",即讨伐镰仓幕府的祈祷。这次祈祷的法事主持人是精通真言密教中的真言立川流秘法的文观上人。这位文观上人是何许人也?在京都醍醐寺的小野里有座随心院,这里是真言小野派的大本营,文观上人就是这里的"御殿"。这位土民之子在10岁的时候被天台宗和尚用130文钱买走当奴隶,24岁剃度,25岁入西大寺接受两部灌顶,39岁接受传法灌顶并升任大僧正。更具野心的是他想成为统率一宗的长者,认为这是接近宫廷政治的近道,真言立川流这个秘密兵器便在这时登场了。何谓真言立川流?用通俗的语言来说就是把性交神秘化的佛教。真言立川流原本的经典里,写有"二根交合五尘成大佛事"。这里的"二根交合"就是阴阳结合,即男女交合,男女交合的淫欲成就的妙境刹那,就是即身成佛的本体。这个相当极端的秘法最初是从哪里来的呢?在白河天皇的时候有个叫仁宽的僧侣,他是东寺的长者、醍醐寺的座主,出身贵族。这位仁宽后来做了后三条天皇的御侍僧,因为卷入皇位纷争的漩涡被流放至伊豆。有一天,仁宽从悬崖跳下想自杀,但没有死成,漂流于海上。在半年的漂流中,仁宽认识了一位阴阳师,仁宽向这位阴阳师传授了真言立川流的秘法,特别是把真言密教中被认为是最核心的经典《目出度经》传授给了他。除了东寺的长者、天台宗座主之外,谁也不知道这个极秘的经典。据说谁领悟了这个经典,谁就能得到财富，得到官位，死者能苏生，贫者能富有。

这位阴阳师活动的范围在大仁的千种山附近。他聪明地领悟了仁宽传授的真言秘法，并将之与阴阳道结合起来，完成了所谓的真言立川流。

## 5 用骷髅本尊来倒幕

后醍醐天皇精力绝伦，有记录的宠妃就有 12 人，共生有皇子皇女 36 人。他的正妻皇后是西园寺实兼的女儿禧子，禧子的侍女是阿野中将公兼的女儿阿野廉子。廉子被后醍醐看中，成为他的宠妃，后来又升为准后。在后醍醐遭遇大难的时候（流放至隐岐岛），廉子是唯一同行的一位宠妃，回归京都后她的地位自然有了提升。

后醍醐经常召集身边的一些人商议倒幕计划。这些人有中纳言日野资朝、藏人日野俊基、中纳言四条隆资、大纳言藤原师贤和参议平成辅等。这些会议都在不透风的密室里进行，公家一边密议，一边观看文观的真言立川流的秘技表演。后醍醐隐身于垂帘的雅座上，公家站立一旁，文观则很有姿态地表演秘技。这个行法也叫骷髅本尊秘技，而所谓骷髅本尊，就是白骨化的头部。在骷髅本尊的面前有一对少男少女在性交，将少男少女的体液涂撒在骷髅本尊上，这就是文观所要表演的秘法。一般而言本尊佛的被褥，只限于使用楠木、柏木等香木，而真言立川流的本尊佛的被褖则用骷髅来进行。这些骷髅分为十类：一为知者，二为行者，三为国王，四为将军，五为大臣，六为长者，七为父亲，八为母亲，九为千顶，十为法界骷。所谓千顶，是指能粉碎千人的骷髅。所谓法界骷，是指在十月八日中秋时节收集较多骷髅，唱诵荼枳尼的咒文，从骷髅堆中能够上浮的那一个。而且本尊的建立也有三种方法：一为大头，二为小头，三为月轮形。这里的小头是在大骷髅头的上面切取八分而成，月轮形是在大骷髅头的眉间切取月形而成。

建立这样不可思议的本尊，是为了祈愿倒幕成功。文观是个怪僧，后醍醐启用这位怪僧，自己也就成了异形王。日本史学家网野善彦在《异形的王权》①一书中说：王权的异形来源于行为的异形，而行为的异形则来源于思想的异形，而思想的异形则来源于力量的异形。这力量的异形来源于何方？来源于密教的咒法、异类的律僧、异形的恶党和非人之物。在后醍醐天花灯肖像画中，醍醐的右手就握有密教的佛具金刚杵。与显教对应的密教，在今天就是超能力的、咒术的集团，祭司王的复活是后醍醐政权的核心。

日本的贵族以隐居的形式入佛门，但世界观不变，真正具有佛教世界观的和尚，在日本天皇家可能只有北朝的光明天皇。他没有走天皇—上皇—法皇的

---

① 〔日〕网野善彦:《异形的王权》，平凡社，1983。

程序，悠久的宫廷文化在后鸟羽上皇时代结束，新宫廷诞生。宋学进场，后醍醐天皇登台。后醍醐总结后鸟羽上皇的失败，把文化主义的宫廷转向政治主义的宫廷。这是好事还是坏事？是转型还是倒退？恐怕还不好说。但是，司马辽太郎亮出了自己的立场：他说这种政治主义不是日本式的，完全是中国式的。后醍醐天皇和这种氛围总有一种异样的感觉，不像日本宫廷，而像中国的寺庙，总是闪着迷人的光。

## 6 一个政权的轰然倒塌

镰仓幕府的大本营在镰仓，它是东国的象征。京都是镰仓幕府的小本营，也叫六波罗探题，它是西国的象征。镰仓易守难攻，京都易攻难守。足利尊氏要打击的就是这个西部基地，没有几个回合京都就被攻陷了。探题长北条仲时带领一族400余人逃往镰仓，在近江（今兹贺县）的寺院附近被追兵赶上，以北条仲时为首全员自杀，其中不乏年幼之辈，很是凄惨。

与此同时，新田义贞也在关东举兵。义贞陷入苦战，因为镰仓是幕府的所在地，武士的发源地。而且镰仓三面环山，一面环海，是个要塞之地。最终义贞拿下了镰仓，执权北条高时一族200多人与北条仲时一样全员自杀。

镰仓幕府的创始人源赖朝为了守卫幕府政权，动足了脑筋才选定了镰仓这个地方。但镰仓幕府倒台后，日本历史上再也没有人把都城设置在镰仓过。不错，后来的德川家康也选定了关东，但不是关东的镰仓，而是关东的江户。

1333年（元弘三年）五月镰仓幕府灭亡。从流放地隐岐逃脱的后醍醐堂皇地迈进了京都，年号改为"建武"，新政开始了。以武家为中心的镰仓幕府的倒台，为天皇亲政的新的政治的展开提供了可能。

后醍醐天皇和他周围的公家是倒幕的发起人，足利尊氏和新田义贞等武家是倒幕的中心人物，上下动员起来的中小武士则是抱着各自的打算和想法临时纠合在一起的打手，打倒镰仓幕府是他们共同的目标。但是，镰仓幕府灭亡后人人都有自己的想法，人人都想要自己的东西。首先，从隐岐返回到京都的后醍醐的战后处理全是独断专行。他向中央的组织结构动刀：废除摄政、关白等代理天皇的职务，所有的机关都直接隶属于天皇之下，这是一种强力的中央集权。他按照自己的理念（效仿延喜、天历时代的理念）开始了建武新政，这个战后体制的重点就是抑制倒幕功臣——武士的军事力量——在天皇集权的名义下把"武"放在"文"的下面。其次，对在倒幕中立了大功的尊氏等武士来说，打倒幕府并不是为了不要幕府，而是为了不要北条氏的那个镰仓幕府，他们要建立一个有别于镰仓的新幕府，也就是说他们满腔热血地望向一个新的武家世界。再次，被动员起来参与倒幕的中小武士们则有两个基本的现实利益要实现：一个是保证现有的领地，一个是收回被北条氏夺走的旧领。

在这样的交错复杂的情况下出发的建武新政很快露出了破绽。这里面的主要矛盾就是后醍醐的政治体制和武士领地的归属问题之间的矛盾。这时有个叫盐冶高贞的人，把自己珍奇无比的"千里马"献给后醍醐天皇。后醍醐自然高兴无比，骑上马说："这才是新政权安泰的表征。"但是以前就对新政权的状况心存担忧的藤原藤房在一旁插了一句话："天马是战斗时用的，并不是平安无事的时候用的。战斗用的天马出现在御所（宫中），或许这是一个凶兆，这里将变成战场。"后醍醐的脸色变了，一言不语地往里走。藤原藤房紧跟后面想再说几句，但天皇什么也听不进了。失望的藤原藤房走出御所，放弃了官职。这时后醍醐大惊，慌忙从后面追赶藤原藤房，但是为时已晚。

这一年是 1335 年（建武二年），春天，藤原氏与北条氏的残党勾结策划谋反，天皇命令名和长年等人击退了叛乱。这是一个凶兆，藤原藤房的话不幸言中。

### 7 成功的后醍醐为什么又失败？

镰仓幕府倒台，返回京都的后醍醐首先做了两件事。一是废除自己不愿意看到的对手——持明院的天皇。在这之前，后醍醐天皇曾经败于镰仓幕府军，北条氏废除了他的天皇身份。代替后醍醐的是从持明院挑选出来的后伏见天皇的皇子量仁亲王，北朝的第一代天皇光严天皇诞生。后醍醐不仅废除了光严天皇，还解除了原右大臣、左大臣等官僚的职位。倒幕成功的后醍醐，开始用他的强力意志复活天皇亲政，用天皇绝对主义的意识形态，开启新时代的先声。二是宣布：以前的政治操作全部发生了错误，从今以后我的命令就是一切，土地所有权的归属也由我来决定。

这就触痛了武士们的神经，在镰仓幕府之前的平安时代，是不认可武士拥有土地所有权的，那时能成为土地所有者的仅仅限于天皇、中央贵族，以及兴福寺、东大寺、八幡宫等规模较大的神社佛阁，这引起了武士们的不满。这个不满的集大成者就是源赖朝，他用武力压迫朝廷，并与后白河法皇谈判，迫使他认可武士的土地所有权。这是镰仓幕府的最大功绩，也是他们得到武士支持的一个最大原因。

但后醍醐的权力意志完全无视这一切，他要重新决定这一切。也就是说，土地所有权的问题又回到了原先的状态，武士的不满又高扬了起来，原以为打倒北条氏日子会好过点，但是新政的宣言者后醍醐却在开历史的倒车。后醍醐为什么要这样做呢？他想从根本上折断幕府的脊梁——武士。颠覆镰仓幕府的是谁？是武士，是足利尊氏、楠木正成、新田义贞、名和长年和赤松则村等武士。但是后醍醐对待武士还是像过去一样，将他们恢复到贵族的哈巴狗的地位上，甚至在考虑废除武士。因为武士不废除，总有一天还会出现一个新的镰仓幕府与自己对着干。

对此，全国的武士，特别是对后醍醐政权有贡献的武士，爆发出了很大的不满。随着镰仓幕府的倒台，庄园问题变得复杂化了。原本武士是庄园的总经理，从庄园提取收入保证生活。但是镰仓幕府的倒台使庄园的权利和契约发生了变化。武士为了从建武新政中得到后醍醐战胜前所保证的领地，为了拿回祖先世代保管的土地从全国各地陆续赶到京都进行申述。

但武士的呼声根本不能上通下达。这一方面是因为公家缺乏迅速处理事务的能力；另一方面是因为后醍醐本身就有废除武士的打算。所以，武士的呼声成了天皇的耳边风。最后，武士们只好拜托自己的代表——源氏的头领足利尊氏。倒幕成功后，足利尊氏作为源氏的头领，想得到征夷大将军的官位，但是没得到后醍醐天皇的认可，尽管如此武士们还是挑选了尊氏作为自己的代表，这是尊氏从后醍醐政权那里叛离的一个主要原因。分裂和危机笼罩了建武新政的开始之际。被誉为日本讽刺文学杰作的《二条河落书》，就揶揄了当时混乱的状况。

但是后醍醐还是不为所动，抱有不满的武士们更加支持足利尊氏。尊氏干脆成立了自己的私人事务所——

即政所；更发展出开启幕府的想法，最后的结果就是叛离天皇。

## 8 不同的思路——后醍醐与尊氏

后醍醐的本名是"尊治"，因为天皇是没有姓的，所以"尊治"这个名是不用的，如果有人使用的话就是相当无礼的表现。在平安时代有个大伴氏一族，是古代的名族，那个时候有一位天皇的本名也叫"大伴"。所以大伴氏只好改为伴氏，可见天皇还是有分量的。

但是后醍醐做了一件破天荒的事情，把一字赐予了一位武士，这是闻所未闻的。赐予了谁呢？足利尊氏。足利尊氏的"尊"字，就是后醍醐天皇赐予的，这是破天荒的荣誉，也是最大的荣誉。尊氏得到了最大的荣誉，但是他想要的参政权却没有得到，也就是说在新政的格局下，尊氏没有权力。这是因为狡猾的后醍醐还是不放心尊氏，他的警戒心没有松懈过，他一直在思考这样一个问题：万一得到了权力，尊氏会不会与镰仓一样再开新的幕府？从朱子学的正义论出发，后醍醐是不得不防备的。但是在尊氏看来，武士们之所以参加倒幕行动是为了政治改革，而不是为了向天皇尽忠义。所以尊氏要的不是名誉，而是征夷大将军，是重开幕府。

这时尊氏开始了第二次的反叛，这回是向后醍醐反叛。看来时势确实是个魔方，它能改变一切。"武"不能委托给武士，天子自己要掌握"武"，后醍醐对这个理念很执着。打倒专制的北条氏，年号从"元弘"改为"建武"。之所以要放进这个"武"字，就是为了自己能掌控"武"。后醍醐谙熟中国历史，王莽之乱被武力荡平，汉王室再兴。后汉的光武帝立下大功，他的年号就是建武，后醍醐原封不动地拿了过来。朱子学也好，建武也好，后醍醐所追求的是异国的时髦。对"武"有自己理念的后醍醐，即便是对自己的第三皇子护良亲王，也吝于下赐征夷大将军的称号。护良是个武功拔群的亲王，也是建武新政最有功之人，谁都认为皇太子非他莫属。但最后还是后醍醐的宠妃阿野廉子所生的当时只有13岁的恒良亲王被立为皇太子。而建武元年的时候，护良亲王干脆被抓了起来，罪名是对天皇耍阴谋，最后被杀。

1335年（建武二年），提出去讨伐北条时行之子高行的尊氏希望被任命为征夷大将军，还是遭到了后醍醐的拒绝。但天皇自己再怎样言"武"，武士还是必要的，因为天皇没有军队，朝廷没有战斗力，从平安时代开始就是这样。武士是天皇的私家军，这是日本历史的常识，后醍醐天皇还是要任命武士身份的人做武士的总帅和将领，这是不可避免的。他的人选就是新田义贞。但随之源氏嫡流的两派争斗也正式开始。

## 9 武士的愤怒大爆发

镰仓陷落之后自杀的执权北条高时之子时行开始发难，反乱军一时间气势如虹，连尊氏的弟弟直义固守的镰仓也陷落了。北条氏为什么又复活了呢？原因就在于对新政不满的武士参加了叛军，这在日本历史上叫"中先代之乱"。

但对全国武士来说，真正的大将不是北条时行而是足利尊氏。尊氏看到维护武家权益的时机来了，为了讨伐时行，他自封为征夷大将军。同时再三向后醍醐请求这个官位，但是后醍醐就是不予许可。横下一条心的尊氏，率领五百骑向镰仓出发。《太平记》说是五十万骑，这是不可信的。有打仗天赋的尊氏击破了时行，夺回了镰仓，而且一不做二不休，干脆以大将军的名义给参战的武士们恩赏。

人的现实性表现为：一旦有了恩赏他们就会转动起来。所以给予恩赏的权限是政治权力中最为重要的一个权限，这是尊氏面向朝廷的独立宣言。

面对尊氏的一系列动作，后醍醐天皇是如何反应的呢？他没有立即征讨尊氏，并打出了怀柔之策。他认可尊氏攻打镰仓的功劳，赐予他从二位的高位，并命令他上京。从二位的官位相当于右大臣，正一位的官位就是太政大臣。也就是说，尊氏有了右大臣的资格，但是资格毕竟还是资格而不是官。况且尊氏要的并不是"位",而是征夷大将军这个实职。

即便如此,尊氏还是想遵循天皇的旨意上京。他为什么要这样做?因为天皇的命令不可违。这是尊氏的个人魅力所在,也是尊氏的致命弱点。尊氏反感后醍醐的一些做法,但又不想从正面与天皇发生冲突。他想尽可能地用和睦手段让天皇认可开创幕府之事,这就需要协商,因此必须上京。但是有一个人拼命地反对,他就是尊氏的弟弟直义。直义的直觉很灵光,他认为哥哥去京都绝没有好事情,被杀的可能性也不能说没有。这兄弟二人性格迥异:一个是理想主义者,一个是现实主义者。理想主义必定优柔寡断,现实主义必定决然果敢。所以一般而言,理想主义者受人崇拜,现实主义者善于做事。直义的判断还是正确的,京都的朝廷坚决不认可武家政权再度光复。这样,朝廷和武家,天皇和尊氏,只有一条路可走:对抗。但是朝廷没有军事力量,如果要与尊氏作战,只有再次借用武士的力量。这时候,后醍醐天皇看中了尊氏的劲敌——新田义贞。

## 10 锦旗的发明者足利尊氏

最终尊氏还是没有上京。后醍醐天皇确认了尊氏的反叛,命令新田义贞讨伐尊氏。尊氏成了"朝敌",即天皇家的敌人。但这时尊氏做出了一件惊天动地的大事:他把自己封闭在镰仓建长寺,断发出家了。他为什么要这样做呢？还是对与天皇军作战有敬畏之感。同样是幕府的创建者，要是源赖朝或德川家康，绝对不会做这样的事情。他们有强烈的意志和决断力，而尊氏缺乏的就是这个。所以他没有出征，没有去对抗天皇的代理军——新田军。

哥哥不出征，弟弟只好替哥哥出征，直义率军快速从箱根附近迎击新田军，结果惨败。直义当然不是新田的对手。接到弟弟危急的情报，尊氏终于坐不住了，他率军迎击新田军。从这个时候开始，尊氏和后醍醐天皇之间开始了你死我活的对抗。尊氏率军向京都进军，然后在建武三年（1336）正月，在京都摆开了大决战的阵势。

但在这场关键的决战中尊氏输了，失败原因不明，有一说是楠木正成的战略取得了成功。尊氏兵败于京都，再败于兵库，领着不多的残兵向濑户内海逃窜。照理说，尊氏就应该在历史上消失了。但短短数月的时间，尊氏又率领十万大军从九州开始反攻。毫无疑问，尊氏是历史上创造奇迹的人。

在九州的尊氏总结败退的原因，感到自己身边没有天皇是个主要原因。建武的朝廷再怎样的腐败，也是个"中央"。与"中央"在边境作战，怎么能赢呢？尊氏恍然大悟，于是也想建立一个"中央"，这就是北朝的起源。具体怎么操作呢？怎样使自己从朝敌变为官军呢？尊氏想到了天皇威望的问题，天皇的威望被权力者所左右最初是在北条泰时的时候。他参与了朝廷欲想倒幕的承久之变，三位上皇被流放，仲恭天皇退位，后堀河天皇即位。仿效泰时的做法，北条高行在元弘之变的时候也逮捕了大觉寺统的后醍醐天皇，并流放至隐岐，即位的是持明院统的皇太子量仁亲王，这就是光严天皇。但是不久建武新政勃兴，光严天皇被废，后醍醐自己复归皇位。

在九州的尊氏利用了当时大觉寺统和持明院统的分裂，派出特使去见光严上皇，希望能出示院宣证明自己是官军。这位上皇本来就是权力斗争的牺牲品，后醍醐被流放荒岛之际，他被拥立为天皇，后醍醐京都复归后，他的天皇资格就被取消。当然，这位上皇自建武新政以来一直被打压，怨气和不满早已有之，尊氏上门要求攻打对手，他喜出望外，马上出示了院宣。

尊氏拿到了院宣，就等于自己有权力高举"锦之御旗"了。这面旗子有一定的军事价值，能使敌人闻风丧胆，这是尊氏的发明。京都方面对此大吃一惊，深知尊氏这一手的厉害。朱子学的正统理论演变成了广泛的社会意识，尊氏也建立了一个中央。两个日本的"中央"之争进入了历史的视野。

然而尊氏在没有因缘的九州能动员十万大军，靠的就是这份院宣吗？日本战前的皇国史观就是这样强调的。其实这是夸大和偏见，尊氏个人的人格魅力和武士对武家政权的向往应该才是主要的原因。另外一个重要的原因就是人们对后醍醐的不信任。面对看似不堪一击的尊氏，后醍醐身边的人都陶醉在胜利之中。只有楠木正成进言道："现在这个时候，必须与新田义贞斩断关系，与足利尊氏和解。如果派使者，我愿意去。"

### 11 难道楠木正成疯了？

对于楠木正成的进言，后醍醐听不懂，周围的公家更是听不懂。难道楠木正成疯了？为什么大胜之后，要与"朝敌"尊氏和解？只有正成一个人懂得日本历史的节韵。这个国家是武士的社会，这个国家的历史是由武士来推动的。所以最佳的统治方式就是：委以武士政治实权，皇室只君临不统治。

但是后醍醐的所有做法均表明他不懂日本的国情，或者说他想要创造一个新的日本国情，所以他不接受这样的统治方式。其实，楠木正成所言的核心问题就是象征天皇制的问题。平安时代以后的日本一直是这样做的，这应该就是日本这个国家的正常形态。但是这个形态在明治时代再度变形，到了大正、昭和的时候，整个象征天皇制土崩瓦解，这个国家就此变得奇怪无比，可怕无比。后醍醐的建武新政其实也是这样，他要瓦解象征天皇制自己亲政。结果如何？还是失败了。对于正成的思考后醍醐完全无法理解，他也不想理解。武士就是恶的存在，幕府就是恶的存在。他的脑子里全部是朱子学的教条，他中毒太深了，中了朱子思想的毒。

楠木正成另外一个先见之明是：他坚信地方武士会跟随尊氏，因为尊氏代表了一种趋势，一种方向。这里后醍醐犯了一个致命的错误。如果乘胜追击尊氏这个"穷寇"，或者杀了他的话，历史就会出现大的变化，至少新政还将继续。但后醍醐没有这样做，他在大胜利面前高傲自满，政治感觉迟钝。

正成的预见得到了验证，尊氏率领十万大军从九州开始反攻。尊氏败走京都，败走兵库，败走九州是1336年二月的事情。而再从九州招募十万大军反攻，其间只用了三个月的时间，这是惊人的速度，惊人的号召力。

抵抗尊氏反攻的是楠木正成，他为此制定出必胜的战略：数量上气势上敌人占优，如果正面碰撞，很难取胜，应该先放弃京都，让敌人进来，当敌人全部进来的时候，再包围起来打游击，断绝敌人的粮食供给，让十万大军饿得不能动弹后再攻之。要实施这个作战方案，天皇就必须暂时离开京都。但围绕在后醍醐身边吹捧的公家们都反对这一做法，说如果这样做，天皇的权威就会受到影响。

楠木正成感到绝望，他对这批愚蠢之徒无话可说。但他也没有强硬地要求天皇离开，这等于是放弃了自己取胜的机会。他一言不发，与尊氏展开了平地战，兵力不占优势的平地战，当然会失败。战败后，楠木正成自杀。楠木正成死后，在敌方的武将里也有很高的评价：贤才武略的武士，不怕死的武士。尊氏也为正成的人格所感动，在发现了正成的首级后，尊氏将其洗刷并送往家属处，流露出了对正成的一种敬畏之情。

## 12 满嘴没有一句真话的天皇

楠木正成死的这天，足利尊氏占领了京都，这是1336年六月十四日的事情。赶走后醍醐的尊氏礼敬持明院统的光严上皇，并拥立其弟弟丰仁亲王为北朝第二代的光明天皇，在京都首开武士的政权——室町幕府。而带着三种神器逃往吉野的后醍醐依旧维持着皇统。京都的北朝，吉野的南朝，两个朝廷从此诞生，两个天皇从此共存。这在日本历史上从未有过，在日本天皇家也从未有过，史书谓之"一天二帝南北京"。

不过足利尊氏还是有全局的视野，他不想将两统对立长期化。在诞生了光明天皇之后，足利尊氏向逃往比叡山的后醍醐伸出了橄榄枝，他想和平解决问题。如果是源赖朝或者德川家康，一定会逮捕后醍醐并将他流放荒岛。但是尊氏没有这样做，他的性格决定了他不会这样做。足利尊氏向后醍醐派出密使，提出两统和睦的提案。足利尊氏在提案中说："怎么样？

还是回到京都来吧。"这里发出的信息是：只要正式承认北朝的光明天皇，作为回报，后醍醐的皇子就是以后的天皇。即回到两统迭立，回到以前的状态。当然后醍醐是不会认可光明天皇的正统性的，也没有两统迭立的打算，因为倒幕原本就是想打破两统迭立，让自己的子孙独占皇位。忙了半天，怎么可能又返回以前呢？不过，接到提案的后醍醐天皇似乎也有所动心。但是，有一个人知道事情的缘由后，慌忙赶到后醍醐处发出了谏言，这个人就是新田义贞的手下堀口贞满，他向后醍醐谏言道："我们接奉纶旨，尽全力为天皇而战，牺牲了多少人。足利尊氏之所以能得势凯旋京都，不是新田义贞的缘故，而是因为天皇的失德和人心的背离。像新田义贞这样忠义的近臣如果都被您丢弃的话，我们愿以砍头做鬼来保佑天皇您的将来不会好。"这番话相当大胆且直言不讳。

但是后醍醐竟然还是接受了尊氏的提案，陷入穷途的后醍醐这样回答道："你们的忠诚我心知肚明。但是，不得不说你们的想法还十分肤浅。现在的状况对我们不利，如果能接受足利尊氏的建议，走和睦之路，我们就有较多的时间等待时机了。当然这属于机密，这里不能明言，但绝不是骗你们。"新田义贞想不通，打了多少年的仗，这究竟为了什么？究竟是为谁而战？为了安慰盛怒的义贞，后醍醐天皇又说道："我把皇位让位于皇太子恒良，你跟随恒良天皇去北陆。跟随天皇，就不会被人认为是贼军。"新田义贞相信了后醍醐的话，十月十日与恒良亲王一道，迈向了前往北陆的路途。正直的新田义贞真的以为恒良亲王才是正统的天皇，但是后醍醐根本没有把皇位让给恒良亲王。这是后醍醐的谎言，后醍醐欺骗了义贞。

与此同时，后醍醐天皇从比叡山回到了京都。但是，后醍醐一回到京都的花山院，四道门就被锁上，还有警卫兵在周围看守。一看就明白，这是被软禁了。1336年十一月二日，足利尊氏向后醍醐提出要求：向光明天皇交出三种神器。交出三种神器，就是交出了正统和权威。一般而言，这是万万不能的。但是，后醍醐回应了足利尊氏，交出了三种神器。后醍醐为什么这样爽快地交出神器？北畠亲房的《神皇正统记》和洞院公贤的《园太历》里披露，后醍醐交出的三种神器是伪造之物。后醍醐自己也向天下宣言："递交给光明的神器是伪物，不是真品。我还是这个国家唯一正统的天皇。"看来，狡猾的后醍醐，在玩猫捉老鼠的游戏。当然，足利尊氏不知道后醍醐交出的三种神器是假的，他还天真地认为这回后醍醐是真正地让位了，为此还送了后醍醐一个太上天皇的尊号。所谓太上天皇就是对退位了的天皇的尊称，这一称谓是697年从持统天皇开始的。随后，后醍醐的皇子成良亲王在十一月十四日被定为皇太子。从这点看，尊氏没有对后醍醐进行彻底的弹压，这是作为政治家一个最大的失策。

在 1336 年十二月二十一日夜晚，被软禁的后醍醐化装成女性贵族从花山院逃出。乘着夜色直奔大和国的吉野，三种神器也一起随身同行。三种神器是一个叫新勾的内侍装扮成女人从宫中偷拿出来的。十二月二十三日，后醍醐到达贺名生。二十六日，再度返回吉野的后醍醐以最快的速度建造皇宫，然后再次登上天皇位，吉野朝廷由此诞生。后醍醐向高野山写祈愿文，祈祷天下静谧，署名"天子尊治"，表现了强烈的夺取政权的愿望。后醍醐办公的所在地在藏王堂背后的实城寺（也叫金轮王寺），现在这里已经是一片废墟，往昔的面貌荡然无存。半个世纪的吉野朝皇宫，就在现在的乱草丛中，历史咏叹无常，有的时候会催人泪下。

三年后的 1339 年（延元四年）八月十六日，正当楠木正成的遗儿楠木正行在北河内的四条畷激战之时，后醍醐天皇死去，年 52 岁。返回吉野的后醍醐天皇第七皇子义良亲王即位，后村上天皇诞生，年仅12 岁，他是南朝的火种。从常陆国回来的老臣北畠亲房和继承亡父遗志的楠木正行共同支撑着这位弱小的天皇，不让南朝的火种熄灭。但再怎样勉力支撑，随着后醍醐天皇的死去，南朝的夕阳注定是要落山了，朝廷的贵族们在吉野过着清贫的山民生活。而这时的北朝就像朝阳，朝廷的贵族们在京都过着奢侈的宫廷生活。

此后，南朝军又与京都的足利军发生了几场激战。南朝的希望之星正成之子正行战死，年23岁。北畠亲房的长子北畠显家战死，年21岁。南朝人才尽失。这个时候北畠亲房实际上就是吉野朝的总帅了。

日本有两本史书记述南北朝的历史。一部《太平记》，使得人们同情南朝，为吉野的悲剧而流泪。一部《梅松论》，使得人们崇尚北朝，为京都的正义而奔走。

## 13 为什么优势的尊氏要向南朝投降？

1336年，楠木正成战死，名和长年战死。1337年，金岐城陷落，尊良亲王、新田义显自杀。1338年，北畠显家战死，新田义贞战死。1339年，后醍醐天皇在吉野病逝。1348年，楠木正行战死，吉野的皇宫被烧。南朝还能撑多久？南朝还能战斗吗？但是就在这个时候，就在南朝快要灭亡的时候，发生了料想不到的奇妙之事。先是尊氏的弟弟足利直义向南朝投降，理由是为了与高师直抗争。尊氏与直义兄弟间的不和与对立更加尖锐了。然后更为奇妙的是，这回轮到尊氏向南朝投降了。更为过分的是，尊氏还废黜了崇光天皇和皇太子直仁亲王，停止了光严上皇的院政，并将北朝一系的皇族囚禁，将三种神器送交南朝朝廷，史称"正平一统"。辛苦打拼建立北朝的足利兄弟，为了军事上和政治上的理由，展开了向南朝投降的竞争。当然，尊氏向南朝投降是为了寻找追讨弟弟的机会，这两个人都有再次成为敌人的觉悟。由于兄弟二人的投降，南朝又一次支配了京都。之后又有三次南朝支配京都，最后一次是在尊氏死后的第三年。

同时，南朝也处在极大的混乱之中。楠木正仪是正成的儿子，正行的弟弟，父兄都战死了，他自然成了楠木一族的领袖。南朝能四次返回京都，正仪的巨大作用不可忽视。当然南朝也相当信任正仪，任命他为河内、和泉、摄津三国的国守兼守护。但是就是这位正仪，在后村上天皇死去的第二年投降了足利方。

正仪继承了父亲武勇的一面，同时对政治也有相当的悟性。他的父兄都是一根筋通到底的人，是朱子学的信奉者，为主义而献身是他们的理想。但这正好给了正仪一个思考：是不是能反父兄之道而行之呢？于是战争在他手里变成了一种游戏。如南朝军第四次进驻京都的时候，足利二代将军义诠手下的最高级干部佐佐木道善在自己的住宅里准备了美酒佳肴招待正仪。当南朝军在京都坚持不住想撤退的时候，正仪留下了佩刀与铠甲，作为礼物送给道善。在凑川念念不忘七生报国而战死的父亲，在四条畷之战与足利军死拼的兄弟正行，临死前都说：如果我再生一次的话，还会举弓射箭。父兄的世代与正仪的世代，主导的意识形态已经发生了变化。正仪有了与父兄不同的思考：

即便是敌人，也不需要去死拼。从朱子学意识形态脱出的正仪，已经看到了南北朝之间的争斗和流血毫无意义。他作为当时南朝军的主力，开始酝酿和平的图景。

北畠亲房活着的时候，由于他的影响力，强硬论支配着南朝。但是一旦亲房死去，强硬论只是单纯的论调而已，像亲房一样的政治人物已经不再。另一方面，足利义满成为三代将军，其主要助手细川赖之是个很有作为的政治家。当时将军义满只有 10 岁，正是借用细川赖之的力量，才达到了天下安定。

楠木正仪能察天下大势，与细川赖之有很不错的私交，二人以前就谈论过和平之事。但在后村上天皇死后，南朝的强硬派又重新抬头，和平交涉遭到了阻碍，正仪干脆投向了足利方。楠木一族中也出现了反叛者，南朝的愤怒是可想而知的。足利方当然欢迎楠木正仪的反叛与投降，并立即给予回报：承认他的领地所有权，封他一个中务大辅的官位。正仪在足利方发挥了一个反叛者的作用，他领军向南朝行宫高野山金刚寺发动袭击，使南朝的长庆天皇逃向吉野山。南朝的强硬派在这一战中死伤不少，至此南朝遭到了毁灭性的打击。但是令人惊讶的是，数年后正仪再次回到了南朝，并取得了参议的高位。这主要是因为南朝方面发生了变化，取代强硬派长庆天皇的是稳健派的后龟山天皇。而在足利方面，政治人物细川赖之已经失势，灰溜溜地回到了四国的赞岐。对正仪来说，足利方失去了赖之就等于失去了力量与希望，况且南朝本来就是自己的老巢，如果强硬派下台的话，还是有迂回空间的。

这就是正仪的行动原则：按现实状况行事，而不从教条出发。从独断教条的朱子学出发的楠木一族，在按现实状况行事的正仪手中结束了政治生命，南朝也随之终焉了。从楠木正成到北畠亲房，支撑他们的是正统论的伦理，这是他们力量的源泉。相比较而言，北朝就比较灵活，本来武家的处事方法就要求灵活，所以他们受状况的支配。在他们的身上看不出固定的伦理，特别是在尊氏的身上。

## 14 休克的南朝再次支配京都

尊氏向南朝投降，对这一举动给予坚决批判的是日本学者海音寺潮五郎，他这样说：

> 尊氏到了晚年，与直义不和。兄弟轮番向南朝投降，这是没有节操的贻笑大方的事情。但南朝还是摆架子，对尊氏的投降不予理会。于是尊氏开出了条件：绝不干涉皇位之事。这不是一位名将之器，更不是大政治家之器。

为什么这样说？因为尊氏没有像赖朝一样杀死弟弟，

没有像家康一样根绝对立势力。尊氏用他的手确立了武家政权——北朝，又用他的手毁灭了北朝。从某种角度来看，尊氏也杀死了弟弟直义。由于他的无条件投降，尊氏从南朝的后村上天皇那里接到了"追讨直义"的纶旨。他攻打镰仓，迫使直义投降，最后直义被尊氏毒杀，《太平记》里说是"鸩毒"。这一连串的骚动，史称"观应忧乱"，这个忧乱的最大"意义"就是南朝又复活了，日本再次陷入两统的混乱之中。

对留守在京都的足利义诠，南朝提出了强硬的要求：北朝的神器是伪物，必须没收；北朝发出的官位必须全盘否定；废止足利尊氏发出的元弘没收地付还令；禁止使用北朝的观应年号；在吉野的后村上天皇必须回到京都。在南朝军的攻击下，足利义诠不得不放弃京都败走，已经休克的只有三千兵力的南朝，再次支配了京都。死去的后醍醐"必须夺回京都"的政治遗训在其子后村上天皇的手中得以实现。留守京都的北朝光严、光明、崇光三上皇和皇太子直仁亲王遭逮捕，作为战俘被幽闭在曾经是南朝根据地的贺名生。

在南朝方面，操演这次京都夺回战的总指挥是北畠亲房。他事后享受了"准后"的待遇，也就是说被纳入了"皇族"的行列。这是1352年（正平七年）二月的事情。南朝再次返回京都，是后醍醐从吉野脱逃的16年之后。尽管如此，南朝的天下还是难以为继，寿命还是难以长久。在近江重整实力的义诠，得到了京极导誉等人的支持再次卷土重来。三月，再次成功夺回京都。南朝坚持到五月底，难以支撑的后村上天皇和北畠亲房狼狈地逃往贺名生。

从此南朝再也没有能返回京都。北畠亲房在两年后死于贺名生，年 62 岁。南朝最后的辉煌至此结束。

### 15 足利义诠的非常手段

足利幕府又取胜了，幕府的傀儡，即北朝的再建迫在眉睫。但问题是北朝的上皇、天皇都被南朝幽闭。皇位的象征三种神器也在南朝手中。北朝如何再建？按照幕府的意思，要再拥立一位天皇。令足利义诠头疼的最大政治课题是：从程序上说，要产生一位新的天皇，必须要先有治天之君的指名，幕府再加以追认，这是惯例。当时北朝的治天之君是光严上皇，认可光严上皇的是光明上皇和崇光上皇，还有之后将成为天皇的直仁亲王，现在这四人都被带离了京都。所以，诞生新天皇在理论上的可能性消失了，北朝处在无法诞生天皇的境地。这当然对南朝有利，从大义名分上来看，天皇还是必要的。对室町幕府来说，天皇也是必要的。但怎样才能使新天皇诞生呢？于是，足利义诠想夺回被绑架的上皇和皇太子，但是南朝的抵抗很激烈，强行夺回的可能性几乎没有。足利义诠与京极导誉商量，终于想出了一个非常手段：把一位在京的皇族推上天皇之位，而且是在没有神器，没有上皇承诺的场合下即位。这个被推举的对象是光严上皇的第二子弥仁亲王，当时15岁。

义诠说服了弥仁亲王的祖母、光严上皇的母亲广义门院藤原宁子，使她作为"上皇"来任命刚刚元服完毕的弥仁亲王为天皇。广义门院是西园寺公衡的女儿，后伏见天皇的女御，光严、光明上皇的母亲，当然属于贵族，但不是皇室系谱之人。从万世一系的血统论来看，应该不属于能成为治天之君的女性。这位女院最初拒绝了幕府的要求，但在义诠的强烈要求下，只好勉强地坐上治天之君之位。于是，北朝第四代后光严天皇诞生，有名的继体天皇的故事再次在天皇家重演。

按照北畠亲房的说法，拥有三种神器的天皇才是正统的天皇。近代日本的领导者很喜欢这一说法。明治天皇是北朝的后裔，但还是认可南朝的正统，视北朝为伪天皇。北朝没有神器，南朝在占领京都的时候，没收了北朝的神器存放于自己的吉野宫中。那么，新天皇的即位仪式如何举行？室町幕府的奇思妙想又一次得到了发挥，他们想出了一个办法：用神镜的盒子作为神器的替代品，强行举行即位式。日本天皇家首次在没有神器的状况下即位的是后鸟羽天皇，但是他还有后白河上皇的认定。后白河上皇的地位是确实的，但即便如此，因为没有神器而即位，后鸟羽还是被世人轻慢。这样一比后光严天皇的做法就更被人看不起了，因为照这样发展下去的话，非皇族成员也可以当天皇了，天皇的威信一落千丈。在吉野山中听到这一消息的北畠亲房，只能把怒气化为长长的叹息。

北朝依靠幕府的力量再建成功，度过了危机。支撑北朝天皇的不是传统，不是三种神器，而是幕府无所不能的权力。朝幕关系发生了决定性的变化，天皇和朝廷，被强行包摄于将军和幕府之中。在军事上南朝完全输给了北朝，但是象征皇位正统性的三种神器还在，南朝依靠着这个武器抵抗了半个多世纪。

## 16 为什么只有尊氏得以善终？

一天二日，一国二王，无论怎么说君王的地位都会下降。尊氏和弟弟直义，知道锦旗的价值，对天皇表现出敬意，但是部下的武士还是不知天皇的意义所在。如高师直，他是尊氏部下最能干、最强悍的将领。他击破楠木正行，攻打吉野金峰山，放火烧了南朝皇宫。就是这样一位大将，常对部下说："如果你们领地不足，到天皇那里去抢夺。天皇只知道挥霍，他是我们的一个麻烦。如果实在需要天皇，可以用木像雕刻一尊，拿来过过瘾。"

还有一个叫土岐赖远的武将，在路上遭遇光严上皇（北朝初代上皇）的行列，但是这位武士就权当没有看见，骑着马高傲地侧身而过。这时上皇的一名护卫者叫住他："你这个乡野之人，光严院正在通行中，快下马！"这位武将怒气十足地答道："什么院？什么狗？我不知道。如果是狗的话，就射杀。"便向部下下令，包围光严上皇的御轿，弯弓搭箭。足利直义后来知道了这件事，大吃一惊，立即下令处死了土岐赖远。这时，武士们才恍然大悟，才大为恐惧。原来，对天皇的不敬是要杀头的。后来，高师直也被杀害，这是在1351年，直义方的武将上杉重能在摄津武库川射杀了这位对天皇不敬的武将。再后来直义被尊氏毒杀。结果，只有一个人活了下来——足利尊氏。

尊氏是与南朝相争的主角，他叛离了后醍醐天皇，但是他最终对后醍醐天皇还是怀有深深的敬意。后醍醐天皇死后百日的冥福供养在京都的南禅寺举行。尊氏作了如下的诗文：

> 温柔智慧，耳边忧存。
>
> 爱慕愁肠，心端难尽。
>
> 恩惠无穷，报答何时。

作为武家的首领，为什么只有他一个人得以善终？因为他对天皇，甚至对敌对的天皇还怀有敬畏之情。高师直，这位悍勇之将之所以匆匆赴死，就在于他心中没有敬畏的对象。连天皇也敢骂的人，在日本不可能有善终，这也可以说是日本历史的一个节韵吧。

## 17 后醍醐的临终场面

左手握《法华经》，右手握宝剑，遗言："尸骨葬在吉野山的青苔下，灵魂留守京都望天穹。"并放言君臣若违背此旨，则"君无继体之君，臣也无忠烈之臣"。这是后醍醐的临终场面。《法华经》象征佛法的世界，宝剑象征王法的世界，这符合后醍醐的统治特征。天皇的遗体放入厚棺，下葬于吉野金峰山藏王堂的乱木林中。高高隆起的土丘朝北坐南，与传统的朝南坐北葬式相左。据说这也是这位天皇的遗愿。后醍醐天皇陵也叫塔尾陵，现在属于奈良县吉野郡吉野町。

后醍醐 52 岁去世的时候，尊氏是 35 岁。获悉后醍醐的死讯，尊氏心中百味杂陈。横滨市神奈川县立金泽文库，以收藏镰仓北条氏的文书而著名，藏书中有一份题为《后醍醐百日御愿文》的古文书，文字颇多且年代久远，难以辨认。但其中开头的部分还能辨读："历应二年十一月二十六日/弟子征夷大将军正二位权大纳言源朝臣尊氏敬白。"也就是说，这份文书是足利尊氏在 1339 年十一月二十六日写的愿文，这是为后醍醐天皇百日忌写的愿文。在文书中尊氏称自己为"弟子"，称后醍醐的"温柔智慧，耳边忧存"，弟子为之"恩惠无穷"。这表明什么呢？表明尊氏对后醍醐的怨灵非常的恐惧，写愿文是为了镇魂。

仅有愿文恐怕不能镇住强势天皇的魂灵，在梦窗疎石的劝说下，尊氏不得不在京都的风水宝地建造天龙寺。按照《天龙寺营造记录》记载："诸人周章、柳营武卫两将军（指足利尊氏和弟弟直义）哀伤之极，恐怖异常。"为什么会恐怖异常呢？就是怕后醍醐天皇的死魂灵。天龙寺现为京都的五山之一，山号为灵龟山，但很少有游人知道这是为一位天皇镇魂的寺，因为这样的事情对天皇家来说也是难以启齿的。

对于后醍醐的死，北朝的公家又是如何反应的呢？村上源氏的中院通冬（当时为权中纳言，正三位）留有日记《中院一品记》，对后醍醐的死是这样记载的："天下重事，言语道断。除了愁叹还是愁叹。卓灿往昔，难得贤才。众人悲叹。春秋五十二。后宇多院的第二御子。讳尊治。"原来，京都的北朝也把后醍醐的死当成了"天下重事"，后醍醐对北朝公家们来说是绝不能简单忘记的"圣主"和"明君"。同时北朝还宣布：从九月八日起，服丧仪五日，并加强警戒。这与在 1380 年六月去世的北朝光明天皇待遇相同。为了能更好地封死后醍醐的怨灵，北朝朝廷赠予他一个"后醍醐院"的追号。这就令人想起崇德院的记忆，1156 年爆发的保元之乱，崇德天皇被发配于赞岐国，1164 年这位天皇在闷闷不乐中死去。为了封锁他死后的怨灵，朝廷在 1177 年赠予他"崇德院"的追号。

不过，对于后醍醐的死，最为痛心的还是北畠亲房。这位在常陆国筑波郡小田城专心"东国经营"的武将兼文人，是后醍醐的"三房"智囊之一（其余两位是吉田定房和万小路宣房），当时他 47 岁。在《神皇正统记》里，他对后醍醐的死这样写道："秋雾笼罩，老泪横流，笔迹抖颤。"他 21 岁的儿子北畠显家在陆奥战死，在《神皇正统记》里则只留下淡淡的一笔。

君主死了，臣下忠诚心最佳的表现就是痛心疾首。看来北畠亲房的体内流淌着的还是正统意识形态的血——大义名分——挥之不去的还是尊王思想。

## 18 两个一半的原因

从 1339 年后醍醐去世到南北朝对立结束，其间是 53 年。1392 年，已经是室町三代将军足利义满的时代，他属于足利尊氏的孙子辈。为什么要花半个世纪的时间才能结束对立？原因分两个一半。

第一个一半的原因在败者后醍醐那里。支持他倒幕的武士们因为对后醍醐的新政感到失望，后来又离叛了他。可悲的是后醍醐至死还不知道自己错在哪里，他还在坚持他的理想，遗言里还在强调决不放弃，要一直战到返回京都为止。在儒家的世界，长辈的遗言是绝对的，谁也不能改变。结果，南朝至死都在战斗，所以说后醍醐的责任重大。

第二个一半的原因在胜者足利尊氏这边，足利尊氏对室町幕府的统率力不够。由于幕府内部的斗争，失势的一方频频向南朝伸出橄榄枝，利用南朝的权威复活南朝，这更加剧了南北朝的对立。

南北朝分裂最初的政治责任在后醍醐，但是后醍醐逃入吉野后的一切就是尊氏的政治责任了。结果，尊氏成了引发日本半个世纪战乱的祸首。

无疑尊氏是个好人，但好人往往不是合格的政治家，这在尊氏身上表现得尤为冷峻。源赖朝杀了和自己路线不合的亲弟弟义经，如果不杀的话义经的行动就有使幕府政权崩溃的危险。德川家康令长男切腹，并流放自己的六男松平忠辉，原因就是六男太听伊达政宗的话。家康还杀了丰臣秀吉的幼子秀赖，如果不杀的话，丰臣家就有可能东山再起。

有尊氏"心灵之师"之称的梦窗疎石对尊氏的评价是："这个人有三德：第一，勇敢无畏之心；第二，对敌友善慈悲之心；第三，无私无欲之心。"但是，尊氏的问题在于基本不开杀戒。他和弟弟足利直义对立，但是没有杀他。结果直义投向了南朝，到那个时候再想杀已经晚了。尊氏对他的政敌也不开杀戒。他的政敌是谁？是后醍醐天皇。当然，天皇绝对不能杀，这是日本不变的原则，尊氏不能违背。生理的天皇不能杀，但是政治的天皇是不是也不能杀？没有这个规定。实际上天皇的政治生命是可以杀的，而且这样的机会尊氏有好几回。如后醍醐在花山院被软禁就是个绝好的机会，当时可以流放他。但是后醍醐机智地逃脱了，逃进吉野山后尊氏也不派人追捕，以致后来他在吉野建立新的朝廷——南朝。要是家康的话，绝不会犯这样低级的错误。

室町的末期进入战国时代。日本为什么会有战国时代？根源就在尊氏这里，他作为政治人物心慈手软，留下许多后遗症。

### 19 扮演了不是胜者的历史角色

后醍醐的孙子后龟山天皇，看到足利义满背叛了自己，再度回到吉野复兴南朝，其子小仓实仁亲王不久病死。如果义满守约的话，这位亲王就是后小松天皇之后的天皇人选。这位早早死去的小仓实仁亲王有个儿子叫尊义王，自称自己才是正统的天皇家继承者，并在吉野的深处建立"御所"，与北朝的幕府展开了游击战，史称"后南朝"。南朝真正的悲剧，在这位尊义王的两个儿子身上发生了。1443年（嘉吉三年），后南朝派人闯入京都的御所抢夺三种神器，其中神玉被抢夺成功。得到神器的哥哥自称"自天王"，与弟弟忠义王一起期待着南朝的复兴。

幕府中有一个大名叫赤松家，赤松家在1441年被套上暗杀六代将军足利义教的大罪，整个家族被毁掉了。赤松的残党多次向将军家提出再兴的要求，将军家总是推脱。这回时机来了，幕府把捣毁后南朝的任务交给了赤松残党。赤松残党伪装成后南朝的友人潜入了吉野，自天王哪里知道这一伙是与幕府有密约来追杀自己的。

悲剧的发生是在1458年（长禄二年）十二月。这一天大雪纷飞，赤松残党偷袭了川上村的御所，杀死了自天王和忠义王，抢夺神玉。川上村的乡士得知后急忙追赶赤松残党，结果自天王的首级和神器被成功夺回。乡士们对自天王怀有深深的敬意，在他的首级面前全员伏地痛哭。这在日本历史上叫"长禄之变"。到这时为止，后南朝的历史实际上就结束了，南朝的正统也到这里断绝了。

南朝最后的帝王自天王，川上村的乡士们没有忘记他，每年的二月五日，他们在村内的两个地方举行朝拜仪式缅怀英烈，这个仪式持续了500年以上。当然日本的宫内厅是不认可自天王墓地的，后南朝最终扮演了不是胜者的历史角色。但是后南朝自信拥有正义，自信拥有尽忠节的乡士。

后南朝悲剧的面影，一直到现代还在持续，第二次世界大战后的熊泽天皇，自称是后南朝的子孙。关于后南朝的作品有谷崎润一郎的《吉野葛》、花田清辉的《吉野葛注》和小松左京的《本邦东西朝缘起觉书》等。

## 20 伪天皇与南朝悲歌

南北合一，实际上是北朝吸收南朝，这是1392年的事情。在足利义满的斡旋下，南朝向北朝交出了三种神器，南北朝时代才告终焉。但是流着南朝血脉的皇子们还顽强地生活在杂草乱石的十津川深处，历史上叫后南朝。不久，他们就迷失在历史的黑暗中，不知去向了。

但在第二次世界大战快要结束的时候，突然冒出自称南朝子孙的熊泽天皇，他要求北朝的子孙昭和天皇返还皇位。1946年（昭和二十一年）美国《人生》杂志专门载文报道熊泽天皇，引发了日本国内的大乱。熊泽是否拥有南朝血统谁也说不清，最终这个轰动昭和的"天一坊事件"以虎头蛇尾告终。到了昭和二三十年代，日本各地不断出现"自称天皇"，大体可分三类：一是像熊泽天皇一样，自称自己是南朝的后裔；二是自称是在坛浦海战中跳海自杀的安德天皇的后裔，如长滨天皇自称是安德天皇的第33代子孙；三是明治天皇行幸所到之处的"私生子"，如工藤天皇自称是明治天皇的曾孙。这三种人在街头演说，接受媒体采访，在全国广而告之，总之，记录在案的自称天皇就有22人。这其中影响最大、可能性最大的就是熊泽（宽道）天皇。熊泽并不是战后突然跳出来主张皇位继承权的，他的父亲从 1881 年（明治十四年）开始就不断地向政府奏文，日本战前的一些国家主义者也都拥立熊泽天皇。这批自称天皇者认为以萨长为主体成立的政府，是不会答应他们返回皇位的要求的，便虎视眈眈地等待颠覆政府的机会。他们打着南朝才是正统的旗号，要求民众推翻北朝系的昭和天皇。这个计划实际上在水面下是有所动作的，如 1935 年（昭和十年），熊泽在自家招待当时右翼的代表藤田勇等人，他们互称同志，齐按血印誓言成功。在二战时，熊泽搬出先祖后醍醐天皇的"预言"，确信日本必败。那个时候他感觉到自己就是真正的天皇，有责任出面挽救日本的危机。战后熊泽天皇更是做出极端的行为：向占领军总司令麦克阿瑟送上誓愿书，要求昭和天皇退位并返还皇位。但是熊泽天皇的闹剧最终还是被历史学家所否定，随着日本社会持续稳定的发展，国民也渐渐淡忘了熊泽天皇上演的一幕。

## 21 用自己的意识形态向现实冲撞

日本中世史学者峰岸纯夫在《足利尊氏与直义——京都之梦与镰仓之梦》①一书中总结道："军事物语《太平记》中，最为活跃的人物被提到 100 回以上的有：足利尊氏 464 回、新田义贞 381 回、后醍醐天

————————

① 〔日〕峰岸纯夫：《足利尊氏与直义——京都之梦与镰仓之梦》，吉川弘文馆，2009。

皇327回、高师直241回、足利直义231回、足利义诠200回、楠木正成173回、新田义助118回、北条高时112回。"由此可见尊氏的受欢迎程度。法隆寺是为圣德太子怨灵镇魂的寺，天龙寺是为后醍醐天皇怨灵镇魂的寺。战前，日本官方宣传：日本最大的忠臣是楠木正成，最大的贼臣是足利尊氏。等持寺是祭祀尊氏的，这个寺的和尚也为此低人一等。1863年二月二十二日夜，幕末的勤王志士来到等持寺，把尊氏、义诠、义满三代的木像首级砍下，拿到三条大桥下面暴晒，并写上"逆贼"的字样。其实这是冤枉了尊氏，尊氏实际上是天皇家的恩人。他不但没有废止天皇制，反而强化了天皇家的权威。他强调武士在行动之前必须取得纶旨和令旨（皇子下的文书），他是实际推行这一点的第一人。所以，尊氏也好，新田也好，要用兵的都需要大塔宫（护良亲王，后醍醐天皇的皇子）的令旨。天皇的命令文书（纶旨）统治日本的时代到来，其推动者就是尊氏。

后醍醐对现状大为不满，这造就他倒幕的两个动机：一是排除幕府的干涉，实现天皇亲政；二是消解皇室的分裂状态，实现皇统一统。后醍醐的思路没有错，皇统一统有助于消除皇室的弱势。问题是方法，后醍醐犯的一个致命错误就是要让自己的子孙独占皇统，这样倒幕就成了后醍醐的私利私欲。

这位天皇自己决定谥号，这在天皇家没有过。之所以需要谥号，是为了区别死去的天皇和活着的天皇。后醍醐生前就自己决定了自己的后世评价，这种自信和自负，这在天皇家没有过。这位天皇先后5次进驻、5次逃出京都，并与武家果敢决战，这在天皇家没有过。这位天皇还想在日本发行最初的纸币，还想打造更为新颖的宫廷，这在天皇家没有过。这位帝王在信奉天台宗、真言宗的同时，还接近禅僧，这在天皇家没有过。

这位天皇大搞神秘主义，以"大圣欢喜天"作为自己祈祷的对象，所谓"大圣欢喜天"就是"象头人身"的男女交合在一起的奇像，用性交之力作为自己的王权之力，这在天皇家没有过。这位天皇身着法衣，手执法具，戴上怪异之帽，后面挂有八幡大菩萨、天照皇大神、春日大明神的书法字条，这是一幅怎么阅读都不解其意的迷幻之图，这在天皇家也没有过。

这位天皇当然是个勇敢的挑战者，但是理想不融于风土，行动不协于节韵。理念先行，用自己的意识形态，向现实横蛮冲撞，到头来就是两个字：失败。

但这个失败，对天皇家来说则是万幸。

## 22 后醍醐属于肚脐天皇？

日本历史学家芳贺幸四郎是"天皇肚脐论"的提倡者。他说：天皇就像人的肚脐，肚脐在出生之前是个很重要的器官，但在出生后就成了无用之物。但即便无用，如果没有的话倒也令人困惑。人就成了青蛙肚腹，光滑溜平。可以这样说，当人意识到肚脐的存在之时，就是腹部不舒服之际；同理，当人意识到天皇存在之时，就是国家最糟糕之际。当人忘记肚脐之时，就是健康之际；同理，当人忘记天皇之时，就是国家兴盛之际。按照这一颇有新意的"天皇肚脐论"，后醍醐就应该属于肚脐天皇。后醍醐即位的第二年，讨幕运动正处高潮，他身边的第一智囊吉田定房起草了一份意见状，向天皇谏言。

> 中国王室的兴衰属家常便饭，通过易姓革命，与王家血脉迥异的人，也能接受天命成为天子。与此相比，日本的天皇家讲连绵同一的血脉，所以慢慢地发展下去期待复兴就成为不可能。天皇和皇太子的退位，人臣和将军的任官等，都是遵从幕府的意向。而现在击垮幕府开始以天皇为中心的政治，如果得不到世间支持的话，朝廷即刻败北的前景就在眼前。皇统断绝，国家存亡的危机就在眼前。究竟如何为好，还请再三圣虑。

说出如此高见的定房，是大觉寺统的忠臣，更是后醍醐天皇的忠臣。他到最后都没有离弃落魄的后醍醐天皇，他是随从天皇逃亡至吉野的唯一的朝廷人物。他的终极思虑就是皇室万世一系如何可能的本体论问题。后醍醐打倒幕府，在他看来是个十分危险的举动，对天壤无穷的神话构成了威胁。

但是，这位肚脐天皇还是把这份谏文撕碎了。然后，他放声宣言："我的新仪，就是未来的旧例。"看来，后醍醐天皇至死不明白一个道理：天皇不亲政就是天皇最大的亲政。

日本悠长的宫廷文化在后鸟羽上皇时代结束，新宫廷诞生，宋学进入，后醍醐天皇出世。他总结后鸟羽上皇的失败，把文化主义的宫廷转向政治主义的朝廷。司马辽太郎说：这种政治主义不是日本式的，完全是中国式的。应该说是朱子学害了后醍醐，日本化的朱子学讲南朝的绝对正义，如果和北朝妥协，就变成了绝对的恶。而且后醍醐还留下彻底战斗的遗言，朱子学又偏偏强调父母的命令是绝对的。这样看来文本主义的根源在天皇制，天皇制最大的危机就在南北朝时代，所以从逻辑上说是文本主义制造了天皇家最大的危机，而文本主义最忠诚的传播者和实践者就是后醍醐天皇。

没有想到的是，这位天皇在玩弄文本的时候，一不小心扮演了天皇家掘墓人的角色，这至今还令天皇家谈虎色变，但这个掘墓人并非一点意义也没有。五百多年后强势亲政的明治天皇和卷入战争的昭和天皇使天皇信仰开始缠住活着的日本人的思考和行为，天皇崇拜也达到了空前绝后的程度。这是日本天皇家又一次赤裸裸地硬闯政治主义的禁区，带来的一个结果也是够悲惨的：天皇家大伤元气，差点灭绝。

看来，在宫廷里也玩过文字的后醍醐天皇，这两句诗才是他的最高才学的表现：

叶月。长月。夜月。

月的寒夜。

## 10　孤独的后水尾天皇之谜

——为天皇家咏唱春江花月夜

### 1　谁是江户时代的君主？

强大的幕府，无力的朝廷；富有的将军，贫弱的天皇。很多人都认为这是江户时代公武关系的基本构图。其实，这个构图是有问题的，这个从观念论出发勾画的图式，模糊了江户时代的君主究竟是谁的问题。君主不是德川家的将军，而是天皇，看上去无力的天皇，才是江户时代的君主。将军的任命权在天皇的手里，正是在天皇的任命下，将军才开始履行职责。

日本的将军，在外交文书上基本上是不署"国王"字样的。尽管对方国经常把德川的将军称呼为"日本国王"。如1607年（庆长十二年）六月，朝鲜通信使向将军秀忠提交的国书里，有从"朝鲜国王"到"日本国王"的字样。但是德川秀忠的回复则用从

"日本国源秀忠（德川是氏，源是姓）"到"朝鲜国王"的书写形式，没有使用"国王"的字眼。就连德川家康在送往国外的书简里，也没有用"国王"的称呼，最后的署名都是"日本国源家康"。他的儿子秀忠，在国书里则用国内的官名来称呼，如"日本国征夷大将军源秀忠""日本国征夷将军秀忠"等。在送往西班牙莱鲁马宰相的国书里，其朱印也是"日本国征夷将军秀忠"。三代将军德川家光在送往朝鲜的国书里，也避开"国王"的字眼，使用"日本国大君"的文字。之后，六代将军德川家宣在新井白石的提案下，使用过"国王"的称号，但是受到了很多的非议，白石失势后又恢复了"大君"的用法。

这些事实表明，在幕府时代，将军既不是"君王"，也不是"君主"。视自己为君王或君主的思考方式，在那个时候还没有诞生。对此德川家康也说："要问日本的君王是谁的话，那只能说是天皇。"《禁中并公家诸法度》第10条称天皇为"国王"，即"天皇＝国王＝君主"。而《禁中并公家诸法度》是家康牵头制定的，那么从逻辑上来看，是家康规定了日本的君主就是天皇，并由此构成了幕府的统一见解。家康智慧地修正了足利义满以来的室町幕府"执政＝霸王"的路线，因为义满就对外公开标榜自己是"日本国王"。

家康死前就开始造神，称自己为神，其目的是为了强化德川体制。织田信长也企图把自己神格化，在天守阁埋下巨石，用来表征自己的神体，并强制让民众崇拜，结果没有成功。本能寺的暗杀，其本质就是对没有天皇敕许而独自狂想的信长的一种一刀见血的评判。丰臣秀吉从天皇那里得到了"丰国大明神"的神号，这是成功的例子，当然这与他柔软的思维有关。家康冷静地观察了信长的失败和秀吉的成功，从中得出结论：没有天皇权威的敕许，神格化不会成功。家康抓住了问题的关键，结果，企图封死天皇权威的家康，在把自己神格化的问题上想到了天皇。他想借助天皇的权威使自己神格化，看上去是矛盾的、不合逻辑的，但这就是历史的节韵。最终，死后的家康被成功地神格化为"东照大权现"，之所以能够成功，就在于他借助了天皇的宗教权威。向家康发出神号敕许的就是第108代的后水尾天皇。

## 2 用财力的绳索紧勒天皇的咽喉

这个国家的君主真的不是将军而是天皇吗？如果这是从国情出发在表面上必须认可的东西，那么在实质上又如何艺术地去做才能符合江户幕府的统治诉求？这是德川将军家面临的一个现实问题。

1601年（庆长六年）家康在拿下关原之战后立即向后阳成天皇献上一万石的禁里御料（指将军为天皇开销的名目）。家康为什么要这样做？很显然这是收买政策。之后，后水尾天皇时代的幕府又追加了一万石。再之后的东山天皇（第113代）在1705年（宝永二年），又追加了一万石。另外，为了上皇的仙洞御料（指将军为上皇开销的名目），在后水尾天皇让位的时候又追加了一万石。禁里御料的三万石再加仙洞御料的一万石，合计为四万石，这就构成了江户时代皇室的财政基础。在江户时代，拥有一万石以上领地的武家领主叫大名。当时的皇室禁里御料如果是一万石的话，正好能进入大名的行列。而到了三万石或四万石的话，算是较有财力的大名了。

那幕府的收入是多少呢？江户幕府的直辖地在1615年的时候是两百万石左右，从18世纪中叶直到幕府垮台为止基本维持在四百万石以上。与皇室所领（禁里御料）相比，差距是超巨大的。而且皇室所领（禁里御料）从很早的时候，就置于幕府的管辖之下。大约是在后水尾上皇的1634年（宽永十一年）至1648年（庆安一年）期间，禁里御料的管理权从朝廷转向了幕府，朝廷的支出在1643年（宽永二十年）以前就已经在幕府的监督之下了。这样看来江户时代的皇室不但财政规模受到限制，在收入和支出两方面也都在幕府的控制之下。在战国时代，虽然天皇家是贫困的，但还有相当的经济自主权。而江户时代的天皇虽然比战国时代的天皇富裕，但经济自主权则被剥夺了。谁的日子更难过？当然是后者。

承认你是君主，但用财力的绳索勒住你的咽喉，使你呼吸不畅，但还不至于休克，在这方面德川将军家做得相当成功。

### 3 如何活用天皇的权威？

江户幕府是三大幕府中武家权力最为强大的一个。强大者不是君主，而弱者反而是君主，这种主从关系要它不扭曲是没有可能的。强大的幕府导致的一个结果，就是天皇的生存环境发生了变化。因为得到了江户的财政支援，天皇家从战国时代的贫困中解放了出来。具有将军任命权的天皇，因为江户幕府的强大借光不少，但天皇家遭遇的幕府压力，在这个时代也是最强的。

幕府严格规定了天皇与公家的生活。其中最为典型的事例就是大名不能与天皇直接来往。从1650年末开始，幕府一般不认可天皇私自离开御所，除非出于大火等原因。公家要出京城看樱花需要提交申请，那个时候尊皇家的山县大贰对此看不过去，说这样严格的规定"如与囚禁同然"。但就是这句大实话，使他遭到了弹压，这就是1767年的"明和事件"。但幕府在彻底打压朝廷和公家的同时，心里还憧憬着公家文化，心里还想利用朝廷的权威为自己所用。从将军的夫人（正室）来看，三代将军家光以后的历代将军的正室中，有皇女两人、宫家五人、公卿六人，而武家只有两人。

江户后期的儒者盐谷世弘在《建白书》中，描述了大坂阵之后的一个插曲：在德川家康的面前，天台宗僧侣天海与津藩藩主藤堂高虎对天皇的地位问题发表了各自的见解。天海说："天皇和贵族如果离开京都去伊势，成了伊势神主的话，将军的地位自然而然地就与君主同格。"这是个很大胆的发言。其主旨就是否定天皇作为君主的地位，宣扬天皇"无用论"。天海虽然是个僧侣，但其政治手腕不容小看，对家康也有很强的影响力。这样公开否定天皇的地位，还没有先例。但是藤堂高虎的对论也相当精彩："将军正是因为支撑了天皇和朝廷，天下诸大名才跟从将军，民众才敬仰将军。如果按照天海所说的去做，天下就找到了蔑视天皇的理由，诸大名之间就会动用武力，天下就会再次陷入大乱。"对此，家康赞同高虎的意见，严厉地批评了天海。

大坂阵之后的天皇是后水尾天皇。天海要后水尾从京都迁往伊势，结果被家康否决。家康从历史主义出发，认为天海的主张过于冒险。家康聪明的做法是不否定天皇的存在，但同时又使用了另一个手段。

### 4 保护你，就是为了限定你

这一手段简单地说就是利用和压制。所谓"利用"是指古已有之的方法——将女儿往天皇那里送，生下男子继承皇位，这样可以作为外戚掌握权力。这是自葛城氏以来的手法，运用的最为娴熟的是藤原氏。但同样是瞄准外戚的地位，家康使用了史无前例的方法。

所谓"压制"就是以臣下的身份制定法度，束缚天皇，法度共十七条，其大意为：① 天皇只事学问；② 亲王的地位在三公（太政大臣、左大臣、右大臣）之下；③ 将军可以任命左大臣以上的人，所以亲王对将军必须低头；④ 要求从中级公家中选出"武家传奏"，作为幕府的眼睛监视朝廷；⑤ 禁止武家和公家随意通婚。如何评价家康的这些规定？看来最为要紧的是家康没有否定天皇的存在，这是大前提。在这个基础上，天皇的权威如何为幕府的权力所活用？这是家康走外戚路线的主要目的。但是另一方面，他又不想让天皇发挥独自的影响力，从而影响幕府正常的权力运作。其结果就是《禁中并公家诸法度》的出炉。这个法度在大坂夏之阵后，即1615年（元和一年）七月出台。当时正好是天海和藤堂高虎争论天皇地位之后的敏感时期。

不否定天皇的地位，但是必须加以限制。江户时代中期的兵家学者大道寺友山，在《岩渊夜话》里对《禁中并公家诸法度》如此评价："这是我们国家代代将军前所未有的事情。"这是什么意思呢？从历史上看，以北条泰时的《御成败式目》（《贞永式目》）为开始，武家独自制定法度有好多次。但武家制定法度来约束天皇，这个想法谁也没有。

《禁中并公家诸法度》的起草人是家康身边的"黑衣宰相"禅僧金地院崇传。最后由前关白二条昭实、将军德川秀忠和"大御所"家康3人，在法度上署名，表明这个法度是朝廷和幕府共同制定的，法度共有17条。第一条就是关于天皇的规定：天皇的第一要义是专事学问。条文中引用了日本和中国帝王学的文献：如《贞观政要》——唐朝名君太宗和臣下们问答的要本；《宽平御遗诚》——宇多天皇（第59代）向其子醍醐天皇（第60代）让位时给予的训诫书；《禁秘抄》——顺德天皇（第84代）编撰的宫廷仪式书。可以看出，这里的"学问"主要是指作为君主的素养。

将军正统性的保证来自于天皇，如果天皇权威失落，将军的正统性也会遭遇难堪。为了保证天皇的权威，最好的办法就是限定他的所作所为。什么都不做，反倒有权威、有地位。一旦做事，而且一旦做砸了事，权威和地位就会双双堕地。限定你是为了保护你，而要更好地保护你，就必须更好地限定你。十七条《禁中并公家诸法度》中，唯一认可天皇权力的是第八条：天皇有权按"本朝先规"决定年号。这是家康聪明的一招，让天皇家无话可说，让尊皇者无话可说。

## 5 幕府用婚事鞭打天皇

家康的三男秀忠生有一女，叫和子。和子入内是家康生前朝幕间的悬案，也可以说是家康的遗志。和子的母亲（秀忠的正妻）崇源院（阿江）是丰臣秀吉的侧室淀君的妹妹，和子和秀赖是表兄妹的关系。家康在 1608 年（庆长十年）就想把孙女和子往政仁亲王（即后水尾天皇）那里送。

和子在 1607 年出生，1608 年虚岁才 2 岁，政仁亲王那年虚岁 13 岁。1611 年，政仁亲王即位，第 108 代后水尾天皇诞生。家康敬仰源赖朝所做的一切，赖朝就是想送自己的女儿入姬入内。此外，藤原氏的做法，也对家康起到了示范作用。所以他也在构想外戚政治，这个构想在大坂阵开战之前就已经有了。1614 年十月，爆发大坂冬之阵战役。第二年五月，打响大坂夏之阵战役，丰臣秀赖战死。第三年即 1616 年，家康去世。第四年即 1617 年，后阳成上皇去世。和子入内就被拖延了下来。好不容易在 1618 年（元和四年），幕府发表了"明年入内"的决定。但结局一转，再度延期，原来就在入内的节骨眼上，后水尾天皇与官女四辻氏生出了一个叫加茂宫的皇子。这年后水尾是 24 岁，在位第八年。这对幕府将军家来说很不愉快，将军家的女儿正准备出嫁，却发生这样有失面子的事情。不光是有失面子，幕府更深的忧虑是：新生的皇子，将来就是有力的继承者。这样一来，将军家的外戚构想就有可能落空。为此，幕府以强硬的态度认定后水尾天皇犯了一个错误，一个不贞的错误。幕府就以这个理由宣布婚姻延期，作为对后水尾的惩罚。

后水尾天皇感到不是滋味，原因有两点：一是后水尾的身边并不缺女人，拈花惹草是他的个性。他本意上并不想要这位将军家的女儿。12岁的小女孩，连面都没有见过，好坏都不知道，是将军家硬性塞过来的一个"礼物"。现在对方反倒玩起了婚姻延期的把戏，后水尾当然不高兴。二是在当时，天皇也好将军也好，大名也好拥有妃（侧室）是很正常的。幕府用这件事责难，反倒不可思议。为此后水尾正告幕府对侧室生子之事不要兴风作浪。

幕府之所以这样做，将军的妻子阿江的愤怒或许也是个原因。这位阿江是有名的战国大名浅井长政和织田信长的妹妹（阿市）之间所生，有着非凡的血统。阿江比丈夫秀忠大6岁，秀忠是她的第三任丈夫。她对丈夫看管很严，不允许有侧室。所以将军秀忠正式的侧室一个也没有，名分上的妾只有一人，生有保科正之（日后成了会津藩主），在"妻管严"的高压下，秀忠与亲生儿子没有见过一面。这样的女人对贺茂宫皇子的出生会有一种怎样的反应呢？想象也能知道。

为了收拾婚姻延期之事，幕府派藤堂高虎入京，与公家商讨对策。这位藤堂高虎是个有名的建筑家，参与了日光宫的营造、丹波筱山城等要地的筑城，正是通过筑城建宫，高虎与公家们混了一个面熟。这回他与所司代板仓胜重组合，开始周旋朝幕关系。就在高虎苦心奔走的调停期间，1619 年六月，后水尾天皇与上次的官女四辻氏又生出了皇女梅宫。这回幕府的面子真是无处可放了。在幕府看来天皇根本没把与德川氏联姻当一回事。无奈之下，幕府再次派藤堂高虎上京，宣布婚姻再度延期。后水尾对高虎的再度上京与再度延期表示惊讶与愤怒。他向自己的亲弟弟，右大臣近卫信寻表示了不满，并流露出想把皇位让给弟弟的想法。

幕府对事情的处置确实有问题。想当初家康妻妾成群，子女无数，这是众所周知的事情。德川家的祖宗本身就不干净，现在要求未来的女婿做个守操之人，而且这位女婿还是一位天皇，是不是有些强人所难呢？再从性格上来看，后水尾继承了父亲后阳成天皇脾气火爆的一面，一遇事情先发怒。曾祖父正亲町天皇的老道和淡定，在后水尾身上基本找不到。

经过多次争吵，和子入内是在 1620 年（元和六年）六月十八日。运作了 12 年的婚事，终于走到了今天。这年后水尾天皇 25 岁，和子 14 岁。将军的女儿嫁给天皇，从源赖朝开启镰仓幕府以来还是第一次，幕府也是意气满满。向二条城搬运的结婚用具有378 件，婚礼总费用在七十万石以上，这当然是属于巨额的婚嫁费用了。江户和京都之间，暂时安静平稳了下来。

和子聪明美丽端庄，尽管是纯粹的政治婚姻，二人的婚后感情还算不错。和子入内后先生出兴子内亲王，四年后，即1624年（宽永元年）升为中宫。但数年后就发生了紫衣事件，令朝廷和幕府都大吃一惊。

### 6 紫衣事件是个什么问题？

对众多的僧侣来说，最高的名誉就是能穿上紫衣。紫衣是名誉的象征，只有天皇才能下达身穿紫衣的许可（敕许）。紫是中华思想里天子的颜色，日本皇宫内的正殿叫紫宸殿，紫与天皇也有关联。在中国，7世纪末的武曌开始授予僧侣紫衣。日本的玄昉、成寻等留学中国的僧侣，在他们回国之前都被授予了紫衣。在日本，鸟羽上皇的院政时期，开始授予天台僧侣紫衣。而作为禅僧的道元从后嵯峨天皇那里得到紫衣，是天皇下赐紫衣的开端。这个做法一直延续到后水尾天皇。

1627年（宽永四年），后水尾天皇为了朝廷的财政收入，向京都大德寺和妙心寺的僧侣数十人下赐紫衣许可。为此幕府表现出明显的不悦，说事前没有征得幕府的同意，幕府公开表示不悦这还是第一次。在后水尾以前，天皇都是独断下赐紫衣许可的，从天皇这边来说这是再当然不过的事情，是自古以来的天皇权限。

但实际掌握权力的是江户幕府，它比镰仓幕府和室町幕府更强权、更成熟。这个时候的幕府意图相当明确：宗教界也必须在我们的严格控制之下。德川家光授意京都所司代板仓重宗宣布，今后只要是违反《禁中并公家诸法度》中关于紫衣的条文者，不管是谁一律免职受罚，并同时下令取消 1615 年以后的天皇紫衣敕许。天皇敕许成了一张废纸，这让朝廷颜面尽失。后水尾天皇感到了从未有过的屈辱。这样来看，造成公武关系空前紧张的紫衣事件，是幕府争做宗教界之王的一个信号，是幕府收回天皇仅有的一点权限的信号。

这是相当狠的一招，在日本历史上天皇再没有权威和地位，作为宗教王的特性也一直是很鲜明的。现在，德川家连天皇的特性都要改造和重塑。

## 7 翻转于数度让位之间

1618 年，宫中发生了乱行。将军秀忠不敢向天皇家发作，但为了杀鸡儆猴，在九月十八日向公卿开刀。其结果是：前大纳言万里小路光房流放丹筱山，中纳言四辻秀继流放丰后府内，中纳言中御门宣衡、左中将堀河康种、左卫门佐土御门久筱等人停止在禁中出仕。此外，万里小路光房还多了一项罪名：对倾城、白拍子（指卖春女）的出入审查不严，导致了官女与天皇生出皇子皇女的事情。但是，倾城等人在禁里徘徊是室町时代以后的惯例，根本谈不上是公家的犯罪。就在光房等人被处分流放之际，将军秀忠从江户入京，并在当日离京。来干什么？给朝廷和公家施加压力。对此幕府还更迭了人事，所司代板仓胜重被他的儿子重宗替下。为什么要让重宗替代父亲？原来在幕府的眼里，重宗是个严厉而不能通融的人，现在需要这样的角色对付朝廷和公家。这种更迭造成了新一轮公武关系的紧张。

对秀忠的行为后水尾感到愤怒，他说："对公家的这一处置，就是要灭绝古道，朝廷的传统也会失去，我自己退位，以正王法。"一个月之后，后水尾天皇再一次向其做右大臣的弟弟传达了让位的意思。对此，藤堂高虎代表将军家在上级贵族面前说："后鸟羽上皇们能流放至隐岐岛，这位天皇为什么不能流配呢？他为什么不能担起责任自己切腹呢？"这段话出自《藤堂家记》，是真是假不得而知。

在位的天皇自己宣言要退位的，后水尾天皇不是第一位。在室町幕府时代的后土御门天皇（1464~1500 年在位）也提出过退位，这件事也引起了当时幕府的困扰。后土御门天皇要强行退位。是因为天皇家的经济状况不佳。而这个不佳的经济状况是由于禁里庄园恢复得太慢，幕府表现出了出尔反尔的不诚实的一面。这样看来，后水尾与后土御门让位的具体理由是不同的。但是有一点是相同的，就是幕府在其中扮演了不诚实的角色。

但是幕府阻止退位的理由则是完全不同的。就室町幕府而言，之所以不同意后土御门天皇退位，理由是仙洞（上皇的居住地）的营造需要财力，退位后的即位仪礼等也需要财力。也就是说不同意退位是经济上的理由。也就是从这个时候开始，天皇家确立了天皇终身在位制度。到了江户幕府，这样经济上的理由是难以成立的了，当时幕府的财政状况足以支持天皇的退位和即位。但即便如此，江户幕府的做法与室町幕府是一致的。这里，近世天皇制、幕藩体制下的天皇所固有的问题，又一次严峻地横在了朝廷公家的面前。

如果说，对宫中乱行的处置，使后水尾感到不满意而第一次萌生了退位的想法，那么第二次是8年后，即1627年（宽永四年）。后水尾与和子在1623年生出皇子高仁亲王，有德川家血脉的皇子终于诞生。将军家大喜大贺，天皇也感到轻松。

1627年四月，朝廷的两位要员来到江户，在大御所见到了将军秀忠，秘密地向将军传达了天皇的想法：天皇想把皇位让给和子所生的若宫高仁亲王。幕府是如何反应的？没有这方面的文字记录。但是就在第二年二月，在幕府的许可下开始营造仙洞御所。负责人是伏见奉行小堀政一，他是造园名家。营造仙洞是退位的前提，因为退位后的天皇就在仙洞里操纵院政。

这样看来，幕府对天皇的退位持大体同意的态度，原本和子入内就是为了诞生流有德川家血脉的皇子以巩固德川幕府的外戚地位。但是不顺心的事情又一次发生了，1628 年春天，畿内一带流行水痘，3 岁的高仁亲王染病后于六月不幸夭折，这对幕府的打击是巨大的。

1628 年七月，天皇命令和子向幕府第三次传达退位的意向。皇子已死，当时可以即位的只有天皇与和子所生的皇女兴子内亲王。但和子当时有孕在身，皇子诞生的可能性不能说没有。于是将军秀忠在八月回复道："时期尚早，再等等看。"九月，和子再生皇子。如果这位皇子能顺利的健康成长，就什么事情也没有了。但是公武双方都不愿看到的最为不幸的事情还是发生了。这位刚出生的皇子八天后就夭折了。当时婴幼儿的死亡率很高，这是不稀奇的。

## 8 老鼠急了也会咬猫

接连的不测事件，搅得后水尾天皇心情纷乱。而正在这个时候，去年夏天发生的紫衣事件迎来了最后的处理结果。不听从幕府命令的大德寺的泽庵、玉宝，妙心寺的单传、东源等强硬派高僧，在 1629 年（宽永六年）二月被传唤至江户受罚。是处以流罪还是极刑？坊间议论纷纷。织田信长那时也经常刺伤天皇的面子，但那是在战国时代，世间并不很在意。而现在是和平年代，世间的耳目集中在公武之争上。对紫衣事件当事人进行处分这件事本身，就使天皇感到无地自容。幕府不敢公开处置天皇，但这样做反而表露出幕府阴险的一面，更让天皇受不了。

1629年五月初，后水尾天皇与自己的母亲中和门院近卫氏对谈，再度表示了退位的意愿，表面的理由是患有肿疾需要治疗。因为天皇的"玉体"不能损伤，所以在位中不能针灸，典医半井通仙对此作了说明。但是退位的真正原因还是紫衣事件，这是不用怀疑的。中和门院在五月七日，向摄家、大臣等公家提出了两条"咨问文"。一条说："天皇针灸治疗确有必要。"另一条说："女帝即位也是万不得已，兴子内亲王即位，在没有皇子诞生的前提下，也是可以接受的。"对此，公家的答辩是："为了主上养生，让位于兴子内亲王也是可以的，况且天皇家有女帝的先例。"也就是说公家一致同意天皇退位。

上一次女帝出现是在860年前的奈良时代，这期间也不是完全没有女帝诞生的机会。如《愚管抄》记载：在1155年（久寿二年）近卫天皇死去的时候，"治天之君"鸟羽法皇讨厌后白河整天只知道游戏，想让近卫的姐姐八条院成为女帝，但中世武家动乱的步伐打乱了这个计划。

有公卿的支持，后水尾的立场变得更强硬。五月二十一日，公卿们带着天皇退位的意向去江户。

二十二日登上江户城，向幕府的参内传达了天皇退位的意向。但是幕府没有正面回答是否同意。就在这时，紫衣事件的处罚决定下来了：泽庵、玉宝等四僧流放奥羽。最终，幕府没有采纳金地院崇传极刑的主张，而是采取了较为中和的流放。这使得后水尾五月退位的意向产生了微妙的变化。

幕府在前几年就接到过后水位尾退位的请求，但在将军父子的劝说下不了了之。因此幕府对这个问题的敏感度也就降低了，正好这时和子再度怀孕的消息传出。皇子诞生不是梦，是当时德川家共同的想法。但是八月二十七日和子诞生的是皇女。这时幕府正常的做法应该是再度谏止退位，但是将军秀忠在九月二十八日派高家众大泽基重、吉良义冬作为参内上京，祝贺皇女诞生。除此之外秀忠并没有谏止天皇退位，而是派阿福去见后水尾。

这位阿福名叫山崎福，是暗杀织田信长的凶手明智光秀的女儿，后来做了家光的奶妈，是个能干的女人。阿福作为将军的代参去伊势神宫参拜，回京的路上，突然强行要面会天皇。这当然是幕府的授意，想探听天皇退位的底线。问题是阿福无位无官，只是将军的奶妈，天皇家历来规定只有"从五位下"以上者才能入宫晋见天皇，而她当时根本没有官位。但是一筹莫展的后水尾天皇最终还是屈服于幕府的压力，不但见了，还给她一个"春日局"（春日局是室町时代将军家奶妈的总称）的赠号，并允许她以女官的身份进入宫中御所。

　　针对这一事件，公卿土御门泰重在日记里慨叹道："帝道堕地……希代之事。"恼怒到极点的后水尾天皇自己也叹息道："一个武家的女人，跑到这里来，真是未曾有之事。这个世道真令人看不懂。"老鼠急了也会咬猫。后水尾天皇再次坚定了退位的决心。

### 9 幕府为什么要慰留天皇？

　　后水尾天皇就像一个小孩，一不高兴就向幕府叫嚷："我要退位，我要退位。"幕府就像一个着了慌的监护人，赶紧派人去稳定他的情绪，说："好商量好商量。"幕府也真是动足了脑筋，且颇费周章。如果这是平安时期的摄关家，一定会对天皇说："请，请，认可天皇的退位。"对摄关家如此简单的事情，幕府为什么做得这样费劲呢？幕府为什么一定要拼命慰留天皇呢？幕府一方面给朝廷以前所未有的压力，一方面又对天皇的退位宣言感到惧怕。这是为什么呢？

　　原来，幕府在顾及名声的同时，更有着深远的战略。天皇的退位一定是幕府对朝廷的压力的结果，一定是欺负弱小天皇的结果，这是当时人们的一般想法。幕府不想担这个不好的名声。对万里小路光房等公卿的处分不到一年就给予了赦免，也包含了不想给外界留下幕府对天皇家欺负太甚的印象的因素。

这里，幕府陷入了两难境地。一方面，对幕府来说，德川家康的权威受到伤害（即东照大权现的权威）是他们不愿意看到的。另一方面，天皇的某些权威的丧失和崩溃，幕府也不愿意看到。换句话说，幕府用东照大权现这个新王权，来对抗天照大神以来的旧王权，这个想法和做法绝不能动摇。但同时，也不能忘了对委任征夷大将军的上位者（天皇）的呵护。一方面德川家诞生了东照大权现这个新的神威；另一方面名义上的上位者（天皇）也尽量不能去伤害他。这才是最佳之策，这符合家康的思路：万事不做绝，万事不做空。

### 10 断绝德川家的血脉

1628年十一月的一个凌晨，深受天皇信任的土御门泰重的房门被重敲了数下。泰重一看是朝廷派来的使者，心里掠过一丝不安。"请正装束带，用完早餐在内里集合。"使者这样说。一般而言，如果是朝廷的活动，会在几天前送上文书通知。这次只是口头通知，而且是在当天，是不符常例的。内里中，右大臣二条康道是这次会议的主持者，他面向群臣宣布："今天天皇退位，请各役所作好准备。"天皇要退位？群臣一同仰天惊叫，颜面苍白。这些在土御门泰重的日记《泰重卿记》里有记载。

天皇退位，事前要征得幕府的同意，但这次幕府一点都不知道。非但幕府不知道，连正妻和子都不知道。在和子的身边有一位侍从，后水尾怀疑他是幕府派来的间谍。所以，天皇连妻子也不告诉，真的很决绝。由于事发突然，朝廷和幕府都陷入了惊恐。由此又生出了另外一件事，对德川将军家来说，这是最糟的事态。后水尾天皇与和子之间生有皇女兴子内亲王，当时只有6岁。天皇的退位，意味着继承皇位的就是这位内亲王了。也就是说，日本天皇家女帝将再度登场。这是自第48代称德女帝以来的第860年。

对这件事，幕府是如何反应的呢？其实在这一年的五月份，后水尾退位的意向已经向幕府传达了。那时将军家光的姿态是听从父亲秀忠的想法，而秀忠的回答是："还太早，再等等看。"

知道天皇退位意向的幕府，没有作出任何实质性的回应。就在这时，幕府的传奏人中院通村举出不吉的例子，开始提出这样一个想法：让退位后的上皇（后水尾）再度返回天皇之位。这里，所谓不吉的前例是指1180年的源平合战中8岁投海自杀的安德天皇（第81代）的事情，这位天皇也是武家最高权力者的女儿所生之子。也就是说，平清盛的女儿德子与高仓天皇结婚，生下安德天皇。550年之后，德川秀忠的女儿和子与后水尾天皇结婚，生下兴子（明正天皇）。如果兴子当上了天皇，是不是也会像安德天皇一样，发生不吉之事呢？但是，这个想法被上皇（后水尾）断然拒绝了，他不想再度返回天皇之位。幕府为此开始施加各种压力，但是后水尾以及支持后水尾的贵族们的态度没有松动。

江户接到后水尾天皇强行退位的急报后，将军秀忠惊愕、愤怒。在没有皇子诞生的敏感时刻强行退位，实际上就是想断绝德川家的血脉。但是秀忠也无可奈何，木已成舟，有什么办法呢？为了挽回一点面子，德川幕府只是象征性地更迭了武家传奏人中院通村，说他没有拿出更好的方案说服后水尾。

后水尾天皇在毫无预警的情况下突然退位，除了向幕府表达强烈的不满之外，还有一个用意就是在天皇系统中断绝德川的血脉，让德川将军家感受到永远的痛。

### 11 退位的理由究竟是什么？

那么，后水尾天皇退位的理由究竟是什么呢？表面上的最大理由是天皇患了肿疾，需要针灸治疗。这与一条不成文的规定相抵触，在位中的天皇玉体是不能伤害的，为了治病只有退位。日本学者洞富雄专门写过一本《让位与灸治》的书，对此有论述。

确实，在位中的天皇玉体是不能针灸的。但也有例外，后水尾天皇的父亲后阳成天皇在位中就接受过针灸治疗，时间是在1604年。这在《御汤殿上日记》里有记载。所以为了肿疾的治疗不是退位的真正理由，而是表面口实的可能性很大。

那么，真正的原因又是什么呢？这里，在京都收集情报，向幕府提出报告书的细川忠兴的证言或许是可信的，《细川家史料》中列举了四个理由：第一，向贵族授予官位不想幕府介入；第二，紫衣事件中天皇的敕许一举被推翻，这是从没有过的耻辱；第三，在皇室服务的武家随从为了中饱私囊，向民间借贷谋取利息非常恶劣；第四个理由非常残忍，除后水尾天皇与正妻和子所生之外，天皇与其他女官（侧室）所生之子，生几个幕府杀几个，就是为了让和子所生之子能够成为天皇。

一切妨碍德川家外戚地位的人都要被除掉。前面所提及的后水尾与官女所生的皇子加茂宫，3 岁的时候就被秘密杀害了。日本作家隆庆一郎的历史小说有这方面的披露。据说这种残忍的行为在当时的上流武家之间被视为正常。特别是秀忠的夫人阿江，一旦其他侍女怀上秀忠之子，就要除掉，连保科正之也差一点被杀掉。

那么是否有幕府杀婴的直接证据呢？日本的历史学家说没有，但推测还是能成立的。从皇室的系谱来看，自后水尾天皇与和子结婚到退位为止（1620~1629）共生育五位子女，都是与和子所生。1623 年诞生内亲王兴子，也叫女一宫；1625 年诞生内亲王昭子，也叫女二宫；1626 年诞生亲王高仁；1628 年诞生亲王若宫；1629 年诞生内亲王显子，也叫女三宫。这好像有点不自然。难道这期间侧室没有生育？后水尾的好色是有名的，如果生育了，孩子呢？幕府杀死了，或者是使其母堕胎。

后水尾让位之后，与侧室生育了 22 位子女。为什么会冒出这么多孩子？因为后水尾已经不在位，即便与侧室生育再多的子女，也不构成对幕府将军家的威胁，所以幕府也就不杀婴了。比如：1631 年诞生皇女八重宫，母亲为逢春门院；1633 年诞生皇子素鹅宫，后来成为第 109 代后光明天皇，母亲为京极局。当后水尾天皇知道幕府所做的一切之后，他唯一能做的就是退位，而且是不动声色地突然退位，才能打击不可一世的德川将军家。

当然也有一说认为，后水尾天皇退位另有隐情。原来他喜欢拈花惹草，不但把妓女召进皇宫，还私服出游在花街柳巷流连忘返，以致得了性病，为了治疗难言之隐才不得不退位。

### 12 逼得强大的幕府不得不让步

后水尾与和子所生的皇女兴子即便成了女帝，按照那个时代的观念也必须独身。当时不要说女帝，就是皇女也有很多没有结婚的。这样的话，好不容易取得了外戚地位的德川将军家的辉煌，也仅仅限于一代而已。为此，幕府并不想认可这次退位。

但是如果拒绝，退位后成为上皇的后水尾也不太好惹。如果太强硬，就会显露出幕府对天皇过分的压制。或者使与拥有任命将军权的天皇关系出现不可弥补的裂痕，这也是幕府不愿看到的。在左右权衡之后，幕府只得同意天皇退位。

从后水尾天皇十一月八日决定退位，到十二月二十七日幕府对退位态度发生转变，不满两个月。幕府的文书是这样写的："天皇的退位令人吃惊。暂且就按上皇的意思办。"

第二年，即1629年九月十二日，当时还是7岁女娃娃的兴子内亲王即位。第109代明正女帝，日本天皇家第七位女帝诞生，死后追号"明正"，取奈良时代的女帝元明天皇（第43代）和元正天皇（第44代）的"明"与"正"二字组合而成，表承上启下之意。

赤手空拳的后水尾天皇逼得强大无比的幕府不得不让步。这里，后水尾施展了两个手法。一个是封锁情报，即向幕府封锁所有的退位以及什么时候退位的情报。作为幕府情报网的京都所司，也没有获得有关退位的任何蛛丝马迹，说明情报封锁得严密。由于事前没有情报，幕府就显得很被动。后水尾天皇退位后成了上皇，幕府才有所动作。拥有巨大权力的幕府，先输了情报战。

另一个是提供虚假情报，细川忠兴在京都收集情报，这是幕府指派的。后水尾当然知道忠兴在收集情报，便来了个真戏假唱。如忠兴为了收集天皇退位的意向连和歌也不放过，想从中过滤点情报给幕府。但是这些都是后水尾故意放出的虚假情报。其实，细川忠兴也是很同情后水尾天皇的，也认为幕府做得太过分。但同情归同情，幕府的任务还是要完成。

后水尾天皇退位时，咏唱了一首和歌，流露出了强烈批判幕府的政治倾向。

> 茂盛的芦苇，迎风招展，招展迎风。
> 曲曲弯弯的小道向前延伸，延伸向前。
> 这个世界，还有人的意志。

### 13 新井白石思路的展开

从五代将军纲吉开始，德川的和平政权一直处于稳定之中，维持礼仪和秩序是这个时期的执政重点。

天皇即位后的大尝祭，自1466年以来一直处于断绝的状态。共有九代天皇没有举行过天皇灵的继承仪式了。1686年，在灵元天皇退位的祭祀仪式上，朝廷想乘机再兴此仪，便向幕府提出申请。幕府以必须在贺茂川举行为条件同意了申请。

与此同时，为幕府服务的儒学御用文人则提出，因为天子（天皇）作为君主失德，所以失去了正当性，德川将军就是事实上的君主；又提出，如果朝廷还是如此存续，就有恢复政权的可能性。所以日本的儒学者荻生徂徕等人提案，利用这个机会武家应该设立独自的"勋阶"（官位），但是这个提案没有能实现。

而幕府的另一位御用文人新井白石死于1725年（享保十年），完成《读史余论》是在1712年（正德二年）。儒学者山县大贰（1725~1767）在1759年完成《柳子新论》。后者在前者的40多年后，二人同是儒学者，但思路完全不同。

新井白石作为幕府的政治顾问死于榻榻米上，但山县大贰则是被幕府处刑而死。处刑的理由是"对兵事杂谈不敬"，也就是言论的"不敬罪"，现在来看就是思想犯。

那么山县大贰的《新论》究竟说了些什么？原来他说："日本正统的主权者（王者）是天皇家而不是幕府。幕府使用武力制霸天下，自己就把自己放在了霸者的位置上。这样的霸者（恶）必须排斥，王者必须得到尊重（尊王斥霸）。这才是真正意义上的正义。所以我们日本人如果认为幕府的作为是恶政，就应该打倒之，回归天皇家的王权。"这里，如果仅仅强调天皇是日本正统的王者，也就算了，因为在这之前已经有人说过。问题是山县大贰更为大胆地提出了"倒幕"和"斥霸"的构想，这就触动了幕府的神经，所以被以不敬罪处刑。在日本的儒学者中，也有人坚持主张日本的天皇并不是朱子学意义上的王者，如佐藤直方等人，但属极少数派，且很快就在历史上消失了。剩下的都是主张日本正统君王就是天皇的文人。新井白石也是其中的一人。但是他很聪明，在表面上把将军家的格位提升了，但在实质上他是在下降将军家的格位。

新井白石在《读史余谈》里，大胆地描述从"公家之代"到"武家之代"的变化。他主张让朝廷形骸化，主权完全移到德川幕府那里。如至今为止来自外国的外交文书上，都写有"日本国王"的字样，但将军在返信时，从来不用"王"的称号而用"大君"的称号。但是白石却在幕府送与朝鲜通信使的外交文书里，把"日本大君"改为"日本国王"（新井白石失势后又恢复日本大君的提法）。这样的论调，强权的幕府当然很乐意接受。这恰恰是白石的迷人之处，幕府只是被他的花言巧语给迷惑了。

为什么这样说呢？因为新井白石在帮幕府说话的同时，也在帮天皇家说话，而且在本质上更倾向天皇家。何以见得？让我们来看看宫家问题。从日本天皇家的历史来看，在皇族中之所以要设立宫家，是为了维持男系的皇统。在宫家中，子孙代代都是亲王。而在宫家设立前的日本皇室，亲王的儿子被称为"王"。从"格"上来说，"王"低于"亲王"，无法成为天皇。宫家能成为亲王，而且一旦直系有断绝危机，宫家里的亲王就可以继承皇统。宫家有这样优越的体系功能，在室町时代曾一度发挥了作用（如第102代的后花园天皇）。只是到了江户时代，由于幕府的压迫，宫家数量在减少，天皇家的男子也在减少，皇统断绝的可能性随时都有。

就在这个时候，新井白石提出创立"闲院宫家"，代替以前的宫家。这个体系后来也发挥了机能，如第119代的光格天皇，就是从这个体系中诞生的。因此从结果上来看，是新井白石挽救了快断绝的皇统。他看重的还是天子（天皇）存续的问题，他考虑的是怎样尽可能扩大皇位继承的范围。

新井白石，这位家康最为喜欢的文人，死到临头还帮了天皇家一个忙，而且是帮了大忙。他确实是在考虑公家和武家怎样从对立转向融合的问题。他的立场是既要天皇家万世一系，又要武家大旗不倒。

将军德川家宣死后，其子家继继承将军职位。那时的灵元上皇是为家继元服仪式起名的亲人。两年后，灵元上皇把女儿八十宫送往将军家，与家继订婚。

日本的历史上常见的将军家与公家的婚姻是武家的首领把自己的女儿往朝廷那里送。而天皇家的女儿嫁入将军家，灵元上皇开了先例。无疑，这是新井白石思路的展开：从公家到武家的转换。八十宫皇女（内亲王）与将军家继结婚，将来的天皇在二人所生之子中产生，将军家继就是天皇之父了。多少年前足利义满的假戏终于在德川家将要演变成真唱。

遗憾的是，白石的这一期待没有成功，因为德川家继的早死，也因为他自己的失势。

## 14 萧瑟秋风与满园春色

在镰仓幕府的时候，三代将军源实朝死后不久，后鸟羽上皇派出了讨伐幕府的兵力。幕府最后以胜利收场，但是上皇举兵还是让武家震动不小，这就是有名的"承久之变"。

百年后，后醍醐天皇再次派出倒幕的兵力，在足利尊氏等有力的御家人的叛归之下，推翻了镰仓幕府，开始了建武新政。最终失败归失败，但表明天皇还有力量，还能跟武家叫板。

在战国时代结束后，随着丰臣秀吉统一天下和德川家康稳坐江山，霸者的反对势力基本已经不复存在。朝廷的权威和寺社的力量也不得不屈服于幕府的武力。作为回报，朝廷势力受到武家政权的保护。那个时候，天皇也好，贵族也好，大寺社的旧势力也好，面对这个令人窒息的现实都非常不服气。但不服气又有什么用呢？一种难以诉说的无念之感断然而生。连不可侵犯的"云上之人"，也只能以退位这个软弱的不能再软弱的手段表示抗争，只为了让武家感到哪怕那么一丝的困扰。武家感到困扰，"云上之人"

的心里就会感到开心，感到满足。后水尾天皇最大的亮点也是最大的悲剧就是扮演了这么一种角色。

后水尾天皇退位后，仍然以太上天皇的身份摄政，执掌院政长达五十多年，1651年，出家为法皇，法号"圆净"。这位天皇在政治斗争中萧瑟秋风，但在文化艺术中则是满园春色。他在日本文化史上的创造空前绝后，毕生热心学问，喜欢诗歌创作，留下和歌两千余首，是继后鸟羽天皇以后的又一位和歌天皇。他还在京都营造了小巧玲珑的圆通寺，为人间留下了"山气日夕佳"的景致。这个庭园被日本人誉为"王者之庭"，体现了后水尾对这个世界理解的深度和广度。

1680年（延宝八年）后水尾天皇死去，年85岁，葬于月轮陵。他是在昭和天皇诞生之前最长寿的天皇。

昭和天皇在自己的寿命超过后水尾，成为日本天皇中最长寿者的时候，发表了感言。

> 数字的年龄与过去的人是难以比较的。今天的医学在进步。后水尾天皇尽管生存的环境是恶劣的，但是他还是活到了天寿。让我十分感激，必须向他学习。后水尾天皇的素质是多方面的，学问、和歌、书法等兴趣十分广泛。

"后水尾"这个谥号，是依据他的遗诏决定的。水尾帝是指清和天皇（858~876），这位天皇因葬于水尾陵而得名。这两位天皇的在位时间正好都是 18 年。

后水尾天皇与和子共生了两位皇子五位皇女，两位皇子不幸夭折，后水尾就把皇位让给了皇女，将军秀忠成了天皇的外祖父。但问题是女帝即位，德川家的血还是没有流入天皇家。德川家忙了大半天，还是回到原点。这或许就是后水尾天皇对德川幕府最后的也是最大的嘲讽。

这位 16 岁即位的后水尾天皇，这样教训自己的后代皇孙们："谨慎第一，磨练艺能。"教育子孙们不要反抗武家，表现出对武家的无力感。

这位天皇至死都在用自己的软弱来延命天皇家。

## 15　将军与天皇谁更长寿？

1596 年（庆长元年）六月四日诞生的后水尾天皇，活到了 85 岁的高寿。后水尾从 1611 年即位到 1651 年出家的 40 年间，德川家三位将军死去：1616 年，德川家康在骏府死去，年 74 岁；1632 年，德川秀忠死去，年 54 岁；1651 年，德川家光死去，年 48 岁。而在这一年，后水尾还很健康地出家当法皇。

显然，将军赢了权力，输了人寿；天皇输了权力，赢了人寿。人寿与权力，谁更为根本？谁更为本体？这是个帝王学的问题，更是个哲学的问题。孤独、无奈、贫弱，或许还有点窝囊的后水尾，对他来说花好、月圆、人寿或许才更为本体。他聪明地懂得他在位的任务就是要守住这条底线，为天皇家守住这条底线。

万世一系的长寿基因，或许就在这位积贫积弱的天皇身上，为天皇家咏唱春江花月夜。

## 11　天皇家礼仪做法之谜

——天皇何以成神的最大秘仪

### 1　杀王是为了新王的诞生

英国著名人类学家和民俗学家J.G.弗雷泽（1854~1941）20世纪初写了一本非常有影响力的书，这本名著叫《金枝》。书中描述了这样一个场景：在意大利内米森林的一个神殿里，有一棵特殊的树。谁能折断这棵树上的一节树枝，就有资格与现任神殿的祭司决斗。而如果能在决斗中杀死这位祭司王，便可以继承祭司王之位。于是，林中的一棵大树下，总有一个人影在出没。他就是祭司，被称为"森林之王"。这位"森林之王"时刻要提防的一件事就是有人想杀死他，取代他的王位。他虽然拥有王的称号，但总是感到坐卧不宁，总感到有一个恐怖之人在想方设法地靠近他。最后，这位"森林之王"还是被杀死了。

无疑，《金枝》缘起于一个古老的地方习俗。难以理解的是这个习俗为什么要杀死还活得好好的祭司王呢？弗雷泽是这样解释的：原始宗教或巫术认为人总是要死的，不管怎样保养和防治，一个人总还是要生病、变老、衰弱直至最后死亡。而这恰恰是最为危险的，因为这样会给自然和人类带来难以预料的灾祸。防止危险的办法只有一个：只有在王刚一露出衰弱迹象时杀死他，在其严重衰退之前，把他的灵魂转给下一个精力充沛的继承者。弗雷泽在书中还提到，在一些古老的氏族中有杀王的传统，国王任期届满时要被处死。只不过各地国王的任期长短有别：希腊斯巴达国王任期八年，而巴比伦、夏威夷的任期只有一年。将君王杀死有两个目的：第一，在君王的灵魂逃走之际将其抓到并转给适当的继承者；第二，在君王自然精力衰减之前将他处死，就能保证世界不会因人神的衰退而衰退。所以，杀掉人神并在其灵魂的壮年期将灵魂转交给一个精力充沛的后继者，就可以消除灾难，也就是说杀王是为了新王的诞生。

## 2 大尝祭的主题就是杀王？

日本有无杀王的现象？这是个有争议的问题。日本的一些学者坚持认为，若从世界习俗来看，日本在这方面没有特殊性，日本新王的诞生就是杀死旧王的结果。但如果硬要强调日本杀王的特殊性，则表现为杀王的表现形式上的多样性。

在日本，为了新王的复活和诞生，围绕天皇的魂灵和身体，都要举行多种神秘的仪式，如新尝祭和大尝祭。在举行祭祀的神圣时空中，天皇的死和诞生与季节有着很深的关系。如日本非常具有代表性的民俗学家大林太良在《在新尝出现的王者和被杀的王者》一文中就认为，在新尝祭里在实质上或形式上被杀的王有：

① 天照大神。天照大神隐藏在天岩户，就是一种死的象征。其弟弟须佐之男命在新尝祭的宫席下面撒上粪便，天照大神为此大怒，便躲进了天岩户。这里的隐语在于，躲进天岩户就等于死去。

② 天稚彦。为了平定地上界，天照大神派遣天稚彦去支配苇原中国。但他到了地上界并没有执行命令。于是天照大神再派遣无名雉降临地上界。天稚彦乃取高皇产灵尊所赐的天鹿儿弓和天羽矢剑，射雉毙之。其矢穿胸而出，飞至高皇产灵尊的座前。高皇产灵尊见其矢曰：这矢是我赐予天稚彦的。现在血染其矢，这不是与国神在相战吗？于是取矢投下，正好命中天稚彦之胸。当时天稚彦在新尝休卧，中矢即死。这就是世人所谓的"返矢可畏"的话语之源。

③ 神武天皇的长男神八井耳命。长男神八井耳命被射杀，没有明确的日期，但是在新尝时节的十一月恐怕是没有疑问的。

④ 垂仁天皇。天皇的皇后狭穗姬命为了让她的哥哥即位，计划杀死天皇，但是没有成功。这正好是在十月到十一月期间。想篡夺王位的皇后最后被关在稻城而死。

⑤ 履中天皇。在举行大尝祭宴会的时候，其弟弟瑞齿别尊一把火烧了大殿，但是这次政变没有成功。

⑥ 市边押磐皇子。这位应该成为下轮天皇的皇子，被大伯濑幼武尊（后来的雄略天皇）杀死，时间在十月。

⑦ 崇峻天皇。被苏我马子派人杀死的这位天皇，死期是在十一月十三日，属于新尝祭的季节。

结论是，在日本历史上君王或者相当于君王的人的被杀是存在的，被杀的时期被设定在新尝祭季节的例子有很多。在日本天皇家的历史上，只有两例的被杀案不是在新尝祭的季节。一个是被幼小的眉轮王刺死的安康天皇，另一个是仲哀天皇。前者是与夺取政权没有关系的为父报仇，后者是不相信神托的自己找死。除去这两个例子，君王被杀的季节一般都设定在新尝祭的时候，也就是十月和十一月。这是个杀王的季节，表明新尝祭与君王之死有着神秘的关联，古代日本人对这个观念并不陌生。

新尝祭是天皇魂灵的复活和更新的祭仪，这里突出的主题是死亡与诞生。新尝祭当然也是收获祭，在这个新尝的季节里杀王，其背后有对五谷不丰的追究。日本的皇室每年都要举行新尝祭，为什么要反复举行呢？其理由无非是杀死稻魂，让其再生。作为这个仪礼的司祭——天皇——反复进行这样的仪礼，其原始的思考点就是遵循古代王权机能的模式：每年反复地杀王，再让其复苏。

再来看看一代一度的天皇即位后的大尝祭。其主题是否也是杀王？对此，日本学者们是同意的。特别是著名的民俗学学者折口信夫也承认，大尝祭的主题就是杀王。在大尝祭的场合，大行天皇（指死去的天皇）的遗体放置在宫殿的深处2~3个月。在这期间，天皇的灵魂浮游于空中，这个状况的天皇叫"大行天皇"。他的灵在大尝祭中将被固定，从遗体分离出的灵魂移至下一个天皇身上。这个时候，被选定的新王，用"真床追衾"的形式将自己包裹起来，好像是被杀死的样子，也好像是重新诞生的样子，具有双重含义。这样的一种仪礼，通用于所有天皇的即位，死和再生的主题在这里再次得到强化。

当然在日本天皇家，这种"杀王"的模式也是有所变化的。围绕王权继承上演的悲剧图景，一种清晰的变化模式是：从"杀王"型转向"受难王子"型。

如在"记纪"神话里，受难王子的元祖是日本武尊。由于这位荒暴英雄显现出无穷的智慧和力量，招致父亲景行天皇的不快和妒忌，使得父子关系渐行渐远。父亲要置他于死地，但不明言杀令。而是命令他去征讨东国。这当然是一次受难的东征，其结果是日本武尊死在了那里。父亲景行天皇如愿以偿，自己活到了天寿。

再如允恭天皇的皇子轻太子。他与同母妹轻太郎女陷入恋情不能自拔。由于触犯了禁忌，被流放至伊予，最后这对恋人双双自杀。

还有在皇位争夺战中，被贴上反叛罪名悲愤而死的大津皇子和有马皇子。这里，死亡和流离的宿命，就是受难王子悲剧的主题。这在以后的柿本人麻吕、原业平和光源氏等的物语中得到了反复的叙述。这也是日本悲剧物语的由来。

这些受难王子的悲剧，以及形成这些悲剧的构造，后来又用另外一种形式反过来侵蚀天皇。这就又出现了另外一种物语——怨灵信仰。这是围绕受难王子的主题变奏，最早在平安初期有所反映。这方面最初的文献是在863年（贞观五年）成书的《三代实录》。对非正常死去的人有一种恐惧的信仰，这在奈良时代就有了，但是被称为怨灵、被看成疾病和灾难的根源则是在平安初期。那时有了祭祀怨灵的御灵会。桓武天皇（781~806年在位）在握有权力之前，就杀死了很多人，后来又迫使自己的继母井上皇后、其子他户亲王走上死路。桓武天皇还迫害同母弟弟早良亲王，把他送上流放之路，后来这位亲王在途中绝食而死。

总之，王权继承的血与泪这一莎士比亚历史剧主题，早在8世纪日本君王的身边，就已经反复上演了。

### 3 殡是生理的死，葬是社会的死

在古代日本，君王死去的时候其遗体先放置于临时建造的殡宫里，这叫"殡"，也叫"呼魂的仪礼"。这个仪礼所要强调的是：一个人生理的呼吸停止了，不等于社会的呼吸也停止了。遗体在这期间得以暂时的留存，所要证实的就是生与死之间缓慢的连续性。这里体现的是死的场面和殡的观念。过了殡的时期，就开始下葬。

如日本最早的佛教说话集《日本灵异纪》下卷第九话，讲的就是藤原广足苏生的故事。称德天皇（764~770年在位）的时候，藤原广足患病。有一天他突然倒地断气。亲族只得准备葬礼。可在第三天广足突然复活了。这里，断气了的广足之所以能够复活，就在于他的遗体还没有被火葬，还处在"殡"的状态。"魂"到他界漫游一圈后，再次返回到处于

"殡"的状态下的遗体上，复归于此岸。从苏生到再生，日本人这种不死的观念把人的真正有意义的一面再次展示在世人的面前。

从时间上看，殡期短的只有三五天，长的有三个月、半年、一年甚至两年不等。这既有政治上的原因，如后继者还没有确定等，也有镇魂上的理由，如锁住和慰抚被视为有威胁的死者的灵威。天武天皇的殡期是两年两个月，是所有天皇中最长的。在这期间，反复举行歌颂天武功绩的仪式和死后"发哭"的仪式。为什么要这么长的时间？就是为了招魂。唤醒死者的魂，期待新的复生。从这一意义上说，殡期也就是招魂期。这里要注意的是，在天武的整个殡葬期，仪式的操办者都是佛教僧。日本天皇的葬礼与佛教有关，这一做法一直持续到近世，延续了千年以上。日本的天皇虽然有很多最终以隐居的形式入了佛门，但他们的世界观并没有变化。所以，真正在观念上也佛教化的可能只有北朝的光明天皇了。

殡的阶段下的遗体，仅仅是表现出了生理上的死，还不等于是社会的死。也就是说，社会的死还没有被宣告。死者处在生与死的边际状态。这里就引申出另外一个问题：灵与肉的分离。停止了呼吸，从生理上说，应该就是死了。但是即便呼吸停了，肉体不一定就完成了与灵魂的分离。当肉体显现出腐败的征兆，表明招魂复苏的可能性已经没有了，在这个时间点上就可以判定灵魂从肉体那里分离了。这种灵肉分离的最终判断，就是遗体埋葬的开始。葬，就是社会的死。当然，如果发生了社会政治的人为事件，最终判断也会受其影响或迟或早。总之，所谓殡就是灵肉从一体到分离的过程，就是生与死的观念重叠融合的过程。

明治天皇在 1912 年（明治四十五年）7 月 30 日午夜 0 时去世。之后，天皇的遗体被安置在殡宫，直至 9 月 13 日，一共 45 天。在第 45 天的 9 月 13 日上午，载着天皇遗体的灵车渡过二重桥，驶过青山斋场的时候，明治时代的大将乃木希典切腹自杀。为什么选择在这个时间自杀？就是因为明治天皇的遗体在"殡宫"已经存放了 45 天，不但生理的死得到了确认，社会的死也得到了确认，灵魂也已经飞离肉体。

人死有祖神，神死有神灵。人与神的等价关系在生死的场合里找到共鸣。

### 4 殡是个非常巧妙的仪礼装置

日本人的这种殡的仪礼，实际上是含蓄地显露了与王位继承有关的两个问题：一是巧妙地回避了王位继承的空位问题，在殡的期间可以决定后继者。先王死去，但新王还没有决定，这是常有的事情。死去的先王的遗体虽然在生理上已经死了，但从社会性的角度说还活着。这就回避了王位中断所造成的政治动荡。二是灵位继承的问题。如果说殡就是灵肉分离的过程的话，那么被分离的灵魂依附于新王之时，殡期也就宣告结束了。从这个意义上说，殡之后的遗体埋葬也是一种仪式，一种宣告灵肉分离完成的仪式。由于历代天皇的体内都具有内在的灵威（灵魂），以老天皇的死为契机，老天皇体内的灵威（灵魂）移转至新天皇的体内。这种灵威转换需要场所，这个场所就是殡宫，以及在这之后人为设定的大尝祭的舞台。

具有生理的死和社会的死二重观念的殡使得依据灵威转生的王位继承变得可能。这既回避了王位空缺的问题，又促使了王去天皇灵威的转移，不能不说这是个非常巧妙的仪礼装置。从源头上来看，这个装置并不是日本人所独有的，我们来看看欧洲中世纪的王位继承。

1316 年法国国王路易十世死去，弟弟菲利普当时不在巴黎，为此，他没有能够参加为兄嫂举办的葬礼。不久菲利普回到巴黎，为兄长举行了第二次葬礼，在这时他才正式宣告自己就是诞生的新王。也就是说，菲利普没有认可为兄嫂举办的葬礼。所以在两次葬礼之间，先王的死就无法被认可。因为确认先王死去的时间点，必须同时是新王诞生的时间点。

通过葬礼这一媒介，先王强力的生命力移转至新王。从这点来看，这一事件与日本人的思路是相近的。但是，生命力的转移不一定就是先王灵威（灵魂）的转移，这与日本的大尝祭是有本质区别的。因此大尝祭的本质就是等待死去天皇的灵肉分离和预告新天皇的诞生。

依据8世纪的《养老律令》，天皇即位如果是在七月以前的话，大尝祭在这年的十一月举行。如果天皇即位是在八月以后的话，大尝祭在第二年的十一月举行，在时间上与即位的践祚仪式拉开距离。为什么要这样做？还是先王"死的污秽"这个意识在起作用。不错，新帝的践祚必须在先帝的死之后进行，必须先完成王位的接续。但是新王的大尝祭必须在死的污秽尽可能消失以后，即在服丧终了以后举行。这里，衍生出一个新的观念：必须明确区分污秽期和清洁期。践祚在污秽中进行，大尝祭在清洁中举行。从污秽到清洁的转换，也是新王诞生正当性的最好体现。迄今为止，这个做法在日本已经连续了近1300年。

## 5 天皇一代一度的大祭典

一般而言，王权如果脱离宗教的基盘就难以存续。王权的神圣性可分为巫王、祭司王和诅咒王三种形态。巫王就是用神的语言与神直接交流，与神一体化的王；祭司王就是把自己放在统治者的位置上，主宰宗教仪礼，向神朝拜的王；诅咒王就是咒术者，是运用咒力与灵力的王。这三种形态的王，经常出现变身与复合。

日本大和政权的王是天照大神的子孙，当然是政治的支配者，但同时还担任国家最高的祭司王的角色，并以祭司王的身份举行祭祀。祭祀和政治一体化，即"祭政一致"的观念，是大和政权的基本政治理念。从这个政治理念出发，日本的王位继承一般分为三步：① 践祚，先王死去，三种神器即时交接给新王；② 即位仪式，新天皇坐上5米见方，3米高的御座；③ 大尝祭，稻（生产）和魂（灵位）的祭祀。这三步用来确保皇位的正统性和永恒性。

旧《皇室典范》第十一条规定：即位礼和大尝祭在京都举行。依据这个规定，1915年大正天皇即位，1928年昭和天皇即位，都是在京都举行的即位礼和大尝祭，那时统称为"御大典"。1947年（昭和二十二年）新宪法颁布，新《皇室典范》也同时颁布。第二十四条规定："皇室继承之时，举行即位礼。"这里，省去了"大尝祭"和"京都"的字样。这也就是说，大尝祭可举行也可不举行。但是，这仅仅是一种表面的说法而已，或者这仅仅是迷惑当时的占领者美国人的一种暧昧的说法而已。天皇不举行大尝祭，就不是一个完整的天皇，这是条铁则。

这里有两个基本概念。一个是大尝祭，另一个是新尝祭。所谓大尝祭就是先王死去，新王在即位之后举行的祭祀，一代仅限一度。因为涉及天皇灵的继承问题，所以这个秘仪必须在暗黑中举行。所谓新尝祭就是每年深秋十一月下旬在宫中举行的收获祭。用这年收获的新谷供奉天照大神，天皇与祖先神一起食用新稻谷。这种神人共食的仪式，是一年中最重要的宫廷祭祀。新尝的文字来自古代中国的秋祭，即品尝新谷的祭。从场所来看，大尝祭在大极殿举行，新尝祭在中和院举行。

第40代天武天皇（7世纪）开始的大尝祭，到今天已经有1300年。这个仪式还在完好无损地操练和重复，这肯定是日本皇室的一个奇迹。当然由于战乱、动荡、皇室财力等各种原因，大尝祭也被迫中断过。而没有举行过大尝祭的镰仓中期的第85代仲恭天皇，被世人称为"半帝"。因此为了保证大尝祭的举行，筹措和调用经费是一项很重要的工作。如在镰仓时代有人卖掉官职筹措大尝祭的费用；在室町时代，向土仓课税，向造酒家课壶钱税，用这些特别税金来举行大尝祭；第104代后柏原天皇，用本愿寺光兼的献金举行大尝祭，作为回报准许光兼担任住持；之后的后奈良天皇，因为没有资金，践祚（即位）后十年也没有能举行大尝祭，后来在大内义隆的献金下，好不容易如愿以偿。

但是室町以后，自后御土门天皇在1466年（文正元年）举行过大尝祭之后，共九代221年没有再举行过。直到第113代东山天皇于1688年（贞享五年）在幕府的援助下才得以再兴大尝祭。但是，当时的神

天皇家礼仪做法之谜

祇官代是吉田家，并不是天皇亲自祭祀。又过去50多年，1740年（元文五年）第115代樱町天皇亲自参加祭祀，旧仪才基本恢复，但是依据幕府的意向，"神今食"这个仪式还是被省略了。

大尝祭这个仪式最大的神秘性就是在密室举行，外部人一概不明白密室里面究竟发生了什么。大尝祭的原型之一就是有史以来各地举行的新尝祭，也就是每年的收获祭祀，主司这个祭祀的是作为祭司王的大王（天皇的前身）。这个祭祀承接了远古以来以农耕为中心的社会传统，天皇为了维持这个共同体，每年都要举行新尝祭。从神事用的稻谷来看，新尝祭的稻谷是在天皇直属的官田里收获，大尝祭的稻谷是在各地农民耕种的稻田里收获。这样来看的话，新尝祭属于朝廷私的神事，大尝祭属于朝廷公的神事。

如果要问新尝祭和大尝祭有什么不同？一个决定性的不同就是新尝祭可以代行，大尝祭绝对不可代行。

## 6 穿—脱—穿的深层

民俗学家折口信夫在1928年（昭和三年）发表论文《大尝祭的本义》，认为大尝祭是天皇的死和复活的镇魂仪礼。历代天皇从先代天皇那里继承血统，成为有威力的王。但仅限于此还不够，还要从镇魂的仪礼生出死去天皇的灵依附于新天皇的身体，新天皇才有更大的威力。这个过程的实现就是大尝祭。

在大极殿的悠纪和主基两殿置有寝所、褥子和被子（衾）。新天皇在这里睡上一觉，老天皇的魂（天皇灵）就能依附在新天皇身上。这一做法源于"真床追衾"的神话，天照大神指派皇孙琼琼杵尊统治地上界（苇原中国）的时候，给他覆盖了一件真床追衾，让他降临至高千穗峰。何谓真床追衾？这里的"真"是美称，"追"是覆盖的意思，"床"是能坐能睡的台，"衾"是寝具，从字面上解释就是覆盖高台的被子。琼琼杵尊就是坐躺在这种形状的床上，覆盖着被子降临地上界。降临地上界之后，琼琼杵尊脱去覆盖的被子，标识着苇原中国新王的诞生。大尝祭里的寝室象征"真床"，与神话世界的天孙降临连接，表明王权神授的正当性。

为了举行大尝祭，必须建造大尝宫。这就是悠纪殿和主基殿两个主殿，在构造完全相同的建筑里，同样的仪礼进行两次。在大尝祭的半年前的四月选定祭祀用的稻谷产地，九月举行脱去稻穗的仪式，十月准备祭祀用的酒、供品、衣服等用物，十月下旬建造大尝祭用的场地——大尝宫，然后在十一月卯日的深夜到第二天的凌晨举行大尝祭。

悠纪殿接纳从东国生产的稻米，主基殿接纳从西国生产的稻米，用两地收获的稻米来煮米饭供奉神祇并酿造米酒。这酒也分为白酒与黑酒两种，天皇与神一起共食。这在政治支配的领域，有政治重合于宗教的意味。在进入悠纪殿和主基殿之前，天皇先去回立殿入浴洁身。

从构造上来看，悠纪殿和主基殿呈南北长方形状。从内部构造来看，北侧为"室"，南侧为"堂"。南堂为休息室，是神主、女官、高位的大臣包括关白等人的休息场所。北室为寝所，睡枕朝南，铺着被子，天皇在这里休息。到了深夜天皇起身，坐在东侧的御座上，眼前有一尊神座，这个神座祭祀降临人间的天照大神。也就是说，天皇在深夜与天照大神相对而坐，并一起食用神品——米饭与米酒。这里操演的是与神共寝共食的仪式。

北室除天皇之外只有负责天皇饮食起居的女官可以进入。但在神仪开始的时候，采女也必须退出。在南堂居坐的摄政关白等高位官僚，可以从近距离观看天皇的秘仪。这样来看，在举行大尝祭的时候，获得"入室特权"的是关白和采女。大尝祭的"室"与"堂"用帘子隔开，所以关白和采女能透过帘子看到天皇的举动。

在大尝祭之前，天皇必须去贺茂川行幸，举行袚禊的仪礼。这是一种罪恶和污秽随着流水一起流去的圣水仪礼。到了十一月卯日当天，天皇再次去御汤殿接受水浴仪礼。前面的一次叫"大忌御汤"。后面的一次叫"小忌御汤"。到了夜晚，在进入悠纪殿和主基殿之前，天皇再次在回立殿入浴洁身。这样来看，天皇在与神共寝共食之前，要沐浴三次。在沐浴之前，天皇换穿一种叫天羽衣的汤帷子，入汤槽后脱去汤帷子，沐浴完后再穿另外一件天羽衣。这里的"穿—脱—穿"的过程，就是"先王的死—新王的斋戒—斋戒脱离"的过程。新王由此获得了神的资格，并以此象征灵的复活和新生命的诞生。这就是圣水神事和新谷神事双重变奏的含义所在。

神武天皇以来的天皇灵，怎样才能附着于新天皇？这是大尝祭的最大看点。同时每年举行的新尝祭，则是为了强化天皇体内的灵。因为一到岁末，人的灵魂就会衰弱。

如果说，即位式是天皇皇位的继承，那么大尝祭就是天皇灵的继承。这里的灵，就是马克斯·韦伯所说的神授和超凡。一个是传位，一个是继灵。这就决定了即位式在公开的场合举行，大尝祭在密室里举行；即位式在白天举行，大尝祭在深夜举行；即位式通过大尝祭注入新的生命，大尝祭通过即位式保证秘仪的正当性；即位式的装置是高御座，大尝祭的装置是宫内的寝具。即位式和大尝祭，就像两个轮子互相连带、互为一体，告知天下新王权的诞生。

大尝祭的本质决定了日本天皇的性格，一种神权性的性格。依据大尝祭，天皇脱离俗人，被赋予了超越他人的圣性，并带有祭祀天神和国神的权威。

## 7 高级白领们打造密室的世界

日本的天皇在祭神的同时，自己也被当作神来祭祀，这是个相当奇妙的结构。日本的天皇是神主，是活着的神或现人神，同时也是人，而这一点比什么都重要。这三者的关系是暧昧模糊的、伸缩自在的。历史上是这样，机能上也是这样，这是日本人天皇信仰或天皇崇拜的一个基本构造。

这令人想起英国王室的一个问题。英国女王伊丽莎白二世拥有很多称号，其中有一个叫"信仰的拥护者"的传统称号。这个称号的由来是亨利八世（1509~1547年在位）写了一篇反对路德宗教改革的论文，罗马教皇为此称他为"信仰的拥护者"。这个称号表明了一种反宗教改革的保守心态和世俗的权威。以此为样本，伊丽莎白二世也成了一名"信仰的拥护者"。所以伊丽莎白二世自己在祭神的同时，也被世人当神来祭祀。但是日本的天皇与英国的伊丽莎白二世有着很大的不同。前者既不是特定宗教的拥护者，也不存在自称的问题；既不是信仰的统一者，也不是宗教的传播者。总之，日本的天皇存活于宗教和信仰之外，所以只能在"灵"的问题上大做文章，所以只能靠不同的身体回路放射出不可思议的灵，以此来行使超常的力量和影响力。这也就是说，日本的天皇信仰是从内侧充电完成的，而伊丽莎白二世信仰是从外侧充电完成的。

以灵来行使超常的力量，这就需要一个神圣的幽闭的空间。对此，德国社会学家马克斯·韦伯说在日本历史上君临的天皇，自德川幕藩体制确立以来一直都被封闭在京都的"教权制的密室"里。这里，"教权制的密室"实际上就是指京都御所，天皇活动的空间。这里，将天皇幽闭于宫廷（即密室化）这一做法其实是一种手段，是实际支配者利用天皇使自己的行为正当化的手段。因为很显然，当一个支配者的世俗权力弱化的时候，从其他的神授能力那里来保证其权力的正当性是必要的。这样，像宫内厅和高级祭司这样的世俗机构，就会把作为神的化身的天皇，小心翼翼地和外部世界隔离开来，幽闭于密室之中，只能窥视不能触动，有的时候连窥视也不被允许。而天皇一旦在"无菌状态"的空间里被密室化，也就自然而然地神圣化了。总之，天皇通过密室里的仪式，成了双重的存在：既是神主，同时又是活着的现人神。

俗世想知道密室的世界，但一般情况下是无法做到的。越无法知道，就越对密室世界充满好奇和憧憬，最后必然要走的一条路就是崇拜。巧妙构筑密室里的神事并加以政治利用的是官僚、将军、高级祭司和贵族，是他们把天皇封闭于密室中，并加以神圣化和具象化。这样看来，冷静而巧妙地构筑天皇制宗教基础的，不是天皇自己，也不是理论家，更不是哲学家，而是一些在日本还算有点知性的高级白领。

## 8 作为支配装置的宫廷礼仪做法

圣人也好，神人也好，天皇也好，他之所以是圣人，他之所以是神人，他之所以是天皇，就在于有人给他设计了一个幽闭的空间，并在这个空间（宫廷）里，又设定了一套完整而繁琐的礼仪做法。宫廷繁琐的礼仪做法是为了使支配者与世俗社会保持距离，使来自于世俗社会的嫉妒得以化解，保持社会的均衡。礼仪做法在这里成了支配者调整和监视世俗社会的一个装置，也成了确保支配者自身安全的一个装置。君王活用这些礼仪做法，让其发挥潜在的作用。这也就是说，礼仪做法是保持距离的道具，是支配的道具。

和谁保持距离呢？和这个国家的一般民众保持距离。"君王之所以伟大，是因为自己总是跪着。"这句法国启蒙时代的语言，深刻地揭示了宫廷礼仪做法的本质。用礼仪做法阻隔君王和民众之间的沟通，其目的就是为了支配总是跪着的民众。"朕就是国家"，能说这句话的人，或许他是伟大的，但来自世俗社会的不均衡和嫉妒，会毫不留情地摧毁这个伟大。所以从这个意义上说，仪礼主义者比"朕就是国家"者更伟大。法国的路易十四，这位无所不能的太阳王，最有名的一句话就是"朕就是国家"。但是这位专制王也这样说过："我所支配的人民，他们对事物本质的理解有问题，他们通常只从表面的外在判断问题。因此如何使他们在外在的判断上能信服你、崇拜你，这是发挥统治机能很重要的一个问题。"这是慧眼，这是在讲仪礼主义，这个礼仪做法的典型就是"入室特权"。

什么叫入室特权？就是设置能进入国王的房间的特权的制度，而这个入室特权又分为多个特权。《宫廷社会》的作者，20世纪德国著名社会学家埃利亚斯这样写道："第一，家族入室特权，国王的嫡子和嫡孙，侍医长、近侍长、小姓等人；第二，大入室特权，负责寝室以及衣装的大官；第三，第一入室特权，面向国王的进言者、仪典长等人；第四，寝室入室特权，所有的寝室系、宫中司祭长、大臣、次官、元帅等人；第五，由第一侍从推荐的贵族男女；第六，国王绝对的宠爱者。"在上述六个入室特权中，第六个特权，即国王绝对的宠爱者权限最大。除了国王开会时之外，宠爱者什么时候都能进入国王的执务室，包括国王外出和生病的时候，当然宠爱者是通过激烈的竞争夺得资格的。早上进入国王卧室的时候，国王必定会戴好假发，因为国王不戴假发的样子，是不能让任何人看见的。另外，国王官服的调整、身体的清洁、礼装用剑的佩带、信仰的祈祷等仪礼，都被严格地细分和执行。这表现出了一种咒术的特质，对权威的树立具有极大的帮助。

这样看来，入室特权的本质就是距离与威严、咒术和崇拜的极致发挥。只有把国王的寝室抹上神性的光辉，国王本人才能具有神性的光辉。

## 9 从文书女官到生理女官

实际上，日本天皇也是按照这样的思路设计的。天皇的公务空间是紫宸殿，私人空间是清凉殿。私人空间也设有入室特权，用距离和威严加以严格的等级划分。

如"殿上人"这个职位的设定。官位必须是三位以上的"殿上人"，才被允许成为升殿者，所谓升殿就是进出清凉殿南面的殿上房间的意思。也就是说，升殿者可以随意出入天皇的日常居所。再如，"六位藏人"这个职位，是天皇身边的侍从，负责诸如文书的保管、诏敕的宣传、宫中的事务、行事的处理等，并包括了与天皇日常生活相关的一切事务。从这一意义上说"六位藏人"是属于第一入室特权的官职。再如女官，女官也是天皇居住空间的入室特权者，自古以来围绕在天皇身边的总是女官。女官对天皇人格的形成有相当的影响。按照律令制度规定，在宫中奉仕的女性总称为官人，再细分为十二司：如内侍司、藏司、书司、药司、兵司、殿司、水司、膳司和缝司等。在内侍司里，再分尚侍2人、典侍4人、掌侍4人和女孺100人。其中，尚侍是在天皇身边的奉仕者，掌管奏宣、监视女孺（从事扫除、点灯等杂事的下级女官），还要管理后宫的礼仪，有时还要传达天皇的旨意，由她们发出去的文书叫"内侍宣"。在平安初期，尚侍参与了天皇所有重要的政务。尚侍在赢得了天皇的宠爱后，就在天皇下榻的卧室里侍从。如平城天皇宠爱的藤原药子（？~810）就是其中的一个典型。

藤原药子是赢得第50代桓武天皇（737~806）最深厚信任的藤原种继的女儿。起初，她与中纳言藤原绳主结婚，生下三男二女。长女后来嫁给了桓武天皇的皇太子安殿亲王（后来的平城天皇），趁这个机会，药子成为东宫宣旨，受到安殿亲王的宠爱。但身为一个高级女官，药子却与桓武天皇的皇太子安殿亲王有不伦之恋，同时也有与藤原葛野麻吕私通的传闻。桓武天皇对此相当震怒，便将药子从东宫逐出。806年，桓武天皇驾崩，安殿亲王在806年即位为第51代平城天皇，再度将药子召回宫中担任尚侍一职。集天皇宠爱于一身的药子从此开始介入政治，与其兄藤原仲成在宫中极度专横，兄妹二人招来不少人的怨恨。不久平城天皇生病退位，弟弟神野亲王即位，即第52代的嵯峨天皇。不死心的药子与哥哥仲成策划如何让平城上皇复位，于是便有了平城京和平安京两个政治中心的对立。不久，嵯峨天皇在平安京逮捕藤原仲成，并下诏书剥夺药子的内侍官位。平城上皇与药子带兵想逃往东方，却被得到消息的嵯峨天皇派坂上田村麻吕守候。知道大势已去的平城上皇回到平城京后剃发出家，药子则服毒自尽，其兄仲成也被杀死，这就是日本历史上著名的"药子之变"。

这样来看，得到天皇宠爱的在卧室里服侍的上级女官（尚侍），其角色如同女御一样。但是这个做法（习惯）在镰仓时代被废止，主要的目的是为了保证皇后或女御出身的贵族性。从此以后，天皇寝所里服侍的女官，不再是尚侍，而是内侍或掌侍等人。这些女官说得好听点是"侍寝"，说得难听点就是陪睡，但是她们也要完成内侍所规定的全部事务。如内侍司的女官还要保护放在温明殿里的神镜。为此故，温明殿也叫内侍所。更为甚者连神镜也干脆叫内侍所了。这些上级女官还成了天皇与祖神关系的媒介者。

此外，天皇独处片刻也是不被允许的。无论是白天还是晚上，天皇身边总有剑和玉伴随。这表明必须时刻守护天皇的权威，同时也意味着天皇所拥有的私人空间和私人时间都被剥夺了。天皇总是与象征着公务王权的神器在一起。到了晚上，内侍司女官还要负担起守护神器的任务。

这样来看，问题又回转到了密室。所谓密室，原本就是依据女官的入室特权，再设计出谁最优先、谁优先、谁稍优先等级别的入室特权。这里的难度在于，必须慎重计算出女官与天皇肉体相隔的距离，依据这个距离再细致地分配入室特权。为了维持这个距离和特权，再编造出宫廷的做法和仪礼。这样可能发生的一个问题是：一不小心，女官与天皇肉体之间的距离就会缩短，女官们的仪礼入室特权在爱欲漩涡中被溶解。从制造政治文书的女官到集情欲和受胎于一身的生理的女官，其宫廷主题也变成皇子出生。日本王朝时代的女官从文书和生理两方面，介入天皇从白天到夜晚的全部生活。

天皇，这个孤独的爱欲之魂，一方面在神灵的气韵面前，有一种受虐的色调。另一方面，在行使入室特权的女官面前，又有一种施虐的冲动。天皇的寝室也就演变成了天皇私人感情直接发酵的密室。

但不能忘记的是，这是个被隔离的密室，又是由神器来守卫的一种圣的空间。

### 10 发现了与神同格的通路

稻谷祭是日本天皇家宗教权威的源泉，新尝祭是宫中祭祀中最重要的仪式。琼琼杵尊的父亲名叫"天忍穗耳尊"，有个稻穗的"穗"字。琼琼杵尊降临地叫"高千穗峰"，也有一个"穗"字。而且琼琼杵尊在降临之后，向四方播散稻谷，本来黑暗的天空一下子变得晴朗。

现在 11 月 23 日在神嘉殿举行的新尝祭上，天皇在傍晚 6 点到夜晚 11 点进行仪式，然后同样的仪式再举行一次，在第二天的凌晨1点结束。夜晚是诸神的世界，这是古来的观念。与白天的祭祀相比，夜晚与神更容易交流。新尝祭的对象是天照大神和天神地祇，其主要仪式就是奉献新谷和神人共食。

天皇的威力来自宗教的权威，宗教的权威来自祖先神。从"记纪"神话来看，天皇家如果没有祖先神的帮助，就不能治天下。天皇自身祭祀皇祖的具体记述，在《日本书纪》中有所表现。神武天皇东征的时候，在宇陀陷入困境，在向神祈祷之后入睡。梦中天津神托梦说快祭祀天神地祇。神武赶紧按照天津神的说法去做。就在祭祀的时候，神武天皇顿然感到高皇产灵尊"显斋"了。何谓"显斋"？就是眼睛看不见的神，通过祭祀能看见了。也就是说，神武天皇自己为自己举行了成为高皇产灵尊的仪式，高皇产灵尊身上的灵威依附到了神武天皇的身上。这是天皇神灵附体的第一例。之后，平定了大和的神武天皇，于即位后的第四年在大和国鸟见山的上小野榛原以及下小野榛原建造了祭祀天津神的"灵庭"。所谓"灵庭"就是神灵停留的地方，引申为举行神事的斋场。神武在东征的过程中得到了天津神的加护，对此表示感谢。这里的上下"小野榛原"，就是现在的奈良县宇陀郡榛原町。正是因为祭祀了皇祖神，天皇自己也成了神，被祭祀的神和祭祀者同一了。因为天皇祭祀了天津神，所以天津神的权威通过天皇传递到了地上，人们通过天皇看到了天津神的身姿。

日本远古就有这种宗教形态。如在冲绳地区的祭祀活动中，祭祀神的巫女与神同格。天津神—天皇—臣下，这样的关系在折口信夫看来是"神的语言的传达者"，最初唱神的人自己与神同格了。这样的关系在风土学家和辻哲郎看来是"神命的通路"。他说，祭祀者和被祭祀者发现了一条无限幽深的神秘通路，神圣性就显现了。正是因为显现了神圣性，诸神们在世人的眼里是个异类的存在，并被世人所崇敬。

## 11 支撑天皇制的两个原理

日本的象征天皇制之所以能延续到今天，有两条不可动摇的原理给予了支撑：一条是血缘原理，一条是灵威原理。作为政治装置能够保持天皇制的长期稳定，这两个原理的平衡是个关键。从大视野来看，日本的和平期共有两回：平安时代350年，江户时代260年。这在其他国家的历史中是很难看到的。如果问其原因何在，不得不说象征天皇制发挥了很好的作用。

象征天皇制的原型就是日本10世纪的摄关政治。这个原型的原点就是宗教的权威和政治的权力二元并立，也就是天皇权威和藤原氏权力之间的相互牵制和互补的关系。政治的实权掌握在藤原氏出身的摄关那里，权威的中心则在藤原氏血缘之上的孙子辈的天皇这里。天皇对政治不直接出手，有一种在律令国家官僚机构之上的超然感觉，有一种处在圣的中心的感觉。从摄政期到院政期的推移，是权力从摄关家（藤原氏）向太政大臣这个权力主体移交的过程。上皇到天皇（多数是上皇的儿子，少数是孙子甚至重孙），这个政权交替，就是作为外祖父的摄关家向作为父亲的上皇转移权力，权力与天皇的距离以一种更为浓密的形式缩短了。这里要注意的是，即便发生了从摄关体制到院政体制的权力转移，站立政治顶点的天皇权威没有发生变化。不但没有发生变化，天皇的地位反倒更加巩固和安定。平安时代的和平状态，就是这个巩固和安定的一个重要体现，和这个时代匹敌的还有江户时代。

天皇权威和政治权力二重并立的系统，作为其延续是镰仓时代的幕府和朝廷的关系。确实在这个时代，居于京都据点的朝廷，政治权力有名无实。以镰仓为中心的武家势力从源氏到北条，确立了支配权。尽管这样，京都作为象征天皇权威的中心，仍然行之有效。这种权威和权力的二重支配系统，一直到江户时代都被继承了下来。这个封闭的但具有柔软性的二元系统，在社会和国家的安定方面发挥了独特的作用。依据这个系统，国家和宗教之间微妙的协调关系得到了保持，这点相当重要，这是平安时代350年和平得以实现的母体。

与象征天皇制有着相当深的关系的另一个问题就是皇位继承的礼仪做法，两大原理巧妙组合成了象征天皇制的骨骼，为维持和保证正统性发挥了重大的作用。因为血的原理（皇子出生）总会有问题，所以需要灵的原理（大尝祭）加以弥补。灵的原理比血的原理具有更高的安定性和永恒性。实际上，神武天皇和现在的天皇之间并没有血缘关系，这是件十分明了的事情。大概从第50代的桓武天皇开始，皇室在系谱上的延续才有了可能性。但是天皇家的系谱，除了历史上的系谱之外，还有神话上的系谱。这两个系谱的关系是，前者是后者的注释，后者是前者的延伸。前者是血统性的，后者是灵威性的。有时候为了论证天皇家系谱的正当性和合理性，就不一定要强调其历史上的系谱而是去强调神话上的系谱，灵魂的问题也就自然地突出了。血缘原理导出历史的系谱，灵威原理导出神话的系谱，天皇制在这其中游刃有余，可进可退。

## 12 从中国皇帝中寻找更强的生命体征

770年（宝龟元年）八月，称德女帝在没有定下皇嗣的情况下死去。这时候左大臣藤原永手和一些贵族在宫中谋议，决定立天智天皇的孙子，当时任大纳言的62岁的白璧王为皇太子。他就是后来的光仁天皇，他的正妻井上内亲王（圣武天皇的女儿）被立为皇后，其子他户亲王被立为皇太子。他户是当时拥有圣武天皇血缘的唯一亲王。

但是好景不长。两年后，即772年（宝龟三年），在藤原百川等人的策划下，井上皇后和他户皇太子被以莫须有的罪名废除了皇室身份。到了第二年，光仁天皇的长男，与藤原百川关系很好的山部亲王被立为皇太子。这位皇太子在781年（天应元年）即位，诞生了第50代桓武天皇。桓武天皇的母亲是百济系渡来氏族的高野新笠，这表明天武和圣武系统的皇统，到桓武这里完全断绝了。

即位后的桓武有两个意识：一个是意识到自己有个不属于贵族的渡来系的母亲，劣等的心理感觉难以克服；另一个是意识到天皇家尽管有一套完整的宫廷礼仪，但还不足以完成意识形态上的天皇制。奈良时代的日本天皇，好不容易在天武天皇那里完成了王权神授和天皇是神的构想，也作为"现御神"开始君临天下。但是，天武的这种超凡魅力没有被桓武世袭，桓武感兴趣的是如何从儒教的天命思想中寻找更有力的生命力。

在向长冈京迁都后不久，桓武天皇做出了日本天皇家从来没有过的举动，即在长冈京南郊的交野地，举行昊天大帝（天帝）的祭祀。这是中国皇帝为了表明王朝的正统性而举行的祭天仪式。面对昊天大帝（天帝），中国皇帝一般都以初代皇帝为配享。但是桓

楳岭四天王之一的竹内栖凤绘制的《金阁寺月影》

（载于1898年的《雍府画帖》，该画册描绘了日本京都四季的风景）

京都御所紫宸殿

皇天統持 代一十四第

朝鲜新罗国第 27 位君主善德女王金德曼

（632~647 年在位）

日本第 47 代持统天皇，载于三英社版《御历代百廿一天皇御尊影》

（690~697 年在位）

中国历史上唯一的女皇武曌

（690~705 年在位）

日本第 122 代明治天皇

（1867~1912 年在位）

日本国会议事堂，明治天皇在东京主持国会开幕（1890年11月29日）

《伦敦新闻画报》（*Illustrated London News*，1891年1月17日）插画

日本第 123 代大正天皇

（1912~1926 年在位）

日本第 124 代昭和天皇

（1926~1989 年在位）

美国密苏里号战列舰上的日本无条件投降签字仪式

（俯拍）

密苏里号战列舰

1945年9月27日，昭和天皇裕仁在美国驻东京大使馆访问了
美国陆军上将道格拉斯·麦克阿瑟（Douglas MacArthur）

日本第 125 代平成天皇

(1989 年 1 月 7 日至 2019 年 4 月 30 日在位)

武天皇向天帝祭祀时配享的对象并不是初代的神武天皇，而是自己的父亲光仁天皇。桓武的这一举动表明自己是新王朝的开创者。向长冈京和平安京的迁都，其背后也有创立新皇统的意识。

另外，桓武天皇的即位宣命，也与以往有所不同。宣命这样说："桓武皇位的继承是依据天智天皇制定的《近江令》，以及从《近江令》引申出的其他律令法。"奇怪的是，宣命完全没有言及天孙降临以来皇统的连续性，完全没有提及天神对皇位的加护。桓武天皇在郊祀中导入的天命思想，虽然在后世并没有定型，但是通过奈良时代的政治轨迹变革来看，天武系的皇统在自灭，大和政权以来的旧豪族都在没落之中，氏族社会的神话意识形态衰退得尤为惊人。毫无疑问，天皇制迎来了新的历史阶段。

日本天皇原本的即位仪礼，是从中臣氏那里奏上天神寿词，是从忌部氏那里奉上三种神器，这些都是相当重要的神力元素。但在桓武朝以后的即位仪礼中，这些仪式都不举行了，代之而起的是大尝祭。同时，桓武即位后还首次举行了全国规模的新尝祭，这一做法隐含了一个观念上的变革。因为由忌部氏奉上三种神器的做法，源于在大和政权时代由群臣献上宝器的传承，当时这样做的目的是为了表明天皇之位是由群臣共立的。只是到后来天皇的即位与群臣的关系被逐步淡化，也就是说天皇继承的过程与群臣的互动被完全切离了。特别是桓武朝以后的即位仪式，更是脱离了氏族制的神话要素。从总体来看，与中国皇帝的即位仪式相近。

把这种中国化（唐风化）的仪式进一步具体化的是桓武的儿子嵯峨天皇（809~823年在位）。818年（弘仁九年）嵯峨天皇发出诏令：① 天下的仪式和男女服饰均仿照唐风；② 五位以上的位记书式改为唐风；③ 宫城的殿舍和殿门的名称均改为唐风；④ 仪式用的百官舞踏的方法学习唐风。

从内容来看，第一条表明的是废止官司内举行的跪伏礼，采用中国式站立的辞仪。第三条表明的是改称问题，如由大和时期的军事氏族（门部）设定的宫城十二门的名称中，佐伯门改为藻壁门，壬生门改为美福门。这里，藻壁门也好，美福门也好，均属于唐风名称。这表明随着旧豪族的没落而衰退的氏族制理念，被唐风文化的导入一扫入库。第四条是说，在即位礼仪与元日朝贺之际，废除百官面对天皇时的四拜和拍手（这是日本古来的做法），改为中国式的再拜和舞踏。此外，日本的《衣服令》里规定了皇太子以下的皇族成员的服饰必须仿照中国的礼服和朝服样式，但没有规定天皇的服饰也必须如此。所以自大和政权以来天皇的服饰都是传统的白装束（帛衣）。为什么不规定天皇的服饰呢？原来就是要表明天皇是超越于律令之上的存在。因为在中国，唐的《衣服令》

就对皇帝的服饰有详细的规定。

但是打破这一均衡的是嵯峨天皇。他在即位期间放弃了穿戴传统的白装束（帛衣），改为唐风化的衣冠，这表明天皇也被唐风化的秩序所包摄。820年（弘仁十一年）嵯峨天皇发布诏书："天皇、皇后和皇太子的服饰均按唐风改定，特别是天皇的即位和元日朝贺之际，穿戴的衣冠必须是与中国皇帝同样的衮冕十二章。"有了这套法律化的文书，天皇在即位仪式的时候不再穿戴帛衣，一律穿戴与中国皇帝同样的服饰。这个做法一直延续到幕末的孝明天皇为止。

从表面看，这样的做法使得天皇制的外在要素被进一步稀薄化。但与此同时，天皇制内在的要素则被进一步中国化。这种企盼天皇与皇帝同格的做法，实际上更有助于天皇地位的正当化和恒定化。在这方面桓武父子还是很用心的。

## 13 天命之子与天神之子

为了更深刻地了解日本天皇家的礼仪做法，有必要看看中国皇帝的祭祀。中国皇帝的祭祀有两种形式：一为祭天的"郊祀"，二为祭祀祖先的"宗庙"。郊祀与宗庙，从分量上来看，前者要重于后者。

祭天的场所是在宫都的南郊，《礼记·月令》中正月元日祈谷的祭祀是其渊源，确立的时间是在前汉末期。依据天命思想，皇帝就是天子，所以要祭天。

祭天之后，皇帝就能裹挟权威的旗袍，确立其不可动摇的正统性。首次于正月上辛在南郊祭祀感生帝（五方上帝的一个，依据五行说每个王朝都有不同的天帝）是在唐代初期。但是在657年（显庆二年）废除了五方上帝，"天"被一体化为昊天上帝。在中国，这样的祭祀尽管叫皇帝的祭祀，但是皇帝亲自去祭祀的并不多见，一般都由臣下代行。只是在即位后的首次祭祀等特殊情况下，皇帝才亲自去。9世纪去中国留学的日本僧圆仁，在长安看到过祭天的场面并留有记载。在《入唐求法巡礼行记》里就有"早朝出城行幸于南郊坛。坛设立在明德门"的记录。皇帝祭天是每年恒例的祭祀，基本上是正月祈谷祭祀和冬至圆人祭祀这两大祭祀。不过在唐代还增设了孟夏的雩祀和季秋的明堂祭。也就是说，唐代皇帝一年有四祭，地点在南郊或南堂，祭祀的场所叫天坛。祭天是皇帝的特权，是权威的显现，更是把天命具现化的一个表现，这是自秦始皇帝以来的传统。这也就是说，中国皇帝强调与天的关联。但这里生出的一个问题是：中国皇帝与天神之间并没有系谱上的关联。这是为什么？原来易姓革命的思想在春秋战国时代被理论化，谁都可以做皇帝是其思想的核心。自然，皇帝与天神之间的系谱连接，就显得没有必要了。

中国皇帝的天命思想在日本没有生根。虽然7世纪的天智天皇的和风谥号为"天命开别"，天武天皇的和风谥号为"天渟中原瀛真人",持统女帝的和风谥号为"高天原广野姬""大倭根子天之广野日女"。这里好像已经意识到了"天命"和"天"的问题,表明天智天皇是最初接受天命的王朝。但是在一个没有现实的王朝交替历史感的国度,天命思想的渗透事实上是不可能的。日本班币仪式的祝词是"皇御孙之命",这表明祭祀的主宰者不是天皇。中国的皇帝在仪式的祝文里署上自己的尊名,这表明祭祀的主宰者是皇帝。

自己作为接受天命之天子的中国皇帝,自己作为天神之子孙的日本天皇,其不同之处是显而易见的。中国皇帝是天命之子;日本天皇是天神之子。中国的皇帝,只是受命于天;日本的天皇,则必须在系谱上与天有所连接,而且必须是天神的子孙。草壁皇子死后,有"日并皇子"的尊号。这里,"皇子"与"日"相提并论,即与天皇相提并论,君临天下之意。天认可其统治,这一点与中国的天命思想相符合。但是在其系谱上必须与天神接续,这是日本天皇的特质所在,也是与中国皇帝的区别所在。

如上所说,中国皇帝的祭祀,有祭天郊祀和宗庙祭祀两种。但是在《神祇令》里没有引入宗庙祭祀的日本人,则把伊势神宫作为天皇家的宗庙,这是8世纪末的事情。模仿中国的皇帝,导入祭天郊祀的仪式是在785年(延历四年)桓武天皇的时候。

虽然在日本这种中国式的郊祀最终没有定格，但是天皇把自己象征权威的脸面首次朝向天空，这件事本身是很重要的。

## 14 三本书，三种不同的设计

在中国，接受天命的皇帝才有祭天的权力。而皇帝派遣的州县官员在地方设置的社稷里祭祀，这表明地方的祭祀也被皇帝掌控。与此不同的是，日本的天皇只能在自己的宫中执行祭祀，而不能统治地方的诸神（国神）。这里，来看看在大宝《神祇令》制定的前后，天皇与地方诸神的关系。

先来看看《古事记》里雄略天皇与葛城山神的物语。雄略天皇在登葛城山（奈良县）的时候，碰见一班人马。这班人马穿戴的服装与雄略天皇完全一样。对此天皇问道："在这个大和的国家，除了我之外没有其他的君王了。但是今天是谁与我同行呢？"不可思议的是，对方也以同样的问题来问天皇。雄略天皇大怒，准备拉弓射箭。对方也学着天皇的样子，准备拉弓射箭。雄略天皇又说道："快报上名字。"对方回答道："我是葛城的一言主大神。"天皇听后大惊，道："不知道神能出现在我的面前。"感到畏惧的雄略天皇，放下了手中的大刀和弓箭，其他的官人也纷纷脱去自己的衣服，向一言主大神拜礼奉献。这个叫作一言主大神的葛城山神，就是在这个地域里被祭祀的地祇（国神）。《古事记》写天皇对国神充满畏惧，并献上贡品，表明天皇的地位在国神之下。

但是在《日本书纪》里，则是另一种写法。雄略天皇在葛城山打猎的时候，见到一位面貌容仪与天皇很相似的"长人"。天皇察觉到他是神，便询问他的名字，神说是"一事主神"，两人便一起快乐的打猎。这里，与《古事记》不同的是，天皇并不畏惧国神。天皇与国神一起行动，表明与国神处于对等的位置。

而《续日本纪》又是另外的一种设定。雄略天皇在葛城山狩猎的时候，有一位"老人"与天皇争抢猎物。天皇颇感愤怒，便把这位老人流放至土佐国。这位"老人"其实就是葛城地方的"高鸭神"的化身。这里，天皇与神相争，感到神的不逊，便流放了神。这表明天皇有权放逐国神。

《古事记》《日本书纪》《续日本纪》，三本书，三种不同的设计。一个是天皇在神之下，一个是天皇与神对等，一个是天皇在神之上。天皇作为天神子孙的后代，表明支配的正统性。但是在《神祇令》的祭祀里，天皇的这种权威还没有浸透四方诸国，地方的国神与天皇处在对等的位置。所以为了更好地统治地方的国神，"神祇官"这个装置是必要的，"班币"这个仪礼也是不可或缺的。

好不容易到了 8 世纪后半，天皇才有了放逐国神的权威，天皇祭祀发生了根本变化。

## 15 大尝祭的费用从何而来？

大尝祭需要相当的排场，需要复原古代氛围，需要招待上千宾客，这都需要费用。在政教分离的民主国家日本，这个费用从何而来？是国库出还是内廷费出？国库出的话，会招来反对的声音。内廷费出的话，费用又不够用，真是两难。考虑到内廷费不够用，昭和天皇的弟弟高松宫曾经这样提议："今后大尝祭是不是能在神嘉殿举行？建造两个大神殿，使用一个晚上就撤除，是个很大的浪费。在每年新尝祭用的神嘉殿举行，不也是很好吗？"

但是在昭和天皇死去后，出现一种呼声：新天皇即位的仪式应该由国库担负。这当然是日本保守势力的声音。与此相反的声音是：天皇成神的仪式绝对不应该再举行。如果是公费支出的话，就违反了政教分离的原则。争论来争论去，作为结果平成的明仁天皇大尝祭的费用还是由国库负担。并规定其规模与大正天皇和昭和天皇相同，邀请千人贵宾，电视转播部分实况。明仁天皇的大尝祭政府支出了26亿日元。这样庞大的费用，内廷费根本不够。内廷费现在一年的预算是3.24亿日元。1990年（平成二年）的时候还是2.9亿日元。这里的问题是，宗教神事由国库支出，确实有违宪法制定的政教分离的原则。于是，日本政府只好这样解释："大尝祭确实是皇室的私家神事，但是一代一度的传统仪式，也不能说没有公的色彩。它与年中行事的新尝祭不同。"

大尝祭最为核心的部分是什么？除了天皇没有一个人能说得清楚，也没有一个人看到过。因为它完全是天皇一个人的行为，在私密的空间进行的极秘的个人行为。历史学家、民俗学家对此作出了种种神秘的解释。

大尝祭使用的稻谷从日本什么地方来？没有办法用行政决议，只能用占卜来决定，这叫"斋田点定仪式"。东日本选择悠纪之国，西日本选择主基之国。1990 年 2 月 8 日，占卜的结果是：悠纪国是秋田县，主基国是大分县。宫内厅马上通知这两县的知事，知事再与农协商量在两县的哪块田里收割稻谷。收割是在极秘密的状态下进行的，这是为了防范反对大尝祭的过激派。

天皇家的新尝祭和大尝祭一般都在冬至前后举行。冬至是太阳照耀最短的一天，过了冬至，复苏的春天姗姗来临。古代天皇正月一日即位的很多，如舒明、皇极、齐明、天智和持统诸帝。崇神天皇及以后的十五代天皇之中，崇神、垂仁、仲哀、应神、仁德、清宁、显宗和仁贤等八位天皇也都是在正月一日即位的。祈愿再生的仪式，与圣诞节的起源相似。世界各地在这个时节都有不同的神事活动。冬天到来，万物凋零；春天到来，万物复苏。循环论的宇宙观是如此精巧地再现着生命的本质。在冬至将要过去的夜里举行大尝祭，象征的正是天皇再生、新王诞生这一强有力的皇室循环论。

### 16 明仁天皇的大尝祭

明仁天皇是昭和天皇裕仁的长子，1952 年被立为皇太子，1989 年 1 月 7 日即位，成为天皇家第 125 代天皇，年号为"平成"。

明仁天皇大尝祭之所以在东京举行，一个很大的原因是基于保安上的考虑。有 158 个国家和地区超过 500 人的外国政要参加，整个活动是不能有任何闪失的。尽管只有一个晚上的大尝祭，也必须建造一座南北长 99 米，东西宽 95 米的大尝宫。神门用黑木（没有剥去树皮）搭造。在中央地带，属于正殿的是悠纪殿和主基殿两殿。建筑物给人原始古朴的感觉，再现了神代祖先衣食住行的生活样式。整个大尝宫的建造用了半年的时间，总费用为 14 亿日元。

1990 年 11 月 23 日午后 5 时，约有千人的宾客陆续到达祭祀活动的中心大尝宫，并在幄舍着席。5 时过后，天皇步入东御苑。5 时 50 分天皇步入回立殿，在小忌御汤处洁身。6 时 28 分，式部官在悠纪殿周围点上松明。身着白衣、衣冠束带的天皇从回立殿出来走向悠纪殿，开始了供馔仪式。这个仪式到晚上 9 时

30分结束。稍事休息后，在午夜0时前往主基殿，再重新来一遍完全相同的供馔仪式，直到凌晨3时30分结束。

在这期间，宾客是在什么也看不见的状态下一直坐在那里等待，在想象的世界里同步再现天皇的供馔仪式。历代总理大臣一般是在悠纪殿供馔仪式结束后离开现场。中曾根康弘前首相算得上是个天皇制积极的辩护者和拥护者了，但也在半场后就失去耐心回去了。能一直等到仪式结束的只有前首相铃木善幸。

两殿的供馔仪式结束后，开始了最为神秘的"秘仪"。在内阵的中央，摆设着八枚重叠的草席组合成的像床一样的寝台，叫"八重榻榻米"。寝台还设有"坂枕"，寝台的顶端放有一双鞋，还放有为远方客人拂去尘土的"打拂布"（单子）以及梳子、扇子等物品。另外，在床的两侧放有"缯服"（绢织物）和"鹿服"（麻织物）。床的中央还放有二重羽绒的"御衾"（被子）。内阵里设有两座黑木灯台和陪膳采女的座位。这样精心的布置和摆设，究竟有何含义？是一种暗示？暗示在举行"圣婚"的仪式？

先听听权威学者折口信夫的说法。天皇向神座的天照大神供奉新谷，然后共食，天皇以此得到了"瑞穗国"的咒术能量，寝座是在刻意营造天孙降临神话中，琼琼杵尊披裹着"真床追衾"的样子，天皇就寝的时候先代天皇灵附着于身，君主的再生在此得以完成。

再来看看另一权威学者冈田精司的说法。在床（寝座）的两侧放有单子（打佛布），表明祖先神远道而来。天皇就寝时盖着"御衾"（被子），表明与祖先神共为一体，并取得了一种资格，一种供奉于神的供品也能拿来自己使用的资格。同时，寝座里的如此摆设，其实是一种暗示，暗示了采女圣婚时曾在这里过夜，并用过这些物品，现在这些物品只不过是采女的遗留物。在"记纪"神话里，豪族把自己的女儿送予天皇或皇子，并奉献酒物，表明了一种服从与被服从的关系。女儿与天皇对唱情歌，举行圣婚，也就在这个时刻。

显然，折口信夫是否认"圣婚说"的，冈田精司是认同"圣婚说"的。谁更准确呢？看来还是冈田精司。折口信夫不是不知道天皇家的这个传承，而是在为天皇家"遮丑"。他在发表这些学术观点的时候显然是在考量一些现实的因素。

总之在日本，臣下在政事中为天皇奉仕；天皇在祭祀中为诸神奉仕。在政事的构造和祭祀的构造之间，用"奉仕"这个观念来沟通。大尝祭就是这个"奉仕"的再现。所谓"殊为人主，不及群庶"就是这个意思。

## 17 天皇就是精神皇帝?

把日本的天皇看作祭司王，这就在观念上把权威和权力加以技术的分离。这种把权威和权力分离的思考方法，在欧洲和亚洲的其他国家是看不到的。因为这里隐含了一个很简单的道理：君主丧失权力之际，就是自己消失之时。难道在日本就没有人看清这个简单的道理吗？显然不是。日本人是在进行适合他们历史环境的王权哲学的尝试。

历史上藤原氏掌控实权的那段岁月是天皇家最为太平的时期，也是日本历史进入第一次长年和平期的时候。然而天皇一亲政，问题就来了，自己倒台不说，整个国家也陷入动乱。后醍醐天皇就是一个典型。

"天皇通天，幕府通地。"德川家康的御用文人新井白石这样说过。江户幕府和李氏朝鲜恢复邦交的时候，成为障碍的是征夷大将军。因为在日本，征夷大将军是实质上的最高权力者。但是把日本的大将军与朝鲜国王视为对等，互相往来书简是不可能的，朝鲜国王绝不会接受。就像现在日本自卫队的统合幕僚长与英国女王成为对等的角色，对方会如何想呢？在传统上文官优先的朝鲜，军人的位阶是低下的，将军仅仅等同于侍从的地位。

于是，困扰的幕府，在表现征夷大将军的时候，用了"大君"这个词。这是个非常奇妙的词，日本人看到"大君"这个词，首先想到的是天皇。但是在朝鲜，大君是指皇太子以下的王子。如果按照新井白石的说法，大君的由来就是庶出的王子之子，身份并不高贵。日本实际上的最高权力者（征夷大将军）用大君这个身份不高的称号与朝鲜方面交涉，朝方感到很满足，认为自己的身份高于大君。而在另一方面，当幕阁们知道征夷大将军被称呼为大君时，一阵狂喜，认为这是了不得的称号，老中（日本武家中的中级职位）以下者为此登城祝贺，这在《德川实纪》里有记录。这样看来，双方都被骗了。朝鲜国王被骗了，日本的幕阁们被骗了。征夷大将军用"大君"来包装，想出这一招的林大学头真是属于相当有水平的欺诈师了。然而，知晓事情由来的新井白石则感到非常的不痛快。将军对外为什么不能直接被称呼为国王呢？况且历史上有先例，足利义满为图贸易之利，就被明朝皇帝封为国王。

从 12 世纪末的镰仓幕府成立到 19 世纪中叶的幕末，这之间的时间跨度约为 680 年。除去建武中兴的数年之外，日本天皇基本上是与政治实权相分离的。如在江户时代，天皇在政治、军事、外交等方面都委任于征夷大将军。与外国签署条约也不需要天皇的许可。天皇只保有叙任叙位、元号、作历这三种权限。如在幕藩体制下，元号的决定除了家光、家纲、家宣等时代之外，原则上都在京都举行。同时，古代传统文化则在天皇的手中得到保存。就像西园寺、德大寺两家是琴的家系，四条家是刀具的家系，五条家是相扑的家系一样，很多公卿家（三位以上的廷臣）就是各种艺能的家系。所以在幕末来日本的西洋人的眼中，天皇就是"精神皇帝"，幕府将军是大君。

在日本的皇族历史上，圣德太子、中大兄皇子事实上也是摄政者，但他们还都是皇族成员。而清和天皇的外祖父（母亲藤原明子的父亲）藤原良房开始了非皇族人员的摄政，这个意义相当重大。清和天皇之后即位的是其第一皇子贞明亲王，即第57代的阳成天皇，他也像他的父亲一样9岁即位。这位天皇按照北畠亲房在《神皇正统记》的说法，没有君主之气，人性也不好，被誉为乱行奇行的"物狂帝"。关白太政大臣藤原基经一气之下废除了这位天皇。之后是阳成天皇祖父的弟弟式部卿时康亲王继承王位，光孝天皇诞生。光孝天皇的皇子是宇多，宇多的皇子是醍醐，他们都按照顺序即位天皇。

藤原基经前所未有的废帝行为，得到了北畠亲房的很高赞赏。他说为了天下大义，摄政关白只有藤原一家来担当，真是"积善的余庆"。北畠亲房是个有名的天皇亲政论者，主张天皇必须拥有权力和权威，必须是个专制君王。但是在"废帝"这个问题上，表现出了他的灵活的立场。实际上对藤原基经的礼赞，表明了他的政治理想。不错，为了后醍醐天皇，为了后村上天皇，北畠亲房确实写了《神皇正统记》。但是在高扬天皇亲政论的同时，他也确实在为日本天皇家如何万世一系动脑筋。

## 18《日本书纪》杀死了《古事记》

为了神格化天皇，日本人智慧地创造了"高天原"这个概念指代天上的诸神世界，这个概念确立了皇室尊严的起点。这里的"天"，毫无疑问地模仿了佛教和道教里的"天"的概念。佛教里有弥勒兜率天的"天"。在道教，"天"意味着诸神的世界。但是，地上的天子直接与天（高天原）相联结是日本人独创的思维。

712 年成立的《古事记》是以高天原为原点构想的历史书，也是使天皇神格化的政治书。但是《古事记》能构成天皇家万世一系的系谱吗？最终不是抽象的高天原，而是依据中国思想的天皇理念被认为是必要的。其结果是必须重新编撰与《古事记》不同系统的历史书，《日本书纪》由此诞生。既能成为天皇的理想模型，又能体现中国皇帝理念的人物被创造了出来，这就是圣德太子。

最终，又回到了本章的开头，先王被新王杀害，杀死先王是为了新王的诞生。以这样的逻辑来看，是《日本书纪》杀死了《古事记》。杀死《古事记》（先王）是为了《日本书纪》（新王）的诞生。天皇家就此步入万世一系的正轨。

## 12　伊势神宫东面神圣之谜

——天皇家为什么选定伊势镇座？

### 1　伊势神宫——难以破解的密码

对日本天皇家来说，最重要的心灵之地在哪里？不在京都，不在北九州，也不在奈良。而是在土地肥沃、物产丰富，又有长长的海岸线的三重县伊势市南部。这里有一座阴气很重的神宫叫伊势神宫，是日本最古老的木造建筑物。建筑样式称为"神明造"，其特点是屋顶没有曲线，以芒草铺成，正梁上方架着十根"鲣鱼木"。"破风"上面高耸着 V 字形的"千木"。伊势神宫用的木材都去掉树皮，是没有任何颜色的白木结构。神宫的四周被耸入云霄的浓密森林包围，据说森林的面积有 90 公顷。它们在阴森中诉说着古朴、天然、静谧、纯粹与灵性。

伊势神宫之所以引人关注，之所以每年有 600 万的游客量，原因是多方面的。其中之一是伊势神宫暗含了许多至今都无法破解的密码。

伊势神宫有内宫（皇大神宫）和外宫（丰受大神宫）之分。内宫约创建于两千年前，外宫约创建于一千五百年前。内宫祭祀天照大神，外宫祭祀丰受大御神。由内宫和外宫构成神宫，伊势神宫是第一家。中国道教典籍《真诰》（在 5 世纪末由中国的陶弘景编著）里说，道教的天宫有内宫和外宫之分。内宫营造在洞内，外宫营造在山上。伊势神宫是否受此影响？不得而知。

在伊势神宫的祭祀中，一个相当重要的元素是奉仕天照大神的斋王。天照大神是神，神与人如何交流与沟通？原来是由一位未婚的王女来执行沟通，这位王女也叫斋王。斋王是天皇家的代表，从这层意义上说，斋王也就是巫女。如何把神的咒术转化成人的咒术？巫女传递着神明的语言，巫女也就成了神官。由于要与神明打交道，对斋王就有一定的要求。如斋王必须从天皇家的独身女性中选拔，在距离神宫约 15 公里的斋宫（现三重县多气郡明和町）居住。斋王制度的确立是在 7 世纪后半的天武朝，这在《日本书纪》里有记载。如 673 年（天武二年）四月条目里写道："为了让大来皇女去宫中奉仕天照大神，先让她在泊濑（现奈良县樱井市的初濑川的河岸）的野宫里暂住，斋戒沐浴，清洁身子，调整心态，然后慢慢地与诸神接近。第二年离开泊濑去伊势，住进了神宫附近的斋宫。"大来皇女是天武天皇第三皇子大津皇子的姐姐。大津皇子在天武天皇死后不久，被持统女帝赐死。大来皇女知道后，从伊势的斋宫回到大和为弟弟奔丧。斋王制度持续了约660年，一直到南北朝时伊势神宫第75代斋王祥子内亲王为止，有60位以上的皇族女性担任过斋王。在14世纪的时候这一制度被后醍醐天皇废止。这种制度，使人联想起邪马台国时代的卑弥呼女王与其男弟的关系，前者负责统治宗教世界，后者负责统治现实世界。

这里有一个问题：伊势神宫什么是时候开始叫神宫的？确切的时间难以断定。但从史料《日本书纪》看：507年（继体天皇元年），有豆角皇女在伊势大神的祠院里参拜；578年（敏达天皇七年），有兔道皇女在伊势的祠院里参拜；585年（用明天皇即位前纪），酢香手姬皇女在伊势神宫参拜日神。可见，被正式称为伊势神宫，是从第31代用明天皇开始的。中国最古老的诗集《诗经》里有神乐歌。郑玄（127~200）在其注释中说：参拜周王朝远祖姜嫄的神灵之地，所以庙宇也就叫作"神宫"。确定了神宫就是参拜远祖的神灵之地。以此类推，伊势神宫也就是参拜皇室远祖的神灵之地。所以，尽管东京有明治神宫，名古屋有热田神宫，九州大分县有宇佐神宫，尽管它们都叫神宫，但是，伊势神宫作为参拜皇室远祖的神灵之地的地位，谁也不能撼动它。它属于日本全国最上位的神宫，这一点也丝毫不能动摇。由此故，神宫有与内宫有关的神社为 91 社，与外宫有关的神社为 32 社，加上内宫外宫 2 社，一共是 125 社。

## 2 天武天皇的基本思路

在祭招天照大神之前，原本的伊势神宫也祭神。祭祀什么神呢？祭祀由海人部来祭招的一个地方神，既不显赫，也不神圣。

是天武天皇提高了伊势神宫的地位，并把它升格为国家级神宫。这是天武对天皇家，甚至是对日本这个国家的一个很大的贡献。这里，天武的基本思路是：① 现在地方诸神各自为霸，很容易产生思想的混乱，思想一混乱，政治就混乱，国家就会陷入战争的状态；② 要制止诸神称霸的发生；唯一的做法就是在诸神中设定一个祖先神，并把这个祖先摆放在远比其他氏族所祭祀的神高得多的位置上；③ 这个祖先神必须是天皇家的祖先。从这个思路导出的一个结论就是：要使天皇的权威超越大和豪族首长的地位，并使其影响扩及全民，就必须要创造出比过去远为强大的天皇祖先神，使其成为全民的崇拜对象和祭祀对象。其宗教意义在于：天武帝构想建立一个宗教圣地，一个强有力的天皇家祖先神的宗教圣地。而这个宗教圣地必须放置在面向东国的海军根据地——伊势。

那么，从什么时候开始，天照大神作为祖先神被祭祀呢？《日本书纪》里记载，672年六月的壬申之乱之际，大海人皇子（即以后的天武天皇）在朝明郡（现四日市）的迹太川的河边拜望天照大神。已经收获胜利的天武，对天照大神有一种特别的心绪。他想借助这个谁也认识不透的观念上的大神镇住诸神，打造作为天皇的君主形象，从而创生出具有权威的天皇灵。应该说这是日本历史上天皇参拜天照大神的最早记载，这一参拜的重要意义在于它奠定了国家祭祀的基础。

### 3 为什么一定要在伊势镇座？

天照大神为什么一定要在伊势镇座呢？关于天照大神在伊势镇座的传承，《日本书纪》垂仁天皇（第11代天皇）的条目里这样记载："有一天，天照大神对倭姬命说：'神风（神风是关联伊势的枕词）的伊势国，有常世的波浪冲打海岸，是一个离大和最近的美丽的国家。所以我想在这个国家里居住。'"于是倭姬命按照天照大神的尊旨，在伊势国建立神宫。而且还在五十铃河川边上建立了奉仕天照大神的斋王之宫，也叫矶宫。这也就是说，伊势是天照大神最初从天降临的地方。

这里的问题是"常世"一词。何谓"常世"？在垂仁天皇去世这年，《日本书纪》里这样写道："常世国是神仙的秘区。"而神仙是指中国土著的道教之神——仙人。道教是以祈愿不老不死的神仙思想为骨骼的宗教，而仙人居住的地方即神仙境，也就是常世。这样看来，天照大神的镇座，显然是受到了道教的影响。还有包围纪伊半岛的海岸，从地理上说常被太平洋卷起的波浪洗礼。常世等于神仙境，中国道教中，神仙境有两个种类：一个是山的神仙境，一个是海的神仙境。作为代表，前者是昆仑山，后者是在东海里浮沉的三座神山：蓬莱、方丈和瀛洲。司马迁的《史记》里就有到山东半岛的最尖端去寻求不老不死仙药的记载。而天照大神的镇座传承，不用说是把伊势作为海的神仙境了。山东半岛的最尖端，在秦始皇时代已经在祭祀日神（日主）了。这个地理位置和志摩半岛东端附近的伊势神宫非常相似。

再进一步来看的话，伊势神宫的周围耸立着大和三山：耳成山、香具山和畝傍山。这和中国东海漂浮着的三神山有惊人的相似性。《万叶集》里香具山就写成了汉字"芳莱山"，而"芳莱山"就是指蓬莱山。如果香具山就是蓬莱山能成立的话，那么耳成山和畝傍山是否就分别为方丈和瀛洲？天武天皇有一个和风名叫"天渟中原瀛真人天皇"。这里的"真人"就是最高位的仙人，从这里可以看出天武天皇对三神山的关心。

当然，这里还有一个重要的原因是不能忽视的。天皇家的初期王权是从大和到伊势的，也就是说王权的落脚地，最终迁移到东方的伊势。《日本书纪》里有天照大神从大和到伊势镇座的记载，这表明伊势的土地对王权来说是个神圣之地。皇祖神天照大神最初在日本的中枢地区成立大和王权，之后之所以必须迁移至伊势，一定是发生了必须迁移的状况。这里的重点在于，天照大神与海洋神在信仰方面是否有密切的关联？从这点来考虑的话，伊势是否就是一个有相当规模的航海据点？如果来往于西国东国之间，伊势是航海的必由之地。日本著名的古代史家直木孝次郎在《日本古代的氏族和天皇》[①]中说："大和王权在东国的路线中重视伊势是在5世纪的时候，然后在6世纪前半更加活跃。原先在伊势镇座的地方神，开始接受崇拜天皇这一观念。正是在这一观念的驱使下，地方神也开始祭祀天皇家的祖先神，即作为皇祖神的天照大神。这个时期正好是第21代雄略天皇的时候。"因此雄略朝是在伊势神宫祭祀天皇家的开始。如《日本书纪》里就有稚足姬皇女在伊势神宫圣祠奉仕的记载。这里雄略朝与稍后的天武朝的不同之处在于，雄略朝还没有把天照大神提升到国家地位来祭祀，完成这一任务的是天武朝。

## 4 暗含了东面神圣的思想

用颜色来定位是中国五行思想的一个特点。北

---

① 〔日〕直木孝次郎：《日本古代的氏族和天皇》，确书房，1964。

为黑（玄），东为青，南为赤（朱），西为白，中央
为黄。

天照大神作为日神，和青色相关。如果单纯从
地理位置来看，太阳从东面升起。天照大神在王权
之地——大和的东方被祭祀。日本古代的宇宙论这样
的配置方位：王权的中枢部在奈良盆地，从东到西有
两条横线（南横线和北横线）。从北横线来看，经过
法隆寺向东就是和尔下神社（现天理市），处于东端。
从南横线来看，经过二上山向东延长，就是忍坂山
（现樱井市外镰山）山顶的东端。忍坂山也叫神奈备
山，是祭祀神明的圣山。两条线都指向东方，强调的
都是东方信仰。东方神圣的思想，发端于什么时候？
定论很困难。但日本在倭的时代，就有了以太阳为
中心的思考。如天皇和皇太子都叫"日之御子"。彦
（hiko）、姬（himei）等字，其语源就是"日子"和
"日女"，所以把天照大神定格为日神是很自然的。

道教的最高神是北极星，而日本的日神则是强
调太阳的宗教。天皇的语源出自道教的最高神——天
皇大帝。显然天皇适用于北极星的宗教，而现在从北
极星的宗教转换成太阳的宗教，是表明了天皇家宗教
观的巨变，还是表明了天皇家对宗教的柔软姿态？另
外，从"记纪"神话的基本构想来看，显然涵盖了两
个世界。一个是以高天原为代表的天神世界，一个是
以出云为代表的国神世界。出云之地与伊势成为相对

的两极，伊势之天是面向东国的入口。

日本神道文化学专家冈田庄司在《日本神道史》①中谈到，从古代祭祀体系的基本轴心来看，天皇和神社的祭祀体系可分为四期：第一期（律令、奈良时期），伊势神宫—大和·大神神社—出云大社；第二期（平安前期），伊势神宫—山城·贺茂神社—宇佐八幡；第三期（平安中期），伊势神宫—贺茂神社—石清水八幡；第四期（镰仓时期以后），伊势神宫—石清水八幡—春日神社。

可见，这四个时期都与伊势神宫有关，再次验证了伊势神宫暗含了东面神圣的思想。专攻日本历史地理学的学者千田稔把伊势神宫称为东亚的天照大神，其出发点也在这里。

### 5 明治天皇为什么参拜神宫？

既然伊势神宫是祭祀天皇祖先神的神宫，为什么到明治天皇为止，没有天皇去参拜过？据"记纪"记载，景行天皇、天武天皇和持统天皇虽然因行幸的需要去过伊势，但是没有亲自参拜过大神。之后的后朱雀天皇、后白河天皇和后醍醐天皇等虽然有参拜的意愿，但因为没有先例而作罢了。

先来看一种解释：伊势神宫是祭祀天照大神的，

---

① 〔日〕冈田庄司:《日本神道史》，吉川弘文馆，2010。

但是神宫里供放的"御神体"不可能是天照大神的身姿，而是替代品。这个替代品就是神镜，由它来替代天照大神。这个天照大神的"御神体"要像人一样，盖上被子，穿上小袖的睡衣，被安置在睡台上睡觉。据说，这面镜子有仿制品，置于天皇们居住的宫中。天皇们每天早上在贤所祭祀，面对的就是这面被仿制的镜子，由它来替代天照大神的神体。也就是说，天皇们不用去伊势神宫，也能在宫中的贤所遥拜天照大神。即便是到了明治时代，宫中也有贤所，与神殿和皇灵殿合起来被称为"三殿"。

实际上这个解释并没有说到本质。历代天皇之所以不去伊势神宫祭祀，这是因为伊势神宫祭祀的对象是天皇家的祖先神。天皇自己去祭祀自己的祖先神，就会陷入一个逻辑的怪圈：天皇自身成了被祭祀的对象。而一旦成了被祭祀的对象，自己就成神了。而这与天皇制的内涵不符，天皇是现人神，而不是纯粹的神。因为不是纯粹的神，所以天皇是祭祀者，是神祇官，而不是被祭祀者，被参拜者。

如果是这样的话，那明治天皇为什么要去参拜呢？原来明治天皇参拜是有意图的，这个意图带有很强的政治性。伊势神宫是国家宗教的中枢，是国家意识的圣殿。天皇亲自参拜，发出了两个信号。一个是为了显示自己是神的后裔，为了显示其宗教的权威。明治天皇在参拜的时候使用了"亲谒"一词，这表明天皇和所祭之神是对等的。明治天皇的这一参拜确立了伊势神宫作为近代天皇制国家至圣所的地位。一个是天皇不再满足于象征天皇的地位。通过参拜，他向国民宣布：旁落了数百年的大权终于重新掌握在了皇室手中，重掌大权的力量从天照大神那里来。由于天照大神的加护，天皇成了君主，天皇成了国家元首。所以从这一意义上说，明治天皇参拜伊势神宫具有提升和打造帝国形象的意义。

1868年（明治元年）4月11日，江户无血开城。7月17日江户改为东京。8月27日举行明治天皇的即位式，仪式上用地球仪作道具，象征维新政府占据万国中心的位置。9月8日改元明治，一个天皇时代一个元号的制度从此正式确立。9月20日，天皇从京都来到东京，再从东京去伊势。《明治天皇纪》记载："午前8时，从紫宸殿出发。以辅相岩仓具视为首的护卫者共3300余人。沿途男女老幼，肃然起敬，拍手欢送。途中还遥拜天智天皇的山科陵。下午3点，到达大津车站后立即参拜了伊势神宫的内宫。"明治天皇在位期间前后共四次参拜了伊势神宫。

## 6 昭和天皇为什么也去参拜？

1945年（昭和二十年）8月15日，昭和天皇发布终战诏书。三个月后，即11月12日，昭和天皇决定去伊势神宫进行战败后的首次参拜。天皇早上8点从皇宫出发至东京车站，再转乘东海道本线，下午5点10分到达山田车站。第二天早上，昭和天皇在丰受大神宫（外宫）和皇大神宫（内宫）进行参拜。这是昭和天皇即位后的第四次参拜。昭和天皇这次参拜，其政治意图也是明显的。参拜象征国家神道的伊势神宫，表明作为国家元首的天皇还健在，还在发挥影响力。再往前追溯的话，1940年（昭和十五年）6月9日，昭和天皇为了祈祷战争的胜利，也参拜过伊势神宫，想用国家神道的超自然力量来护卫被战火燃烧得支离破碎的日本。这样，国家神道又与侵略战争保持了首尾一致。伊势神宫被政治利用了。天照大神也被政治利用了。

出面收拾这一局面的是联合国最高司令官总司令部（GHQ）。美国占领军总司令麦克阿瑟确信一点：日本神道是支撑日本人拼命打仗的精神支柱，而这一精神支柱的象征就是伊势神宫和靖国神社。于是他订立了烧毁神宫和神社的计划，但这一计划被当时在日本的罗马教皇的代理公使彼得劝阻。彼得说这是和美军占领政策不相容的犯罪行为，就这么一句话，使得麦克阿瑟放弃了烧毁神宫的计划。但他又改为发布《神道指令》，发起对神宫的麦克阿瑟式的另一番攻击。

就在昭和天皇参拜后不到一个月的12月15日，GHQ发布了《神道指令》，宣布解体国家神道。指令的第一条为："关于伊势大庙的宗教式典的指令，以及其他神社的宗教式典的指令，即刻废止。"这就是说，以伊势神宫为中心的国家神道，以及依据国家意志举行的仪式典礼等活动，从这一天开始被强行禁止了。《神道指令》还说，这样做的目的是"为了防止被军国主义和过激的国家主义宣传利用，以此来欺骗日本国民，发动侵略战争。"GHQ 的《神道指令》，砍断了日本国家和国家神道之间的联结点。

## 7 伊势神宫给 GHQ 带来思惑

但就在发布《神道指令》的两个月后，即 1946 年（昭和二十一年）2 月 23 日，联合国最高司令官总司令部的宗教科科长亨斯一行去伊势神宫视察。他们住在二见朝日馆里。作为特别参拜者，神宫方面为亨斯一行安排了御垣内的参拜。但他们拒绝了安排，仅去了一般参拜的地方。其理由是如果参拜御垣内的话，就必须拜礼。而占领军为什么要在战败国的大神面前低下头？这次视察后，GHQ 接受了把伊势神宫作为日本文化的一种符号的人类学观点。也就是说美国人想从人类学上而不是从政治上接受这个符号。这年 6 月，GHQ 又派出了国宝调查官去神宫，信奉一神教的 GHQ 想知道这个东洋文化符号的异质性和不可思议之处。

这一年，日本民俗学者折口信夫发表了这样的见解："神道是宗教，但属于非常不成熟的宗教，宗教家不是政治家。"他还说："战前的神道不是宗教，其原因有二。一是神道作为宗教没有被认可，二是神道和宫廷的关系太密切。神道和宫廷有一种特别的关系，所以神道成了国民道德的源泉。而与国民道德相连的神道，就不可能是世界的宗教。如何从民族教变化为人类教，这是日本意识形态的一个紧迫课题。"这里，折口信夫的思想接近康德的"纯粹形式"。神道的本质是什么呢？就是高皇产灵神和神皇产灵神这两个"纯粹形式"。生物的根本在于"灵魂"，这是物质的生命。

那么，这是否也是伊势神宫的"灵魂"和"生命"呢？

### 8 为什么 20 年就要迁宫一次？

根据日本的风土条件，矗立在地上的木柱一般只有 50 年左右的生命力。如果超过了 50 年，腐朽的程度就严重了。如贺茂神社就是每 50 年再建一次。那么，伊势神宫为什么 20 年就要迁宫一次？

其理由很多：神宫是木造建筑，就有一个耐久性和老朽化的问题；大神需要在一个清洁无秽的空间里被人们祭祀；神的生命力的常新需要一个新的空间；重建使传统工艺不至于荒废和失传；等等。但似乎还有一个更为主要的理由：迁宫与古代人不长的寿命有关。

如果 40 年为一轮迁宫，情况将如何？处于青年期的 20 岁或 30 岁的人，体验了迁宫的宗教性意味。40 年之后，下一回迁宫时他们就 60 岁或 70 岁了。从当时的寿命来看，轮到第二回的人几乎没有。因此从传统的继承来看，20 年一轮正好。不留实物，只留下生产手段和前人的智慧，这是支撑伊势神宫千年以上的一个主要思想。日本历史学家樋口清之就持这个观点。

从旧神殿到新神殿，这是神灵的迁移仪式。神宫会组织一支数千人的工匠大军进行重建工作。这项浩大的工程涉及 65 栋建筑和 1600 件圣物的重建。日本历史上第一次伊势神宫的迁宫，内宫是在 690 年（持统四年），外宫是在 692 年（持统六年）。这也就是说，伊势神宫每 20 年举行一次迁宫仪式，是从持统天皇时开始的。《延历仪式账》亦记载："常限廿个年一度，迁奉新宫。"但在战国时代，迁宫没有守住 20 年为一轮的原则，最长 120 多年没有实施过。16 世纪后半，式年迁宫（即伊势神宫每 20 年一次的迁宫）开始复活。

2005 年，第 62 回式年迁宫正式开始，预定 2013 年正式迁宫。

伊势神宫的主要的建筑材料是桧木。桧木的特点是什么？一般的木材是从坚固到脆弱，但是桧木则是使用的年代越长久就越坚固，百年后为最坚固。那为什么只用了 20 年就要废弃呢？伊势神宫 20 年一次迁宫，但是法隆寺建筑已经有 1500 年以上了，为什么法隆寺不迁址？因为伊势神宫是神道信仰，法隆寺是佛教信仰。神道信仰讲污秽，讲怨灵，所以要迁宫，流动是神道的灵魂。佛教信仰不是不讲污秽，不是不讲怨灵，而是佛教坚信自己的一套装置（文化的、思想的）足可以抵挡污秽和怨灵的侵袭，所以不动是佛教的灵魂。

"你看太阳已经碰到了子午线，黑夜已从恒河边跨到了摩洛哥。"这是但丁《神曲·炼狱篇》第四场中的一段话。

伊势神宫的式年迁宫，形而上的本质就是想要迎接新一轮的太阳。

### 9 一个至今未解的谜

虽然在伊势已经建立了新神（天照大神）的圣地，但旧神（地方诸神）仍在大和一带蠢蠢欲动。这些神同大和的豪族互为勾结，不知什么时候就会发起骚乱。必须要把这些神流放到山阴地方去，出云国杆筑被选作流放这些神的地点。为什么要选择出云的土地作为流放诸神的地点呢？

意宇地方自古就有熊野神社，而熊野神社是祭祀须佐之男命的出云系统的神社。这是选择出云作为诸神流放地的一个原因。当然还有其他的原因。新神的圣地是在东方的伊势，那是美丽的日出之地。而流放诸神的地方必须是与东方的伊势相对的西方，而且应当是有美丽的日落的地方。伊势与出云，正好是日出之地与日落之地。高天原（天神）世界和地上界（国神）世界，是两极相对的构造。而伊势和出云，也是两极相对的构造。

在 698 年（文武二年）的时候，准许筑前国宗形和出云国意宇两郡的郡司同族连任，说不定就是因为当时还没有明确决定流放诸神的地点。但朝廷很快就意识到九州作为诸神的流放地是不合适的。因为九州是天孙族的故乡，是天孙降临的圣地。不能把自己神圣的故乡变成诸神的死亡之地。而诸神的死亡之地，也应该有一个相应的地方才是，这个地方就是出云。日本著名学者梅原猛在《诸神流窜》一书中，对此有详尽的论述。

为此，在出云也建造了一座神社，叫出云大社。出云大社祭祀死去的诸神，而这些诸神的领袖就是大国主命。但是为什么出云大社建造得比伊势神宫还要更高更大？难道祭祀天皇家祖先神的伊势神宫，在神格上还不及祭祀诸神的出云大社？这是日本历史至今未解的一个谜。更是日本天皇家至今未解的一个谜。

## 13 一个最大的谜

### ——日本人为什么需要天皇制？

### 1 考察日本天皇制的切入点

在日本有一条不动的定律，隐藏于难以看透的黑暗的深处：不懂得日本天皇制，就不懂得日本的历史和文化。历史和文化与死去的天皇纠缠在一起，死去的天皇与再生的历史和文化糅合在一起。在英国，处死过查理一世国王；在法国，斩首过路易十六与王后，但这样的事件没有在日本发生，也没有听说过不懂得英国或法国的国王制，就不懂得英国或法国的历史与文化。

战后不久的 1945 年 10 月 9 日，《读卖新闻》以"人们期望什么"为题进行关于天皇制的调查。结果 95% 的人支持天皇制，反对的只有 5%。1989 年 1 月 7 日昭和天皇去世，全国有 5 人为天皇殉死。但是在战争结束前的 1945 年 6 月，在美国有个对日本天皇的舆论调查，赞同处刑的为33%，赞同判终身刑的为11%，赞同流放的为9%，赞同裁判决定的为17%，赞成刑罚的总计占70%。东京都知事石原慎太郎说："天皇如果退位，日本人更团结。天皇制使得日本人得了不适应症。"总之，日本天皇制是个魔方，你怎么转动，都不能得到最终的答案；你怎么转动，谜还是一个谜。权威和权力的二元构造，权力在血与火中不断交替，但权威依旧像黄牛拉车似的代代存续。

在日本关西，有许多代代相传的普通家庭，其特点是长男什么事情也不干，只负责亲属的冠婚葬祭等一切出头露面的事情，次男和三男则是拼命地工作。这样的家庭有一种优雅的感觉，有一种小型天皇制的感觉，所以这样的家庭绝对长寿。

日本的文化深层还有一个隐居的制度。这个隐居的思想来自于印度，印度的年轻人结婚生子养家，到了一定的阶段，就离开这个家，与家庭断绝成为游行僧。他们在大自然中彷徨寻求解脱，这是他们的一生一定要经历的轨迹。但是日本的隐居，是在家族的附近居住，出各种主意，抑制各种纠纷，属于市井的隐者。日本的天皇制与隐居制度很相似。

日本引进中国的儒教是众所周知的。但是这里面有一个被人们忽视的观察点：作为生活原则的儒教日本人没有引进。只有一个人，即德川五代将军纲吉，他主张孝敬。他为何有这个思想？因为他的母亲桂昌院是京都八百屋的女儿，出身于朝鲜渡来人家族。纲吉受母亲的影响，在江户的汤岛建造圣堂祭祀母亲的灵魂，以尽孝道。不彻底的儒教，不彻底的佛教，不彻底的律令制，使得日本的天皇与中国的皇帝有着很大的不同。

从古代苏我氏引进佛教赶走神道，到明治的废佛毁释。这两个文化事件是日本人走极端宗教路线的典型。在日本，政治这个东西用原理是无法驱动的。司马辽太郎说："思想和原理没有侵入日本人的骨髓。日本人头上有一个空盘。需要的话，放入荷兰语；需要的话，放入英语；需要的话，放入技术。所以，日本人没有耻辱的感受，没有后悔的感受。"这是日本的一大特点，也是我们考察日本天皇制的一个切入点。

## 2 天皇制的两张脸

昭和天皇一身两种活法：战前是"统治权的总揽者"和"大元帅"，战后是"象征"。天皇在帝国宪法下的权能——统率权、立法权、行政权、司法权和恩赦权——在战后全部失去了，被允许的仅仅是仪礼的、形式的国事行为。这是个革命性的变革。对此，日本学者久野牧和贺见俊辅共著的《现代日本的思想》中说，在帝国宪法下的天皇制，有两张脸：显教和密教。显教的解释是：天皇是具有无限权威和权力的绝对君主。密教的解释是：天皇的权威和权力是受到宪法和其他限制的限制君主。

这里，绝对君主与限制君主所构成的所谓天皇制，就是从王政复古向近代国家转变时，由伊藤博文苦心编辑并巧妙运用的"艺术作品"。但是这种绝妙的平衡被军部的"国体明征"所打破。而显教盛行密教衰退的结果，就是走向超国家主义。从这层来看，天皇制在战前与战后，就是从显教的最大化到密教的最大化的转换。曾经作为密教的象征天皇制，成为显教；曾经作为显教的绝对君主制被否定，成为密教。

1946 年（昭和二十一年）年初，昭和天皇的诏书说："朕与尔等国民之间的纽带，是用始终相互信赖和敬爱来连接的。并不是用单纯的神话和传说来连接的。"这一诏书之所以被称为《人间宣言》而受到欢迎，就在于这里的"信赖"和"敬爱"就是对战前天皇制的显教（绝对君主）的告别，就是对战后天皇制的密教（限制君主）的首肯。

第 52 代嵯峨天皇时，朝廷出现财政赤字，北面的虾夷征伐也不见功效，进退两难。这时一个叫藤原冬嗣的官僚出来对天皇说："请你不要再干了，你越干越糟糕。你对文化的感觉很好，就作为文化的象征存在吧。消灭赤字让我们来干。"所以有一种说法认为从嵯峨天皇开始，天皇的权力和权威开始分离。实际上追溯以往，桓武之前的天皇的谥号大都带一个武字，如武烈、天武、文武、圣武、桓武等。但后面就消失了，这一消失是否就标志着天皇体制从武到文的转换？

日本近代作家森鸥外（1862~1922）曾发表短篇小说《如神在》，书名取自于孔子"祭神如神在"（《论语·八佾》），委婉地批判了天皇神论。日本其他的知识分子当然也不相信天皇就是天照大神的后裔，不相信天皇身上流着太阳神的血液，但对天皇的感情仍旧不变。1912年明治天皇逝世，曾指挥过"日俄战争"中"旅顺口战役"的乃木大将夫妇，竟然剖腹为天皇殉葬。

平成天皇的皇太子多年来一直无男孩出生，这不知牵动了多少日本人的心。2006年9月，皇太子的弟弟秋筱宫亲王的妻子生下一个男孩，整个日本为之沸腾。各大报刊纷纷推出特刊、号外、专刊，各大媒体不间断地报道，整个日本犹如沉浸在盛大的节日中一样。据有关方面的数据，亲王诞生所带来的经济效益可达1500亿日元。

曾经在东京帝国大学医学部任教的明治天皇的私人医生贝鲁茨在日记中写道："走在半道，在面向有栖川宫的方向，伊藤博文这样说：'生下皇太子完全是一大不幸。一生下来就要被礼式锁住，长大后就跟随身边的人随笛起舞。'"伊藤博文能这样说，就表明他也把天皇当作可操弄的人形玩具，让其手舞足蹈。这里，伊藤博文表面看是指皇太子，其实则表明了明治元勋们的天皇观，把天皇乔装成神的同时，作为道具加以利用，这是和藤原不比等完全一样的思考方法和做法。不比等让天皇制诞生在《日本书纪》的神话中。利用藤原不比等的这个发明，明治天皇制也这样宣告成立。

日本学者山口昌男是从文化人类学角度研究天皇制的第一人。他在《天皇制的文化人类学》①中，有一段天皇制和神话的论述，很精彩。他说，天照大神的弟弟须佐之男命的神话，由五个部分组成：① 被母亲丢弃而哭泣的孩子，同时又是根国（边境）的支配者；② 在高天原实施亵圣行为；③ 驱赶与流浪；④ 斩杀八岐大蛇；⑤ 出云王权的创始者。这里，须佐之男命作为两仪之神，带有一个世界的两个相貌：他既是模范的主人公，又是欺瞒的神；他既是秩序的确立者，又是混沌的导入者。这种具有两面性的神，成了天皇制性格的一条潜在线索。这样的神，既是秩序的确立者，又是因为自身反秩序的行为而被驱赶的流浪者，可以说体现了天皇制的静与动两方面。须佐之男命与天照大神的誓约，是宇宙论的一种咒术。这也与天皇的咒术性有关联。

### 3 天皇制的魔方——更无力，才会更长久？

12 世纪快结束的时候，天皇的权力开始衰退，武

---

① 〔日〕山口昌男：《天皇制的文化人类学》，立风书坊，1989。

士时代开始。将军开始代替天皇成为这个国家的统治者，以朝鲜为首的东亚诸国，已经忘记了日本还有天皇存在。但是在日本国内，天皇的存在没有被忘记。到明治维新为止，天皇在京都的御所里，一直待了600年以上。这个时代的天皇，没有一点防卫力，没有一个士兵。所谓的御所，现在看来既不是要塞也不是城堡，没有任何警卫设施。但在天皇的身边就是没有发生任何的不测。这是非常不可思议的。其原因何在？一是天皇手中没有权力。因为没有权力，所以也没有必要加害，即便加害了天皇，对权力斗争也没有任何的帮助。二是宗教的存在。说是宗教，但又没有与佛教和基督教一样的宗教属性，而是属于单纯的原始神道宗教的性质。这里的神道与明治国家创成的国家神道有所不同，属于原始神道。而原始神道最本质的特征是没有教义。

框定神圣的场所，框定清明洁净的场所，这或许就是天皇家所依附和遵循的原始神道的教义。京都的御所就具有这样的意味，属于神道的空间。所以乱暴的武士也好，饥寒不堪的盗贼也好，看到这样的御所，也会放弃进去行凶抢劫的念头。无防备，无力化的600多年，定型了天皇的本质。按照司马辽太郎的说法，天皇的本质就是比谁都无力。既不是皇帝，也不是君王，天皇家就是按照这样的方式，代代承继了下来。

　　问题是在迎来了明治维新的春天后，天皇的本质发生了变化。这对天皇家来说，是个非常不幸的事情。大正天皇的母亲柳原二位局，她是公家出身。因为是公家出身，所以对日本天皇的本质很敏感。她这样说过："看到自己的丈夫明治天皇穿着军服，佩着军刀，骑着白马。我看到这副模样，就预感天皇家将来一定长不了。"这位既是皇后又是母亲的柳原二位局，说出了天皇家最核心的机密。随着明治国家的诞生，天皇取得了宪法上的权力，这是个巨大的讽刺，对天皇家的讽刺。天皇家哪一天干过这样的事情？明治维新后不久，日本外交文书里天皇的称呼也发生了变化——日本国皇帝。600多年来，天皇就是单纯的"御门"（mikado）。天皇的称呼变成了皇帝，一个格格不入的称呼。或许因为隔壁就有中国的皇帝，远一点的还有德国皇帝、法国皇帝，从幕末到明治，各种变化蜂拥而至。这三个国家的皇帝的存在，给了日本天皇莫大的刺激。

　　日本国皇帝这个称呼诞生不久，有人给予了猛烈的批判。岛津久光是萨摩藩的藩主。萨摩藩在明治维新中发挥了重要作用，属于非常进步的藩。但是这个藩的指挥官岛津久光有着病态的保守性格。当听到"御门"成了皇帝之后，他写道：

　　　　皇帝的称呼，不是日本固有的称号。只要读

一下《古事记》《日本书纪》就会明白。使用皇帝这个称号的人，只具有中国教养和西洋教养。这个称呼被法制化，是非现实的，也是滑稽的。与现在的风潮不符。

……

可笑。可叹。可憎。

岛津久光的汉学教养，在当时也是一流的。御门（天皇）应该是个无力的存在，至少在当时，久光是这样认为的。可笑的是，面对这样的批判者，明治政府还给予厚遇。为了表彰他的功绩，为了平息他的怒气，给了他一个"公爵"的荣誉。但即便给予了厚遇，他对明治政府还是相当冷淡，没有好感。岛津久光死于1887年。

大王、天皇、皇帝，对这三个称呼最为神经质的朝鲜，有了一丝不良的预感。果然不错，明治政府向朝鲜实施了侵略的外交路线。1897年，对朝鲜来说是不幸的一年。李氏朝鲜的王也成了皇帝，他是"被"皇帝的。成为皇帝这件事，表明的是朝鲜从中国脱离。但仅仅只有13年的光景，朝鲜被日本吞并，大王制的朝鲜消失了。现在的韩国首都首尔，历史上是王宫所在地。大王穿着皇帝服装拍的照片，还装饰在王宫里，服饰上印有龙的图案。龙是中国皇帝的象征，表明了一种挥之不去的情结。

战后日本制定了新的宪法，天皇再次回到了"御门"的本质。天皇要无力的存在，才会长久，这是本质，是日本天皇制内在的诉求。

## 4 三大学者与三大天皇制论

日本人对天皇制说得最好、最见功夫、最具说服力的有三个人：和辻哲郎、津田左右吉和丸山真男。

### （1）和辻哲郎的天皇论

和辻哲郎的《尊皇思想与传统》写于 1940 年（昭和十五年）。

> 《万叶集》里称天皇为神。天皇不能让天空下雨、不能让大地刮风，也不能救济人间的疾苦和疾病。人们在干旱的时候，向火雷神祈祷下雨。人们疾病的时候，向药师如来祈祷平愈。天皇自身也在祭祀神佛。

这样来看的话，天皇并不是支配自然现象和人间命运的超强之神，并不是像宙斯一样超自然、超人间的神。因为神圣所以成神了，这才是日本天皇的逻辑出发点：天皇不是火雷神，但比火雷神神圣。祭祀支配自然与人生之神的天皇，或者天皇家祖先的皇祖神，比支配自然与人生之神还要来的神圣。

和辻哲郎依据"记纪"神话，抓住祭祀的核心概念，认定天皇家的神有四个种类：① 作为现人神的天皇是"祭司神"。② 在神代史里发挥主要作用的皇祖神。这是"祭司神又是被祭祀的神"。③ 在神代史里没有发挥任何作用的只有名字的神，这是"单纯的被祭祀的神"。④ 被神代史所排除的具有自己的神话物语的神，这是"需要祭祀的作祟的神"。大体分类的话，第一、第二类的神是司祭之神，第三、第四类的神是被祭祀之神。在和辻哲郎看来，司祭之神比被祭祀之神要神圣。

如作为皇祖神的天照大神，她不能像绝对的神、究极的神那样，依据自己的意志支配所有事物。天照大神的统治依据是伊邪那岐和伊邪那美两神的意志，而这两神是依据天神的意志。最初生出国土失败，两神就请教天神，而接受疑问的天神，也不是依据自己的意志下判断，而是通过占卜来判断，也就是说天神动用了占卜。而占卜依据什么呢？依据"不定"这个更为重要的东西。这一思路所要强调的是：天照大神也好，伊邪那岐也好，天神也好，都不是究极之神。天神的上面已经没有神了，但也必须占卜，从这点来说天神之上还是有"不定的东西存在"。这个思路与犹太教、基督教和伊斯兰教等一神教决然不同的是，这里没有究极之神。被称为绝对的无的，才是具有无限流动性的神圣的母胎。所以在古代日本，祭祀的执行者天皇具有重要的意义。虽然他没有超人间、超自然的能力，但是作为现人神被人们所理解和接受。虽然天照大神在有的时代被作为皇祖神来祭祀，但作为祭司王的天皇原本的姿态，还是通过天照大神很鲜明地表现了出来。神佛调和，这是在世界宗教史上几乎没有的现象，天皇却能做得十分平和自然，神事佛事同时祭祀，其根源也在于具有神性的"无限流动性"。对此，本居宣长在《古事记传》中说，没有绝对神的存在，是我们国家的"古意"而不是"汉意"。

所以，和辻哲郎说："我们祖先对究极的东西，绝对的东西这个特殊的形并不加以限定。按不定的状况，按无限定的状况从事。而这个无限定、不定要比究极和绝对要来得神圣。这是绝对者给予他人的'通路'。是属于'神圣性的通路'。"

至此，和辻哲郎完成了对天皇制神圣性的论证。

### （2）津田左右吉的天皇论

1945 年日本战败。1946 年 1 月天皇发表《人间宣言》。日本国内围绕天皇制展开讨论。坂口安吾的《堕落论》（1946 年 4 月）和《续堕落论》（1946 年 11 月），是战争结束后讨论天皇制的先河。之后，津田左右吉于这年年底在《世界》杂志 4 月号发表论文《建国的事情与万世一系的思想》。论文的主要内容是历史上的天皇并不适合于亲政，天皇的价值在于精神的权威的存在，国民应该喜爱国民自己的皇室。当时的《世界》杂志主编是吉野源三郎，他害怕论文发表会遭到不喜欢天皇制的人的攻击，便写信要求津田左右吉修改论文。结果，论文与主编的信一起发表，倒没有发生想象中的重大混乱。这表明天皇制的拥护者也可以公开发声了。

津田左右吉的观点是：皇室站在高处看轻民众，或者用权力压制民众，在漫长的历史上一次也没有。皇室是国民的皇室，天皇是国民的天皇。如何把拥有2000年历史的皇室，安泰地放置于现代国家的一个适当的位置上，使其更美好、更永久，是我们必须思考的一个问题。来自于国民的爱将是皇室的生命力所在。津田左右吉曾批判中国文化，认为儒家也好，道家也好，墨家也好，其共通之处就是缺少公共性。如何寻找思想中的公共性？这一疑问使津田左右吉将视野投向了天皇制。

### （3）丸山真男的天皇论

丸山真男是日本战后最有影响的政治思想家。1936年在东京帝国大学法学部学习的丸山，写下首篇论文《政治学里的国家概念》，这年他是23岁。论文里直接批判了在意大利和德国滋生的法西斯主义。他认为"法西斯主义国家"的渊源在于"个人主义的国家"，对此进行了双重的批判。1960年代他在东京大学作日本天皇论的讲义，其核心是天皇的五个超凡者性格。

第一，作为咒术司祭者的超凡者。天皇最重要的职务就是祭祀，这与超凡者高天原的天神相通。天皇和天神同是咒术的司祭者，这一思想来自于和辻哲郎，和辻哲郎肯定了这种不设绝对神的思考。但在丸山看来，这恰恰是日本社会"无责任体系"的渊源，要加以批判。此外，因为天皇仅仅是个咒术的司祭者，所以生出将现实的政治委托于他人的倾向。即精神的权威和政治的权力分离，天皇仅仅担当着精神权威的角色。这点与中国的君主制、古埃及的美索布达米亚专制、俄国的沙皇制和德国的恺撒制有很大的不同。这些制度下的君主集精神权威和政治权力于一身。如中国的皇帝既祭天又是政治的最高权力者。另外，在东方专制主义中，皇帝作为神是被祭祀的对象。但是日本的天皇虽然是"现人神"，自身并不是被祭祀的对象。

第二，作为军事指导者的超凡者。在和辻哲郎看来，天皇并不是一个武力主义者，而是通过祭祀这一和平手段来达到日本的统一。但丸山真男与此不同。他很强调天皇的武力特征，这主要是因为天皇有与军国主义相连的要素。丸山注意到天照大神和日本武尊的勇姿用"御稜威"来表示，这里就有超出凡人的武勇之意。而且这种武勇作为神的符号，纳入到了皇位正统继承者的身上。如初代的神武天皇，首先就是以大和的军事统一者的面目出现的。当然像亚历山大和拿破仑那样的军事资质，在日本天皇中也是不存在的，但是像中国皇帝那样相对于"武"而言的那种"文"的特征，也难以看到。当然天皇作为咒术司祭者的超凡者，比作为军事行动的超凡者更明显，这也是个事实。

第三，天照大神的超凡者。天皇统治的正统性是从皇祖神天照大神那里来的。因为太阳神代表生成和生殖的力量，所以被神格化。同是太阳神，古埃及美索不达米亚的太阳神是个从无到有的宇宙创造者，但日本的天照大神只是助长万物的发育而已。而且还必须和其他诸神协力共同劳作。这一性格也鲜明地打在了天皇的身上。

第四，血统的超凡者。这里的血统超凡者并不是指天皇个人，而是指整个皇室具有超凡性，天皇个人作为天皇家的代表者才具有超凡性。这就与亚历山大和罗马皇帝个人的被神化有很大的区别，也和中国的皇帝的有德而受天命有差异。天皇个人与皇室的家，这就和日本的集团功利主义有关联。

第五，血缘共同体的超凡者。日本一君万民的要素，和中国比很弱。所以天皇制要走独裁之路很难，有"合议"和"共治"的倾向。这一点，和辻哲郎也给予了高度评价。但是，丸山却认为这种倾向恰恰阻碍了近代立宪制和民主，使得希腊城邦国家的民主政治难以纳入日本社会。因为原本的"合议"和"共治"并不是天皇权力正统性的根据，而仅仅是统治的方式而已。把合议限定在主要的氏族范围内，这就很容易招来少数重臣的恣意决定，从而导致官僚制的组织化不彻底。但丸山也承认所谓的"合议"和"共治"的理念，在一定程度上牵制了君主权力的过于集中。

## 5 一种新说——文化概念的天皇制

三岛由纪夫写《文化防卫论》是在 1969 年，他提出了一个很鲜活的名词：文化概念的天皇制。他说：文化的反独创性之极、古典主义之极的秘库是天皇，体现寂的是天皇，体现雅的是天皇，体现幽玄的是天皇，体现风流的是天皇，王朝文化的总代表是天皇，天皇就是终极的文化形态。

三岛提出文化概念的天皇制，是否就否定了政治概念的天皇制，这不好说。因为从三岛在 1970 年 11 月 25 日的自杀来看，他显然是为政治的天皇而自杀。他在剖腹前高呼天皇陛下万岁，这时他是为政治天皇而献身，为文化天皇而讴歌，这是否就是三岛错乱的支离破碎的精神之源？一个有七情六欲的人，最后一刀使他成了神。三岛把自己固有的美学假托在天皇身上。

文化概念的天皇制是怎么回事呢？原来就是日本人美的意识里的天皇。这是种怎样的天皇呢？是幼童天皇——被幽闭在密室里的美小可爱的结晶体。如从天皇家的历史来看，摄关期（从阳成天皇到后冷泉天皇）的十四代天皇的平均即位年龄是16岁，平均在位期是15年5个月。从院政开始到后醍醐天皇为止的二十三代天皇的平均即位年龄是8岁10个月，平均在位期是10年。幼稚的季节，和纯粹理念没有任何关联的幼稚的季节。天皇作为美小可爱的结晶体吸引了日本人的眼球，辉映着日本人美的意识。

幼稚的季节与美的意识的结晶就是恋歌。而日本天皇最拿手的就是恋歌。从王朝文化的总代表就是天皇来看，明治以前日本的宫廷文学就以天皇的恋歌为代表。《万叶集》第一首就是雄略天皇的恋歌：

> 臂挎笼筐，木橛在手。
>
> 采菜少女，伫立山丘。
>
> 快来告我：
>
> 你唤何名？家在何方？
>
> 大和之国，
>
> 尊我为王，唯我执掌。
>
> 尽皆告你：
>
> 我唤何名，家在何方。

"你唤何名？"是求爱之语。那个时代，名字附着魂灵是通常的思考方法。少女能告知姓名，就是向对方委身的意思。"尊我为王"者需要这样求爱，也只有日本天皇了。

再看天武天皇的歌：

> 雪飘时未定，
> 雨降无时停。
> 曲径攀登尽，
> 满怀失意旧时情。

再看后鸟羽上皇的歌：

> 人有可爱时，
> 亦有可杀可恨时。
> 世事乱纷杂，
> 恩怨情仇难如意，
> 空留烦恼心上袭。

第121代孝明天皇写了10万首恋歌，不但是天皇家，也是日本文学史上作品数量最多的人。但孝明之后的明治天皇只写了7首恋歌，战后被收入《明治天皇御集》出版，他的恋歌比孝明更露骨。精神病弱的大正天皇写了1367首汉诗，是历代天皇中的第一名。天皇的恋歌，照折口信夫的说法就是"咒言"或者是一种"神的语言"，具有巫女王的特征。

《拾遗集》由第62代的花山天皇编撰，《新古今和歌集》由第82代的后鸟羽院编撰。中国的皇帝不热心诗作，不编撰诗集。唯一的一个例外就是清朝。作为异民族的满族征服了中国，他们作汉诗有一种亲和的力量和咒术的感觉。司马辽太郎说：日本的天皇更像咒术家。"源平藤橘"，成了全国姓氏的根源。宫廷文化以恋歌为中心，怎么看都不像是政治家。平安朝的天皇，如第72代的白河上皇，没有人比他更会夸张自己的王权了，但是他自己从来不实施政治。他把自己仅有的能源都用于女人，一生有多少女人，后世的研究者都难数清。

东京大学教授前野直彬说，中国的皇帝更像是官僚，日本的天皇更像是神主。如清末的康熙、雍正、乾隆皇帝，都是古今非常优秀的官僚行政人员。推广科举，采用有能力的官僚，仅这一点就表明中国的皇帝是干事情的，是工作的。唐玄宗沉迷于杨贵妃，不理朝政。最高官僚缺勤岗位，令天下困扰。但日本的天皇几乎人人都是这样，也从没有人感到困扰过。

中国的六朝时期和日本的平安时代差不多。六朝时在北方的帝王，被异民族追赶到扬子江以南，成了衰弱的王朝群。"三月的雨，就像六朝的泪"就是描述六朝的兴衰。六朝在中国完全是异质的王朝。在扬子江以南，在湖南的稻米产区，谁议论国是和政治，谁就被视为神经不正常。沉醉于诗歌和音乐是当时的主流风潮，女色也是其中的一个主题，所谓"风流"就是六朝人发明的概念。风流是最高的价值，是贵族文化的聚焦点。这对日本文化影响很深。平安人的气质就是六朝人气质移植与渗透的结果。即便是大官，如果书生意气地议政，也会被视为"低能"，这至今也是日本人的一句常用台词。

原本的天皇只是祈祷师，只是恋歌的歌咏者，大脑皮层在很久的时候就定着于风流了。这样的天皇日本人喜欢，说这才是天皇的本来面目。宗教哲学家山折哲雄说："日本的天皇制有望成为日本文化对外输出的一种文化产品，就像卡拉 OK 一样。"

## 6 天皇制是国民情感的炼金术？

1946 年 5 月，日本诞生了新宪法，宣布天皇是国民统合的象征。日本历史之轴，被暂时安定了下来。这对日本战后的复兴与繁荣，起到了不可估量的作用。

但是，新宪法对天皇政治机能的规定，与明治宪法有本质的区别。没有了天皇是元首的规定，没有了天皇神圣不可侵犯的规定，也没有像英国女王那样的警告权。即便是在皇室衰微的时代，天皇也不是一个人在京都。公卿——四位以下的朝臣集团——在周围支撑着天皇。在幕藩体制下，朝臣的住宅也在御所内。明治维新后，公卿集团消失了，作为替代，伊藤博文的华族制度开始起步。这是为了安抚旧公卿和旧大名，使他们能成为"皇室的藩屏"。创设华族，是刚从欧美考察回来的木户孝允的主张，但这个华族最终也被废止了。

于是，皇室陷入历史性的孤独。元首只是象征，孤独的象征，空洞的象征。这个时代的天皇，必须是一个空洞的存在吗？必须是一个虚无的存在吗？作为权威的天皇，过去也是在权力之上的一个空洞。但是像这样彻底的空洞，是任何时代也没有的。

皇室能安泰吗？天皇制能永久吗？再怎样论述天皇制，一个老套的问题依旧难以消失：对日本人来说，天皇制为什么是必要的，也就是说，天皇制为什么是日本人一个无法逃脱的宿命？不能说日本没有不同的声音。不能说日本人就没有自己的想法。但是在反对天皇制、放弃天皇制的声浪中，天皇制还是我行我素，不动声色地述说着自己的话语权。这又是为什么？

如果向日本的青年一代这样询问：你是赞成天皇制还是反对天皇制？天皇制对你来说需要吗？日本的青年人肯定会一脸茫然：什么？还有天皇制的存在？他们只知道东京有皇宫，皇宫里有天皇和天皇之家。如果再问日本的青年人：你知道吗？天皇能改变元号，明治年改为大正年，昭和年改为平成年，就是因为前天皇的去世，后天皇的接续。大正天皇于 1926 年 12 月

25 日去世，天皇家立刻改变了元号，昭和元年只有一星期的时间。日本青年人的表情会是从茫然到惊讶。

国民不知道天皇制的存在，是否就是天皇制存在的最大理由？江户时代的人几乎没有人知道还有天皇的存在，他们只知道将军的存在。从一代到十五代将军他们都能熟记。翻转这个局面的是明治天皇，他在位期间向日本全国各地行幸了 40 多回，到处走访，到处留下纪念物——灵的权威。明治天皇喝过的杯子不能动，明治天皇坐过的石头不能动，明治天皇穿过的拖鞋不能动，甚至明治天皇走过的乡村小道也要原样保存。这是古代大王"国见"的再现，天皇开始复活，天皇灵开始苏醒。

即便如此，日本人为什么还需要天皇制呢？日本脑科学研究者角田忠信通过对日本人脑结构的研究，发现了一个惊天的秘密：日本人的大脑分工不同于欧美人。

一般来说，人的脑可分为左脑（又称语言区）和右脑（又称音乐区），机能各有所异。左脑处理语言、计算等理性、逻辑方面的问题；右脑的作用则是分管音乐等感性的非语言世界的问题。角田忠信在《日本人的脑——脑的运转与东西文化》① 一书中认为，欧美人的脑结构是左右脑分工明确，左脑为理性的世界，右脑为感性的世界。而日本人的脑结构则是左脑将理

---

① 〔日〕角田忠信：《日本人的脑——脑的运转与东西文化》，大修书店，1978。

性认知与感性认知混为一体来处理，无论是元音发音，还是笑声、哭声、风声、虫声等能唤起感情的声音，都首先进入左脑。而西方人、中国人、韩国人听到这些都会首先进入右脑。

如隔壁人家在弹钢琴，琴声首先传入西方人的右脑，通过思考不认为这琴声是对我家的干扰。但如果是日本人会如何？隔壁人家的琴声，首先传入日本人的左脑，马上本能地反应出这琴声就是噪声，噪声就是对我家的干扰，所以必须制止这种噪声。所以，钢琴杀人事件只有在日本才能发生。所以，在日本借房子的时候，首先被问的一个问题就是家里有人弹钢琴吗？

同样是琴声，为什么西方人与日本人的本能反应不一样？日本人的脑，脑的平衡出现了很大的问题。可以这样说，日本人的大半行动判断都是通过左脑来决定的。这会带来一个怎样的结果呢？在体质上容易发生歇斯底里症，身心容易接受新宗教。如，本来天皇制是个理性思考的问题，而日本人则把它看成了感性显现的问题。所以在日本人的内心深处，对天皇制这种高深的观念，没有多少人会从赞否的角度加以思考，而是在无意识中认为天皇是自己生活乃至生存的中心。这样天皇制就转换成了一种心情，一种没有会感到寂寞，有了也不会感觉到什么的心情。这是否就是"国民心情"呢？山折哲雄说："从现今的泰国王制、英国王制和日本王制比较来看，安定性较大的还是日本的。"为什么日本王制安定性较大呢？这是否也与"国民心情"有关呢？如果有关联的话，那天皇制不就成了国民情感的炼金术？

福泽谕吉在1882年（明治十五年）著《帝室论》，开篇说："帝室是政治之外的存在。"即主张皇室应该从政治中独立出去。福泽对皇室充满敬爱之情，所以不希望让皇室成为政治斗争的道具。他说："我帝室是万世无欠的全璧，为人心收揽的一大中心。"而这里的"人心"就是"心情"的别语。

## 7 近乎天方夜谭的奇妙心情

所以，天皇制对日本人来说，不是一种信仰，也不是一种精神支柱，而仅仅是一种心情，一种非常奇妙的心情。心情最大的特点就是不稳定，有晴有阴，有好有坏。所以日本人对天皇制的情绪也是有晴有阴，有好有坏。心情晴朗的时候，好的时候，就说天皇制是富士山，远远眺望心里就安心；心情阴暗的时候，坏的时候，就说天皇制是作为象征的存在，就是"情感缺失症"的表现。问题是心情是可以转换的。昨天心情不好，不等于今天心情不好；今天心情好，不等于明天心情也好。所以，天皇制就在"要"与"不要"，"好"与"不好"的心情转换中存续。非常奇妙的情感结构，如果不深入进去，外人根本无法看懂和看透。

其实，现在的天皇家除了花掉一点国民税金之外（皇宫的年运作费为180亿日元），基本不给国民添任何麻烦。平成天皇的儒雅、憨厚，像慈父一样的形象，存留在国民的心情中挥之不去。从这个意义上说，没有天皇的日本就不是日本，明治思想家德富苏峰的这一说法，并没有过时。虽然天皇制意识形态在今天的日本已经死去。日本人面对天皇制没有神圣之心，只有尊敬之意。每年元旦的天皇朝贺，有不少日本人聚集在皇宫广场前朝拜。但这肯定不是敬若神明的感觉，这是一个基本的政治生态。

因此如果要问对日本人来说天皇制为什么是必要的，回答虽然见仁见智，但生理（脑）构造的不同生出一种非常奇妙的心情这一结论是最接近正解的。

这就像在9世纪末，宇多天皇让位于皇太子（醍醐天皇），并给了他一个《宽平遗诫》，其中说道："见外藩（外国）之人，必须在廉中（帘子）相见。直接面对是不行的。"为什么不能直接见面？就是怕异国带来的污秽。日本人怕血，总认为血与死和生育相连。在平安时代的后半，天皇家频繁出现幼帝，其背景就是幼帝较能抵制污秽的侵袭。相信幼儿能远离污秽，现在看来是天方夜谭的事情，但日本人就是相信。这实际上也是生理（脑）构造的不同，生出的一种非常奇妙的心情。

### 8 心情不死，天皇制就不死

明治天皇去世是在 1912 年，大正天皇去世是在 1926 年，昭和天皇去世是在 1989 年。明治和昭和之间间隔 14 年，大正和平成之间间隔 63 年。死与再生在 14 年之间就再度上演，元号的改变再度上演。在日本人的观念里，再生的意识得到了强化，天皇之死的神圣性也得到了强化。天皇的死，引领日本人步入新时代。而从大正步入昭和后的 63 年之间，没有天皇生死，没有元号的改新，日本人的意识里，天皇的神圣已经被淡忘。天皇的死与日本的再生已经没有关联。天皇制成了日本人实际生活中依稀不清的道具。

明治天皇是堂堂大帝，大正天皇是病弱王子。中心与边缘，形成了鲜明的对照。由于大正天皇患有脑病，精神状态非常糟糕，曾经在国会议事堂将诏书卷起来当望远镜。这就是闻名于世的"望远镜事件"。但反倒使人化出了对天皇的亲密感。所以，写有《天皇的肖像》的猪濑直树说大正天皇是"放浪的王子"。这位"放浪的王子"对明治天皇感觉不好，说天皇存在的形式很奇特，便改变了明治天皇亲政的做法。但政治家山县有朋等人通过各种策划，硬逼大正天皇退位，即位的是大正天皇的第一皇子裕仁亲王，昭和天皇诞生。结果山县有朋他们推举的天皇，使得日本焦土化。这样看来，天皇还是以象征的姿态出现为最好。大正天皇的意图是，天皇不从政也是很好的事，天皇作为装饰物存在就可以了。

在近代天皇制下，针对皇室、神社、皇陵的"不敬"行为，刑法定为不敬罪。但随着战后宪法的实施这一条被废止了。明治维新以来用 70 多年时间所精心构筑的近代天皇制这一巨大的城墙，由此被捅了一个可以透天的大洞。

1928 年 11 月 6 日昭和天皇在京都举行大尝祭。1928 年 11 月 11 日的大阪《朝日新闻》这样写道："热狂，热狂，乱舞，乱舞，乱舞。"所谓的"昭和精神"由此发端。但是，有"进步文化人"之称的大江健三郎在 2009 年推出重要作品《水死》。大江借助英国文化人类学家弗雷泽写的《金枝》里的杀王意象，隐喻人们必须杀死自己体内的"昭和精神"，也就是超国家主义精神，或者说就是天皇制。而东京大学名誉教授沟口雄三在《"小日本"与二十一世纪》的文章里说得更直接："作为一个日本知识分子，我为大部分日本人对自己的小人秉性无所觉察的现状痛心疾首。而要克服这些弱点的最好途径就是废除天皇制。"可是，正如日本史学大家黑田俊雄所说，神道也好，天皇也好，前者是作为日本文化根基的一个宗教，后者是作为日本政治的一个象征。维护它们的历史来源的自主性和独立性对日本人来说是被作为不可避免的、无选择余地的、深层和潜在的力量及价值来接受的。

1988年，病危的昭和天皇躺在病床上。成千上万的日本人来到皇宫前祈祷天皇的痊愈。当时看到这个场景的京都大学教授浅田彰说了这样一句话："连日新闻报道皇宫前的景象，顿感自己好像生在一个'土人'的国家。"这里，这位教授把为天皇祈祷的日本人称为"土人"。何谓土人，就是未开化之人，野蛮之人，愚笨之人。问题在于不正是这帮"土人"支撑着天皇制的存续吗？天皇制具有无可撼动的草根性。所以这位教授说出了一个基本的判断：只要日本"土人"的心情不死，天皇制就不死。

所以，天皇制到底要不要？天皇制到底好不好？争论还将随着天皇制一直持续下去。有日本学者写书，书名就叫《一万年的天皇》[1]。绳文以来以一万年为单位的天皇，作为一种文化活在日本人的心情之中。

所以，远远望去，皇宫在夕阳的余晖中，永远是一种魔幻，一种虚构，一种暧昧，一种日本式的暧昧。

---

[1] 〔日〕上田笃:《一万年的天皇》，文艺春秋，2006。

## 14 走向终极之谜

——从常识的视野窥视天皇家

### 1 天皇家为什么选定菊花为家纹?

**（1）天皇家喜欢菊花的什么?**

樱花是日本国家的代表，菊花是日本天皇家的代表。樱花和菊花，表达了日本人不同的心绪。樱花是日本的本土文化，表达的心绪也是日本式的：天底下再美的东西，也会寂灭。菊花是日本的外来文化，输入国为中国。那表达的心绪是否也是中国式的呢? 不是的。

中国人喜欢菊花，是因为喜欢它的精神，喜欢它的傲骨。

> 一夜新霜著瓦轻，芭蕉新折败荷倾。
>
> 耐寒唯有东篱菊，金粟初开晓更清。

日本人喜欢菊花，是因为喜欢它的色相，喜欢它的优雅。

> 沾兰白露未催臭，
>
> 泛菊丹霞自有芳。

> 倾斯浮菊酒，
>
> 愿慰轩蓬忱。

菊花成为天皇家宫中欣赏的对象是在平安时代，那时菊花有"花贵种""百草王"之称。到了镰仓初期，后鸟羽上皇喜欢上了菊花，衣服、车舆、刀剑等都艺术地用上菊花纹样。之后的后深草、龟山、后宇多天皇也追随后鸟羽上皇的雅兴玩菊赏花。菊花花纹作为天皇家的象征也逐渐被固定下来。但那时并没有限定天皇家专用，贵族和大名也可用各种各样的菊花花纹。

江户末期爆发戊辰战役，朝廷向征讨军下赐十六菊锦旗，确定用十六菊作为皇室纹章就是在那个时候。根据贝原益轩在 1698 年所写《菊谱》所载，当时日本有 200 种以上的菊花。明治新政府成立后不久，有关菊花花纹的一系列规定开始出台。

（2）花纹的政治化和宗教化

首先在 1868 年（明治元年）3 月，明治政府发布《太政官布告》规定：菊花作为最高权威的象征为天皇所独有，菊花花纹为天皇专用花纹。同时禁止在提灯、陶器、和服等上面私用菊花花纹，如有违反就以"不敬罪"处罚。第二年8月，政府又规定亲王家的菊花纹只能使用十四瓣菊花纹，而不能使用天皇专用的十六瓣菊花纹。到1871年6月，明治政府又发出强化规定：除与皇族有关的社寺（神社只限定伊势、八幡、上贺茂、下贺茂四社；寺院只限定泉涌寺、般舟院两寺）之外，现正在使用菊花纹的社寺，不管其因由如何，一律禁止使用。1889年（明治二十二年）9月，宫内省再发《太政官布告》第802号，正式规定天皇家菊花纹的形状图，菊花中心圆的直径和菊花的大小比例是3：38。1926年（大正十五年）10月，公布了《皇室仪制令》，规定天皇、太皇太后、皇太后、皇后、皇太子、皇太子妃、皇太孙、皇太孙妃的纹章，必须是十六瓣八重表菊。1929年（昭和四年）10月，内务省又制定了《菊御纹章类似图形取缔内规》。规定菊花纹样的花瓣在十二瓣以上，二十五瓣以下的物品，不管其花心图样和附带物的形状如何，一律按照"御纹章类似图形"加以取缔。

"菊御纹章"首次用在纸币上，是在1868年5月发行的太政官纸币。首次用在邮票上，是在1872年9月发行的"樱花邮票"。1945年8月，战败后的日本在纸币上和邮票上还保留了菊花图样。但在1948年5月发行的五钱纸币上，取消了"菊御纹章"。在1948

年 1 月发行的两元邮票上，也取消了"菊御纹章"。日本人护照上的菊花纹，在美国占领期间曾一度消失。但在 1951 年 11 月，由于日本政府权力的恢复，在护照的中央菊花纹又复活了。

《皇室仪制令》在 1947 年 5 月 2 日被废止，表明皇室纹章不再有法律上的规定。这也就是说，菊花花纹不再由皇室独占，菊花标志已随处可见。如日本有一种非常有名的清酒就叫"菊正宗"。日本国会议员胸前佩戴的议员徽章，也用上了菊花花纹。

（3）菊花花纹的本体论游戏

据史书记载，中国菊花在唐末东传日本。而此时正是黄巢起义的年代，黄巢有一首著名的咏菊诗：

待到秋来九月八，我花开后百花杀。

冲天香阵透长安，满城尽带黄金甲。

那时，日本有许多遣唐使去中国留学，菊花传到日本的同时，黄巢的这首菊花诗是否也一起传过来？如果这个假设能成立的话，这里就有一个不得不问的问题：日本天皇家为什么要取菊花为纹章？天皇家看中的是菊花外表的金黄灿灿？还是看中菊花内涵的杀伐之意？这就令人想起菊花与刀的构图：菊花总要凋谢，佩刀总要拔出。但拔刀杀人的瞬间，恰好照应了菊花的凋谢与死亡。举起佩刀杀人或剖腹，放下带血的佩刀赏菊或游冶——如此截然不同的意境与图式，闪现在日本民族的心灵史中。

所以，美国人本尼迪克特说得深刻："菊花与刀，两者构成了同一幅画。"菊与刀，向死而生，为生而死。这是否就暗含了一种诡秘的神权信仰呢？或者，这是否就是一种意识形态的象征？所以，日本天皇家选定了菊花作为自己的家徽。所以，平安时代的嵯峨天皇在《九日玩菊花篇》中说：

如何仙菊笑东篱，看花纵赏机事外。

这里，这位天皇为什么要"笑东篱"呢？原来，当陶渊明还在玩孤高绝俗人淡如菊的人伦游戏的时候，天皇已经在玩本体论的游戏了：万世一系如何成为可能？天皇想到了菊花，这个王朝，就叫菊花王朝。

其实，日本理学博士安天喜宪在2001年出版的《龙的文明与太阳的文明》一书中就曾设问："中国的皇帝以龙为象征，为什么日本的天皇不模仿中国而独以菊为象征？日本王权系谱的私密究竟何在？"作者认定，与中国北方的旱田、畜牧文明相对应，日本是稻作一捕捞文明，这个文明的特点是以太阳为信仰。而以太阳为其信仰的王朝，一定是一个以祭祀为主的王朝。这就与日本天皇本身就是一个司祭者而不是一个被祭祀的对象相一致，也与日本天皇和中国皇帝有着根本的不同相一致。

中国有家谱，韩国有族谱；日本有家纹。前者是纵向文字，呈年表式，阅读能记住，但时间一长就忘记。后者却有视觉效果，这个效果在于只要你阅读了，你就记住了，形象就留在了你的脑海里挥之不去。拿前者与后者对比的话，谁更有强烈的归属感和共同体意识呢？显然是后者。

日本地理政治学学者仓前盛通说过："日本有苗字（姓氏）十五万之多，家纹一万二千之多。用这么庞大的情报构成社会，是日本明治以后快速发展的一个原因。反过来，中国和韩国只有三位数的姓氏，所以纹章等用于人间识别的符号也就显得没有必要。因此，日本中世以来的归属感就比中韩强。更为重要的是日本人从家纹走向社纹，如三菱的社纹，如索尼的社纹，如松下的社纹。整个社会信息识别系统的建构，在世界上确是数一数二的。"而这个系统的源头就在日本天皇家。

## 2 天皇家为什么要臣籍降下和赐姓？

### （1）臣籍降下和赐姓的必要性何在？

从实际操作来看，天皇继承只要一个人就可以了。即便预防万一，有第二皇子就足够了。但天皇家的实际情况是：嵯峨天皇有50人的皇子和皇女。后醍醐天皇有17皇子和15皇女。继承皇位只需要一个人。问题在于这些皇子们再生出皇子皇女，天皇家的人数便呈几何级数增长。他们都是天皇的血脉，都叫"皇亲"，生活费都从天皇家财政中支出。这样的话，天皇家的财政早晚要赤字。

于是有了皇亲的皇籍脱离、臣籍降下的做法。也就是说皇子皇女从天皇家籍中脱离出去，降到臣下的行列中去。这种做法，实际上从神代时候就开始了。如第12代景行天皇的第二皇子日本武尊非常有名。因为是第二皇子，所以不能成为天皇，即所谓的"不要御子"。日本武尊有六男，其中一人运气很好，不久做了天皇，即第14代仲哀天皇。其他五人继承皇位基本无望，便脱离皇籍，臣籍降下。皇亲脱离皇籍，臣籍降下的时候，必须要做的一件事就是赐姓，从天皇那里得到姓氏。这里的政治含义在于天皇作为云上之人，作为上位者又一次得到了认可。如果天皇有姓，从逻辑上说就有一个给予者，那必然在天皇的上面还有更上位的人存在。天皇之所以没有姓，是因为天皇在日本是最高位的存在。反过来说，因为天皇在日本是最高位的存在，所以天皇没有姓。天皇没有姓，皇亲当然也没有姓，所以在离籍的时候要赐姓。如上面提到的日本武尊的皇子五人，四男足镜王被赐予"镰仓之别"，这在《古事记》里有记载。这就是日后作为地名的"镰仓"的由来。

天皇的皇子，第一代为亲王世代，第二代为孙王世代，以后为三代目、四代目、五代目这样持续下去。如日本武尊当然是属于第一代皇亲，因为他的父亲是景行天皇。但日本武尊的儿子们就属于第二代的孙王辈，而孙王辈在那个时候就属于臣籍降下的对象。神代的天皇家，皇籍脱离的一个特点是既早又快。

但到了人代的律令制时代，皇亲的范围变得相当宽泛，如五代目还属于皇亲，这是在 701 年（大宝元年）制定的《大宝律令·继嗣令》中规定的。天皇的兄弟姐妹和皇子皇女，属于亲王或内亲王，到第五代为止，还允许立王号或女王号，臣籍降下要从第六代开始。皇亲范围的宽泛，最能说明那个时候天皇家的财政状况良好。

710 年（和铜三年）三月十日，天皇家把都城从藤原京迁到了平城京，开启了奈良时代。要建造皇宫和贵族的邸阁就必须大兴土木，而一旦大兴土木财政状况就变得严峻。财政状况的严峻，就迫使臣籍降下的世代出现了提前的趋势。举例来看。在平城京迁都之前，即 708 年十一月二十五日，第 30 代敏达天皇（572~585 年在位）的五代目中最小的一个叫葛城王，被赐予了"橘"姓，强制他臣籍降下。这位原来的葛城王便改称为橘诸兄。日本历史上的"源平藤橘"四姓之一的橘姓，就是从那时开始的。

敏达天皇—难波亲王（第一代）—大误王（第二代）—栗隈王（第三代）—美努王（第四代）—葛城

王橘诸兄（第五代），原本第六代开始的臣籍降下，提前到了第五代。

到了奈良时代中期，即752年（天平胜宝四年）前后，臣籍降下的范围更大，皇亲的范围限定为第二代。如第40代天武天皇（673~686年在位）的孙王智努王臣籍降下，被赐予了"文室"的姓，叫文室净三。这个人后来又叫大原王，再次获得了王号，回归皇籍。但是到了四代目，再度臣籍降下，叫文室绵麻。

（2）嵯峨天皇为什么选了一个"源"字？

收入减少，天皇家面临的财政问题就越来越严重。787年（延历六年）二月五日，第50代桓武天皇开始实行重大决策。自己的异母弟诸胜亲王被强制臣籍降下，自己的皇子冈成亲王被赐予"长冈"姓，使其臣籍降下。这也就是说天皇家的皇子，即便是第一代也成了臣籍降下的对象，这是天皇历史上从未有过的。天皇家的财政不佳可见一斑。

到了平安迁都后的798年（延历十七年）五月二十三日，《大宝律令·继嗣令》作了修订：五代目可以得王号，但不能享受皇亲的特权待遇。也就是说从第五代开始，皇室不给饭吃了，要自己出门找饭吃。

805年（延历二十四年）二月十五日，天皇家还在继续臣籍降下。但和通常做法不同，这回一举下降了102人，赐予的姓也有15种之多，如三园、近江、清海、志贺、春原和长井等。

814 年（弘仁五年）五月八日，第 52 代嵯峨天皇继承父帝桓武天皇实施的重大决策，强行让自己的皇子 4 人和皇女 4 人臣籍降下。皇亲的臣籍降下定为从第一代的亲王世代开始。皇子 4 人的名字依次是：信、弘、常、明。皇女 4 人的名字依次是：贞姬、洁姬、全姬、善姬。后来，嵯峨天皇再次强行让自己的皇子一个一个地臣籍降下，人数共 24 人，其中皇子 13 人，皇女 11 人，加上最初的 8 人共 32 人。运气好的到最后也没有轮到臣籍降下的皇子（亲王）只有 6 人，皇女（内亲王）只有 12 人。天皇的皇子从第一代就开始臣籍降下，而且人数之多在日本历史上从未有过。这里还必须注意的一点是，嵯峨天皇臣籍降下的皇子共有 32 人。这 32 人被赐予的姓，都是一个"源"字，这也是没有先例的。在这之前，虽然有和气王和细川王的兄弟，被赐予同样的"冈"姓，但仅仅限于两人而已。

嵯峨天皇为什么选了一个"源"字？他为什么喜欢"源"字？原来这和中国有关系。中国的《魏书》有"源贺传"一节：魏王朝的世祖，令同族河西王的儿子贺臣籍降下，并同时任命他为西平侯龙骧将军。为了分姓，赐予贺为"源"姓。嵯峨天皇通晓中国古典，可能也读过《魏书》。所以在赐予 32 位皇子姓时，想到了《魏书》里的"源"字。源字的日语训读是"minamoto"，表细流汇成川之意，这在玉木正英的《神代卷藻盐草》里有记载。嵯峨天皇赐"源"姓于32位皇子，恐怕用意也在这里。

嵯峨天皇对日本人姓名的影响，至少表现在四个方面。① 源姓的开始，他从《魏书·源贺传》里选出源字，这是814年五月八日的事情。② 童名（幼名）的开始，日本最初的童名是菅原道真的"阿呼"。823年（弘仁十四年）退位的嵯峨天皇于842年（承和九年）去世，但文化的影响力还在持续发酵，菅原道真出生于845年（承和十二年），道真的父亲菅原是善给儿子道真起幼名，就受了嵯峨天皇的影响。③ 汉字两字实名的开始，在这之前的日本人的实名，大都是三到四字的汉字，如"三河麻吕"、"比良夫"和"不比等"等，后来就推广义朝、赖朝、赖家和实朝等二字名，这是嵯峨天皇的贡献。④ 系字的导入，兄弟间的实名有一字是同样的，这叫"系字"，这是唐风导入的缘故，嵯峨天皇的亲王如正良、秀良、业良等系字为"良"，内亲王如正子、秀子等，系字为"子"，系字的导入，在藤原氏和橘氏那里也得到了贯彻。

（3）桓武平氏的"平"字为何意？

自从赐予源姓后，历代天皇在皇亲臣籍降下的时候，赐予最多的姓就是源姓了。为了区别天皇的分流，就在天皇的名下冠上源字，从总数来看有21流。

嵯峨源氏（第 52 代）、仁明源氏（第 54 代）、

文德源氏（第 55 代）、清和源氏（第 56 代）、

阳成源氏（第 57 代）、光孝源氏（第 58 代）、

宇多源氏（第 59 代）、醍醐源氏（第 60 代）、

村上源氏（第 62 代）、冷泉源氏（第 63 代）、

花山源氏（第 65 代）、三条源氏（第 67 代）、

后三条源氏（第 71 代）、后白河源氏（第 77 代）、

顺德源氏（第 84 代）、后嵯峨源氏（第 88 代）、

后深草源氏（第 89 代）、龟山源氏（第 90 代）、

后二条源氏（第 94 代）、后醍醐源氏（第 96 代）、

正亲町源氏（第 106 代）。

与源氏 21 流相比，当时的平氏只占 4 流。

桓武平氏（第 50 代）、仁明平氏（第 54 代）、

文德平氏（第 55 代）、光孝平氏（第 58 代）。

据《日本纪略》记载：825 年（天长二年）三月十四日，桓武天皇的五男葛原亲王对异母兄第 53 代淳和天皇提出这样的恳求："臣的男女之子，请皆赐予他们'平'姓。"即向天皇请求让自己的孩子在被赐予"平"姓后臣籍降下。但是天皇对这个要求表示"却下"，即不同意。同年七月六日，葛原亲王又

针对同一事提出了不同的要求："忍痛割爱，请废除我儿子的王号。"废除王号就是臣籍降下的意思。上次是"男女之子"，这次是"儿子"，这次天皇表示了同意。这回臣籍降下的对象是葛原亲王的两个儿子，即高望王和高栋王。但是，葛原亲王的长男高见王并没有臣籍降下，王号照旧。而且高望王也有王号，这样，真正的臣籍降下的就只有高栋王一个人了。嵯峨源氏是要让子孙们自己找饭吃而强行让他们臣籍降下，而桓武平氏的成立是皇亲自己提出让子孙们臣籍降下。

源姓成立是在 814 年（弘仁五年），平氏成立是在 825 年（天长二年），从时间上说源氏早了 11 年。但是不久后发生的源平之战中的平氏比源氏稍早些，源平合战时的源氏属于清和源氏，成立于 960 年（天德四年）六月十五日。

这里就涉及"平"姓的由来。《续群书类丛》游戏部所收的《平家勘文录》记载："宽仁元年（1017）十二月十三日，民部卿的宗章，对天皇起反叛之心。得知这一企图的高望王，马上前去追讨宗章。事后得到朝廷的奖赏，被任命为上总守，臣籍降下，赐予'平'姓。"为何要赐予他"平"姓呢？原来是为了奖励他"摆平朝敌"之意。还有一说。进入昭和年代后，日本学者太田亮著有《姓氏家系大辞典》，他对平姓的由来这样说："这个姓是从平安京的训读'tahira'而来。是桓武天皇建立平安京，故其子孙也被赐予平姓。"1978 年出版的《日本史小百科家系》的作者丰田武也大抵认同这一说法，认为最初的平姓由来并不明确，但是桓武天皇是平安京的创始者，所以平安的训读成了天皇子孙的姓。

但是这一通说并不是无懈可击的。这里有个疑问是，如果平姓属于桓武系天皇，那么第 50 代桓武以后的天皇，都应该取平姓才是。问题是只有桓武、仁明、文德和光孝四位天皇的家系取了平姓。更有疑问的是，后面的三位天皇，在取了平姓的同时还取了源姓。这说明，源与平是可以自主选择的。但在 1991 年，国学院大学教授林隆郎在其《桓武平氏的诞生》一书中说："区分源平两姓有明确的基准。从仁明、文德和光孝三系的旁系来看，那个时候第一代（亲王代）和第二代（孙王代）被赐予的姓是源，从第三代开始被赐予的姓是平。"其实林氏的这个说法也是原则上的，并不能解释例外的发生。

### 3 天皇和皇帝的区别究竟何在？

#### （1）血统与德统

天皇是日本的概念，皇帝是中国的概念，英语都叫"emperor"，但二者完全不同。天皇必须是天照大神的子孙，必须是血脉的继承人，也就是说血统第一。皇帝不讲血脉继承，只讲德，也就是说德统第一。

那么，何谓德？德就是拥有统一乱世的能力。只要有这种能力，谁当皇帝都可以。即便不是前皇帝的皇子也不要紧。尧的后继者并不是自己的儿子，而是有能力有德的舜。尧把王位禅让给了舜。尧这一行为，也使他自己成了盛传千古的圣王。所以，中国的王朝总是在不断换代，秦汉隋唐宋元明清，王朝名不同，其王室家族的 DNA 系统也不同。如汉朝的刘邦和明朝的朱元璋是完全不同的家族系统。有德的人当皇帝，皇帝则听命于天，故天子也是皇帝的别名。如果天发怒，天子一族统治的正当性就遭到质疑，就会爆发易姓革命。

和中国的受天支配皇帝不同，在日本天皇是支配天神的一族。支配的绝对条件是血脉的相连。所以王朝交替和易姓革命基本没有发生的可能。从这点看中国皇帝的本质是地上的皇帝，而不是天帝"太一"，不是"天皇大帝"。也就是说，是天帝全权委托地上的"天子"，天帝认可地上的君主。所以地上的君主或天子，一旦失去天帝的信赖就要替换，就要发生地上的王朝交替。

此外，对中国人来说，死就是魂（阳）和魄（阴）的分离。这种分离的祖灵集中于一处，就是北方的宗庙。其祭祀就是天子亲耕，皇后献桑的阴阳祭祀。男帝可配皇后，但女帝没有与之相配的男性。所以，女帝就不能祭祀宗庙。所以女帝出现的机会在中国几乎没有。

从这点看日本天皇的本质，属于北极星的神灵化。而北极星是宇宙的中心，或者是宇宙太极的具象化。所以，天皇的本质就是宇宙神，就是天帝。所以，日本人说大和王朝没有革命，天皇也没有姓，道理就是源于此。

**（2）紫禁城和紫宸殿**

天皇一家居住的地方叫"紫微垣"。天皇居住的地方叫"紫宸殿"。紫微垣也好紫宸殿也好，都是天皇本质的再现。因为从五行来看，"紫"是处于赤黑之间的混合色。赤是火，为阳，黑是水，为阴，而紫则是阴阳合一的太极和太一的象征。

中国文明有其基本的三要素：皇帝、都市、汉字，而最重要的要素是皇帝。中国皇帝一旦霸权在握，就与天帝有同样的权力，其皇城也叫"紫禁城"。始皇帝本名为政，公元前246年即位成为秦王。秦在今天的陕西省，秦王政派遣的秦军，剿灭了当时中原的韩（河南省禹州）、赵（河北省邯郸）、魏（河南省开封）、楚（安徽省寿春）、燕（北京）、齐（山东省淄博）六国。公元前221年，从北面的黄河到南面的长江都市都被秦军征服了。平定了诸国，统一了天下的秦王，向臣下询问称号的问题。《史记·秦始皇本纪》记载，臣下这样回答："在古代有天皇，有地皇，有泰皇。三皇中泰皇最珍贵。我们斗胆推崇这个尊号，王，即泰皇。"秦王回答道："泰皇的泰字去掉，取皇字。再加一字帝。皇帝的称号如何？"众臣叹服。皇帝的称号由此诞生。秦王又曰："朕，是始皇帝。后世就叫二世、三世、万世。乃至无穷。"但是，自秦始皇嬴政至秦三世子婴共传三帝，享国只有 15 年。真可谓凉露降临，多少寒蝉凄鸣。

而日本的情况又如何呢？ 984 年，日本的和尚胄然到宋的首都开封拜见皇帝宋太宗，献上《王年代记》（从神代到当时第 64 代圆融天皇的年代记）。太宗听说日本的国王一姓世袭，臣下也是世袭的官。感叹地对宰相说："他们尽管是岛国的夷人（未开化之人），但国王却是长久世袭，没有断过。这才是古来的理想之道。但是中国从唐末开始战乱不断，王朝也是短时间交替，大臣、名家等的后继者也很少。朕或许比古之圣君低劣，但为了子孙，为了给后世立范，也想搞世袭制。这是朕之心。"问题是，宋太宗的这一说法虽属经典，但不破皇帝的德统论，说了也等于白说。

### 4 女系天皇和女性天皇有什么不同？

#### （1）天皇，你的远祖是谁？

日本天皇家的 8 位女帝全部都是女性天皇，不是女系天皇，女系天皇和女性天皇有所不同。如果问天皇的父亲和始祖是谁，天皇在回答这个问题的时候可能会一而再，再而三地追溯以往，最后追溯到神武天皇或者须佐之男命那里。总之，不管怎样往上往前追溯，都是男系天皇。但如果是女系天皇，追问父亲追问始祖的话，就不可能追溯到神武天皇那里。所以从这个意义上说，日本历史上 10 代 8 位女帝，全部都是男系的女性天皇。这里作个假设：如果称德女帝与道镜和尚结婚，生下来的皇子即位当了天皇。再如果这个系谱代代都能无事继承皇位的话，当后代问起现天皇的父亲是谁的时候，往前追溯到的不是皇族成员而是道镜。

所以，在天皇家出现的女帝一定是天皇的子女或孙女。追溯父方的话，一定会追溯到神武天皇或须佐之男命。当然也有皇后出任女帝的，但皇后成为天皇，一定是月经已经停止了，也就是说进入了更年期。如果是皇女成为天皇，一定是没有结婚的。

数年前，日本的皇室继承发生了危机。原因是有皇位继承权的男子皇族成员在消失。为这个理由，在首相小泉纯一郎当政的时候，于 2004 年 12 月召开了皇位继承的"有识者会议"，委员长是东京大学工学部教授。围绕《皇室典范》，会议提出这样的结论：皇位继承的资格也对女性和她的子孙敞开，皇位由第一子继承。这也就是说，皇位继承的顺位向当时的皇太子与雅子妃所生的爱子内亲王转移。这是允许女性天皇的一个强烈信号。就在世间沸腾的关键时刻，2006年9月6日秋筱宫家诞生了一名男子——悠仁亲王。这场议论才像找到了台阶似的一下子收场了。

（2）爱子是否能先于悠仁立位？

在有识者会议上，今后爱子将与谁结婚这个问题没有人敢问。从迄今为止的天皇家的先例来看，爱子不应该结婚，也是不能结婚的。如果不结婚，爱子就没有皇子诞生，皇统就有断绝的危险。另外，爱子什么时候能当上天皇也是个问题。平成天皇明仁退位，皇太子德仁即位天皇。但距下次天皇更替应该还有数十年。这样的话，2001年出生的爱子已经不年轻了。在这期间如果爱子没有怀孕，皇位继承人就消失了，当然也就意味着皇统的断绝。如果爱子能结婚的话也有两个层面的问题。如果与皇族成员结婚的话，皇统还能够勉强维系。但是爱子如果与皇族以外的人结婚，比如对方是德川氏的话，所出生的皇子就是德川之子了，就不属于真正的皇室。再设想这样一种可能：如果爱子与白人或者黑人结婚，出生的孩子如果成为天皇，皇室的危机真是太深刻了。

2006年年初，首相小泉纯一郎批评女系反对者，说："不允许女系的话，即使爱子内亲王生了男孩也没有用，你们明白吗？"小泉的这一发言，据说让赞成派和反对派都非常困扰，尤其受到女系赞成派的批评。但是小泉的这番大实话，说出了女性天皇与女系天皇的本质不同。所以，如果按照"有识者会议"的结论去做，改变皇位继承的顺序，皇室就有可能消失。

秋筱宫家生出了男丁，皇统断绝的危机暂时得以避开。所以在 2008 年 12 月，当时的麻生太郎首相干脆下令，废除"皇室典范有识者会议"。但是将来怎么办？真的可以高枕无忧了吗？随着平成天皇退位和令和天皇的诞生，又勾起了日本人对皇室的担忧。按照男系天皇的观点，令和天皇自己的女儿爱子内亲王将被排除，弟弟的儿子悠仁亲王是首选对象。如是这样，兄弟间能和睦吗？之前坊间就有他们不和的传说。这次明仁天皇之所以提出退位，是否想在自己还健在的时候解决这个问题？如果立爱子为皇太子，那《皇室典范》就要大修改。多少年前小泉纯一郎当首相时的问题又将会出现，安倍能解决吗？

随着令和天皇的即位，现在日本皇室的继承顺序是：第一位是皇太弟秋筱宫文仁亲王，第二位是其儿子悠仁亲王，第三位是天皇的弟弟常陆宫正仁亲王。而第三位的常陆宫正仁亲王是 1935 年出生，已经 84 岁，所以也只是名分上的第三顺位而已。2011 年 11 月明仁天皇患支气管肺炎住院，日本媒体干脆打出这样的横幅："皇位争夺战拉开序幕。"为什么这样说呢？原来在 2011 年 11 月 30 日，秋筱宫在 46 岁生日会上向记者感言道："建立天皇退休制度是时候了。"在天皇身体欠佳这个背景下，秋筱宫的发言是否有逼宫之嫌？是否有迫不及待地立自己的儿子为皇太子的动机？这么重要的皇室成员道出这样的话，虽然令人意外，但是否也亮出了改革《皇室典范》的一个思路：要永续，就必须有退位？这也表明现在的日本皇室也不是铁板一块，它在万世一系的重压下，也在探寻令国民更乐意接受的行为模式。而这次天皇生前退位的意向，是否就是摸索建立天皇退休制度的一个尝试，从而在更广阔的视野下解决"万世一系"的问题。当然这也包括了女系天皇的问题，这里发出的信号是：爱子内亲王能否先于悠仁亲王即位？

（3）现在天皇家的祖先是谁？

从天皇家 126 代 124 例的继承情况来看：直系继承（父子）有 69 例，兄弟间继承有 27 例，其他继承有 28 例，全部都是男系继承，女系继承为零。从数据上来看，继承一直维持在男系，也就是说 Y 染色体的连续性得到了生物学上的支撑。当然从细节来看这里面是有问题的，但是从整体看这种遗传学上的连续性还是得到了重视。

从旁系继承来看的话，血缘最远的继承是第 26 代的继体天皇，他与第 25 代的武烈天皇共通的祖先可追溯至 200 年前的第 15 代应神天皇。武烈天皇没有男性子嗣，应神天皇的五世孙从越国（现在福井县）到大和即位，继体天皇诞生，这是间隔200年的旁系继承。其次为第49代的光仁天皇，他与第48代的称德女帝共通的祖先可追溯至130年前的舒明天皇。然后是从伏见宫家即位的第102代后花园天皇，他与第101代称光天皇共通的祖先可追溯至100年前的北朝第一代光严天皇。从闲院宫家即位的第119代光格天皇，他与第118代后桃园天皇共通的祖先可追溯至70年前的第113代东山天皇。

天皇家没有继承者，只能从旁系宫家填补的不乏其例。第101代称光天皇由于病弱的缘故，没有能生出男子。便从伏见宫家中选出宫家第二代贞成亲王即位，第102代后花园天皇诞生。第118代后桃园天皇也没有男子诞生，便从闲院宫家选出光格作为养子，第119代光格天皇诞生。现在日本皇室的祖先就是第119代光格天皇，他是明治天皇的曾祖父。而且这种天皇一族的源流形成了现天皇家、秋筱宫家、常陆宫家、三笠宫崇仁亲王家、三笠宫宽仁亲王家、桂宫家和高圆宫家等家系。现在的皇位继承权只有他们有。女帝论之所以有市场就是因为过去40多年，这些宫家没有诞生过男子。

（4）皇族和宫家——皇位继承的保障装置

这里，有两个基本的概念。一是皇族，所谓皇族就是天皇的亲族（或叫皇亲）。《大宝律令·继嗣令》规定：天皇的兄弟和皇子叫亲王；天皇的姐妹和皇女叫内亲王；从皇孙到皇玄孙的男子叫王；女子叫女王。这些都属皇亲，五世以下即便称呼为王，也不属于皇亲。镰仓时代以后皇族的范围被限定在世袭宫家，一直到近世为止。二是宫家，所谓宫家就是皇室的旁系家庭。皇子及宫家当主的所有男性后裔在成年、成婚后皆可创设宫家，并由天皇赐予宫号。从历史上看，以北朝三代目崇光天皇的皇子荣仁亲王为发端的伏见宫是最为古老的宫家；以正亲町天皇的皇孙智仁亲王为始祖的桂宫、以后阳成天皇的皇子好仁亲王为发端的有栖川宫次之；而最新的则是由新井白石献策，由将军德川家宣奏请而创立的，以东山天皇的皇子直仁亲王为始祖的闲院宫。以上伏见宫、桂宫、有栖川宫和闲院宫总称为四亲王或四宫家。

　　天皇家分家的继嗣者成为天皇的养子，接受亲王宣下。当皇统断绝的时候，从宫家来人继承大统。世袭亲王家的目的，表面看是为了能让皇位的继承安定进行。但实际上从伏见宫家即位后花园天皇、高松宫家即位后西天皇和闲院宫家即位光格天皇来看，这是为了防止皇统的断绝。现在的天皇家也是光格天皇的子孙。天皇家得以保有前近代皇位的连续性，不能不说世袭亲王家这个制度起到了一定作用。亲王宣下和世袭亲王家的出现，从背景上说，与日本亲族组织的特色有关。在日本，血缘关系的社会和政治机能比较

走向终极之谜

弱，所以能产生亲王宣下的制度。但与此同时仿造血缘关系的犹子和养子制度，也相当广泛且成熟。

在日本中世，基本没有父子关系的皇位继承，当时的用语是"犹子"。但到了江户时代，皇位继承出现了"养子"的用语。如灵元天皇的哥哥，作为后光明天皇的养子即位。光格天皇也是作为在系谱上很远的后桃园天皇的养子即位。养子与"ie"（家）的观念很深地连在一起。到了明治时代，世袭亲王家和皇族的养子制度被废止，没有继承者的亲王家也就废绝了。

### （5）皇族——封闭与纯真

1947 年美国占领军司令部《剥夺皇族财产特权》指令颁布后，多数的宫家已经难以维持。同年 10 月，除了秩父、高松和三笠三宫家之外，11 宫家 51 名皇族脱离了皇籍成了平民。这 11 宫家依次为：山阶宫家、梨本宫家、闲院宫家、东伏见宫家、北白川宫家、伏见宫家、贺阳宫家、久祢宫家、朝香宫家、东久祢宫家和竹田宫家。他们得到一笔金钱后成为民间人，曾经拥有的庞大土地也要卖掉。如现在东京的新大谷饭店、参议院议长的公邸和新高轮王子饭店等都是当时宫家的土地。这 11 宫家现在还存续的有 7 家，拥有独身男系男子的有 4 家。他们的皇位继承权有复活的可能性吗？只能说可能性很低。因为这已经是 60 年以上的事情了，再说如果为之还必须修改现行的

《皇室典范》，这就必然会生出各种问题。如他们能被天皇家的同族认可吗？从国民情感来看，日本国民还会认可他们吗？

总之，皇族没有一定的数量，其贵种的保存就有困难。在这方面，德川幕府也是一个借鉴。直系的长子继承只到四代的家纲为止。五代纲吉是三代家光的儿子，家纲的弟弟。他是在上野馆林藩里被发现并带出来的，如此德川家的继承才没有中断。但是，纲吉没有生子，之后的六代将军是家纲的甥子家宣，他是从甲府德川家出来的。到了七代家嗣断绝了，这里家康生前创立的"御三家"的纪州德川家出了个八代的吉宗。到最后，即便有御三家也不够用，又创建了一桥、田安和清水等新的御三卿。

从日本的皇室继承想到英国的皇室继承。现在的伊丽莎白女王的母亲是苏格兰人。但是这之前的200年，英国国王的王妃都是德意志贵族的女儿。伊丽莎白女王的夫君菲利普亲王是希腊王家之人。但是希腊王家最初也是从德意志来的。所以，菲利普亲王的父方属于德意志血系。但即便是在德系中也有罗马帝国的兰克斯系。反过来说，英国王室的男子与自己国家的贵族之女结婚，则是一个非常困难的事情。戴安娜王妃在英国王室内之所以没有人气，就是因为她是英国贵族的女儿。戴安娜王妃的祖家属于英国古老的贵族，但不属于罗马帝国的兰克斯系。而日本皇室的一个特点恰恰就是从海外不能直接迎娶皇后。这当然是封闭性的一个表现，但也保证了皇统的纯粹。

### 5 天皇陵究竟埋葬了谁？

#### （1）天皇陵埋葬了谁？

日本天皇家的谜还有很多，其中天皇陵墓也是一个巨大的谜。日本的考古学家、古代史研究家都很想挑战这个巨大的谜，但是障碍也是巨大的。这里，首先有两个基本的概念。什么叫陵？依据《皇室典范》第27条规定：天皇、皇后、太皇太后和皇太后所葬之地为陵。什么叫墓？皇子、皇女等其他皇族所葬之地为墓。古色苍然，风霜雪雨，天皇家的陵墓被罩上厚厚一层神秘色彩。这些作古的天皇与皇族，都在历史的岁月中，都在自然的风化中，表述着各自的魂灵话语。神秘与威严，优美与幽玄，构造与景观浑然一体。

在日本，以天皇陵为中心的陵墓有896座，全部是在宫内厅管辖之下的"圣域"，但是被葬者90%以上是别人的可能性很高。如从初代神武天皇到第40代的天武天皇，被葬者的身份被认为基本没有问题的只有2座，即京都市郊的天智天皇陵和奈良县明日香村的天武天皇陵。那么，其他的38座天皇陵，究竟埋葬了谁？是谁埋葬的？没有人知道。因为宫内厅用行政命令遮挡了考古研究人员的视野。因为是圣域，所以不能研究。因为不能打扰已故天皇灵魂的安息，所以不能开放天皇陵。

不仅天皇陵墓的考古发掘被禁止，更为要命的是宫内厅还在扩大范围，人为划定不能发掘和调查的"陵墓参考地"。如前几年，流行的邪马台国九州说遭遇挑战，学界认为至少在卑弥呼时代已经开始向政权的中心地大和移动。与此对应的是奈良县樱井市的箸墓古坟，之前说是倭迹迹日百袭姬的墓地，现在说是卑弥呼的墓地。于是宫内厅干脆也把这个全长278米的箸墓古坟划为"陵墓参考地"，挂上了"闲人莫入"的牌子。结果，用国民税金来维持来管理的天皇陵，竟然是个模糊暧昧的谜一样的存在。日本国民能满意吗？

那宫内厅为什么要严禁学者调查天皇陵呢？可能就是怕发掘出日本的天皇是来自中国或朝鲜半岛的证据。几年前，英国《泰晤士报》就这样认为了。

### （2）总数为894座的天皇陵墓

到昭和天皇为止，日本已故天皇为124人（代），宫内厅所管理的天皇陵为112座。124位已故天皇为什么只有112座陵园？第40代天武天皇和妃，即第41代持统天皇，二人合葬，第35代皇极天皇和第37代齐明天皇为同一人，第46代孝谦天皇和第48代称德天皇为同一人，为此减少3座天皇陵。此外，在京都的深草北陵地带，合葬有后深草、伏见、后伏见、后小松、称光、后土御门、后柏原、后奈良、正亲町和后阳成共 10 代天皇，故再减去 9 座。这样，124 座减去 12 座等于 112 座。

除 112 座天皇陵之外，还有 13 座"历代外天皇陵"。① 北朝天皇（光严天皇等 5 人）；② 尊称天皇（没有即位，生前接受了太上天皇尊称的高仓天皇等 2 人）；③ 没有即位就死去，得到天皇或太上天皇的尊称的，如春日宫天皇等 6 人。除此之外，还有桓武天皇的皇后的高畠陵，一条天皇的皇后的定子鸟户野陵等 62 陵。历代天皇陵、历代外天皇陵和皇后陵合计为 187 座。

再来看看墓地的情况。现在宫内厅管辖的墓地有 551 座，此外分骨所、火葬冢、灰冢等达到陵墓标准的有 42 座，发齿爪塔有 68 座，陵墓参考地有 46 座。这样，加上天皇陵 187 座共计 894 座陵墓。从 894 座陵墓的位置来看，以关西地方为中心，从北面的山形县到南面的鹿儿岛，分布于一都二府三十县内的 458 个地方，总面积为 652.4 万平方米，是现在东京皇宫（115 万平方米）的 6 倍。在 894 座陵墓中，作为考古学对象的古坟有 240 座。宫内厅书陵部负责管理陵墓，总人数为 188 人，分陵墓、图书和编修三个部门。陵墓的维持费用预算在 2011 年为 2181 万日元，这个费用是相当低的。各地陵墓修缮的费用归属于宫廷费，年均超过 2 亿日元。

坐落在大阪府堺市的第 16 代仁德天皇陵（大山

古坟），被视为世界最大的陵墓群。天皇陵全长 486 米，最宽处即方形边长 306 米，高 36 米，圆形直径 249 米，包括 3 条宽阔的护陵壕在内，总面积为 46.4 万平方米。有日本专家说，这与总面积接近 25 万平方米的秦始皇陵，与 5.29 万平方米的埃及最大的金字塔胡夫金字塔相比，可以说是遥遥领先了。仁德天皇大约生活在公元 5 世纪初。这期间正是大和朝廷统一国家的鼎盛时期，这也使得它比起前期古坟显得气势磅礴。曾有土木专家推算过，大坟所用的总土方约 1405866 立方米。这些土方如以一人之力，从平均 200 米外的地点搬运而来，共需 1406000 工次，以千人之力搬运而来，需要 4 年。仁德天皇陵地处古坟群落之中，其北面是反正天皇陵，南面是履中天皇陵。这三座陵墓被称为"百舌鸟耳原三陵"。但就是被视为世界最大的仁德天皇陵出土的文物，前几年在美国波士顿美术馆展出，展品为镜与刀。在日本不可能看到的东西，在美国展出，这显然是盗墓的结果，看来宫内厅书陵部也没有管理好自己祖宗的坟。

（3）葬错了对象祭错了人

日本天皇家遇到最大的一个尴尬是：悉心供奉了数百数千年的所谓天皇陵，很有可能是属于某个王公贵族的，甚至是某个普通人的。也就是说，祭祀了数百上千年，完全在为他人做嫁衣，完全在为他人烧香火。

如称德女帝陵，被宫内厅指定为前方后圆坟。但是这位女帝是 8 世纪的人，而 8 世纪的天皇陵，根本没有前方后圆坟，这点是现代考古学的常识。所以，永眠在这个陵墓里的人不可能是称德女帝。

再如宫内厅指定的雄略天皇陵，也犯了一个明显的错误：明明是圆坟和方坟两个坟，硬说是一个前方后圆古坟。当中的一条中心线视而不见了。也就是说，至少是埋葬了二人的陵墓被硬说成是一个人。而这个人就被认定为雄略天皇。

是雄略天皇吗？这是有疑问的。因为这个圆坟底部的直径只有 75 米，作为圆坟显然不算大。如果被葬者是雄略天皇的话，其古坟不应该是这个规模，应该更大。为什么这样说呢？因为在埼玉县发掘的丸墓山古坟（圆坟），其直径有 100 米。这里面的被葬者是谁呢？只是一个同时代的地方政权的大王。一个地方政权的大王陵墓是 100 米，一个全国政权的大王陵墓只有 75 米。也就是说，前者比后者要来得宏伟，来得高大。这符合古代社会的帝王学逻辑吗？

再如第 26 代的继体天皇陵。宫内厅在日本历代天皇陵要览中指定，继体天皇陵是位于太田茶臼山的古坟，而日本学者则普遍认为继体天皇陵墓是位于日本高月市的一座古坟。

而最为典型的是神武天皇的陵，候补地竟然有三个。一个在丸山，现奈良县橿原市大久保町，畝傍山东北部山脚下的丸山，20多米高；一个在神武田的地方，离畝傍山东北部约600米，有两个土馒头包；一个在冢山，别名也叫冢根山，现橿原市四条町，离神武田400米左右，有人工的土包。这三个候补地究竟哪一个才是真正的神武天皇陵呢？江户时代的国学者与尊皇论者，为此展开了激烈的争辩。本居宣长、蒲生君平等国学者主张在丸山。贝原益轩、谷森善臣等尊皇论者赞同在神武田。幕府尊重山陵奉行相谈役谷森善臣的主张，决定把神武田定为神武天皇陵。

但是，山陵研究先驱者松下见林在1696年写《前王庙陵记》，责问为什么一定要采用谷森善臣说呢？神武田以前是一块水田，水田以前用人粪灌溉，所以这块地方也叫粪田。日本初代天皇的天皇陵就在粪田里？对此，国立历史民俗博物馆名誉教授春成秀尔是这样解释缘由的：德川幕府为了强化与朝廷的友好关系，决定开始修复陵墓。当时的孝明天皇正好有去大和行幸的计划，而且还要参拜神武陵。所以幕府必须尽快决定神武天皇陵究竟在哪里，而在当时能够在短时间内修整完毕的候补地就是神武田。神武田就这样偶然地成了神武天皇陵。你看，可笑不。

而在这之前的150年间，说起神武天皇陵，日本人都习惯地认为是在冢山。但就在1878年（明治十一年），明治政府宣布处于橿原市四条町的冢山为第二代绥靖天皇陵。神武天皇陵一下子变成了绥靖天皇陵，可见随意性有多大。

神武天皇陵修复工事花了 7 个月的时间。陵的主体部分是一个直径 33 米，高 2.3 米的圆坟。周围由东西 130 米，南北 114 米的方形区域围拢。在修筑期间，与陵墓接近的 208 户被迫迁移他处。工程总费用为 15612 两钱。相当于现在的 2.5 亿日元。

**（4）前方后圆坟的构思从哪里来？**

日本天皇家的陵墓、古坟大多利用天然地形建造，或修于山顶，或筑于山腰。依据古坟堆土的形状，有圆坟、方坟、前方后圆坟和上圆下方坟等多种。其中以前方后圆坟的规模最为雄伟，形状也最为优美，再加上它是日本独具的形式，所以可把前方后圆坟称为日本高冢式古坟的代表。在日本前方后圆坟有三千座左右。纵观 450 年的古坟时代，其中最能代表权力支配者和君王权威的古坟，就是前方后圆坟。这个前方后圆坟形状是从哪里来的？受到了什么启发？或者说日本人抄袭了谁的构思？很少有人思考这个问题。总以为这是日本人的独自构想。其实这个构思是有来源的，它来源于古代中国的神仙思想。

在日本，前方后圆古坟这个叫法的元祖是江户后期的蒲生君平。他在 1808 年著的《山陵志》中首次提及前方后圆形天皇陵的特征：① 从平面看是前方后圆形；② 从断面看由三层构成；③ 周围有壕沟隔开。前方后圆形就像巨大的壶，躺在地上的巨大的壶。

在中国的神仙思想里，西方有耸立的昆仑山，东海有浮水的蓬莱山。昆仑山有三段，蓬莱山也有三段，从而构成了不老不死的神仙生活的仙境。《列子》和《搜神记》里，有大乌龟的背上驮有蓬莱山的描写，实际上是暗示蓬莱山为壶形，"壶中天"的语言由此而来。古代中国人将天地和宇宙的形状比喻为壶，即"壶形宇宙论"。如果明白了蓬莱山的形状就是壶型的话，"壶型前方后圆坟"就是"壶型蓬莱山"的缩影就很容易想象了。古代中国人描绘的不老不死的蓬莱山形象，使人产生了憧憬蓬莱山的意念。司马迁的《史记》里，有秦始皇命令方士徐福去蓬莱山寻找不老长寿妙药的传说。这个传说应该说很早就传到了日本，日本人开始相信中国人的神仙思想。而他们的"壶型蓬莱山"信仰的确立，就表现在"壶型前方后圆坟"上。

君王死去了如何再生？君王死去了，但如何贯彻其不老不死的意念？当时日本人在思考这个问题，这是宗教的形而上的一个问题。正是在这个意义上，日本宗教哲学家梅原猛才说，古坟时代就是"永生的形而上学的时代"，换言之，就是"憧憬不老不死的蓬莱山的时代"。所以，有"古坟时代最后的光芒"之称的高松冢的壁画上，画有蓬莱山的图案，这就很能说明问题。

佛教传来后，日本人的"蓬莱山憧憬"被"净土憧憬"所取代，但是思想文化的底层挥之不去的还是"蓬莱山憧憬"。如国歌《君之代》的歌词，就是采用了萨摩琵琶的一曲《蓬莱山》，具有相当的象征意味。而日本作家松本清张则将前方后圆古坟比喻为女性和男性，是男女结合的象征。就像从子宫诞生婴孩一样，在圆丘形状的"子宫"里被接纳的死者，祈祷再生。

古代中国的《易》讲"天圆地方"。天圆，用三段表现；地方，用两段表现。所以，祭天的祭祀场所为"天坛"；祭地的祭祀场所为"地坛"。而前方后圆坟就是用三段的圆丘与二段的方丘组合而成。

**（5）已是黄昏独自愁**

在东京都内，天皇陵和皇族的墓地，分别集中在四个地方。

第一，多摩陵在八王子市长房町内。其中最重要的是大正天皇的多摩陵与贞明皇后的多摩东陵，合称为武藏陵墓地，面积为 46.8 万平方米。大正天皇死去的第九天，即 1927 年 1 月 3 日，官报公布陵所。多摩陵是上圆下方形墓地，陵的领域为 2500 平方米。太皇太后、皇太后和皇后的陵各为 1800 平方米；皇太子、太子妃的墓各为 350 平方米；亲王、亲王妃、王、女王等的墓各为 200 平方米。大正天皇的大丧费

用是 298.9 万日元，即位的大礼费用是 1024.9 万日
元。按照现在的物价指数来算，分别是 20.3 亿日元和
69.5 亿日元。这是直接的经费，间接的还不算。1989
年 1 月 7 日去世的昭和天皇，也葬于此地，昭和天皇
的父亲是大正天皇。

第二，宽永寺在东京的上野公园。宽永寺诞生了
两位大师，一位是宽永寺的开山慈眼大师，一位是延
历寺的天台座主慈惠大师，两位大师的尊像放置在宽
永寺。再往里走，有一座御影堂，左边有"轮王寺宫
墓"字样的石标。墓园占地 2400 平方米，这里有亲
王墓和发爪塔各 5 座。如第 108 代后水尾天皇的皇子
守澄亲王（1680 年死去）、第 111 代后西天皇的皇子
天真亲王（1690 年死去）就葬于此地。

第三，护国寺在东京都文京区内，也叫丰岛冈墓
地，明治以后死去的皇族大都葬于这里。1987 年 2 月
死去的高松宫也葬于此地，丰岛冈由此出名。桃山风
的唐门为其正门，总面积为 80500 平方米。在 17 世
纪初的宽永年间，德川幕府曾经把这块地作为大冢药
园。但在 1681 年五代将军德川纲吉命令在此地建立
伽蓝（寺院道场的通称），护国寺由此诞生。这里埋
葬的第一号人物是明治天皇的第一皇子稚瑞照彦尊，
他死于 1873 年（明治六年）9 月 18 日。说起皇族墓地，
现在的宫家有墓地的就是秩父宫和高松宫两家，其余
的都断绝了。战后不久脱离皇籍的宫家墓地，据 1974

年版的《陵墓要览》记载，明治天皇的皇子皇女和华顶宫、伏见宫等共计有58座墓地，但实际上只剩下20座左右。一些旧皇族在死去之前已经脱离了皇籍，故被遗漏了。如梨本宫守正王夫妻、皇后之母君久迩宫见子、明治天皇的母亲中山庆子和大正天皇的母亲柳原爱子等的墓地。

第四，高轮，在东京都港区内。第106代正亲町天皇的皇孙兴意亲王的墓地坐落在广岳院的一角，占地180平方米。

1685年，芭蕉写《野曝纪行》。他独自进入吉野，登山下坡之际，秋阳既斜，拜谒后醍醐天皇的陵墓，写下俳句。

**皇陵经年野草茂，相思草作何相思？**

再是天皇，再是天皇之墓，也经不起"日月乃百代之过客"的折磨，也经不起历史的荒芜给予的侵蚀。可不，在秋暮，在荒野，后醍醐天皇的陵墓，还有谁来拜谒？还有谁来相思？想来也真凄凉。

### 6 为什么天皇号是一种高扬的国际意识？

#### （1）从道教而来的天皇号？

日本天皇号何时开始使用？日本学界没有一个统一的说法，一说是7世纪初的推古天皇的时代，一说是 7 世纪后半的天武—持统天皇的时代，但都没有有力的证据。按照《古事记》和《日本书纪》的记述，应从神武天皇的时代开始算起，但对此加以批判的是早稻田大学历史学家津田左右吉。他早在 1920 年就写了《天皇考》，提出推古新说，二战后这一说法变成了通论。

在日本历史上，"天皇"一语最早的出处是在 607年。推古女帝时代建造的法隆寺金堂的药师像里，刻有"池边大宫治天下天皇"字样。同时，与天皇有密切关系的"真人"一语，从 7 世纪后半也开始在日本古代文献中出现。如《日本书纪》里，天武天皇的谥号是"天淳中原瀛真人"。在那个时代制定的"八色之姓"中，"真人"属于最高位。在中国古代史里，"天皇"一语的最早出处是在公元前 1 世纪，比日本早了 700 年。那时的天皇还是个天文学的概念，把北极星神格化，用来指代宇宙的最高神。这个天文学里的"天皇"在 2 世纪的时候，住在天上神仙界的紫宫里。叫作"真人"的仙道体得者，就在天皇的身边服务。从这一意义上说，日本的"天皇""真人"用语来自中国是无可怀疑的。

象征天皇地位的神器——镜和剑——也来自中国的道教。关于天皇大帝与镜剑关系的记述，最早见于中国南朝梁道教大师陶弘景的著作中。后来唐代道士司马承帧在《含象剑鉴图》中，详细论述了这两种神器所具有的宗教哲学意义。古来日本的皇室里，紫色为高贵之色。圣德太子在制定"六色十二阶"冠位的时候，就规定紫色为最上位的官吏服色。这和中国古代认为天皇上帝住在天上神仙世界的紫宫中，以及道家将紫色视为正色的思想是一致的。另外，天皇家祈愿天皇长寿的祝词也是移植中国道教的祝文。如日本在公元10世纪成书的《延喜式》卷八：

> 谨请皇天上帝、三极太君、日月星辰、八方诸神、司命司籍、左东王父、右西王母、五方五帝、四时四气，捧以银人，请除祸灾，捧以金刀，请延帝祚。咒曰：东至扶桑，西至虞渊，南至炎光，北至弱水，千城百国，精治万岁，万岁，万岁。

祝词中出现的皇天上帝、三极太君、东王父、西王母等神名，全都来自中国道教的神谱。

日本的中国道教研究专家福永光司，在1982年出版《道教和日本文化》之后，在1987年又出版了《道教和古代日本》。在开篇《天皇考六题》中，论证的主要问题就是日本天皇称号与中国道教思想的关系，他最后这样总结道："天皇是日本神道教的最高教主，是天神在人间的代表。然而，这代表日本最高皇权、神权的最高称谓却也是来源于道教。"这里，与津田左右吉所不同的是，津田氏虽然也说这一称号来自中国道教和中国古典，但他觉得这不过是"借用"了中国的语词而已，观念上的天皇概念还是属于日本自己的。显然津田氏高扬的是历史国粹主义，他是在为日本的意识形态留点话语权。而福永光司则想彻底打碎这种日式意识形态，用道教文化包装整个日本，但问题并不如此简单。

（2）皇帝—天皇的平行意识的萌生

600年，日本派出使者，向隋高祖文帝朝贡。前往的使者在介绍国情的时候这样说："倭王以天为兄，以日为弟。"文帝听后不悦，心想这个倭国占天占日，以叔字辈自居，口气真大，便出言道："训令改之。"

607年，小野妹子呈隋炀帝的国书这样说："日出处天子致书日没处天子无恙。"这回轮到隋炀帝不高兴了。一是当时在古代东亚地区的朝贡体系中，只有中国的皇帝才能称为"天子"，因此，日本国书把本国最高统治者称为天子，令隋炀帝大为不快。二是以"日没"喻隋朝，以"日出"喻倭（日本），很可能是故意为之，显示飞鸟朝廷不甘于"属国"地位，这也令隋炀帝相当不高兴。隋炀帝便对身边之人吩咐道："蛮夷书有无礼者，勿复以闻。"这样对等的天子形式的国书以前有过，如公元前176年，匈奴的冒顿单于，在给汉文帝的书状里这样写："天所立匈奴大单于，敬问皇帝，无恙。"匈奴单于正式的君主号为

"撑梨孤涂单于"。这里，"撑梨"是天，"孤涂"是子之意。也就是说，这与中国皇帝的天子的君主号一脉相承。这里的天，具有超越诸王，主张和中国皇帝对等的意识。再如584年，突厥的可汗（君主的称呼）自称天子致国书于隋文帝："从天生大突厥天下贤圣天子伊利俱卢设莫何始波罗汗，致书大隋皇帝。"这里，为了强调与中国皇帝（天子）的对等性，可汗用了"天""天子""天下"等文字。这显然犯了大隋天子的忌讳，对此，隋文帝答书时称："大隋天子贻书大突厥伊利俱卢设莫何沙钵略可汗。"当时正处于战争苦境中的突厥，为了隋的军事援助，向隋文帝服从。突厥的可汗作为"大隋天子的奴"称"臣"，说了这样的话："天无二日，地无二王。伏惟大隋皇帝，真皇帝也。"

毫无疑问，倭王托小野妹子交付隋炀帝的国书，参照了匈奴和突厥的文书形式。为了强调与皇帝而不是大王的对等性，日本的国书里出现了"天"与"日"的字眼。不仅是倭王，高句丽王也以"天帝之子""日月之子"自称，强调天与日的思想。从倭王到皇帝，从皇帝到天皇，皇帝—天皇的平行意识在萌生。

与隋朝使者一起回到日本的小野妹子，向朝廷报告说，随身携带的隋朝皇帝回复的国书，在途经百济的时候被抢夺了。朝廷对此百惑不解，一个庞大帝国送来的国书，怎能丢失呢？但有隋朝的使者在场，不便声张，最后只好算了。隋朝的国书真的丢失了吗？是不是有这样一种可能：因为国书的内容对朝廷比较刺激，为了避免刺激，妹子自己独断地隐藏起来了？如果这一推测能成立，问题又出来了：妹子为什么怕刺激朝廷呢？是不是因为怕朝廷看了隋炀帝的训斥之语，胆怯地修正正在执行的对等的外交路线？对此，已故的著名历史作家陈舜臣在《中国历史》[1]中也认为，小野妹子依据自己的判断把国书废弃的可能性很高。

（3）超越王的存在的天皇号

汉诗集《怀风藻》的开篇是大友皇子的汉诗。

> 皇明光日月，帝德载天地。
>
> 三才并泰昌，万国表臣义。

这是在唐风文化盛行的近江时代（667～672）歌唱天智天皇的汉诗。这里引人注目的是为天智天皇用了"皇"与"帝"的字样来表现其威光照日月，其大德满天地。这首诗，后世没有任何润色。日本列岛的王权，用"皇帝"来赞美，这是日本迄今为止最古的文字资料。在673年的诏书里，有"天皇新平天下，初之即位"的表述。《日本书纪》作这样的记载，表明天

---

① 〔日〕陈舜臣：《中国历史》，讲谈社，1991。

武天皇是开启新王朝的"皇帝"。皇帝等于天皇得到了进一步的确认。

但在外交文书上,当时的日本人还是有区别地加以对待的。如针对唐皇帝的朝贡,就避开"天皇"这个用语,而用"主明乐美御德"这个名称,以防尴尬的发生,他们可能记住了与隋朝外交的那段往事。但在与新罗王和渤海王的文书里,就毫无顾虑地用上了"天皇"的称号。如 706 年(庆云三年)对新罗王的诏书称:"天皇敬问新罗王。"如 728 年(神龟五年),对渤海王的诏书称:"天皇敬问渤海郡王。"这是采用了唐皇帝给藩国王慰劳诏书的样式。这边是天皇,那边是新罗王和渤海郡王,君臣关系从文字里得到了表现。这样的形式,新罗和渤海当然无法接受,于是发生了名分上的纠纷。其结果,拒绝日本天皇称号的新罗,有魄力地断绝了与日本的外交关系。而接受日本天皇称号的渤海,则柔弱地保持了外交关系。渤海在 926 年,新罗在 935 年先后灭亡,日本在外交场面显示天皇的机会也就没有了。

甲午战争后,朝鲜王国改名为"大韩帝国",国王改名为"大韩帝国皇帝"后即位,这是 1898 年的事情。很显然这种做法是对清朝册封体制的一种反抗,表明自己与清朝皇帝和日本天皇是一种对等的王权关系。这样来算的话,一直持续了 2000 年以上的册封体制终告结束。但是在日俄战争之后,朝鲜又被日本合并。大韩帝国"皇帝"再次被册立为"李王"，且只被以皇族相待，这是 1910 年的事情。

随着中华帝国的册封体制的解体，随着日本帝国的急剧膨胀，近代朝鲜的王权从"王"到"皇帝"，再次回到"王"的位置上。这一摇摆动荡的历史进程，与日本天皇的支配圈有相当的关联。我们再次回到 701 年的《大宝律令》中的一条著名的规定："天子是祭祀所用之号。天皇是诏书所用之号。皇帝是华夷所用之号。"这里引人注目的是，天皇与天子、皇帝的并列关系，在法律文书里得到了首次确立。在《大宝律令》中还规定天皇的兄弟和皇子为亲王，其他的子孙为诸王。显然天子、天皇和皇帝超越了王的存在，这个意识是相当自觉且明确的。7 世纪的东亚，有高句丽、百济和新罗的对抗。但唐和新罗联手，灭了高句丽和百济。唐册封渤海和新罗为王，不过日本在 7 世纪以后不接受王的册封。《大宝律令》里的天子、天皇、皇帝的称号，就隐含了日本独立的立场。超越王的存在的天皇称号，是日本律令的最大特点。

可以这样说，在 7 世纪动荡的东亚历史中诞生的日本天皇号，是一种国际意识的高扬，是对隋唐的不服从，对册封的不接受。"东天皇敬白西皇帝"这句话，虽然这个"敬白"的书式，是中国佛教界的弟子对师傅所用的书式，隋炀帝作为"海西的菩萨天子"，倭（日本）表现出了对他的尊重，这份国书比上回的要来的郑重。但以"东天皇"对应"西皇帝"，再次表明的是一种平起平坐的对等关系。

（4）日本的诞生，是中国动向的结果

618年，唐灭隋而兴，唐和隋一样先征服高句丽，但不顺利。这时，新罗的金春秋（武烈王）劝唐把军事战略从高句丽转向百济，百济看出唐的野心，便向倭人求助。这样倭—百济与唐—新罗展开对决。

这个对决的重大战役，就是663年爆发的白村江海战。68岁的齐明女帝派中大兄皇子和大海人皇子两个儿子去北九州参战。最后，唐—新罗联合军战胜了倭—百济的同盟军，百济随之灭亡，倭也完全从朝鲜半岛撤退。新罗乘机与唐再度联手，打垮高句丽，朝鲜半岛得到了统一。就在这个历史瞬间，"倭"变成了"日本"。在外压的作用下，日本国成立了，新罗国也成立了。

《旧唐书》里有"日本国是倭国的别种。这个国家，在日出的边上，故就叫日本这个名"的记载；《新唐书》里有"恶倭名，更号日本"的记载。这个日本，当时就是天武天皇（大海人皇子）的日本。这样来看，日本的诞生是与中国外交的结果，是朝鲜半岛激荡情势的结果。从天皇诞生到日本诞生，使整个东洋在世界上有了新一层的含义。

看来，或许还是津田左右吉是对的。日本从

中国道教里拿来的只是一个天皇的词语。而观念上的天皇，意识层的天皇，并不是来自中国的道教文化。王—大王—天皇，与此对应的读音为：てんのう（tennou）。这里，"天皇"两字虽取自中国的汉字，但最初的读音并不是 tennou（てんのう）的音读，而是 sumeramikoto（すめらみこと）的训读。何谓训读？就是日本化的汉字读音，就是日本独立的意识形态。

### 7 日本天皇家后宫是如何构造的？

#### （1）女院是"永远的女性"？

在日本和歌第一人西行法师的眼里，待贤门院（藤原璋子）是一位"永远的女性"。这位生育了五男二女的女院，何以是一位永远的女性？这就与日本天皇家的后宫有关。概而述之，天皇家的后宫有五个特色。

第一，没有男子禁制。这点与中国的后宫和土耳其帝国的后宫有所不同。日本的公卿和殿上人可自由地在后宫进出，并与女官一起玩赏与歌舞，有相当自由的文化氛围。到了室町时代以后，由于受了幕府大奥的影响，后宫才实施较为宽松的男子禁制，一直到大正时代为止。

第二，没有宦官制度。宦官宫刑后在后宫生活，他们经常策划计谋献策于君王，形象不佳。朝鲜半岛的三韩也模仿中国设立了宦官制度，但是日本没有引进这个中国宫廷里摧残人性的制度。

第三，设定后妃和官人的身份规制。在古代天皇家，规定皇后必须在皇族中产生。采女作为地方豪族的"进贡"，没有特许禁止通婚。中宫限定于皇族和摄关家的子女。如后白河法皇和后鸟羽上皇，召白拍子和游女进宫，尽管也生下了皇子皇女，但由于出身低微，不能给予后宫地位。在罗马帝国和中国，没有皇后出身的规定。如尤斯体里·阿鲁斯皇帝，拥有聪明的皇后特欧都拉，但这位皇后是竞技场野兽饲养员的女儿，说是个演员，实际上是个娼妇。如汉成帝（前33~前7年在位）的赵皇后（赵飞燕），原先是阳阿公主家的舞伎。

第四，在后宫里少有对女性的残害。在罗马帝国和中国的王朝时代，废后宫、处死罪并不少见。如唐高宗的王皇后与萧淑妃，被武曌策谋废黜，最后是凄惨死去。唐中宗李显被韦皇后和安乐公主毒杀，之后，临淄王率军入宫，韦皇后和安乐公主又被杀掉，二人的首级被悬挂于东市示众。这位临淄王即位后就是唐玄宗，这位玄宗的王皇后也被厌咒问罪，废后流放。而在日本，宫廷废后仅仅有皇太后藤原高子一个人。即便如此，还赐她封户四百户，并且在"前皇太后宫职"里特地为她设立官职。

第五，日本后宫的文化氛围浓厚。如村上天皇的女御藤原芳子，能背诵完整的《古今和歌集》，弹得一手好筝。同样是女御的微子女王是个优秀的歌人。此外，五条后（藤原顺子）、二条后（藤原高子）、上东门院（藤原彰子）、待贤门院（藤原璋子）、美福门院（藤原得子）和建春门院（平滋子）等长于造佛、写经、制作工艺品，为后宫的营造作出了贡献，更为日本艺术发展作出了贡献。一批杰出的后宫文学也因此诞生，如情色物语《源氏物语》，私语随想《枕草子》，情感告白录《蜻蜓日记》，自我燃烧恋情的《紫式部日记》，表现母性爱的《成寻阿闍梨母集》和少女回想录《更级日记》等。日本人柔软的知性和纤细的美的意识，均是来自于后宫这块神秘牧场的乳汁。但是在后来实施了男子禁制后，开放的后宫就变成了封闭的后宫，优雅的文化之花再也难以盛开。

**（2）后宫制度变革的延长线**

663年，白村江海战日本败北。败北后的日本开始思考这样一个问题：面对一个强大的唐帝国，如何形成一个中央集权的国家，用来对抗日益严重的外压？作为统治系统的根本法典的《近江令》的编撰开始实施，全国性的户籍也开始作成，如670年的庚午年籍。作为支配权核心的王位应该如何继承？这时也在开始摸索。以前旁系继承的方法，使得王位继承时权力中心容易发生分裂，群臣卷入争乱的可能性也随之增大，对外关系的紧张也因此加剧。为了防止如此事态的发生，这样一个方案开始浮出水面：选择直系继承而不是旁系继承，是候补者一律限定为正妻所生的嫡系继承。

从明治以后，皇后就是天皇的妻子。从大正天皇开始，天皇只有一个配偶。天皇如果死去，皇后就成为皇太后，新天皇的妻子从皇太子妃升为皇后。这些虽然在明治的《皇室典范》里有所规定，但是作为必须遵守的规则，还是在大正天皇以后。那么，在这之前天皇的皇后制度是如何演变的呢？

在7世纪天皇号采用之前，大王的正妻叫"大后"（kisaki）。除此以外的大王妻子叫"妃"（mime）。大王和大后之间生出的儿子成为下一代的大王，而大王和妃所生之女就是新大王的异母妹，大王血统的纯粹性得到了保证。这个是从钦明天皇开始的，当时在钦明天皇身边最有势力的是苏我稻目，苏我聪明地利用这个习惯把自家和皇室连接起来。他把自己的两个女儿，即坚盐姬和小姊君送入宫廷，当钦明天皇的妃。不久之后，钦明天皇与坚盐姬生下一女儿，即炊屋姬（后来的推古女帝），这位炊屋姬成了敏达天皇的大后。日本天皇家皇后制度的导入，是从天武朝《大宝律令》开始的，那个时候叫"天子的嫡妻"。律令规定只有内亲王才能成为皇后，其他的妃子等只是女官。这些女官的存在，一是为了满足天皇的性欲，二是为了确保皇位继承人。在律令制度里，有个后妃的概念，它是皇后、妃、夫人和嫔的总称，并规定天皇除皇后之外，还可有妃二人、夫人三人、嫔四人。除此之外，天皇有时还享有不在规定之内的女性，统称为女御或更衣，谁是女御谁是更衣则依据其父亲的身份来决定。由于藤原氏的女儿先后入宫成了女御，所以妃与夫人被形式化了。在9世纪，藤原氏出身的女御明子生出清和天皇，女御高子生出阳成天皇，她们都成了天皇的母亲。所以那个时候女御的地位比皇后要高，由此故，后妃的概念又发生了变化，变为皇后、夫人、女御和更衣的总称，与此同时又设立了与皇后并列的中宫制度。再到后来，皇后、中宫、夫人和更衣的称呼也被取消，变成了女御、典侍和权典侍。到了明治时代，又简化为皇后与权典侍，从大正天皇开始，一夫多妻制终于打上了休止符。

这里要注意的是，在8世纪中叶的时候，藤原不比等的女儿光明子（也叫安宿媛）被确定为圣武天皇的皇后，开启了皇族以外的人成为皇后的先例。从9世纪中叶的仁明天皇到9世纪末的宇多天皇为止，这些天皇都没有立皇后，也没有从众多的妃子中选拔一位做皇后。更有甚者，在一条天皇时期，尽管已经确定藤原道隆的女儿定子为皇后，但道隆的弟弟藤原道长的女儿彰子同时也被立为中宫，开启了两个"天子嫡妻"的先例。皇后的概念发生大的变化，是在11世纪末堀河天皇的同母姐姐缇子内亲王（郁芳门院）

作为天皇的准母被立为皇后的时候。到了中世，立后的仪式以及皇后宫职组织的维持在经费上遇到了困难。事实上日本在南北朝以后，不再册封皇后。一直到江户时代，二代将军德川秀忠的女儿和子嫁给后水尾天皇，被册封为皇后，皇后才再度复活。保留很多的侧室为天皇生育是这个时期的一个特点，这个体制到明治天皇为止并没有变化。

（3）皇后究竟应该做什么？

772 年（宝龟三年）三月，光仁天皇的皇后井上内亲王犯了重罪，被废去了皇后位，这在前面已经有论述。井上被废位这件事对天皇家来说意义重大，它直接导致了天皇家的皇后发生了本质性的变化。

桓武天皇以后的皇后与妃，试举如下：桓武皇后——藤原乙牟漏（藤原式家，良继的女儿）、平城皇后——藤原带子（藤原式家，百川的女儿）、嵯峨皇后——橘嘉智子（清友的女儿）、淳和皇后——正子内亲王（嵯峨和嘉智子的女儿）、仁明女御——藤原顺子（藤原北家，冬嗣的女儿）、文德女御——藤原明子（藤原北家，良房的女儿）、清和女御——藤原高子（藤原北家，长良的女儿）、阳成妃——绥子内亲王（光孝天皇的女儿）、光孝女御——班子内亲王（仲野亲王的女儿）、宇多女御——藤原胤子（藤原北家，高藤的女儿）、醍醐皇后——藤原稳子（藤原北家，基经的女儿）。这个时期的皇后、妃和女御，就像以前大和王朝的大后一样辅佐大王（天皇）的政治。她们分掌着王权，成为一个奇的群体。但自从从藤原氏（特别是以房前为祖的北家）中选拔皇后之后，和以前相比有了很大的变化。但这还不是实质性的变化。而所谓最本质的变化就是皇后以皇后的地位辅佐天皇，分掌天皇权力的权限被剥夺了。这也就是说，进入到平安时代后，皇后只剩下生育皇太子的作用，这样一来，皇后的作用被限定于徒有虚名的"国母"（生育了天皇的母亲）。

关于"国母"的称号，在日本皇室历史上第一次出现是在879年（元庆三年），淳和太皇太后正子内亲王被称呼为国母。嵯峨天皇和嘉智子皇后之间生出正子内亲王，这位正子后来成了淳和天皇的皇后，他们二人之间生出恒贞亲王。恒贞亲王之后被仁明天皇立为皇太子。但不久仁明天皇屈服于某种压力，恒贞亲王又被废太子位，史称"承和之变"。这位正子皇后虽有国母之称，但没有任何权力，这表明自推古朝以来的从皇后到女帝的路线有了转轨。

从王权的分掌者到徒有虚名的国母的分水岭，就是井上内亲王。"魇魅大逆"事件在"后"的历史中，或者说在女帝的历史中都留下了深刻的转换的痕迹。如嵯峨天皇的皇后嘉智子因貌美过人，连僧侣也为之动心，她为此感到忧郁。这位皇后为告诫世人诸行无常，死后遗嘱不下葬，以身曝野于十字路口。其曝野之地后来成为现今的京福电气铁路的"帷子之辻"站，皇后的地位如此堕落令人生寒。

（4）天皇的妻子犯了畜生道？

建礼门院德子是平清盛的女儿，高仓天皇的妻子，安德天皇的母亲，故有国母之称。更有"一天四海"之称，享尽了荣华与富贵。但是就是这样高贵的女院，有一段自己的告白。

> 都城陷落后，乘船到处流浪。哥哥宗盛和知盛也同船。我们一起生活了很长时间。为此有了传闻，一条船上干了什么？好像经历了畜生道。我迷恋于短暂的快乐之中，忘记了来世有报应的道理。也不考虑极乐往生，日夜过着现世的红尘生活。这叫"愚痴暗钝"，迷惑于畜生道的世界里。

这个告白暗示了她和哥哥平宗盛在船上的暧昧行为。何谓"畜生道"？日本小学馆出版的《日本国语大辞典》说："道德上不被许可的情色世界，即肉亲之间的性关系；或者男妓的生涯。"而国学家本居宣长在《玉胜间》卷五中说："世间，亲子和兄弟等的交媾叫'畜生'。"隋文帝的时代，陈夫人和太子广风传有情事。文帝知道后愤怒地骂道："畜生。这样的人能肩负国家的大事吗？"这在《隋书·陈夫人传》里有记载。《史记·荆燕世家》记述了燕康王之子定国，与父亲之妾有染，生出一男子。定国还霸夺弟弟的妻子，强奸自己的女儿，丑闻暴露后公卿骂道："定国的行为如同禽兽，乱人伦，逆天道，该诛杀。"后来定国自杀。畜生道，中国的语言就是禽兽。

德子1171年（承安元年）十二月入宫，成为高仓天皇的女御，这年17岁，第二年的二月成为中宫。1178年（治承二年）生下安德天皇，从入宫到怀孕花了六年的时间。高仓天皇1161年生，比德子小五岁。高仓天皇最初生子是在1176年，生下功子内亲王。这位内亲王的母亲是高仓天皇的奶妈藤原公重的女儿。这位病弱的天皇在生下安德天皇后不久，于1178年二月与藤原殖子（藤原信隆之女）之间生下二宫守贞亲王（后为后高仓院）。同年四月，与平义范的女儿生下三宫惟明亲王。同月，与藤原赖定的女儿生下洁子内亲王。在1179年，又与藤原殖子之间生下四宫尊成亲王（之后的鸟羽天皇）。除此之外还与藤原通子生有宗子，与女童葵前保持关系。但高仓天皇始终以德子为他的最爱。

德子诞生的皇子叫言仁亲王，一个月后立皇太子，一年三个月后，即1180年（治承四年）二月践祚，成为安德天皇，当属幼童，是日本天皇家最小的天皇。父亲高仓天皇让出皇位后只有一年就病死了，21岁。一个半月后，德子的父亲平清盛病死，年64岁。

　　1185年坛浦海战，源氏军捕获了建礼门院德子、宗盛和时忠三人，四月押送至都城。宗盛在近江附近被斩首，时忠被流放至能登荒岛。当时武家的政策是对女性不斩首不流放，建礼门院暂时成了自由身，住在吉田，就是现在京都大学的附近。

　　这年的五月一日，建礼门院削发出家，前往大原的寂光院。大原是比叡山西北的山麓，经常有隐者和修行者在这里隐栖。与京都的嵯峨相比，这里寒冷阴森，冬天的大雪积得很深。女院是在九月入住大原的，但已是大雪纷飞，什么人也不会来了。天地就是雪，寂光院旁的草庵，树叶纷飞，很感凄凉。

　　第二年的四月，春暖花开，流水潺潺。后白河法皇去大原行幸。带上公卿、殿上人和北面武士数人同行。后白河法皇为何人？他是高仓天皇的父亲，建礼门院的公公，追打平家一门的胜者代表。胜者的代表为什么要看望一位败者？《平家物语》的不同版本有不同的说法。但有一点是共通的：后白河法皇与美丽的德子生出过情事。类似于杨贵妃与唐玄宗之事，杨贵妃本来是玄宗之子寿王之妻，玄宗从儿子那里抢走美丽之妻。后白河法皇就是唐玄宗，其儿子的妻子建礼门院就是杨贵妃。法皇来到庵室，女院出门摘花去了。现在听来是浪漫的事情，但在当时是个零落与衰败的象征。因为摘花在当时是下层法师们的事情，绝不是高贵者自己做的。

天皇与建礼门院德子，法皇与建礼门院德子，平宗盛与建礼门院德子。一个是丈夫，一个是公公，一个是兄弟。他们都与这位美丽而高贵的德子，有着剪不断的纷乱的情事。德子何以出家？何以在荒凉之地度年遣月？就是为了偿还一时糊涂犯下的畜生道？就是为了实现永归净土的愿望？真可谓：血色黄昏，青山在红霞里，碧天在青山外。

**（5）皇室有恢复侧室的可能吗？**

1924 年（大正十三年），昭和天皇（当时裕仁皇太子）与久迩宫良子女王结婚。从昭和天皇开始日本天皇家废除了侧室制度。这是为了塑造新天皇的形象，为了拉近与国民的距离，也就是说皇室的改革在本质上是为了万世一系。当时昭和天皇有三个弟弟：秩父宫、高松宫和三笠宫。如果自己没有生出亲王，还有三个弟弟可以继承，当时可能是基于这样的判断，废除了侧室制度。但逻辑的背反在于：社会学意义上的天皇形象虽然暂时得到了确立，生理学意义上的天皇形象却遭到了破坏——天皇的万世一系变得越发不可能。

现行《皇室典范》规定，天皇位只能传给男性后嗣。然而出生于 1965 年的文仁亲王，令和天皇唯一的弟弟，是皇室最后一名出生的男性。40 年多来，日本皇室就没有再添男丁。昭和天皇废除侧室的决断至今已经有 93 年。到了今天，这个影响开始显现。令皇室感到欣慰的是在 2006 年 9 月 6 日，秋筱宫纪子妃终于产下一名男婴。这是日本皇室时隔 41 年再次迎来的男性成员。其皇位继承顺位，将排在文仁亲王之后，为第二位。皇室虽然暂时解除了危机，松了一口气，但继承的问题仍然很尖锐。

对此，为了增加皇室的男系子孙，有人提出恢复侧室制度。一个女性一生的生育人数总是有限的，再加上妻子的健康状态，夫妇的和睦程度，还有不育等因素。因此，靠一夫一妻制来保证皇族男子的数量以确保万世一系是困难的，由此导致的男系皇统断绝的危险是不能无视的。所以如果侧室能生育的话，由于正室的原因导致无嗣的危险性就降低了。即使不育的原因在丈夫一方，如果每代都采取侧室制度的话，其他宫家出生男子的可能性是很高的，这样就可以维持男系的皇位继承了。如明治天皇的正妻，皇后一条美子就没有生育。如果没有侧室，问题就麻烦了。好在明治天皇的身边有五位侧室，其中一位叫柳原爱子的侧室生了明宫嘉仁亲王，才诞生了第 123 代的大正天皇。从数据统计来看，从第 119 代光格天皇开始到第 123 代大正天皇，五代天皇都是正室以外的女性所生。

当然，反对恢复侧室制度的也大有人在。其理由如下：① 从现代发达国家的伦理观出发，这是有问题的。② 国民中一夫一妻制已是常规，仅天皇皇族例外的话会与国民渐行渐远。③ 如果恢复侧室制度，现在是否有愿意成为侧室的女性？是否有女性愿意成为可能纳妾的男性的正妻？从这一点来看，为了恢复侧室制度，可能要冒很大的风险，即正妻都难以寻觅。④ 纵观国际社会，几乎所有的发达国家都是一夫一妻制，如果恢复侧室制度，日本作为现代文明国家的地位就会受到质疑。

（6）回归静谧的京都是唯一出路？

看来恢复侧室制度在现代文明社会里面临的问题比皇室自身的问题更多更大，可能性几乎为零。那么，日本天皇家今后怎么办？这里，有日本学者提出了一个大胆设想。

在只有一个配偶者的情况下，要想拥有很多的皇子皇女，从医疗方面来看，不能不考虑的是人工授精、体外授精等人工的方法。也就是说，从现代医学技术的层面来考虑和解决天皇家的问题，应该是个方向。但这里也同时产生了一个新的问题：一旦采用这些人工的方法怀孕，对尊重自然的天皇家来说是否一个不太适合的手段？

有日本学者认为，现在唯一能做到的是在一个更加悠闲更加平和的环境里，减少皇室的公务和精神的压力，提供一个更能怀孕的环境。皇宫处在大都市的中心，充满了喧闹和刺激。回归静谧的京都，回归传统的旧平安，专念宫中祭祀，应该是个不坏的主意。这样做，或许能有更多的皇子皇女诞生。况且在日本历史上，与后鸟羽上皇一起登场的藤原定家的子孙们现在作为冷泉家就生活在传统的京都。而对日本天皇家来说，朝廷和政治的中心本来就是东西分离的。

离开混沌的东京，入住传统的京都，就能解决天皇家的后继问题？这是生物学上的意义，还是政治学上的意义？是哲学观念的发酵，还是历史理性的回归？没有人知道。只是天皇家的问题，依然如旧。

### 8  为什么古代日本女帝辈出？

日本从 6 世纪末到 8 世纪末，有 6 位 8 代女帝，在 178 年中她们统治了 88 年。称德天皇是日本古代女帝的最后一位，随着她的死去，日本女帝的时代也暂告结束。这里有一个待解决的问题浮出，为什么古代日本女帝辈出？

#### （1）引人注目的四大特点

从时间上看，日本首位女帝推古天皇在 6 世纪末到 7 世纪前半登场。而且在 3 世纪有卑弥呼和台与等女王出现。这样，如果对女王、女帝辈出的现象进行思考的话，下面几点是不可忽略的。

第一，古代日本社会的财产所有权，女性与男性一样是被认可的。

古代日本男女都依附在亲族组织下，男女之间的差异不是很大。女性（不问未婚或已婚）的财产所有与男性一样被认可，这一制度一直延续到近世。与此相比较，前近代中国社会女性依附在父系的亲族组织下，男性优位主义盛行，女性的财产所有不被认可（已婚女性有部分被认可），社会地位的认可也只限于已婚女性，西洋诸国也存有同样的情况。从东大寺正仓院存留的古代户籍来看，在古代日本拥有奴隶不仅仅是男性的专利。从702年（大宝二年）的御野（美浓）国户籍、726年（神龟三年）的筑前国户籍和733年（天平五年）的山背国计账（为了把握人口的动态，每年作成的记录）来看，女性对奴婢（奴为男奴隶，婢为女奴隶）的占有并不比男性少。这里的女性大半是已婚者，但也有如733年的山背国爱宕郡户籍里记载的，只有7岁的女孩葛野大连玉卖却拥有一名婢（女奴）。

第二，古代日本女性的社会地位是被认可的。

这可从"命妇"制度中看出。"命妇"原本是唐的制度，这在唐代的法制书《唐六典》里有表现。所谓"命妇"是指：皇帝和皇太子的正妻以外的妻妾以及女性皇族；皇帝和皇太子的正妻以外的妻妾之母；中级以上的官人母妻。

上述总称为"命妇"，这些女性基本都是已婚者。而在命妇中，又分内命妇和外命妇。所谓内命妇是指皇帝正妻以外的妻妾共计118名；皇太子正妻以外的妻妾共计58名。所谓外命妇是指公主（皇帝女儿）等女性皇族；五品以上的官人的母妻；内命妇的母亲等。

这里，内命妇的"内"，是指皇帝等把私的空间（如后宫）作为内廷，接待女性。所以这些女性都是已婚者，都被给予正一品到正八品的官位。外命妇的"外"，是指结婚后走出内廷的公主，以及与皇族没有血缘关系的五品以上的人，也指已婚者。前近代的中国社会，父系制的一个特点就是同姓不婚，外婚制度很严格，同族婚是不被允许的。所以，女性皇族必须与臣下的男性结婚，这样她们的社会地位不高是很自然的。

唐的这套命妇制度在较早的时候就进入了日本，但其内容作了大幅度的变更。在日本，内命妇指具有五位以上官位的女性官人，这里的内，是指天皇的私人空间后宫，即在内廷里奉仕的女性官人；外命妇指五位以上的官人之妻。这里的外，是指丈夫在外廷里奉仕的官人之妻。唐制命妇中皇帝太子的妻妾以及女性皇族在日本被省略，命妇都是地位较高的臣下，所以内与外的区别与婚姻状态并没有关系。如是否内命妇完全取决于女性自身在内廷里的能力和努力，而这种能力与努力和已婚未婚没有关系，只与一套完整的评价系统有关。唐制没有这个考虑。

如县犬养三千代，她的死被史书记载为"内命妇正三位县犬养三千代薨落。"正三位是个非常高的位子，原因或许在于她是光明皇后的母亲，同时还是升上左大臣的橘诸兄的母亲。在奈良时代的政治舞台上，她是一位不可多得的女性。再从出身来看，她是畿内豪族县犬养氏出身，与皇族美努王和权臣藤原不比等先后有婚姻关系。这之间，她还断断续续地在内廷里奉侍过。

第三，古代日本的女帝都是王族出身。

从推古到称德，日本古代有8代6名女帝诞生。再到江户时代，又有明正和后樱町两位女帝登场。但中国五千年的历史中，女帝只有唐（周）的武曌（690~705年在位）一个人。这是为什么？

稍加分析的话，可以看出，日本的6名女天皇都有一个共同的特点，她们都是王族出身。这和当时朝鲜半岛的新罗相似。新罗的三女王，即善德女王、真德女王和真圣女王也都是王族出身。只有中国的武曌是其他氏族（武氏）出身，这是父系制同姓不婚带来的一个特点。

因为同姓不婚，所以，即便是王族出身的女性，也不能和男性王族结婚，只能与他族的男性结婚，并成为丈夫家的一员，自然也就失去了王位继承的机会。而未婚的女性在当时的中国又不被社会所承认。所以，公主作为王族的一员，是没有王位继承的资格的。这样说来，在前近代中国王族出身的女性即位皇帝是不可能的。所以中国历代王朝，拥有权力的女性基本都不是王族出身，而是其他氏族出身，而且都是已婚的女性。如汉代的吕后，就是吕氏出身，但她成了高祖（刘氏）的皇后，在高祖死后作为皇太后掌握权力。再如清代的西太后也不是王族出身，但作为皇帝的母后掌握实权。

再看武曌。她是武氏出身，最初被唐的第二代皇帝太宗（李氏）看中招入后宫。太宗死后，又被其子高宗看中二入后宫，这之间生下中宗、睿宗和太平公主等。她发挥拔群的政治能力，登上了皇后的宝座。在这里，我们看到了一个前近代中国女性权力者的形象。问题在于高宗死后，皇帝的位子由其子继承。但拥有皇太后和母亲双重身份的她难以沉寂，渐渐地介入政治，最终迫使儿子睿宗退位，自己成为皇帝，这是闻所未闻的事情。690 年改国号，为周，"圣神皇帝"正式即位。这年她是 68 岁，在当时已经是相当不小的年纪了。

第四，律令制下的女帝与男帝等同。

日本在 718 年制定的《养老令》，虽然只有一个地方提到女帝，却相当重要。这在《继嗣令》皇兄弟子条目中：凡是天皇的兄弟、皇子，都叫亲王；女帝亦同。在这之外的都叫诸王。五世后的亲王，虽也能称为王，但不能纳入皇亲的范围内。这里，必须注意的是两点：一是天皇的兄弟也被纳入亲王的范围；二是女帝的皇子与男帝的皇子一视同仁，都叫亲王。

这就与中国不同。律令制的原点在中国，但中国是父系社会，儿子归属于父亲是个基本原则。日本对此作了修正，丈夫的身份不问，女帝的孩子（包括兄弟）都被认定为亲王。还规定，内亲王的配偶者只能是皇族。此外，女帝与男帝同样能举行大尝祭仪式。大尝祭是新即位的天皇接受死去天皇灵魂的重要祭祀，但这个灵魂的人格并不是女性。所以，大尝祭原则上是男帝的任务。但要注意的是，这个认识是在9世纪以后才有的。在7~8世纪举行的大尝祭，从实际操作过程来看是允许女帝祭祀的。这也是8世纪的女帝，如持统、元明、元正和孝谦（称德）都举行过大尝祭的一个原因。

总之，律令制度的导入使得日本的女帝与男帝处在一个同等的位置上。于是有了女性天皇孝谦，她先立皇太子而后正式即位。在她的身上，最能体现律令制度的日本化。

（2）一条历史的粗线条

如果历史地看待日本女帝，可以看到日本女性统治者历史变迁的一条粗线条。

3世纪前后是女王卑弥呼的时代，这时的女王是宗教世界的掌管者，男王是世俗世界的统治者，圣俗二重王权开始确立。

但在5世纪，经过倭王的以"武"为象征的国土统一战，以及通过与中国王朝的频繁交往，中国社会父系的思考方法，开始渗入日本政治，大和政权内部男性为王的思想也随之抬头。6世纪的继体、钦明以后，诞生了男王世袭王权。所以，推古以下的各位女王（帝），是在男性王族缺乏人才的情况下才即位的。

到了7世纪末，中国律令制正式导入日本，皇位继承中的嫡系主义开始抬头。持统女帝是其实现者，女帝的过渡性开始凸显。元明、元正两位女帝为了维持嫡系继承，就扮演了过渡的角色。特别是元正女帝，为了消除嫡系继承的障碍，自己独身到死。从这个意义上说，女帝只不过是日本天皇家的一根救命稻草而已。另一方面，律令制度使得女帝男帝处在一个同等的位置上。于是孝谦天皇诞生了，她了不起的一个地方在于她是先被立为太子再正式即位的，也就是被当作男性来对待了。

但是，嫡系主义本来就抱有不可克服的矛盾。孝谦（称德）女帝作为最后的女帝，在8世纪后半从皇位继承的舞台上消失了。与此同时，作为过渡的女帝也迎来了终结。这里的原因主要有两点：一个是皇位继承中的嫡系主义在称德女帝死后逐渐式微，皇统从天武系统转向了天智系统，实际上就是对嫡系主义的否定。另一个是与律令制度密不可分的父系主义开始在政治支配层以外浸透，女性地位低下的历史从此开始。

## 9 日本天皇家为什么没有姓？

日本天皇没有姓吗？明治天皇叫睦仁，大正天皇叫嘉仁，昭和天皇叫裕仁，平成天皇叫明仁，令和天皇叫德仁。这些不是姓氏而是名字。日本皇室的称呼采用宫号（尊称）＋名字的方式。如平成天皇名字是"继宫明仁"，继宫是宫号，明仁是名字。现天皇的名字是"浩宫德仁"，浩宫是宫号，德仁是名字。他的女儿"敬宫爱子内亲王"，敬宫是宫号，爱子是名字，内亲王是封位。这个封位是从奈良时代开始的，至今已有1400多年了。

日本姓氏研究学者丹羽基二，著有《日本人的苗字》。书中认定日本人的姓氏已经超过30万，为世界之最。而在这30万的姓氏中，没有一个是属于天皇的姓，天皇是没有姓的。没有姓的人，则向他人赐姓。日本学者松本健一在2014年曾出版《孟子的革命思想与日本》一书，其中谈到天皇没有姓与孟子有关。日本自古就有若将《孟子》由船带回日本，则会遭遇风暴沉船的说法。这表明孟子思想与日本国体不符。日本人怕孟子什么呢？怕孟子的"易姓革命"说。这个学说认为，天赋予有德之人统治国家，而这位统治者一旦"失德"，人们就必须起来革命，推翻这位失德者，让新的有德者来统治国家。所以，在中国汉高祖刘邦姓刘，唐太宗李世民姓李，明太祖朱元璋姓朱。刘李朱显然不是有血缘关系的一家人，所以这就叫"易姓革命"。我们记忆犹新的是明代最后的皇帝崇祯，被李自成的农民起义军包围在景山，在欲用自己的手杀死自己的皇女长平公主的时候说的"汝何故生我帝王家"这句话。你看，"易姓革命"是多么的血腥。

日本的天皇家之所以少有这样的一幕，就在于在皇统上还保有形式上的一贯性，即所谓的"万世一系"。而之所以能万世一系，一个原因就在于天皇没有姓。因为天皇没有姓，有姓之人就没有办法（在正统性上）除掉天皇自己当天皇，所以就不会发生"易姓革命"的改朝换代。所以即便是织田信长，即便是丰臣秀吉，即便是德川家康，也没有一个想杀掉天皇自己当天皇的，所以日本人说"大化改新"而不说"大化革命"，说"明治维新"而不说"明治革命"。德川家康一开始是很崇拜孟子的，认为他的"有德者"理论是很先进的。但一旦具体地论及德川政权的正当性的时候，聪明的家康就毅然抛弃了孟子。因为他看到了潜在的危险：搞得不好"易姓革命"会革到自己的头上。德川政权之所以能保有近300年的和平，一个原因就在于德川家康不再把"朱子学"当作官方意识形态加以使用。

那是否可以这样说，日本天皇没有姓是为了防止改朝换代的革命爆发？问题当然不能这样直线思考。

但作为构想，这无疑是有一定道理的。这个构想者是谁？就是第40代天武天皇（673~686年在位），天武天皇在684年决定了八个种类的姓：真人、朝臣、宿祢、忌寸、道师、臣、连、稻置，简称"八色姓"。这八色姓是用于天皇家吗？不是的，是天皇赐予他人用的。赐姓者是天皇，被赐者还能抢夺天皇的皇位来个"易姓革命"吗？应该说可能性就很低了。没有姓是为了防止革命发生，虽然这个说法怎么想都是令人生疑的，但日本的"言灵信仰"就是从这里发端的。只要附上姓名，王朝就有了更替的可能性。语言和姓名中暗含着这种力量，日本人是信服的。而且日本人还坚信人的姓名中就有人的灵魂，如果真实姓名被想要加害你的人知道了，那么你的人生便会受到他人的控制。因此很多日本人都有两个名字，一个是要时常隐藏起来的真实姓名，一个是日常生活中使用的假名字。从这个意义上说，天皇没有姓也是忌讳的需要。忌讳什么？忌讳被人口头上经常提及或说起。如第50代桓武天皇忌讳"山部"，当时所有姓"山部"的都要改成"山氏"，第53代淳和天皇忌讳"大伴"，当时所有姓"大伴"的都要改为"伴"。

若要再追问日本的天皇为什么没有姓这个问题，其视点也可以转换到另一个角度：日本大和朝廷的祖先是从哪里来的？如果大和朝廷的祖先是从朝鲜半岛来的，那么其子孙没有姓是不可思议的。中国大陆也好，朝鲜半岛也好，从帝王到庶民都有姓。当然，朝鲜半岛也有天孙降临的神话，帝王的祖先也是从天而降，但他们都有姓氏。

仔细思考的话，在氏族制社会里，姓是表示祖先由来的符号。所以自称天孙的氏族没有姓，是极为奇妙的。那为什么只有日本是个例外呢？思考点恐怕在这里。原本是有姓的，但后来隐蔽了起来。问题是当时的日本是个后进国，朝鲜和中国是先进国。从先进国来的氏族称霸日本，日本人为什么一定要隐姓埋名呢？这个问题日本的历史学家没有定论，以下几点或许是一种较为合理的思路。

一方面这里的"姓"读音为"kabane"，原意为表示在朝廷里的一种职种和功绩。天皇工作的一个重要方面就是向臣下赐姓。如臣、连、直、首、造五姓，如赐予中臣镰足的"藤原"姓，如赐予丰臣秀吉的"丰臣"姓。在朝廷中占据中心地位的天皇向臣下赐姓，表明自己就是君临姓氏之上的存在。因为自己是君临姓氏的存在，所以自己就不需要姓氏了。这是日本民俗学家柳田国男所持的一个观点。这个观点被普遍认为是有效的。另一方面，姓氏与血缘有关联，比较多见的姓氏是一族的居住地名，或庄园或领地的地名，如三轮氏、葛城氏、苏我氏和出云氏等。但从理论上说日本所有的国土都是天皇家的领地，也就是说，天皇家是日本一个特殊的家，而且仅此一家。所以"姓"也好,"氏"也好,用来与他者区分开来的必要性也就没有了。这表明作为神之子孙的天皇是一种中心的存在。

从镰仓时代开始,作为武家栋梁的征夷大将军,有一个基本常识就是"朝臣"是姓,"源"是氏,所以在日本有征夷大将军就是源氏的说法。从源赖朝创立镰仓幕府,到室町幕府,再到德川幕府,都是由源氏来担当征夷大将军的。其结果幕府将军都是源氏,征夷大将军等于朝臣。如源赖朝,正式的姓名是"源朝臣赖朝";创立室町幕府的足利尊氏,正式的姓名是"源朝臣尊氏";创立江户幕府的德川家康,正式的姓名是"源朝臣家康"。而这个"源"字是由谁选定的呢?原来是由第52代嵯峨天皇选定并赐予自己的皇子的。臣籍降下的32人,都被赐予一个"源"字。天皇选定的"源"姓,被幕府将军们使用,表明幕府将军再伟大再有实权,也只是天皇家的一个"朝臣"而已。这里的"源"姓,其实发挥着意想不到的紧箍咒的作用。

但这里还有个疑问,天皇家到底有过姓没有?《隋书·倭国传》里有倭国王姓"阿每/天"(あま/まあめ),字"多利思比弧"(たりしひこ),号"阿辈弥"(おほきみ)的记述。这表明7世纪初日本大王家是有姓的。但日本学者认为这是个学术误会,这些用汉字表示的假名发音,恰恰表明的是天孙降

临神话意识形态的投影，而不是姓氏。从这个视点出发，笔者以为日本的天皇之所以没有姓，还可以从更广阔的国际视野来看。

从当时的历史状况来看，中国的隋帝国要求遣隋使在向皇帝行礼之际，必须带姓。为什么要带姓？带姓则表明其身份是属于臣属。当时的倭国在与中国王朝建构外交关系的时候，其大王是没有姓的。而没有姓是想表明他们在与中华帝国的交往中要保持一定的距离，并对册封关系抱暧昧的态度。当时与中国王朝交往的朝鲜半岛的高句丽、百济，稍晚些的新罗等朝鲜王朝，他们都有姓氏，如高句丽是"高某"，百济是"余某"，新罗是"金某"。这里的高、余、金都是各王室的姓。这些国王带上自己的姓氏，与中国王朝确立朝贡关系。从史料上看，公元478年倭国日本以"征东大将军""倭王武"的名义向中华帝国朝贡，到隋朝统一中国的581年为止，100多年间日本与中国王朝没有往来过。公元701年，日本颁布的《大宝律令》中有一条规定："天子是祭祀所用之号；天皇是诏书所用之号；皇帝是华夷所用之号。"这里引人注目的是，天皇与天子、皇帝的并列关系，在法律文书里得到了首次确立。7世纪的东亚有高句丽、百济、新罗的对抗，唐和新罗联手，灭了高句丽和百济。唐册封渤海和新罗为王，不过日本在7世纪以后，不接受

"王"的册封。《大宝律令》里对天子、天皇和皇帝的界定，就隐含了日本独立的立场。超越"王"的存在的天皇称号，是日本律令的最大特点，也是当时日本朝廷国际意识高扬的一个表现。从国际视野看，日本的天皇没有姓，在当时就是在挑战一种国际秩序——"天朝朝贡册封体制"。笔者以为，如果看不到这一点，就很难从本质上理解明治维新为什么能够成功，就很难理解战后日本为什么会转型成功，就很难理解日本天皇制何以成了一种伸缩有余、张弛有度的世界文明的范例。

所以，我们今天谈论日本天皇没有姓的问题，实际上就是在谈论日本文明中隐含的不为我们所重视的某种要素。

## 10 昭和天皇与麦克阿瑟是如何构造私密的？

### （1）戴着墨镜走下飞机的麦克阿瑟

1945 年（昭和二十年）8 月 30 日，麦克阿瑟一行乘坐的 C54 运输机从马尼拉到达日本的厚木机场，戴着墨镜、不打领带的麦克阿瑟走下飞机。这被日本人称为历史性的一幕。麦克阿瑟自身也扮演着从"战场的英雄"到"和平的战士"的角色。从厚木到横滨宾馆，沿途两侧的日本兵背身间隔站立，后面就是五万人的神风特攻队员。另外，在 5 公里的范围内至少有 200 万武装的日本兵在等待机会。但麦克阿瑟坚信，日本人正为每天的粮食而发愁，天皇终战的诏书已发，不会有异变。事实也正是如此，两小时后麦克阿瑟平安到达宾馆。美军接管了邻近宾馆的横滨税关大楼，作为美国太平洋陆军总司令部。麦克阿瑟同时也被正式任命为美国占领军总司令。

1945年9月2日，在停泊在东京湾的美国战列舰密苏里号的甲板上、举行了日本投降签字仪式。这一历史性的时刻为什么在密苏里号上进行？麦克阿瑟曾想在宫城举行。因为"东京玫瑰"曾经扬言说，抓捕麦克阿瑟后，在宫城广场上绞死他，麦克阿瑟记住了这一说法。但最终改在甲板上举行，其原因有二：一是在海上日本的好战分子难以发动袭击；二是密苏里是时任美国总统的杜鲁门的故乡，战舰命名人是他的女儿。

早上8点过半，麦克阿瑟登舰。在舰船的一角，悬挂着一面巨大的有些发旧的美国星条旗。日本人对这面旗帜并不陌生。幕府末年最先驾舰硬闯日本的佩里提督的舰船上也曾经飘扬过这面星条旗。

之后以日本外相重光葵和陆军参谋总长梅津美治郎为代表的11名日本军人登舰。9点仪式开始，麦克阿瑟发表讲话说："今天，我们就以92年前的同胞佩里提督一样的姿态矗立于东京。我们不是带着相互不信、恶意或憎恨来到这里的。我们战胜国和战败国一起，为了履行职责而来到这里。让过去的流血和蛮行打上终止符，达成多数人所期望的世界是我的理想。"发言之后，外相重光葵代表天皇、日本政府以及军部在投降书上签字。笔迹相当的细弱，一种有气无力的感觉。美国人直率辛辣地评说道：极小的国家极小的11人，就像穿着人间衣服的黑猩猩，在投降书上签字。对日本而言，因战败而导致的占领，可谓是紧接幕府之后的第二次开国。

9月8日，麦克阿瑟离开横滨宾馆，一小时后到达东京虎之门的美国大使馆。在那里举行了美军的进驻仪式，大使馆的屋顶上飘扬起星条旗。这意味着美国拉开了对日本占领统治的序幕。9月11日，麦克阿瑟下命令：必须逮捕首相东条英机；必须制定其他的A级战犯名单。

结果，第一次A级战犯25名被确定，美国国务院要求再追加13名，这样共计38名。这期间东条英机自杀未遂，2名战犯服毒自杀成功。

（2）天皇和麦克阿瑟究竟谈了些什么？

盟军总部迁至东京后，总部的幕僚向麦克阿瑟建议：为了显示我们的权力，可否把昭和天皇叫到总部来。麦克阿瑟思考后拒绝了这一建议。他认为这样会使日本人产生反抗心理，会把天皇看成殉教者。妙棋应该是这样：我不叫他，等他来，他一定会来。

两个星期过去了，天皇没有任何动静，自信的麦克阿瑟心里也在发毛。但战犯东条英机将被绞死的消息可能触动了昭和天皇，9月27日，昭和天皇终于来到美国大使馆，要求拜见麦克阿瑟。麦克阿瑟当然很得意。

会见在森严警备中进行，除了现场翻译者外务省参事官奥村胜藏之外，麦克阿瑟谁也没有邀请。但二人的密谈还是被偷听了。偷听者是美国的一个副官和麦克阿瑟的夫人，他们隐蔽在窗帘的后面。事后据这位副官透露，二人一开始很亲密，通过翻译，谈话很顺利。不久谈话就进入正题：如帝国陆海军必须解散，内阁必须更迭等问题。天皇同意麦克阿瑟的意见，麦克阿瑟也没有强调征服者的使命。这次密谈进行了37分钟，时间并不算长，但密谈的含金量很高。

麦克阿瑟在之后出版的自传里，描写了会见的场景。

二人坐在迎宾室暖炉的椅子前。我递给他一支美国香烟，并亲自点上火。颇为不自在的天皇，手在颤抖。天皇对屈辱的感觉，究竟有多深？我不知道。但我明显地感觉到天皇抱有一种不安。因为在联合国，部分国家有一种很强的呼声，要把天皇作为战争罪犯来处置。这些国家在提出的首批战犯名单中，天皇是第一个。但我明白地感觉到，这样做的话，会招致相当的悲剧结果。所以我在抵制这样的行动。我从天皇那里听到了这样的话："我对战争中所有的政治决定，军事决定以及行动负全部责任，我自己也任由阁下代表的盟国裁决。"听了这话，我生出一种感动，一种对以死来承担责任的感动。这种勇气和态度，深入到了我的骨髓。①

　　麦克阿瑟在以后的 5 年中，与天皇共见了 11 次面。因为这些会谈都是在高度保密的状态中进行的，所以没有留下任何文字记录。这样一来，麦克阿瑟的回忆录反倒成了他与天皇接触的唯一历史记录。但是这个唯一的历史记录现在看来还是有问题的。

　　2002 年 10 月 17 日，日本外务省首次公开了昭和天皇与盟军总司令麦克阿瑟第一次密谈的官方记录。令人震惊的是在这份官方记录中，并没有麦克阿瑟在回忆录中所描述的天皇自称要承担全部责任的内容。这一至关重要的细节引起各方猜测，日本方面此次时隔 57 年公开的这份记录，是当时的翻译官奥村胜藏亲自作成的，所以这份记录也叫"奥村手记"。现作为文物保留在日本外务省和皇室宫内厅。

　　昭和天皇到底有没有说过类似"我来承担全部责任"这句话？麦克阿瑟一贯喜欢美化自己，这句话是不是他故意在炒作？还是昭和天皇确实说了这句话，

　　① 〔美〕道格拉斯·麦克阿瑟：《麦克阿瑟回想录》，朝日新闻社，1964。

但翻译官奥村胜藏为了保全天皇的颜面，故意隐去了这句话？

日本昭和史研究专家保坂正康写有《昭和史七大之谜》[1]，据保坂正康的推测，昭和天皇在麦克阿瑟面前不会也不可能谈及负全责的问题，而是当时的翻译奥村胜藏在翻译天皇话语的时候，为了语句上的通顺与便利，添加了自己的话语。麦克阿瑟就把记录下来的文字写在了回忆录里。也就是说"我来承担全部责任"这句话不是天皇说的而是翻译奥村胜藏说的。这是个有新意的推测，但是显然作者保坂正康是在为昭和天皇圆谎。

就在官方记录发表不久，《朝日新闻》也发表了"松井明手记"。手记坚称昭和天皇说了这样的话，是奥村胜藏故意删除了这句话。松井明是当时的外务省高官，是奥村胜藏之后的天皇身边的翻译。丽泽大学著名教授松本健一支持"松井明手记"里的看法，他认为由于担心在官方记录中留下谈及战争责任的这个部分，将会在裁判中遭到追究，所以官僚或者侍从有可能从记录中删除了相关内容。

一个是"奥村手记"，一个是"松井明手记"，都是天皇的翻译官，但版本全然不同。显然是日本方面精心策划并炒作了这件事，他们想给外界一个模糊

皇宫日落

---

① 〔日〕保坂正康：《昭和史七大之谜》，讲谈社，2003。

暧昧的感觉：一方面昭和天皇可能说了承担全部责任的话，以示其光明磊落人格伟大；另一方面昭和天皇不可能在美国人面前说承担全部责任的话，以示战争责任与天皇无关。看来争论还将继续下去。据说昭和天皇留有的私人日记最近被发现，这是个新的线索，在日记里他是否明言了要承担战争责任的问题是个焦点。但整理出版的私人日记，是不是又被加工了？这是个令人不放心的疑点。

（3）合影照的风波——憎恨暗示

拜见麦克阿瑟的这天，昭和天皇身着前下摆向后斜切的燕尾服、条子裤、系扣鞋和高帽子，由侍从长官陪同来到美国大使馆。他步出古式御辇，神情紧张地被人们护送到通往二楼麦克阿瑟办公室的楼梯上。麦克阿瑟穿着一件开领衫。他们握手留影。日本官方曾试图阻止这张照片公之于众。原因在于照片上麦克阿瑟双手叉腰，像一座铁塔大大高出矮小的、看上去畏畏缩缩的天皇，明眼人一看就知道谁是主宰者谁是被主宰者。日本人会明白这种暗示，心里会憎恨这种暗示。

果真如此。昭和天皇与麦克阿瑟的合影照，犹如美国投向日本的第三颗原子弹。以致在战争结束时还是一个孩子的作家大江健三郎，50多年后在自己的文章中这样写道：

把这种变化最直接地传达给日本人的，是昭和天皇和麦克阿瑟那张有名的合影。照片拍摄的时间是1945年9月27日。27日这天，日本昭和天皇拜访了位于东京赤坂区美国大使馆的联合国军最高司令官麦克阿瑟。照片上，身着燕尾服、长得矮矮的昭和天皇身边，站着人高马大、身着开襟军便服、双手叉腰悠然而立的麦克阿瑟。这照片仿佛清楚地告诉日本人，谁是日本战后真正的支配者。过于强烈的对比让很多依旧崇拜日本天皇的人难以接受。

日本歌人斋藤茂吉在看到这张照片当天就在日记中恨恨地写道："这东西！麦克阿瑟这狗杂种！"内务大臣山崎看到发表这张照片的报纸后，马上命令收回这份报纸。但很快他就接到占领军司令部的命令，不得不收回的，是这位内务大臣的收回令。

事实上，正是通过这次会见，麦克阿瑟感到没有天皇，日本的变革不能达成。这时如果逮捕天皇审判天皇，日本军人就会蜂起，就会在全国发动恐怖袭击。在投降之时，日本国内外的陆军有154个师团700万人，其中日本本土有57个师团总兵力257万人，这和90%军事力量被击灭的德国完全不同。与此对应，美军登陆成功的只有2个半师团的兵力。在一个月以后第八军23万人、第六军23万人才陆续抵达日本。

会见结束后，麦克阿瑟在通盘考虑美国国家利益和盟军面临的形势后，立即致电杜鲁门总统，建议美国政府"不能把裕仁作为战犯逮捕"。在麦克阿瑟的积极活动下，美国政府的态度发生了巨大的转变。在这样的情况下，已经动摇的东久迩内阁只能走总辞职一条路，推进英美协调路线的原外相币原喜重郎就任首相，这是 10 月 9 日的事情。

其实，麦克阿瑟考虑过让天皇退位，或者日本至少在 20 年里不能再设置天皇，要走共和之路。但是在最后时刻他还是放弃了这个方案，决定让日本走天皇和天皇制存续之路，这是在与昭和天皇初次会面后麦克阿瑟思想的最本质的改变。再加上过了元旦的 1 月 7 日，东条英机主动为天皇开脱，在法庭上证言是他的内阁决意发动战争。这个证言帮了昭和天皇的忙，对法庭最后确定不起诉天皇起到了相当关键的作用。

1945 年 10 月，GHQ 的经济科学局向宫内厅总务局长加藤等人提出要求，提交有 40 多条项目的皇室所有财产报告书。根据之后提交的报告书，GHQ 发表称，不包含美术品和宝石等财物，皇室财产的总额为 1590615500 日元。11 月 3 日 GHQ 下令查封全皇室的财产，11 月 18 日指令冻结皇室财产，12 月 4 日 GHQ 命令对皇室财产进行再调查。对此宫内厅成立了皇室财产处理委员会。最终皇室财产被认定为3747125835日元。到1947年3月末为止，作为财产税的3342681290日元被缴纳国库。

### （4）麦克阿瑟设计新的天皇形象

麦克阿瑟在着手组建日本政治之前，认为当务之急是制定新宪法（改正明治宪法）。在投降书签字后的一个月，麦克阿瑟就向当时的内阁大臣近卫文磨建议修宪。日本政府为此成立了宪法问题调查会，国务大臣松本丞治就任会长。三个月后推出了草案稿。但这份草案稿旧态依然：强调以天皇主权为中心。

麦克阿瑟当然不满意。他在作这样的构思：宪法里必须塑造类似"人间天皇""象征天皇"的新天皇形象，以此来抗衡军事裁判庭提出的天皇战犯论和退位论。为此，麦克阿瑟命令民间情报局局长戴伊库起草天皇《人间宣言》，以此来消解在战时被日本人高扬的"天皇神格性"。不久，这份《人间宣言》的初稿被送往天皇处过目。天皇对此表态说："我认为这个草案很好。如果政府赞同的话，我怎么都行。"初稿又送往外相吉田茂处，最后又送至首相币原喜重郎的手中。首相稍作修改后，这份《人间宣言》在1946年（昭和二十一年）1月1日，作为新年诏书由昭和天皇发表，这其中数语令人印象深刻。

我和国民的纽带，始终都是以信赖和敬爱而

结成的，并不是单纯的神话和传说所能作用的。我深深感到，作为现御神的天皇，作为优越于其他民族的日本民族，其实并不依据这样一种空乏的观念：日本应该拥有支配世界的命运。

这个《人间宣言》一般被认为标志着日本天皇正式走下神坛，日本数千年的神道体制即刻解体。日本人为此震动很大，成千上万的日本女性朝着皇宫方向叩首哭嚎。哭什么呢？心中的"上帝"死了。

这年2月，麦克阿瑟招来GHQ民政局局长霍伊托尼，指示他代表日本政府起草宪法草案。麦克阿瑟为此定下了宪法基调的"三原则"，史上也叫"麦克阿瑟笔记"：① 天皇是国家的元首，皇位是世袭的，天皇的职务及权能依据宪法来行使；② 废止发动国家权力的战争，即便是作为解决纷争的手段，即便是作为保全自己的手段，也必须放弃战争，将来不会给予日本保有海陆军机能的机会，也不会给予日本军交战权；③ 废止日本的封建制度，贵族的权利只给皇族，除此之外任何人都不得享有。简而言之就是天皇职能，战争权力，封建制度的"三废除"。依据这"三原则"，美国人六天六夜作成的宪法，日本就这样原封不动地接受了。25人的起草小组中没有日本人，且没有人是宪法学专业毕业。至今日本人在检讨这个问题时仍感到不可思议，感到美国人的霸道。这一战后新宪法颁布的时间是 1946 年 11 月 3 日。这一天，战争罪犯的军事裁判还在继续。

（5）麦克阿瑟的解任

1951 年朝鲜战争爆发。麦克阿瑟向华盛顿提出要求：拥有海军和空军在中国全境攻击的权力，更要求蒋介石派 33000 人开往朝鲜参战。但是华盛顿拒绝了这一要求。不听话乱指挥的麦克阿瑟最终被杜鲁门总统解任，这一解任令在当时是震惊世界的头条新闻。对日本人来说更是晴天霹雳的新闻。

被解任后的第四天，即 4 月 16 日凌晨，麦克阿瑟偕夫人、长子和身边人员共 8 人离开大使馆向羽田机场出发，沿途有 20 万日本民众夹道欢送。麦克阿瑟无言地登上自己的专机，早上 7 点 13 分专机起飞。几千名日本人一遍遍地高呼"万岁！万岁"，以感谢他为日本所做的一切。感谢他什么呢？是不是感谢他为昭和天皇开脱了战争责任？感谢他确认亚洲几千万人的死，与天皇没有关系？在日本的麦克阿瑟时代终焉，共五年零七个月。

1951 年 4 月 12 日的《朝日新闻》，发表了题为《依依不舍，麦克阿瑟总司令》的社论，社论说："教给我们民主主义、和平主义，引导日本国民在光明大道上迈步的是麦克阿瑟总司令，对他的解任我们感到惋惜。"但同样是《朝日新闻》，在迎来战后 60 周年的 2005 年 9 月 11 日，"天声人语"专栏发表文章称："从那之后的60年，日本一直遵守着在占领下既定的和平宪法，而在军备上已成为世界上屈指可数的先进国家。直至现在，自卫队都不曾杀害过一个外国人。而另一方面，美国却在世界各地不断挑起战争，在本国和其他国家筑起无数的墓碑。"昔日的救命大恩人在今天遭到痛骂，日本人的秉性暴露无遗：过河拆桥。

而这种德行，在昭和天皇那里也有所表现。1964年4月，麦克阿瑟去世，有人问昭和天皇："战后20年经历的事件中印象最深的是什么？"天皇回答："印象最深的是大战刚刚结束后与麦克阿瑟的那次会谈。"

### （6）极为神秘的柔性力量

昭和天皇在一次拜访麦克阿瑟时，给了对方一个用包袱布包起来的包裹，并同时要求总司令给国民发放粮食物品，解决饥饿问题。麦克阿瑟对包裹里的东西看都没看一眼，就放在了一边。尽管这个包裹里是皇室的全部财产，当时时价16亿日元的有价证券。但是习惯了在皮箱里点数美元的麦克阿瑟，当然不会把一块紫色的包袱布放在眼里。在他的眼里，日本只不过是一个贫弱、老朽的国家。

但是，这位美国的五星上将恐怕怎么也不会想到，如果从机能的合理主义出发，在这块伸缩自如的紫色包袱布的柔软构造中，实际上隐含了日本人一种极为神秘的柔性力量。日本人虽然在美国人的密苏里号战舰上签署了投降协议，但是令麦克阿瑟做梦没想到的是，建造这首战舰的曼哈顿造船厂，30年后在日本的经济打压下倒闭了。这块伸缩自如的木棉包袱布，变身显现成了一种新的文明姿态，这是美国人所始料不及的。

当拿破仑三世的王妃欧仁妮的专门制包匠人路易威登1894年在巴黎开了首家LV皮箱专门店之后，西洋的皮箱文化带着它的傲慢和坚硬向全球扩张。但日本人却用包袱文化的包容性和柔韧性进行顽强的抗衡。皮箱和包袱的最大不同在于前者是把东西"放进去"，后者是把东西"包起来"。而"放进去"恰好体现了西洋近代文明立体的、坚硬的和物质的特点。"包起来"恰好体现了东洋近代文明平面的、柔软的和生命的特点。

在日本，用包袱布包裹东西，开始于1300多年前的奈良时代，到江户时代被广泛使用。不管什么形状、什么东西，无所不包，进而诞生了日本独特的"包裹文化"。它是日本人随机应变、性格柔顺的象征。更为重要的是，在柔软的包袱文化中，还蕴含了未来社会的生存智慧。昭和天皇、日本天皇制最终没有死在美国人的手里，最终能逃过皇室诞生以来最大最狠的一击，就是这种神秘的柔性力量使然。

虽然这位天皇在美国人的眼里仅仅是个"戴眼镜、近视又驼背的小老头"。

（7）为什么没有麦克阿瑟的塑像？

日本人对麦克阿瑟，总结出七要素：勇气、决断、忠诚、威望、知性、统率、信念。当时的吉田内阁决定给予麦克阿瑟"终身国宾"的荣誉称号。为了让麦克阿瑟成为"名誉日本国民"，为他建造大型铜像等捐款运动也在进行。与此同时东京还计划建造麦克阿瑟总司令纪念馆（也叫麦克阿瑟神社）。这个计划的发起人就是当时的《朝日新闻》社长谷部忠、《每日新闻》社长本田亲男和大映社长野村吉三郎等各界知名人士。对于这一切，已经在美国过着退休生活的麦克阿瑟非常高兴地给予回复道："我感到无上的光荣。"

但是在现在的东京，既没有他的铜像，也没有他的神社。连"名誉日本国民"的称号也没有人记得了。这是为什么？原来，麦克阿瑟在关键的时候说错了一句话，一句令日本人一辈子都忘不了的话："日本人还是12岁的少年。"

1951年5月6日，美国参议院的外交军事委员会对麦克阿瑟的对外政策和军事战略等进行听证。隆戈议员问："日本人对占领军有好意吗？"麦克阿瑟答："日本人认可战败的事实，认可外国军队的占领。与此同时他们还陷入了对未来的悲情之中。后进的、孤立的、封建的日本人，开始适应了美国的生活方式，个人的自由和尊严也得到了重视。"隆戈议员问："德国和日本有区别吗？"麦克阿瑟答："从科学、美术、宗教、文化等的发展来看，如果说盎格鲁—撒克逊人是45岁壮年的话，那么德国人基本上与他们同辈。但是日本人则处于学生的时代，还是12岁的少年。德国人看上去怠慢现代道德和国际道义，但这是故意的，并不是他们对国际情势无知的表现。所以他们的失败和日本人的失败在趣味上是不同的。德国人自己对此十分确信并能再次面对。日本人则与德国人不同。"

其实，只要仔细阅读麦克阿瑟这段话，就能看出麦克阿瑟是在为日本人辩护。字里行间里给人的印象是德国人才是老道的明知故犯的战犯，日本人则是年少的无知的战犯。但是，日本人没有这样的理解力。他们只听进了12岁少年之说，便怒发冲冠，满腔的敬意得到的竟然是背弃，日本人感到愤怒。于是日本人放弃了所有纪念麦克阿瑟的计划。

易热易冷，这就是日本人；不懂得听话听音，这就是日本人。从这一意义上说，日本人的确是个永远的少年，麦克阿瑟没有说错。

## 11 不能不知的天皇家诸常识

### （1）最长寿、最短命的天皇是谁？

先看神代的情况，依据《古事记》的记载依次是：神武天皇127岁（一说137岁），孝昭天皇114岁，孝安天皇137岁，孝灵天皇128岁，孝元天皇116岁，开化天皇 111 岁，崇神天皇 119 岁（一说 168 岁），垂仁天皇 140 岁（一说 153 岁），景行天皇 143 岁，成务天皇 107 岁，应神天皇 111 岁（一说 130 岁），仁德天皇 110 岁。这当然是没有人相信的。这是"记纪"编撰者们刻意把天皇家历史大视野化的一种做法。

再看人代的情况。最长寿的是昭和天皇 88 岁，接下去是后水尾天皇 85 岁，阳成天皇 82 岁，灵元天皇 79 岁，正亲町天皇 77 岁，白河天皇 77 岁，后龟山天皇 75 岁，桓武天皇 70 岁，光格天皇 70 岁。最短命的天皇是：安德天皇 8 岁（在坛浦海战中被源氏逼迫跳海自杀），四条天皇 12 岁，六条天皇 13 岁，仲恭天皇 17 岁。

（2）在位最短、最长的天皇是谁？

顺德天皇的皇子怀成亲王，在 1221 年（承久三年）四月二十日接续父位。但不久就爆发了承久之乱，怀成亲王从闲院的内里逃向摄政九条道家避难，镰仓幕府当然给予废位处理，在位仅仅 79 天（四月二十日至七月九日）。由于没有举行过即位式和大尝祭，所以又被称为"半帝"和"九条废帝"。因为是半帝和废帝，故没有资格列入历代天皇系谱。到了 1870 年（明治三年）7 月，明治天皇亲自追号为仲恭天皇后，他才被添加到了天皇家系谱中去。同样，天智天皇之子大友皇子在位也很短，只有 8 个月，最后也是明治政府追号为弘文天皇。除去被追号的天皇之外，在位最短的是安闲天皇和用明天皇，只有 2 年。冷泉天皇 3 年不满，这位被喻为天皇家的怪物，经常被谗言和烦恼击中，故即位也早，退位也早。花山天皇在位也是 3 年，984 年（永观二年）八月二十七日，在圆融天皇的让位下花山即位，由于最爱的女人氏子死去，他悲痛难忍，在藤原兼家设下的圈套中退位，这年只有 19 岁。没有神器即位的光严天皇在位也相当短暂，1331~1333 年，这位被北条氏拥立的北朝初代天皇，在北条氏灭亡后自己也就退位了。

在位时间最长的是神话中的孝安天皇 101 年，垂仁天皇 99 年，仁德天皇 86 年，孝昭天皇 83 年，神武天皇 75 年。如果除去神代天皇的话，昭和天皇在位最长，为 63 年，其次是明治天皇 46 年，光格天皇 37 年，后花园天皇和后土御门天皇 36 年，推古天皇 35 年，醍醐天皇 34 年，后奈良天皇 32 年。而白河上皇在退位后仍然掌控政权 40 年，属于典型的"治天之君"。

**（3）皇子皇女最多的天皇是谁？**

依据《古事记》，第 12 代景行天皇名分上的皇子皇女有 21 人，没有名分的皇子皇女有 59 人，一共 80 人。人代天皇中嵯峨天皇的皇子皇女最多为 50 人。其次是第 58 代的光孝天皇，皇子皇女为 45 人。其皇子和皇女的母亲是谁多有不详，疑多数为身份较低的女性。再次是第 60 代的醍醐天皇，有皇子皇女为 38

人，妃嫔 15 人以上。第 90 代的龟山天皇除了皇后和中宫之外，还有近 20 人的妃嫔，生出了 36 人的皇子和皇女。第 50 代的桓武天皇除了皇后之外，有夫人 4 人，女御 4 人，还有 16 名妃嫔，生出了 35 名皇子和皇女。第 108 代后水尾天皇的皇子和皇女为 33 人，但中宫以下的妃嫔只有 6 人。子女多妃嫔少，表明女性的生育能力很强，也很健康。灵元天皇的皇子皇女为 32 人。后醍醐天皇的皇子皇女为 30 人。

这样看来，日本天皇家的皇统就是靠多数的妃嫔来支撑的。这期间，母亲作为皇后生出的天皇有：钦明、敏达、天智、天武、元正、孝谦、平城、嵯峨、仁明、冷泉、圆融、近卫、四条、龟山和后宇多，共 15 位。母亲作为中宫生出的天皇有：朱雀、村上、后一条、后朱雀、堀河、崇德、后白河、安德、仲恭、后深草和明正，共 11 位。

中世以后，特别是到了近世，皇后生出的天皇数量在减少。为此从生育角度来看恐怕还是妃嫔越多越好。

（4）改元最多的天皇是谁？

改元就是改元号。天皇即位、迁都、凶兆、瑞兆、天变地异或病疫流行的时候，为了气象一新，山河更辉，往往需要改元。决定并公布元号的权限在天皇这里。但是，武家政权诞生后，幕府也挤进来参与改元。将军宣下的时候也改元。如德川幕府家光将军宣下的第二年，元号从元和改为宽永。家纲的时候也把元号庆安改为承应。日本历史上，从大化到今天的平成为止，共改元了 246 次。

后花园天皇在 1429 年（永享元年）十二月二十七日即位，在位 36 年。这期间，共改元 8 回。依次是：永享、嘉吉、文安、宝德、享德、康正、长禄和宽正。一代改元了 8 回，创下天皇家的纪录，平均 4 年一回。

其过程是：首先是即位，元号从正长改为永享。由于兵乱，永享改为嘉吉。1443 年（嘉吉三年），贼军入宫放火，神玉和宝剑被抢夺。为此元号从嘉吉改为文安。1449 年（文安五年），由于足利义政的将军宣下，元号从文安改为宝德。1451 年（宝德三年），南都佛教发生动乱，元号改为享德。1455 年（享德四年）再度兵乱，改元为康正。1457 年（康正三年）又由于关东争乱，改元为长禄。但是争乱没有平息，1460 年（长禄四年）十二月，再改元为宽正。之后在 1465 年（宽正六年）十二月，后土御门天皇即位，元号从宽正改为文正。

其后天皇家改元次数第二位的是第 121 代孝明天皇。由于处在幕末的动乱期间，所以元号也从弘化、嘉永、安政、万延、文久、元治到庆应，共改 7 回。

与孝明天皇改元并列的是第 103 代后土御门天皇，依次是宽正、文正、应仁、文明、长享、延德和明应，共改 7 回。

（5）最年长、最年少即位的天皇是谁？

在古代日本，天皇的践祚和即位是同时进行的。《养老律令·神祇令》规定："接受神器为践祚，把接受过来的神器向天神地祇汇报为即位。"到了平安时代，践祚和即位加以分离，践祚是接受神器皇位继承的仪式，即位是在大极殿向百司万民奉告的仪式。

从神代来看，最高龄即位者是景行天皇，84岁，在位60年；继体天皇58岁即位；绥靖天皇52岁即位；崇神天皇52岁即位。从人代来看，齐明天皇和光仁天皇都是62岁即位；孝德天皇49岁即位；元明天皇46岁即位；桓武天皇45岁即位；天智天皇43岁即位；平成天皇也是55岁即位，属于年长的一类。

最年少即位天皇的是六条天皇，2岁的时候由于父亲二条天皇患病而即位。但是这位2岁即位的天皇，5岁退位，13岁死去。在这位天皇4岁的时候，7岁的宪仁亲王成为皇太子。比天皇还年长的皇太子，也是天皇家的奇事一件。四条天皇也是2岁即位。悲剧的安德天皇3岁即位，8岁跳海。后深草天皇4岁即位，也是属于年少的一类。

（6）历代天皇的健康和疾病

在日本天皇中因癌症而去世的天皇是昭和天皇，1989年这位天皇死于胰腺癌。而平成天皇2008年被诊断为前列腺癌并进行了手术治疗，现在癌症控制的情况似乎良好。死于脚气病的是第95代的花园天皇、第 115 代的樱町天皇和第 116 代的桃园天皇三人。患肺结核而死的有第 40 代的天武天皇和第 42 代的文武天皇二人。患过疟疾的有第 64 代的圆融天皇、第 77 代的后白河天皇、第 89 代的后深草天皇、第 95 代的花园天皇和第 108 代的后水尾天皇。但是死于疟疾的则只有后深草天皇一人。

通观全时代最令历代天皇烦恼的病是痘疮。古坟、奈良时代，第 31 代用明天皇死于痘疮。平安时代从第 51 代的平城天皇到第 81 代的安德天皇的 31 代中，有 14 位帝王患上这种传染病。镰仓时代从第 82 代的后鸟羽天皇到第 95 代的花园天皇的 14 代中，有 9 位天皇患上这种传染病，约占 70%。室町、安土桃山时代从第 96 代的后醍醐天皇到第 107 代的后阳成天皇（包括北朝五代）的 12 代中，有 4 位天皇染此病。江户时代从第 108 代的后水尾天皇到第 121 代的孝明天皇的 14 代中，有 10 位天皇染病。从平安时代到江户时代的 76 位天皇中，37 位（占 48%）罹患痘疮。这 37 位中，因痘疮而死的有后朱雀、六条、后光明、东山和孝明 5 位。

### （7）天皇的母亲和皇子皇女数据

正室的皇后与中宫所生的天皇和侧室的女御与宫妃所生的天皇，哪一边更健康和长寿？从第 26 代的继体天皇到第 125 代的平成天皇为止，包括北朝的天皇，共有 103 名天皇。103 人中，皇后和中宫诞生的嫡子天皇为28人；女御、更衣、后宫的女宫等侧室诞生的庶子天皇有75人。这样庶子（非嫡子）作为天皇即位占了全体的73%，具有压倒性的多数。

从皇后和中宫诞生的天皇来看，除去年龄存有异论的4位天皇之外，共有24位天皇。他们的平均寿命为44岁（最高的是昭和天皇89岁，最短的为安德天皇为8岁）。从侧室诞生的天皇来看，除去年龄有异论的3位天皇之外，共有72位。他们的平均寿命为50岁（最高龄的是后水尾天皇85岁，最年少的是第79代的六条天皇为13岁）。这二者的平均寿命相差6年，这样可以确定，还是侧室所生的天皇较为健康和长寿。

再看看天皇的配偶。只有一个配偶的天皇共有11位。但从健康状况来看不是年少夭折，就是健康出了问题的占了多数。

再看后妃和皇子皇女的总数。第12代的景行天皇有皇子皇女80位；第58代的光孝天皇有后妃19位，皇子皇女49位，其中皇子19位，皇女30位；第52代的嵯峨天皇有后妃31位，皇子皇女32位；第90代的龟山天皇有后妃21位，皇子皇女27位（一说有36位）；第96代的后醍醐天皇有后妃33位，皇子皇女40位；第112代的灵元天皇有后妃15位，皇子皇女31位。这里的规律是：越是长命的天皇，后妃就越多，皇子皇女也就越多。从历代天皇的健康状况来看，如果没有后妃制度，皇统的保持根本就不可能。

但是日本皇室从大正时期开始废除了后妃制度，皇统的保持就走上了一条相当险恶的道路。皇室的未来也不能完全排除道镜、足利义满之类篡夺皇位的野心家出现的可能。如果皇子皇女无法诞生的话，皇统断绝的可能性还是很大。

**（8）历代天皇的平均寿命是多少？**

从第 26 代的继体天皇到第 124 代昭和天皇，各个时代的天皇寿命概述如下。① 古坟、飞鸟时代：从第 26 代的继体天皇到第 42 代的文武天皇（除去年龄有多种说法的第 26 代继体天皇、第 29 代钦明天皇、第 30 代敏达天皇以及年龄不详的崇武天皇、天武天皇），平均寿命为 54.1 岁，感觉上还是比较长的。但这是 6~8 世纪的记录，他们的卒年应该是存有疑问的。② 奈良时代：从第 43 代元明天皇到第 50 代桓武天皇为止，8 位的平均寿命为 59.2 岁，从存有的史料来看，这个记录还是可信的。③ 平安时代：从第 51 代的平城天皇到第 81 代的安德天皇为止，共有 31 位，平均寿命为 42 岁。其中最高龄的是第 57 代的阳成天皇，82 岁；最年少的是安德天皇仅为 8 岁。这个时代，身体虚弱的天皇很多，平均寿命也就缩短了。④ 镰仓时代：从第 82 代的后鸟羽天皇到第 95 代的花园天皇为止，共 14 位，平均寿命为 43 岁，与平安时代无大的差别。最高龄的是第 89 代的后深草天皇，为 62 岁；最年少的是第 87 代的四条天皇，为 12 岁。

⑤ 室町、安土桃山时代：从第 96 代的后醍醐天皇到第 107 代的后阳成天皇为止（因为年龄存有异论，第 99 代的后龟山天皇不计入，追加北朝五代的天皇），平均寿命为 52.5 岁。尽管处在战乱时期，但寿命还是有所延长。其中最高寿的是第 106 代的正亲町天皇，为 78 岁；最短命的是第 101 代的称光天皇，为 28 岁。

⑥ 江户时代：从第 108 代的后水尾天皇到第 121 代的孝明天皇为止，共 14 位，平均寿命为 48.7 岁。最高寿的是后水尾天皇 85 岁；最短命的是第 110 代后光明天皇、第 116 代桃园天皇和第 118 代后桃园天皇，三人均为 23 岁。从平安时代到江户时代为止平均寿命为 50 岁左右。那个时候讲"人生五十年"。表明天皇与一般庶民的寿命基本相同。⑦ 明治、大正、昭和时代的天皇的平均寿命为 66 岁，寿命有了显著的增长。最高龄的是昭和天皇 89 岁。除去传说中的天皇，这是日本天皇家到目前为止最长寿的记录。

### （9）天皇为何多用"仁"字名？

天皇没有姓但有名，而且有一个现象很突出，用"仁"字为名的很多。最初用"仁"字的是第 56 代的清和天皇，他的名字是惟仁。到平成天皇为止，70 代天皇中有 49 代用了仁字。仁是儒教的根本理念，对一切事物抱有一种亲和感是天皇家采用这个汉字的根本原因。从第 100 代的后小松天皇以来，除去江户时代的两位女天皇明正和后樱町之外，带"仁"字的传统没有断过。

从后冷泉天皇的亲仁到第125代的明仁，没有"仁"字的只有8位天皇：第82代的后鸟羽（尊成）、第84代的顺德（守成）、第85代的仲恭（怀成）、第94代的后二条（邦治）、第96代的后醍醐（尊治）、第97代的后村上（义成）、第98代的长庆（宽成）和第99代的后龟山（煕成）。这八位天皇为什么没有"仁"字呢？因为他们都是遭到厄运，令人同情的天皇。如最后四位都是南朝的天皇，除后醍醐还在历史舞台上活跃了一番之外，其余三人都是积贫积弱的天皇。

从仁字的命名来看，如后鸟羽天皇，其父亲是高仓天皇。高仓有四子，长子为言仁，就是后来的第81代安德天皇，他的外祖父是平清盛。次子是守贞亲王，三子是惟明亲王，四子才是尊成（后鸟羽）。这样来看，所谓"仁"字其实是一种符号论，暗示该皇子有成为天子的可能性。平清盛好不容易看到自己的女儿生下皇子，所以起名时带了个"仁"字。

第94代的后二条和第96代的后醍醐是后宇多天皇的儿子。这位后宇多为了抬高朝廷势力，崇拜后鸟羽天皇，看中了一个"尊"字。便给自己的儿子后醍醐起了"尊治"为名。"尊治"的"尊"，就是后鸟羽"尊成"的"尊"。果然后醍醐天皇就在后鸟羽的亲政意识下长大，成了日本天皇家的异类之王。后醍醐的皇子们也排除了"仁"字，取尊良、护良等名。

从"仁"转向"尊"，是否也表明了日本帝王性格的转型——从象征到亲政。因为后鸟羽也好，后醍醐也好，他们都是亲政之王。

（10）天皇家的元号都出自哪里？

元号（年号）是东洋汉字文化圈广泛使用的纪年法。元号之祖在中国，最早的是公元前115年前汉的武帝，立"建元"为号。之后中国历史就沿袭了选用带有吉兆意味的两个汉字组成的年号的传统。日本的元号是仿制中国的产物，因此元号的选出也都全部出自中国的古典。

据统计，引文出典的回数前10分别为：《尚书》35回；《易》27回；《文选》25回；《后汉书》24回；《汉书》21回；《晋书》16回；《旧唐书》16回；《诗经》15回；《史记》12回；《艺文类聚》9回。日本天皇家从最初的"大化"元号到"平成"元号，共247个，使用了504个汉字。除去重复使用的汉字，实际使用的汉字只有72个。元号里使用最多的汉字前10为：永29回；元27回；天27回；治21回；应20回；正19回；长19回；文19回；和19回；安17回。元号使用回数为一次的汉字有：乾、感、吉、亨、兴、景、衡、国、齐、至、字、朱、授、胜、昌、昭、详、成、泰、鸟、祯、同、铜、白、武、福、灵、老、祚、雉。

日本天皇史上最初的元号为"大化"。出典有二：一是出自《尚书·大诰》中的"肆予大化诱我友邦君"。二是出自《宋书》"神武鹰扬，大化咸熙"。使用时间为645~650年共4年8月5日。在位天皇是第36代孝德天皇，日本历史上有"大化改新"之说，就是利用这个元号来的。

之后是"白雉"。元号出典于《汉书·平帝纪》"元始元年正月越裳氏，重译献白雉"。一说是出自《孝经·援神契》"周成王时越裳献白雉"。使用时间为650~654年共4年8月2日。在位天皇也是第36代孝德天皇。

当日本历史进入奈良时代，第一个元号为"和铜"。一说出自《吕氏春秋·孟春》里的"天地和同，草木繁动"。另说出自《淮南子》里的"含影吐阳，而万物和同者德也"。使用时间为708~715年共7年7月26日。在位天皇为第43代元明天皇。

进入平安时代，第一个元号为"延历"，出自《群书治要》里的"民咏德政，则延期过历"和《崔氏政论》里的"夫熊经鸟仲虽延历之术，非伤寒之理"。使用时间为782~806年共23年8月8日。在位天皇为第50代桓武天皇。

进入镰仓时代，第一个元号为"建久"，出自《吴志》"安国和民建久长之计"和《晋书·刘颂传》"建久安于万岁，垂长世于无穷"。使用时间为

1190~1199 年共 9 年 7 日。在位天皇为第 82 代后鸟羽天皇和第 83 代土御门天皇。

进入南北朝时代，第一个元号为"元弘"，出自《艺文类聚·天部》里的"老人星体色光明，嘉占元吉，弘无量之裕降克昌之祥，普天同庆率土合欢"。使用时间为 1331~1334 年共 2 年 5 月 22 日。在位天皇为第 96 代后醍醐天皇。

进入室町、安土桃山时代，第一个元号为"应永"，出自《会要》"久应称之，永有天下"。使用时间为 1394~1428 年共 33 年 10 月 9 日。在位天皇为第 100 代后小松天皇和第 101 代称光天皇。

进入江户时代第一个元号为"庆长"，出典《毛诗注疏》"文王功德深厚，故福庆延长"。使用时间为 18 年 8 月 20 日。在位天皇为第 107 代后阳成天皇和第 108 代后水尾天皇。江户时代的最后一个元号为"庆应"。出典《文选》（卷十）"庆云应辉，皇阶授术"。使用时间为 1865~1868 年共 3 年 5 月 22 日。在位天皇为第 121 代孝明天皇。

当日本迈入近代国家，历史也进入了明治时代。天皇家开始导入"一世一元"制。"明治"的元号出典于《易》"圣人南面而听天下，向明而治"和《孔子家语·帝德》"长聪明，治五气，设五量，抚万民，度四方"。提出者是式部大辅菅原在光。使用时间为 1868~1912 年共 43 年 9 月 7 日。在位天皇为第 122

代明治天皇。

"大正"元号出典于《易》"大亨以正，天之命也"。提出者是国府种德。使用时间1912~1926年共14年4月25日。在位天皇为第123代大正天皇。当时作为候补的元号还有"天兴""兴化""永安""乾德""昭德"等。然后在"大正""天兴""兴化"三个元号中挑选，最终选定"大正"二字。

"昭和"元号出典于《尚书·尧典》"百姓昭明，协和万邦"和《史记·五帝本纪》"百姓昭明，合和万国"。提出者是宫内厅图书寮编修官吉田增藏。使用时间为1926~1989年共62年13日。在位天皇是第124代昭和天皇。当初作为候补的元号有"神化""元化""神和""同和""继明""顺明""明保""宽安""元安"等。然后在"昭和""元化""同和"中挑选，最终选定"昭和"二字。这里值得注意的是，"昭和"元号是世界上使用最长的元号。第二位是清朝"康熙"年号，时间为1662~1722年共61年。第三位是清朝"乾隆"年号，时间为1736~1795年共60年。

"平成"元号出典于《史记·五帝本纪》"内平外成"和《书经·大禹谟》"地平天成"。提出者不详，但东京大学名誉教授宇野精一、九州大学名誉教授目贺田诚、东京大学名誉教授市古贞次和京都大学名誉教授小川环树等专家学者入围评议。最后在"平成""修文""正化"三个元号里挑选。最终选定"平成"二字。使用时间为1989~2019年共31年。在位天皇为第125代平成天皇。

如果说中国文明的三要素为皇帝、都市和汉字，那么日本文明的三要素就是天皇、多神和怨灵。前者最为重要的是皇帝，后者最为重要的是天皇。虽然后者的天皇家从前者的皇帝家那里找元号的出处，但值得玩味的是从全球范围看，现在还在使用元号的只有日本。日本人称自己为"元号使用国"。以前除中国之外，还有越南、朝鲜等东亚国家使用，但现在都不用了。中国清朝最后的皇帝爱新觉罗·溥仪使用的"宣统"（1909~1911）为中国最后的年号。

### （11）天皇的国事行为和公务

天皇有自己的御玺。这块御玺是一个9厘米见方的金印，重量为4公斤。金印在什么情况下使用呢？①裁可，天皇盖"可"字印；②认证，天皇盖"认"字印；③阅览，天皇盖"览"字印。

天皇直接过目的文书包括法律、政令和条约的公布，国会的召集，国会议员总选举的公示等，阅后署名、盖印。但天皇不直接盖印而是由宫内厅职员替代。天皇一年裁决的文书材料超过1000件。如果天皇正好去地方巡视，这些文书会派专人送往天皇所在地，供天皇阅读署名盖印。

天皇的国事行为至少包括13项：① 内阁总理

大臣的任命；② 最高裁判所长官的任命；③ 宪法修正，法律、政令、条约的公布；④ 国会的召集；⑤ 众议院的解散；⑥ 国会议员总选举实施的公布；⑦ 国务大臣以及大使、公使信任状的认证；⑧ 大赦、特赦等恩赦的认证；⑨ 荣誉等的授予；⑩ 外交文书的认证；⑪ 外国大使、公使等的接受；⑫ 仪式的举行；⑬ 国事行为的委任。上述 13 条是宪法规定的"国事行为"。

国事行为之外的活动叫"公的行为"，简称"公务"。天皇的公务包括：认证官任命式、新年一般参贺、天皇生日一般参贺、祝贺、讲书仪式、歌会仪式、春秋园游会、拜谒（被表彰者、褒奖受章者）、会见（国宾）、引见（外国宾客、外国大公使）、宫中晚餐（国宾）、午餐（公宾、大臣、驻日大使夫妻）、茶会（日本艺术院奖受奖者、日本学士院奖受奖者）、全国植树祭、国民体育大会、灾害慰问、地方事情视察、国会开幕式、全国战没者追悼式、学士院授奖式、艺术院授奖式、东日本大震灾追悼式、外国访问和企业访问等。

据宫内厅在 2015 年的统计，当时 82 岁的平成天皇与他同岁的父亲昭和天皇相比较，公务增加了 1.5 倍，为 529 件比 344 件。地方访问昭和天皇为 42 件，平成天皇为 128 件。外国访问昭和天皇为 0 件，平成天皇为 10 件。茶会等昭和天皇为 4 件，平成天皇为

57 件。随着时代进入新世纪，皇室的公务也在激增。天皇的侍从长渡边允著有《天皇家的执事》[1]，他在书中将平成天皇在位中的 15 年作为一个阶段，总结出天皇所见人数（包括街道两旁欢迎人数在内）为 660 万人。那么到平成三十年，这个数字就是大约 1300 万人。也就是说，天皇在 30 年内与 1300 万人见了面。

（12）纸币上为什么没有天皇的肖像？

1881 年（明治十四年）发行的纸币上，登载了神功皇后的人物像，这也是日本纸币上最初的人物像。

负责构图设计和原版雕刻的是当时明治政府请来的一位意大利雕刻家奇欧索列。在奇欧索列的笔下，神功皇后这位古代传说中的东洋女子，成了一位漂亮的西洋风貌的女性。当初明治政府为什么要选择神功皇后作为纸币的肖像？

原来神功皇后是史书《日本书纪》登场的传说人物。她是第 14 代仲哀天皇的皇后，主要事迹有：与天皇丈夫一起去九州的筑紫；丈夫死后，她依据神托开始征讨朝鲜的新罗，并三度亲自出征朝鲜，成为日本海外拓土之先驱人物；在以后的 69 年中，这位皇后既不即位也不成为天皇，但以天皇的资格来主政。

此外，日本纸币里登场的古代政治家还有武内宿祢、菅原道真、和气清麻吕与藤原镰足。武内宿祢肖

---

① 〔日〕渡边允:《天皇家的执事》，文春文库，2011。

像登载在1887年（明治二十年）发行的1日元纸币上，菅原道真肖像登载在5日元纸币上，和气清麻吕肖像登载在10日元纸币上，藤原镰足肖像登载在100日元纸币上。武内宿祢是日本古代传说中的人物，第8代孝元天皇的曾孙，他还是古代豪族葛城、平群、巨势和苏我的祖先，数代为天皇家服务。菅原道真是平安时代的学者兼官僚，被宇多天皇重用，后世尊他为学问神。（和气清麻吕与藤原镰足本书前半部分都有论及。）登上纸币的这4个人有一个共同特点就是拥护天皇，为皇室的永续作出过贡献。

这里的一个问题是，为什么不直接选定天皇印在纸币上？为什么不像美国和德国那样，将国王或总统等国家元首的肖像直接印在纸币上？其实，协助纸币肖像画的意大利画家奇欧索列，是希望在纸币上采用明治天皇肖像的，但最终没有成功。原来这与日本的神道有关，日本神道主旨就是讲清明心，而要做到清明心就必须远离污秽，而纸币带有的特性恰恰就是污秽。天皇作为祭司王，是最怕被沾上污秽的，因此离污秽越远越好。

日本茨城县流传着《贫穷神与小金币》的民间故事，说的是一对贫困夫妇虽勤劳工作但依然贫穷，放在家里的一个"贫穷神"大发善心，有一天送了一匹马给他们。这匹马在马厩里乱拉马粪，这对夫妇就把这些马粪收集起来当肥料用。就在这时，这些马粪都变成了小金币，于是这对夫妇再拜再谢"贫穷神"。这个民间故事是说粪便可以变身货币。这种粪便与货币成正反面关系的图式，再好不过地表明了货币带有污秽的本质。况且从货币的使用过程来看，就是人手传人手的过程，这个过程也是污秽传播的过程。从这个视角来看，如果纸币印上天皇的肖像，天皇与污秽也就连带在一起了。所以，在日本天皇与货币是分离的。在纸币上找不到天皇的肖像，在天皇的观念上也找不到货币的概念。所谓的"现人神"恐怕就是这个意思吧。

## 图书在版编目（CIP）数据

皇宫日落：平成退位与天皇家秘辛：上、下 / 姜
建强著. -- 北京：社会科学文献出版社, 2019.8
ISBN 978-7-5201-4758-3

Ⅰ.①皇… Ⅱ.①姜… Ⅲ.①天皇－历史－日本－通
俗读物 Ⅳ.①K313.09

中国版本图书馆CIP数据核字（2019）第075590号

## 皇宫日落：平成退位与天皇家秘辛（上、下）

著　　　者 / 姜建强

出 版 人 / 谢寿光
责任编辑 / 陈旭泽
文稿编辑 / 赵子光　汤博达

出　　　版 / 社会科学文献出版社·联合出版中心（010）59367151
　　　　　　地址：北京市北三环中路甲29号院华龙大厦　邮编：100029
　　　　　　网址：www.ssap.com.cn
发　　　行 / 市场营销中心（010）59367081　59367083
印　　　装 / 三河市东方印刷有限公司

规　　　格 / 开　本：889mm×1194mm　1/32
　　　　　　印　张：24.875　插　页：1　字　数：458千字
版　　　次 / 2019年8月第1版　2019年8月第1次印刷
书　　　号 / ISBN 978-7-5201-4758-3
定　　　价 / 99.00元（上、下）